HISTOIRE
DE
L'EMPIRE OTTOMAN

DEPUIS SON ORIGINE JUSQU'A NOS JOURS,

PAR J. DE HAMMER.

OUVRAGE PUISÉ AUX SOURCES LES PLUS AUTHENTIQUES ET RÉDIGÉ SUR DES DOCUMENS
ET DES MANUSCRITS LA PLUPART INCONNUS EN EUROPE;

Traduit de l'Allemand

PAR J.-J. HELLERT;

ACCOMPAGNÉ D'UN ATLAS COMPARÉ DE L'EMPIRE OTTOMAN, CONTENANT 21 CARTES
ET 15 PLANS DE BATAILLES DRESSÉS PAR LE TRADUCTEUR

TOME ONZIÈME.

DEPUIS LE GRAND-VIZIRAT DE MOHAMMED KOEPRILU, JUSQU'A LA PAIX
DE ZURAWNA.

1656 — 1676.

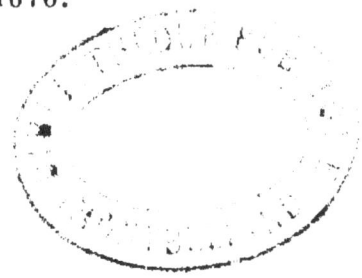

PARIS

BELLIZARD, BARTHÈS, DUFOUR ET LOWELL,
1 *bis*, RUE DE VERNEUIL.

Londres.	Saint-Pétersbourg.
BOSSANGE, BARTHÈS ET LOWELL, 14, Great Marlborough Street.	Fd. BELLIZARD ET Cie, LIBRAIRES, au Pont-de-Police.

MDCCC XXXVIII

HISTOIRE
DE
L'EMPIRE OTTOMAN.

SE TROUVE ÉGALEMENT

à Bruxelles,	chez J.-P. Meline, Cans et Cie.
Amsterdam,	Lutchman et fils.
La Haye,	Les frères van-Cleef.
Francfort,	Jügel.
Gênes,	Yves-Gravier.
Florence,	J. Piatti.
Leipzig,	Brockhaus.
Turin,	J^b. Bocca.
Vienne,	Rohrman et Schweigerd.
Varsovie,	E. Glucksberg.
Moscou,	A. Semen.
	Ve Gautier et fils.
	Ch. Urbain et Cie.
Odessa,	J. Sauron.
	Miéville.
Constantinople,	J.-B. Dubois.

APERÇU DES SOURCES ORIENTALES

DONT ON A FAIT USAGE POUR LA SIXIÈME PÉRIODE DE CETTE HISTOIRE.

Histoires générales.

1°. TARIKHI RASCHID, *Histoire de Raschid*, trois volumes in-fol., imprimés à Constantinople en 1153 (1740). Le premier volume contient les événemens depuis 1071 (1661) jusqu'à l'année 1115 (1703). 227 feuillets [1].

2°. L'HISTOIRE D'UN AUTEUR INCONNU, qui se trouve à la Bibliothèque royale de Berlin (parmi les manuscrits de Diez, n° 75); un vol. in-4 de 309 feuil. L'auteur, témoin oculaire, décrit les événemens de son époque depuis 1099 (1687) jusqu'en 1116 (1705).

3°. SOUBDETOUL WEKAYAT, *Choix des Événemens*, par le defterdar Mohammed-Pascha; depuis l'année 1060 (1650) jusqu'à l'avènement d'Ahmed III en 1115 (1704). 436 feuil.; dans ma collection [2].

Histoires spéciales.

4°. DJEWAHIRET-TEWARIKH, *Joyaux des Histoires*, par Hasanaga, garde du sceau de Kœprilü Ahmed-Pascha. Cet

---

[1] Le second volume de Naïma finit avec les événemens qui se sont passés dans la première moitié de l'année 1070, et le premier volume de Raschid commence avec les événemens qui ont signalé la seconde moitié de l'année 1071; l'histoire de l'empire contient donc une lacune d'un an qu'il a fallu remplir par d'autres auteurs.

[2] Il existe un autre *Soubdet* ou *Nokhbetoul-tearik*, par Saadi-Efendi de Larissa, cité par Cantemir sous le titre de *Synopsis historiarum*, mais qu'il nous a été impossible de nous procurer.

ouvrage raconte les événemens de la guerre contre la Hongrie et contre Venise, y compris la conquête de Candie. Un vol. in-fol. de 481 feuil.; dans ma collection. On trouve la traduction latine de cette histoire parmi les manuscrits de la Bibliothèque I. de la cour de Vienne, sous les n°s DIV et DV, sous le titre : *Annalium Gemma authore Hasanaga Sigilli Custode Kupurli, seu Cypri Ahmed Bassæ, supremi vizirii Mehmed Quarti Turcarum Tyranni ex turcico-arabico-persico idiomate in latinum translata et diversis notis ac reminiscentiis illustrata a Joanne Podesta S. C. R. Majestatis a secretis* 1680. La traduction du premier tiers de cette excellente histoire est due à Podesta, qui la reçut d'un imam des Archives du grand-vizir Kara Moustafa. J'ai lieu de croire que mon manuscrit est celui de Podesta, car il ne se trouve aucun autre exemplaire à Vienne; de plus, ce manuscrit est couvert d'annotations allemandes qui datent du dix-septième siècle.

5°. Tarikhi Mohammed-Ghiraï, *Histoire de Mohammed-Ghiraï.* C'est une histoire spéciale de la Crimée, depuis 1096 (1684) jusqu'en 1114 (1702). Un vol. in-fol. de 124 feuil.; dans ma collection.

6°. Tarikhi-Kamenitsché, *Histoire de la conquête de Kaminiec en* 1082 (1671), par Nabi. Un vol. in-8 de 39 feuil.; dans ma collection.

7°. Medjoumaï Souri Houmayoun, *Collection des noces impériales.* Cet ouvrage contient la description de la circoncision des princes et des noces de la sultane Khadidjé en 1086 (1675). Un vol. petit in-8 de 45 feuil.; dans ma collection.

8°. Tarikhi Abdoullah-Mohammed Schefik, *Histoire d'Abdoullah-Mohammed Schefik.* Elle ne contient que les événemens de l'année qui suivit l'avènement d'Ahmed III en 1115 (1703); elle se trouve reliée avec l'*Histoire de la rébellion de* 1063 (1652). Un vol. in-4 de 74 feuil.

9°. Edrené Wakaasi, *l'Événement d'Andrinople.* Cet

ouvrage raconte la révolution de 1073; à la Bibliothèque R. de Berlin, parmi les manuscrits de Diez, n° 5. Un vol. in-4.

10°. Mizanoul-hakk fi ikhtiar il-ahakk, *la Balance de la vérité pour choisir le plus vrai.* Cet excellent traité, dû à Hadji Khalfa, est un exposé succinct du schisme entre les orthodoxes et les mystiques. Un vol. grand in-4 de 34 feuil.; dans ma collection.

11°. Tarikhi Soulfikar, *Histoire des négociations de paix à Vienne, en* 1689, par l'ambassadeur Soulfikar-Efendi. Un vol. in-8 de 97 feuil.; dans ma collection.

Biographies et Anthologies.

Outre les ouvrages dont nous avons déjà fait mention dans le Tableau des sources du tome X de cette histoire, nous avons consulté :

12°. Tezkeretoul-Schouara, *Liste des Poëtes,* par Safayi, mort en 1138 (1725). Cet ouvrage est la continuation des anthologies de Riazi, Riza, Kafzadé et Nazmi, cités dans le Tableau des sources du tome VIII de cette histoire; il contient les biographies des cinq cents poëtes. Un vol. in-fol. de 509 feuil.; dans ma collection.

Collections de Lois et de Pièces d'État.

13°. Moukatebati-Nabi, *les Écrits de Nabi.* Un vol. in-4 de 147 feuil. Cet ouvrage, renfermant 294 écrits, se trouve dans la collection du comte de Rzewuski.

14°. L'Inscha de l'interprète français Le Grand, contenant 37 pièces d'Etat, se trouve à la Bibliothèque I. de la cour de Vienne, n° 425. Un vol. in 4 de 42 feuil.

15°. Mounschiati diwani houmayoun, *Écrits du diwan impérial.* C'est une collection de 66 pièces d'Etat et diplômes, depuis l'année 1687 jusqu'en 1696. Un vol. in-4 de 99 feuil.; dans ma collection.

16°. Registre des fiefs, provenant de la chancellerie du reis-efendi Moustafa en 1087 (1669), à la Bibliothèque I. de Vienne, n° 92.

17°. Registre du sandjak de Szigeth, à la Bibliothèque R. de Dresde, n° 4.

18°. Registre des sandjaks de Gran, de Wissegrad et de Novigrad, à la Bibliothèque R. de Dresde, n° 8.

19°. Liste des juridictions de l'empire ottoman, à la Bibliothèque R. de Dresde, n° 9.

20°. Defteri menassibi Kaza, *les emplois de juges,* c'est-à-dire *Liste des juridictions de Roumilie et d'Anatolie.* Un vol. in-8 de 88 feuil.; dans ma collection.

21°. Defteri menassibi Kaza. Cet ouvrage diffère peu du précédent. Un vol. in-8 de 55 feuil.

22°. Defteri Teschrifati, *Registre du cérémonial.* Petit in-8 de 63 feuil.; dans ma collection.

23°. Kanounnameï Hezarfenn, *Collection des lois fondamentales de l'État promulguées par Mohammed IV*, publiée en 1080 (1669), divisée en treize chapitres; elle se trouve dans la collection du comte Rzewuski. Cette statistique sert de base à l'ouvrage fort rare: *Della letteratura dei Turchi da Giovanni Battista Donado Senator Veneto fu bailo in Costantinopoli.* Venetia, 1688. 140 pages in-12.

24°. Une Collection de lois fondamentales, de diplômes, de fermans et autres pièces, recueillis dans diverses Archives. A la Bibliothèque I. de Vienne, n° 442.

25°. Une Collection de 546 pièces d'Etat, de la fin du dix-septième et du commencement du dix-huitième siècle. Un vol. in-8 de 156 feuil.; dans ma collection.

HISTOIRE
DE
L'EMPIRE OTTOMAN.

LIVRE LIII.

Origine de Mohammed Kœprilü. — Les orthodoxes. — Ambassadeurs d'Autriche, de Perse, de Pologne, de Suède et de Transylvanie. — Rebelles exécutés. — Éloignement des adversaires de Kœprilü. — Le patriarche pendu. — Défaite de la flotte ottomane dans les Dardanelles. — Conquête de Ténédos et de Lemnos. — Le moufti est déposé. — Mort du scheïkh Houseïn. — Courses du khan des Tatares dans la Transylvanie, la Moldavie et la Valachie. — Barcsai, prince de Transylvanie. — Révolte d'Abaza Hasan. — Machiavélisme de Kœprilü. — Emprisonnement de l'ambassadeur français de La Haye et de son fils. — Mort des poëtes Djewri et Riazi, du moufti Aziz-Efendi et de Hadji Khalfa. — Départ du Sultan pour Scutari. — Mourtesa-Pascha battu par Abaza. — Massacre des paschas rebelles à Haleb. — Exécution de Houseïn. — Le moufti Bowlewi est déposé. — Défaite de la flotte ottomane devant Attalia. — Révolte en Égypte. — Ismaïl, grand-inquisiteur. — Institution de timars. — Construction de nouveaux châteaux sur les Dardanelles. — Ghika nommé prince de Valachie en remplacement de Michné. — Mort de Rakoczy. — L'ambassadeur autrichien Mayern à Brousa. — Le comte de Souches occupe Szathmar et Szabolcs. — Conquête de Grosswardein par Seïd Ali. — Expédition des Tatares et des Cosaques en Russie. — Ambassades cosaque, russe, polonaise, algérienne et anglaise. — Incendie, peste et famine. — Constructions sur le Don et le Dnieper. — Mosquées de la sultane Walidé et de Kœprilü.

L'appel à la prière, *Dieu est grand!* retentissait du haut des minarets, au moment où Kœprilü Mo-

hammed reçut des mains du Sultan le sceau de l'empire. La nomination de Kœprilü fut généralement désapprouvée ; ni la cour, ni la ville ne prévoyaient alors la future grandeur de cet homme d'État, qui devait raviver l'éclat de la puissance pâlissante de l'empire. « C'est un ignorant, disaient les oulé-
» mas, qui ne sait ni lire ni écrire. — C'est un in-
» capable, disaient les agas, qui s'est laissé battre
» et faire prisonnier par le rebelle Wardar. — C'est
» un pauvre diable, disaient les dignitaires de la
» chancellerie, qui ne saura remédier en rien aux
» désordres financiers du gouvernement. » Tout le monde se plaignait que le Sultan eût choisi un vieillard faible, amoureux du repos, sans caractère, sans fortune, au moment où la révolte se déchaînait à l'intérieur, où la guerre ensanglantait les frontières, et lorsqu'il eût fallu un homme d'un grand courage et d'une grande habileté pour sauver le vaisseau de l'Etat des tempêtes qui menaçaient de l'engloutir ; mais Kœprilü avait été méconnu jusqu'alors, et n'avait pas encore manifesté ses hautes qualités gouvernementales. Il n'entra pas aux affaires dans toute la plénitude de sa force, comme Sokolli, mais seulement à l'âge de soixante-dix ans ; il ne régna pas, comme lui, sous trois Sultans, mais seulement pendant cinq années. Et cependant ce court espace de temps lui suffit non seulement pour marquer sa place dans l'histoire comme un grand homme d'État, mais encore pour fonder la grandeur de sa maison. En effet, il transmit par héritage le grand-vizirat à son

fils, tandis que Sokolli vit sa puissance s'éteindre dans le sang de son neveu, gouverneur d'Ofen, tué par la main du bourreau. Mohammed Kœprilü, fils d'un Albanais [1] émigré en Asie-Mineure, a tiré son nom de Kœprilü du lieu de sa naissance, la ville de Kœpri, située à six lieues de Merzifoun, à douze d'Amassia, au pied de la montagne de Taschan, entre deux petites rivières qui se jettent dans le Kizil-Ermak (Halys). Un pont de bois ayant été construit sur l'une de ces rivières, la ville changea son ancien nom de *Kara-kedé* (claie noire) contre celui de *Kœpri* (pont); mais à dater de la puissance des Kœprilü, elle s'appela *Vizir-Kœpri*. Treize mosquées, plusieurs khans, bains, cloîtres et seraïs [2], et quarante villages relevant de la juridiction de Vizir-Kœpri, témoignaient assez de l'état florissant de cette ville, qui comptait alors six mille familles et n'en a guère maintenant que deux ou trois mille. Les productions du sol étaient des poires, des raisins et des pommes; celles de l'industrie, des manufactures de teinture, de laine et de toile; le port de Bafra, distant d'une petite journée de marche, à l'embouchure de l'Halys, servait d'entrepôt aux riches

[1] Kœprilü était Albanais et non Français, comme l'ont si long-temps dit les historiens européens, sur la foi d'un ouvrage intitulé : *Histoire des Grands-Vizirs Mahomet Koprogli Pascha et Ahmet Koprogli Pascha, celle des trois derniers Grands-Seigneurs, de leurs Sultanes et principales Favorites, avec les plus secrètes intrigues du Serail et plusieurs autres particularités des guerres de Dalmatie, Transylvanie, Hongrie, Candie et Pologne.* Paris, 1676.

[2] Les principaux sont ceux du sultan Moustafa, d'Yousoufaga, un autre élevé par un riche janissaire et par un contemporain de Kœprilü, et ceux construits par Kœprilü lui-même et par Abaza Hasan.

négocians de Vizir-Kœpri. Le château, situé au sommet d'une montagne escarpée et qui domine toute la contrée, avait été construit cinquante ans avant Kœprilü et Ewlia, pour tenir en bride les fugitifs de Keresztes, qui, pour se dérober aux poursuites de la Porte, avaient levé l'étendard de la révolte dans les montagnes de l'Halys. Dans sa jeunesse, aide de cuisine, puis cuisinier dans le seraï, il était devenu à vingt-cinq ans payeur du grand-vizir Khosrew, et s'était élevé, sous le grand-vizir Kara Moustafa, à la dignité de grand-écuyer; depuis il avait été nommé successivement gouverneur de Damas, de Tripoli et de Jérusalem, et vizir de la coupole; mais ayant dû accepter plus tard l'insignifiante investiture du sandjak de Gustendil, il était retourné au lieu de sa naissance, avait ensuite marché contre Wardar-Pascha, qui l'avait fait prisonnier, et avait été délivré par Ipschir, ainsi que nous l'avons raconté plus haut. Ipschir, pendant son grand-vizirat, lui conféra le gouvernement de Tripoli; mais avant même qu'il pût entrer en fonctions, il en fut dépossédé par le successeur d'Ipschir, et se retira dans sa ville natale. Mohammed-Pascha au cou courbé l'engagea à le suivre dans son voyage de Damas à Constantinople; mais jugeant bientôt qu'il avait en lui un rival dangereux, il mit tout en œuvre pour l'éloigner. Cependant Mohammed Kœprilü n'intrigua pas pour obtenir le grand-vizirat; mais, cédant aux instances de ses amis, qui savaient apprécier sa valeur et qui devinaient en lui le sauveur de l'empire, il consentit à prendre en main l'administration, sous la condition que ses rapports seraient approuvés par le Sultan immédiatement après leur présentation; qu'il conférerait les emplois comme bon lui semblerait, sans avoir égard à aucune espèce de recommandations, et qu'il distribuerait à son gré les peines et les récompenses; qu'il n'y aurait pas d'influence de grands ou de favoris rivale de la sienne, et que le Sultan accepterait toutes ses mesures avec une aveugle confiance.

Le Sultan avait ordonné la confiscation des biens du grand-vizir déposé, Mohammed au cou courbé, et l'avait condamné à mort; mais il lui fit grâce de la vie, sur l'intercession de Mohammed Kœprilü, qui lui assigna, pour le peu de jours qui lui restaient à vivre, les revenus du gouvernement de Kanischa. L'ancien deftertar Sadjbaghi Mohammed-Pascha avait racheté sa vie au prix de cent cinquante bourses; mais il ne put jouir de son pardon qu'un jour, car il mourut le lendemain des suites de la peur que lui avait causée la prévision de son supplice. Huit jours après l'élévation de Kœprilü au grand-vizirat (22 septembre 1656 — 3 silhidjé 1066), à l'heure où les minarets retentissaient de l'appel à la prière, les rigides orthodoxes, partisans fanatiques de Kazizadé, espérant pouvoir, sous l'administration d'un vieillard, continuer leurs persécutions contre les soffis et les derwischs dansans, se rassemblèrent dans la mosquée de Mohammed II; ils résolurent de détruire tous les cloîtres de ces ordres, d'en forcer les membres à la confession de la vraie foi, de tuer tous ceux qui s'y refuseraient, de ne laisser subsister qu'un minaret dans chaque mosquée, en supprimant tous les autres comme un luxe inutile; de condamner comme de coupables hérésies l'usage des vaisselles d'or et d'argent, des habits de soie, du tabac, du café et de l'opium, le chant des hymnes, les danses au son du tambour et de la flûte; en un mot, de vouer à la damnation tous ceux qui ne partageraient pas les doctrines de Kazizadé, et d'infliger à ceux qui persisteraient dans leur hérésie toutes les punitions temporelles qui seraient en leur pouvoir (22 septembre 1656) [1]. La nuit qui suivit ce rassemblement, toute la ville fut en émoi; les étudians des colléges, dont les recteurs et les professeurs étaient orthodoxes, s'armèrent de bâtons et de couteaux, attirèrent à eux les marchands et leurs esclaves, et se rendirent tumultueusement à la mosquée de Mohammed II, poussant des cris menaçans contre les derwischs mewlewis, khalwetis, djelwetis et schemsis[1]. A la nouvelle de ces désordres, le grand-vizir envoya un message aux scheïkhs prédicateurs, fauteurs de tous ces troubles, pour les exhorter à rentrer dans l'ordre; mais cette démarche étant restée sans résultat, il adressa au Sultan un rapport dans lequel il lui représenta la nécessité d'anéantir les rebelles. Les sentences de mort signées par Mohammed contre les auteurs des troubles, furent commuées par Kœprilü en ordres de bannissement: Oustouwani, Turk Ahmed, Diwane Moustafa et quelques autres, furent immédiatement embarqués pour Chypre.

---

[1] L'ordre de ces derniers fut fondé, au commencement de ce siècle, par le scheïkh Schemseddin Siwasi.

Aussi long-temps que du haut de leurs chaires les scheïkhs ne lancèrent que de sots blasphèmes contre les réformes et les innovations du grand-vizir, le gouvernement se tint tranquille, laissant le soin au bon sens public de faire justice de la barbarie de ces fanatiques et de rendre ridicules les efforts qu'ils faisaient pour bannir toute civilisation. C'est ainsi qu'un jour un des assistans demanda au prédicateur Ahmed, surnommé, à cause de sa grossièreté, *Turk* : « Pourquoi ne défendez-vous pas aussi, comme une innovation, de porter des pantalons ? — Un véritable musulman, répliqua le barbare, peut en effet se passer de pantalons et n'a qu'à se couvrir d'un tablier. — Mais, interrompit son interlocuteur, les peignes et les cuillers sont aussi des innovations. Que proposez-vous à leur place ? — Nous les ferons disparaître également ; servez-vous de vos doigts comme peignes et de vos mains pour cuillers, etc. » Ce Turk Ahmed n'était qu'un moine mendiant ; mais les prélats du parti ne pratiquaient guère l'austérité des principes qu'ils prêchaient. Les jeunes garçons qu'ils entretenaient portaient sous leurs vêtemens grossiers d'autres habits d'étoffe de soie brodée, et déployaient un grand luxe dans leur intérieur. Un de ces sévères moralistes, à qui le fils de Fakhreddin, Maanzadé, demanda comment il conciliait les plaisirs voluptueux défendus par la loi avec ses prédications contre l'usage de l'argenterie, de la soie, contre la musique et la danse, fit cette réponse : « Pour qu'un péché puisse s'expier, il faut qu'il ait procuré

» une jouissance réelle, telle que la procurent les fem-
» mes, les garçons, les dés et le vin; mais l'usage de
» l'argent et de la soie, la musique et la danse, ne
» donnent aucun plaisir sensuel; du reste, cette absti-
» nence n'est bonne que pour le peuple, et l'homme
» considéré comme pieux et saint peut en secret se
» livrer à toute sorte de plaisirs. » Ce tableau des
mœurs, que nous a laissé l'historien Naïma sur son
époque, prouve qu'en Orient comme en Occident,
les hypocrites sont toujours les mêmes.

Mohammed Kœprilü avait déjà soumis au Sultan deux rapports pour demander sa signature à des sentences de mort; il est vrai qu'il commua ensuite la peine capitale en bannissement; d'un côté, sa sévérité avait pour but d'essayer le degré de sa puissance; de l'autre côté, il voulait endormir par son indulgence les terreurs secrètes de la sultane Walidé qui, au nom du Sultan, avait juré les quatre conditions posées pour son acceptation du grand-vizirat. Il espérait encore, par cette même indulgence, obtenir d'autant plus facilement le consentement de la sultane Walidé à une troisième proposition, celle de l'exécution de son protégé, l'ancien defterdar Karagœz Mohammed-Pascha. Le rapport lui ayant été renvoyé avec la signature du Sultan, la sentence fut exécutée sur l'heure (7 octobre 1656 — 18 silhidjé 1067). Abaza Ahmed-Pascha, compatriote du kapitan Kenaan-Pascha, et dont la faiblesse avait été une des principales causes de la défaite de la flotte près des Dardanelles, comptant sur la protection spéciale de la sultane Walidé, n'avait pas craint de venir à Constantinople ; à son arrivée, il fut mis à mort. Cette nouvelle exécution jeta la terreur parmi tous les protégés de la sultane-mère. Le vieux moufti Hanefi fut destitué (11 novembre — 23 moharrem) et sa place donnée à Balizadé, homme érudit et auteur de plusieurs commentaires sur des ouvrages de jurisprudence et sur la tradition [1]. Le defterdar Diwrighi Mohammed-Pascha, poursuivi à coups de pierres par les troupes qui avaient brisé les vitres de sa maison, parce qu'il n'avait pu payer leur solde en entier, vint tout tremblant porter ses plaintes au grand-vizir. Celui-ci, bien qu'irrité de ce désordre, lui dit en souriant : « Les choses marchent » ainsi ; connais-tu si peu les affaires de ce monde? » Combien de fois les defterdars tes prédécesseurs » n'ont-ils pas vu briser leurs vitres ! Ils en ont été » quittes pour passer deux ou trois fois chez le vi- » trier et pour en acheter d'autres. Jusqu'à ce que » Dieu nous fasse la grâce de faire tout rentrer dans » l'ordre, nous devons prendre patience. » Mais comme le defterdar paraissait peu disposé à attendre jusque-là, Kœprilü nomma le lendemain à sa place le baschbakikouli Ahmedaga. Khalilaga, chef de la première chambre, qui jouissait de la faveur particulière du Sultan, fut éloigné du seraï avec une pension journalière de deux cents aspres, et remplacé

---

[1] Il laissa un commentaire sur le *Kenz*, des gloses marginales au commentaire du *Miftah*, un commentaire sur la *Borda*, une traduction et un commentaire sur les traditions. Voyez sa *Biographie*, dans Ouschakizadé, la 175e.

par Gourd Sefer, aga du seraï de Galata. Le kapitan Sidi Ahmed-Pascha, un des vizirs les plus influens, et que ses amis du harem avaient voulu élever au grand-vizirat, reçut ordre de se mettre sur-le-champ en route pour prendre possession du gouvernement de Bosnie et du commandement en chef des troupes cantonnées dans cette province. Il eut pour successeur, dans le commandement supérieur de la flotte, le gouverneur destitué de Temeswar, Mohammed-Pascha le boiteux (12 décembre 1656 — 24 sâfer 1067). L'ambassadeur persan, Pir Ali, porteur d'une lettre dans laquelle le schah protestait de son désir de voir la paix maintenue entre les deux empires, offrit au Sultan quelques traits de mulets et un éléphant. Le jour de son audience de congé, le grand-vizir lui donna un festin splendide à Eyoub, dans le jardin d'Yousouf-Pascha, et nomma pour l'accompagner en Perse, en qualité d'ambassadeur, Ismaïlaga (30 décembre — 13 rebioul-akhir). Le Sultan envoya au schah deux chevaux arabes de noble race, dont l'un avait des harnais enrichis de pierres fines, et quelques ballots de magnifiques étoffes et de drap fin d'Europe. Ismaïlaga les présenta au schah Abbas II dans sa capitale d'Isfahan, et revint à Constantinople après un séjour de trois mois à la cour de Perse. Quatre mois plus tard, le Styrien Simon Reninger, résident impérial, introduit à l'audience solennelle du grand-vizir et du Sultan, remit les lettres de créance de Léopold Ier, nouvellement élu empereur d'Allemagne. Malgré la paix qui existait entre les deux empires, les plaintes contre les ravages commis sur les frontières continuèrent sans interruption de part et d'autre. Trois années avant l'arrivée de Reninger à la Porte, les Turcs, forts de quatre mille hommes, avaient poussé une incursion jusqu'à Radkersbourg, appartenant au prince d'Eggenberg ; une autre troupe avait massacré, près de Neuhæusel, soixante-quatre heiduques ; ce qui n'empêcha pas le pascha d'Ofen d'envoyer des tschaouschs au feld-maréchal comte de Puechhaïm, à Vienne, pour se plaindre des incursions de Bathyany et Forgacs, et des brigandages commis par les hussards et les heiduques entre Komorn et Gran. Le jour de l'audience du résident impérial, les ambassadeurs de Transylvanie et de Suède furent également admis en présence du Sultan. Le roi de Suède, Charles Gustave, demanda par son ambassadeur, Claude Sohalam, le même qui avait conclu au nom de son maître l'alliance avec la Transylvanie et les Cosaques, que la Porte donnât au khan des Tatares l'ordre d'envahir les provinces méridionales de la Russie, tandis que les Suédois attaqueraient celles du nord [1]. Charles Gustave était alors en guerre avec la Pologne ; Kœprilü lui fit répondre : « Que la Porte agréerait son » amitié aussitôt qu'il aurait fait sa paix avec la Polo» gne. » Un mois plus tard, une nouvelle ambassade suédoise, composée de Liliencron et de Gotthard Wellig, auxquels s'étaient joints, de la part de Rakoczy, François Szepessi et Nicolas Tordaï, fit son entrée à

---

[1] *Rapport* de Reninger, dans les Archives de la ville. La lettre du roi au Sultan est datée du 23 septembre 1656.

Constantinople; elle était chargée comme la précédente d'exciter les Ottomans contre la Pologne. Le drogman de la Porte, le vieux Soulfikar, ne pouvant pas traduire la lettre latine du roi de Suède, fut remplacé par l'interprète impérial, Panajotti Nicusi [1]. L'ambassadeur polonais, Nicolas de Leszczye Jaskolski, pour déterminer le grand-vizir à rompre avec la Russie, insinua à la Porte que le czar avait le projet de soulever contre l'empire ceux de ses sujets qui professaient la religion grecque. Cette intrigue n'eut aucune suite; cependant Jaskolski eut la satisfaction de voir conduire dans les Sept-Tours les envoyés transylvaniens, François Tordaï, Etienne Tessaï et Jean Harsanyi, en partie à cause du retard apporté au paiement du tribut, en partie à cause de l'alliance que Rakoczy avait conclue avec les Suédois et les Cosaques contre la Pologne, contrairement aux ordres du Sultan. Les députés suédois, craignant le même sort, s'empressèrent de conjurer l'orage par un présent de cinq cents ducats fait au grand-vizir. Wellig mourut peu de temps après, et Liliencron fut renvoyé sans réponse [2] (15 août 1657). Loin de se laisser intimider, Rakoczy gagna à ses intérêts les voiévodes de Moldavie et de Valachie, mais cette alliance fut aussitôt rompue que conclue. Constantin Scherban, prince de

---

[1] On lit dans la lettre du roi : *Confidimus fore ut omnia et singula pensitentur et nobis pro nostra et rei necessitate respondeatur.* Rapport de Reninger du 12 juin 1657.

[2] *Historia belli Cosacco-Polonici autore Grondski.* Pestini, 1789, p. 408 et 409.

Valachie, qui avait commencé son règne par faire couper le nez à son rival au trône, Dikoghli, et par faire pendre Chrice qui lui disputait la principauté, réclama de Rakoczy huit mille ducats que celui-ci avait empruntés de Mathias Bessaraba. Rakoczy paya la somme; mais, pour se venger, il souleva contre Scherban les milices (seïmes) du pays; par la suite, il se ligua de nouveau avec lui contre la Pologne et l'abandonna. Lui-même, abandonné par les Moldaves et les Cosaques, fut battu par les Polonais, et destitué par la Porte. Les États transylvaniens nommèrent à sa place François Rhédei, qui, pour faire sanctionner son élévation, envoya aussitôt Sigismond Banfi au pascha d'Ofen, et François Keresztesi à Constantinople; mais tous deux échouèrent dans leur mission.

Une nouvelle rébellion était sur le point d'éclater, lorsque la vigilance du grand-vizir la prévint. Kœprilü avait appris, par les nombreux espions qu'il entretenait dans toutes les provinces de l'empire, que les rebelles, auteurs de l'événement du Platane et du pillage du trésor de la famille de Hasandjan (Seadeddin), s'agitaient en tous sens et n'attendaient qu'une occasion pour se soulever. Ils crurent avoir trouvé cette occasion dans l'éloignement des affaires de Sidi Ahmed-Pascha, dont ils demandaient impérieusement la nomination comme grand-vizir, ou du moins la réinstallation comme kapitan-pascha. Kœprilü s'étant rendu chez le moufti, lui demanda un témoignage écrit qui déclarât légaux tous les actes de son administration. Le moufti signa l'écrit dressé par le reïs-efendi Schamizadé, et, le remettant entre les mains du grand-vizir, il lui demanda d'un air étonné : « Mais à quoi cela » peut-il vous servir? — A m'assurer de votre fidélité, » lui répliqua Kœprilü; j'ai voulu qu'un écrit de votre » main témoignât en ma faveur auprès du Sultan, » dans le cas où mes adversaires essaieraient de vous » gagner, comme tant de vos prédécesseurs, à leur » parti. » Le moufti lui jura de nouveau qu'il ne cesserait de le seconder avec franchise et de tout son pouvoir dans ses mesures de réforme. En quittant le moufti, Kœprilü se rendit chez le scheïkh des janissaires, Kara Hasanzadé : le vieux Houseïn, qui déjà avait aidé les précédens grands-vizirs à s'emparer des auteurs de l'événement du Platane, lui promit également sa coopération pour étouffer la révolte naissante. Kœprilü appela à un conseil secret l'aga et le lieutenant-général des janissaires, ainsi que les principaux officiers de leur état-major, et après avoir reçu d'eux le serment de leur sincère coopération pour le rétablissement de la tranquillité publique, il fit annoncer un grand conseil pour le matin du jour suivant. Pendant la nuit, et pour prévenir les troubles qu'on craignait de voir éclater, le grand-vizir, accompagné de l'aga des janissaires, fit lui-même la ronde dans toute la ville. Le lendemain, vendredi 5 janvier 1657 (19 rebioul-ewwel 1067), au moment où les vizirs, les émirs, les agas et les oulémas se trouvèrent tous réunis, un messager leur remit cet ordre de l'empereur : « Depuis » mon avènement au trône, les sipahis n'ont cessé de » dépasser les bornes de l'obéissance, de fouler aux

» pieds la gratitude qu'ils me doivent, et de se jouer
» de l'honneur de l'empire. En conséquence, nous
» avons chargé notre grand-vizir de les anéantir, ce
» qui pour l'instant est l'affaire la plus importante
» pour le maintien de la foi et de l'État. Que les bien
» intentionnés prêtent leur secours à mon grand-vizir
» afin de punir les méchans, et ils seront l'objet de
» mes meilleurs vœux. » L'assemblée dit que de jour
en jour elle avait attendu la punition des fauteurs de
troubles, et qu'elle remplirait fidèlement les ordres du
Padischah. Sur le rapport envoyé au seraï, et qui fit
connaître au Sultan les dispositions favorables des principaux dignitaires, Mohammed leur envoya ces lignes :
« Les chefs des rebelles doivent être saisis et mis à
» mort. »

Ce même jour, le silihdar déposé, Ahmedaga, le kiaya des djebedjis, Khalilaga, le grand-chambellan, Khasseki Moustafaaga, et soixante de leurs adhérens furent décapités devant l'Alaïkœshk, sur la place même où le Sultan avait reçu des mains des rebelles la liste de proscription, et avait dû assister à la strangulation des deux eunuques gouverneurs de la cour. Les deux khans situés près de la nouvelle mosquée, autrefois le séjour des ambassadeurs chrétiens, et depuis le quartier-général des rebelles, furent occupés par la force armée; la nuit où le grand-vizir et l'aga des janissaires firent ensemble leur ronde dans la ville, ils se saisirent de ceux des janissaires, des sipahis, des djebedjis, des topdjis, connus pour être des artisans de troubles, et firent jeter leurs corps dans la mer, pour servir de pâture aux poissons, suivant l'expression de l'historien de l'empire [1]. Vingt recéleurs d'objets volés dans la dernière révolte furent exécutés sur l'hippodrome; la tête du defterdar de Bosnie, Alagœz, fut envoyée d'Andrinople à la capitale; Sournazen Moustafa-Pascha mourut de mort naturelle dans son gouvernement d'Erzeroum. L'ancien silihdar Siawousch-Pascha, comptant sur la protection du seraï, avait refusé, malgré des ordres formels, de se rendre dans la province dont l'administration lui avait été confiée; Kœprilü adressa un rapport au Sultan pour lui représenter les dangers d'un pareil exemple, et lui demander la mort du coupable. Le consentement impérial s'étant fait attendre par suite des intrigues des favoris, le grand-vizir se présenta devant le Sultan, tenant le sceau d'une main, et prêt à le lui remettre, puisque, contrairement aux conditions stipulées, son rapport n'avait pas été ratifié sur-le-champ. Mohammed lui dit : « Je t'abandonne la punition de tous » ceux qui se mêleront de tes affaires; fais comme tu » l'entends. » Par déférence pour le Sultan, Kœprilü fit provisoirement grâce de la vie à Siawousch, et attendit quelques mois avant de bannir les favoris qui prétendaient exercer une influence sur la marche du gouvernement; mais, ce terme expiré, il éloigna du seraï ses adversaires les plus influens, le teneur de l'étrier, Anber Moustafa, l'aga du turban, Gourdji Ibrahim, le grand-écuyer Omer, et le silihdar Moustafa, en leur

---

[1] *Lascheleri nefakaï kaïwanati derya oldi.* Naïma, p. 610.

donnant des emplois ou des pensions. Le scheïkh maure, Salim, hypocrite enthousiaste, dont nous avons déjà signalé l'impudence, s'étant permis des murmures sur une diminution de sa pension, fut étranglé d'après l'ordre de Kœprilü, et jeté à la mer par le bourreau Soulfikar, qui avoua par la suite à ses amis qu'il avait ainsi livré secrètement aux flots du Bosphore plus de quatre mille victimes. Un pareil traitement infligé à un scheïkh, l'oracle du peuple de Constantinople, faisait suffisamment pressentir la sévérité qui serait déployée contre le patriarche grec accusé de trahison. Kœprilü intercepta une lettre de ce dernier au voïévode de Valachie, Constantin Bessaraba, dans laquelle on remarquait le passage suivant : « L'Isla» misme approche de sa fin ; la foi des chrétiens va » bientôt régner partout en souveraine ; bientôt tous » les pays seront entre les mains des chrétiens, et les » seigneurs de la croix et des cloches seront les sei» gneurs de l'empire. » Kœprilü fit comparaître devant lui le patriarche, et le questionna sur le sens de sa lettre ; celui-ci répondit que tous les ans il écrivait des circulaires semblables pour exhorter les fidèles à l'aumône ; mais cette interprétation ne l'empêcha pas d'être pendu à la porte de Parmakkapou. Ce fut le troisième patriarche exécuté, bien qu'il fût peut-être aussi innocent que le clergé grec qu'on avait accusé d'avoir poussé ses co-religionnaires à se mêler aux rebelles lors des derniers troubles, en prétendant qu'un grand nombre d'entre eux avaient porté des bonnets de janissaires et des dolmans bleus. Une enquête ordonnée par le grand-vizir pour vérifier cette accusation amena la découverte de quarante à cinquante bonnets et dolmans, mais qui appartenaient au détachement de janissaires commis à la garde du patriarchat.

Kœprilü, qui s'était attiré les malédictions du peuple par les supplices du scheikh Salim et du patriarche, voulut, précisément pour cette raison, organiser un service de prières publiques, et cela d'autant plus que l'époque de l'ouverture de la campagne était arrivée. Il approuva fort la proposition que lui soumit un scheikh de Kastemouni, nommé Mohammed Sadik, de faire réciter mille fois par jour la soure *Feth* (de la conquête). Sur le rapport du grand-vizir, le Sultan choisit cent un pages, qui furent chargés de dire chacun dix fois cette soure dans la mosquée. Il fit rechercher tous ceux de ses pages qui portaient le nom du Prophète : ils étaient au nombre de quatre-vingt-douze, qui reçurent l'ordre de répéter tous les vendredis quatre-vingt-douze fois la soure *Feth*. L'historien de cette époque, le grand-cafetier Mohammed Khalifé, fils du Bosnien Houseïn, faisait partie des quatre-vingt-douze Mohammed : cette institution resta en vigueur jusqu'au départ du Sultan pour la guerre. Dès ce moment, quarante-un seulement des cent un pages continuèrent à réciter la soure de la conquête.

Le grand-vizir expédia dans toutes les provinces des ordres pour les armemens et la préparation des provisions nécessaires; les étendards impériaux furent plantés devant la porte du seraï, en face des casernes des armuriers. Soixante vaisseaux en construction devaient rejoindre la flotte du kapitan-pascha Topal Mohammed, qui sortit des Dardanelles avec trente-six galères et quatre mahones, avant que les Vénitiens eussent pu former le blocus du détroit (23 février 1657 — 9 djemazioul-ewwel 1067). Sur l'avis des opérations maritimes des Ottomans, le capitaine-général Mocenigo sortit en toute hâte du port de Candie avec dix-neuf galères et seize galéasses; il prit quelques caïques près des îles Spermadori, dans le canal de Khios, et rencontra la flotte turque qui faisait voile vers le canal de Samos. Trois jours après (2 mai 1657), les Vénitiens en vinrent aux mains avec les Barbaresques; ils remportèrent l'avantage, et s'emparèrent de leur vaisseau-amiral. Parmi les prisonniers se trouvaient l'aïdin-tschaousch, qui avait été envoyé de Constantinople à Khios avec de l'argent et l'ordre d'amener les vaisseaux barbaresques au kapitan-pascha, Mohammed, colonel des janissaires, et Houseïn d'Alger, commandant de l'escadre. La perte des Vénitiens s'éleva à cent dix-sept morts et trois cent quarante-six prisonniers : des marchandises d'Égypte d'une valeur de trois cent mille piastres tombèrent entre les mains des vainqueurs. La flotte vénitienne se rendit ensuite devant Sougadjik, dans le golfe de Scala-Nova, et s'empara de la forteresse, dans laquelle se trouvaient trente canons qui presque tous étaient ornés du lion de Saint-Marc, et avaient été transportés de Chypre à Sougadjik après la conquête de l'île. Ainsi le capitaine-général avait pris en moins de deux mois quarante-quatre vaisseaux turcs et une place forte sur les rives asiatiques [1]. Les succès des Vénitiens et l'avortement de la tentative des Ottomans sur Spalato [2] trouvèrent une sorte de compensation dans la victoire que remportèrent en Crète les troupes de la Porte sur celles de Venise, victoire qui fut décidée en partie par la brillante valeur de Katirdji Mohammed [3]. Pour venger les derniers échecs de la flotte, le grand-vizir fit équiper dix-neuf galions, dix mahones, treize galères, une baschtarde (vaisseau-amiral), et envoya dans les Dardanelles, sous les ordres de Schemsipaschazadé, cent cinquante galères et frégates, montées par deux ou trois mille janissaires et deux mille volontaires, qui s'étaient enrôlés sous la condition qu'après la campagne ils seraient incorporés dans les sipahis et les silihdars. Le 6 juin (23 schâban), le Sultan donna à Kœprilü le commandement en chef de l'expédition, attacha à son turban deux panaches de héron retenus par des agrafes de diamant, le revêtit de deux

---

[1] Voyez, sur la bataille des Dardanelles, 1° *Lettera di raguaglio del combattimento tra l'armata veneta e turca ai Dardanelli sotto Lazaro Mocenigo nei di 11, 18 et 19 Luglio 1657*. Venet. 1657; 2° *Lettera di raguaglio della citta e fortezza di Suazich fatta dalle armi venete sotto Lazaro Mocenigo nei di 18 Maggio 1657*. Venet. 1657.

[2] *Spalato sostenuto contra l'Ottomana Potenza l'anno 1657 sotto gli auspicii della Seren. Rep. di Venezia con l'assistenza del S. Angeolo Orio Conte e Proveditore di Lesina da Giov. Giorgio Nicolini*. Venet. 1655.

[3] Naïma, II, p. 615, convient d'une perte de mille braves qui, dit-il, ont bu le vin du martyre; mais il ajoute « que plus de dix mille cochons » infidèles ont pris le chemin de l'enfer; » ce qui est peu vraisemblable, puisque les historiens vénitiens ne font aucune mention de ce combat.

kaftans, l'un sans fourrure, l'autre doublé de zibeline, et lui remit l'étendard sacré entre les mains. Le grand-vizir quitta son camp de la prairie de Tscherpedji, située devant la porte de Siliwri, et se rendit par terre aux Dardanelles avec les janissaires, les six escadrons de cavalerie régulière et les feudataires. A la première station, à Karakaldürün, il fit une revue de ses troupes, et conféra les emplois des tschaouschs absens à des mouteferrikas et à des saïms. Au bout de cinq jours, il arriva à Gallipoli, et passa sur le rivage asiatique, où il établit son quartier-général dans le château des Dardanelles. Des batteries furent dressées des deux côtés de l'Hellespont, en Europe à Soghanlidéré, en Asie près du village du Petit-Kipos. La flotte vénitienne vint, de son côté, jeter l'ancre sur les rivages européens entre le village du Grand-Kipos et la baie de Kafirboudjaghi. Tscherkes Osman-Pascha prit le commandement de l'escadre ottomane à la place du kapitan-pascha. Le 17 juillet (5 schewal), les deux armées navales en vinrent aux mains : sept mahones ottomanes engagèrent l'action ; une fut prise, trois eurent leurs équipages tués ou furent démâtées, et les trois autres, montées par des janissaires, s'enfuirent. Les janissaires débarquèrent dans la baie de Kafirboudjaghi, et assistèrent tranquillement au combat. Le beg d'Alaïyé, Mohammed le Petit, se jeta avec cinquante ou soixante hommes dans deux caïques, attaqua quatre mahones ennemies qui traînaient à leur suite la mahone turque, et leur enleva cette proie grâce à des prodiges de valeur. Kœprilü, qui du rivage avait été témoin de la lâcheté des janissaires, s'embarqua pour la baie Kafirboudjaghi, et les détermina non sans peine à remonter sur leurs vaisseaux. Les escadres maltaises et florentines, étant entrées dans le détroit, renouvelèrent l'attaque; dix-sept galères turques cherchèrent à se réfugier sous les canons du château d'Asie, près du Petit-Kipos; quinze autres, auxquelles les ennemis coupèrent le chemin, se dirigèrent sur le Grand-Kipos, où leurs équipages descendirent. Le grand-vizir ordonna à ses troupes de faire feu sur les fuyards, dont huit cents tombèrent sur le rivage. Il fit dresser immédiatement des batteries pour protéger la partie de la flotte qui s'était retirée près du Grand-Kipos. Les dix-sept galères, qui avaient fait force de rames et de voiles vers le Petit-Kipos, furent poussées par le vent contraire beaucoup plus bas sur la côte asiatique, et jetèrent l'ancre près du château de Koumtourni, où, protégées par des batteries établies sur le rivage, elles résistèrent le jour suivant à une nouvelle attaque des ennemis. Le troisième jour après le combat, le vaisseau-amiral monté par Mocenigo, et pavoisé de tous les pavillons des différens États qui avaient envoyé leurs escadres à la flotte vénitienne, passa, une heure avant le coucher du soleil, toutes voiles déployées, devant le château de Koumtourni; le canonnier Kara Mohammed pointa une des pièces de gros calibre avec tant d'habileté, qu'il atteignit la poudrière du vaisseau-amiral et le fit sauter en l'air; pendant une heure, le canal fut obscurci d'un nuage de fumée, qui, lorsqu'il fut dissipé, laissa voir les mille débris du navire épars sur les flots : les Turcs accoururent pour s'emparer du drapeau et du fanal de l'amiral ; mais le chevalier Avogaro, de Trévise, leur arracha ces trophées, ainsi que les pavillons, les registres, la caisse et le cadavre de Mocenigo, celui de Francesco, frère et lieutenant de l'amiral, et sauva trois cent cinquante-sept soldats et marins. Ce fut ainsi que, par le seul fait d'un canonnier, la défaite des Ottomans fut changée en une victoire inespérée.

Kœprilü ne se dissimula pas que la défaite de la flotte était due à la lâcheté des janissaires, et il songea à punir les fuyards en même temps qu'à récompenser le canonnier dont l'habileté avait causé l'explosion du vaisseau-amiral et décidé la victoire. Il avait pour principe de récompenser les actes de bravoure, mais il pensait avec raison qu'on ne doit pas dissimuler les fautes des favoris en leur accordant des récompenses imméritées dans le but d'égarer l'opinion sur leur compte, et de pallier les suites des mauvais choix qu'on a faits soi-même. Il fit venir devant lui le jeune Mohammed, qui avait repris aux Vénitiens la mahone capturée; lorsque ce dernier fut introduit : « Viens, » mon faucon royal, lui dit-il; que le pain du Padi- » schah soit ta légitime nourriture; que Dieu récom- » pense les vaillans et les zélés tels que toi ! » Et il lui baisa le front et les yeux, fixa à son turban deux riches panaches, ôta son propre kaftan pour l'en revêtir, et lui donna une bourse d'or pour la distribuer à ses compagnons d'armes. Il reçut également le canonnier dont les coups habilement dirigés avaient fait sauter le vaisseau-amiral, lui conféra une place de sipahi avec soixante-dix aspres de revenu quotidien, et lui fit présent de cent ducats et d'un vêtement d'honneur; il récompensa de même les autres braves qui s'étaient distingués dans le dernier combat. Ferhad-Pascha, qui avant même le commencement de l'action s'était enfui sur le rivage et avait brûlé son vaisseau, fut atteint par les volontaires envoyés à sa poursuite, et immédiatement mis à mort. Le lieutenant-général des janissaires et sept colonels de cette milice, qui les premiers avaient donné l'exemple de la fuite, furent étranglés derrière la tente du grand-vizir, et leurs cadavres jetés dans la mer. Kœprilü fit décapiter le beglerbeg de Siwas, Tscherkes Osman-Pascha, dont les fautes avaient eu des suites désastreuses pour la flotte. Le capitaine Sipahizadé-Mohammed, qui avait eu sa mahone brûlée par l'ennemi, le capitaine Poussoladji-Mohammed, le capitaine des galères, Kasim, furent pendus pour l'exemple. L'aga des janissaires Sohrab, ancien ami du grand-vizir, perdit, sinon la vie, du moins sa place, à laquelle fut nommé le chambellan Alikhodja, qui se trouvait alors au camp. Pour réparer le plus tôt possible les pertes éprouvées, Kœprilü envoya les ordres les plus pressans à Constantinople et dans les provinces. Quatre semaines après la bataille, il partit des Dardanelles, et vint camper à l'embouchure du fleuve Tschaïbaschi, près du vieux Istamboul (Alexandria Troas), en vue de Ténédos (14 août 1657 — 4 silkidé 1067). Le kapitan-pascha, qui craignait que sa dignité ne pût le soustraire aux rigueurs du grand-vizir, différait de jour en jour de se rendre auprès de lui, malgré les invitations réitérées qu'il en avait reçues; pour se dérober à sa vengeance, il avait déjà formé le projet, avec les capitaines de la flotte, de se réfugier à Alger, Tunis ou Tripoli. Kœprilü, en ayant été instruit, leur envoya des lettres flatteuses pour les tranquilliser; le kapitan-pascha crut pouvoir dès lors aller à Behram auprès du grand-vizir, qui lui fit en effet l'accueil le plus gracieux. Kœprilü ordonna les préparatifs nécessaires pour s'emparer de Ténédos; il rassembla à Tschakmak, sur la rive asiatique, trois mille sipahis, à qui on promit un supplément de paie de cinq aspres par jour après la conquête de l'île; il réinscrivit également sur les rôles de l'armée deux mille janissaires, djebedjis et topdjis, et les mit sous les ordres de Kourt-Pascha. Il aborda lui-même à Ténédos le 25 août (15 silkidé), et campa dans la vallée de l'Aqueduc (Kemer Deresi), derrière la vallée des Moulins (Deghirmen Deresi). Le lendemain, avant le lever du soleil, les tranchées furent ouvertes sur la colline des Sentinelles (Tekfour Baghdjesi). Le 27 août (21 silkidé), un parti des assiégés, qui s'était rendu dans le *jardin de l'Empereur,* au sud de l'île, fut battu par un détachement de deux mille Turcs. La garnison fit une sortie dans laquelle elle perdit cinq cents hommes tués et deux cents prisonniers. Pour mieux enflammer le courage de ses troupes, Kœprilü fit transporter de nuit dans l'île deux grands canons et dix-huit galères chargées de soldats, qui échappèrent heureusement aux poursuites de l'escadre vénitienne. Le 31 août (21 silkidé), sixième jour du siége, les Vénitiens abandonnèrent le château et s'embarquèrent sur leurs vaisseaux, après avoir fait sauter les tours, et avoir encloué les trente à quarante canons qu'ils laissaient dans l'île[1]. On fêta à Constantinople la nouvelle de la victoire par des illuminations qui durèrent trois nuits. Le trésorier impérial, Solak-Mohammed, apporta au grand-vizir, de la part du Sultan, un sabre et un kaftan d'honneur, accompagnés d'une lettre de félicitations. C'est ainsi que Ténédos fut de nouveau incorporé à l'empire, les Vénitiens n'ayant pu garder plus d'un an cette île, sur laquelle ils avaient autrefois exercé leur domination. L'empereur Andronicus avait cédé Ténédos à ses amis les Génois, à l'aide desquels il avait renversé du trône son père Jean Paléologue. Le commandant de l'île, resté fidèle à Jean Paléologue, l'avait remise aux Vénitiens. Les Grecs et les Génois se liguèrent pour la leur enenlever; les Vénitiens résistèrent à cette coalition, mais ils ne tardèrent pas à être forcés d'abandonner leur possession aux Turcs. Ténédos fut une des premières îles de l'Archipel conquises par les Perses, qui, après la défaite des Ioniens devant Lada, en face de Milet, s'emparèrent successivement de Khios et de Lesbos. Par la suite, les Lacédémoniens la dévastèrent, parce qu'elle avait embrassé le parti des Athéniens. Sous les Romains, Verrès la mit au pillage,

[1] Naïma. *Soubdet*, f. 115. Abdi-Pascha. La lettre de Kœprilü au kislaraga et à Mohammed Khalifé sur la bataille des Dardanelles, p. 17; et le *Journal* du drogman Paul Homero, dans La Croix, II, p. 199.

et enleva la statue de Ténès dont elle tirait son nom. A Ténédos, Lucullus battit Mithridate, et l'empereur Justinien établit d'immenses magasins de grains pour l'approvisionnement de Constantinople. Le plus célèbre temple de Ténédos était celui d'Apollon Sminthée, destructeur des taupes, qui figure ordinairement avec une hache sur les monnaies de l'île.

La sévérité avec laquelle Kœprilü avait traité les fauteurs des troubles n'avait pas entièrement dompté l'esprit remuant des troupes, qui avaient mis pour condition à leur tranquillité le paiement de leur solde en bonne monnaie. Malgré l'ordre introduit dans les finances, il manquait trois cents bourses pour faire face aux besoins du trimestre qui allait échoir. Pour combler ce déficit, Kœprilü usa du moyen dont s'était déjà servi un de ses prédécesseurs, Sinan; c'est-à-dire qu'il fit un emprunt au trésor privé, emprunt qui fut garanti par le moufti et les kadiaskers. Grâce à cet expédient, la solde des troupes fut payée; le Sultan exprima sa satisfaction au grand-vizir par le don d'un poignard enrichi de pierreries et d'un kaftan de zibeline (20 juillet 1657 — 8 schewal 1067). Malgré les services qu'il avait rendus à Kœprilü, le moufti Balizadé fut destitué, parce qu'il ne suivait dans ses promotions d'autre règle que son caprice (21 juillet). Non seulement il avait méconnu les lois d'avancement qui règlent les évolutions hiérarchiques des oulémas, mais encore il avait conféré des places de mouderris à de jeunes garçons, et même à des porteurs d'eau ou à des fendeurs de bois. A ceux qui lui conseillaient une conduite plus prudente, il avait coutume de répondre : « Dois-je blesser mes amis et ne pas servir mes » connaissances? On dira ce qu'on voudra ; peu m'im- » porte. » Le grand-juge de Roumilie, Moustafa-Bolewi, fils d'un marchand de Boli, succéda à Balizadé, conformément aux dispositions du kanoun, sa dignité venant immédiatement après celle de moufti. L'ancien kapitan-pascha, Kara Firari Moustafa, qui naguère s'était démis de ses fonctions et avait acheté le gouvernement d'Égypte, partit pour Constantinople, afin de répondre aux plaintes élevées contre lui par ses administrés; le grand-vizir obtint du Sultan sa sentence de mort, que le grand-écuyer fut chargé d'exécuter. Sa haine contre Kara Firari datait de l'époque où, rebelle aux ordres de la Porte, il avait interdit l'entrée de Haleb à son gouverneur, Sidi Ahmed-Pascha; Kœprilü se trouvait alors au camp d'Ahmed. Le grand-écuyer fut donc envoyé à la rencontre du gouverneur d'Égypte, avec une mission officielle qui servait à cacher le véritable but de son voyage; il avait pour le gouverneur de Damas, Tayaroghli-Mohammed, et celui de Haleb, Abaza Hasan, des ordres qui leur prescrivaient de lui prêter la main dans l'accomplissement de sa mission secrète. Firari Moustafa-Pascha apprit, près du pont de Jacob en Syrie, le danger qui le menaçait : il reçut le grand-écuyer avec les égards dus à son rang, mais aussi avec toutes les précautions nécessaires; celui-ci, trouvant son hôte sur ses gardes et ne pouvant dès lors exécuter les instructions qu'il avait reçues, se contenta de lui communiquer son message officiel: Firari Moustafa feignit de croire aux apparences, mais il refusa d'écouter ses amis qui lui conseillaient d'arracher de force au grand-écuyer le ferman portant sa sentence de mort. A son arrivée à Koniah, Firari Moustafa apprit qu'Abaza Hasan était à sa poursuite. Moustafa se réfugia, sous un déguisement, à Constantinople, où il échappa, grâce à une retraite absolue, aux recherches du grand-vizir. Il est à croire que ce fut Abaza Hasan lui-même qui conseilla la fuite à Firari Moustafa; en effet, il arrivait souvent que les vizirs avertissaient secrètement les fonctionnaires disgraciés lorsqu'ils étaient chargés d'exécuter une sentence de mort, et s'excusaient ensuite de n'avoir pu accomplir la mission qui leur était confiée, en feignant d'ignorer le lieu de la retraite des condamnés, ce qui, au jugement de l'historien de l'empire, était une action louable.

De semblables actes de rigueur contre des dignitaires du rang de Firari Moustafa et de Sidi Ahmed-Pascha, et plus encore le supplice d'un grand nombre d'officiers de janissaires, après l'échec des Dardanelles, suscitèrent à Kœprilü un nouvel et dangereux ennemi dans la personne du scheïkh des janissaires, le vieux Kara Hasanzadé Houseïn, qui depuis longtemps avait trempé dans toutes les révoltes. Consulté par la sultane Walidé et le Sultan dans toutes les occasions importantes, par les vizirs toutes les fois qu'il s'agissait de réaliser un projet de quelque gravité, il avait aidé puissamment à la défaite des agas rebelles; puis, de concert avec les agas du harem, il avait pris une part active à la chute d'Ipschir, à l'éloignement de son successeur, Mourad-Pascha, à la nomination de Souleïman-Pascha au grand-vizirat, et, sous Kœprilü lui-même, à la punition des auteurs de l'événement du Platane. Mais il se déclara tout-à-coup l'adversaire de Kœprilü, pensant, d'après l'autorité d'Omer et celle de la tradition, qu'il n'était pas permis de mettre à mort un si grand nombre de confesseurs de la vraie foi, uniquement parce qu'ils avaient pris la fuite dans un combat. Omer avait blâmé un jour les habitans de Jérusalem de ce qu'ils avaient adressé des reproches aux musulmans pour s'être retirés devant un ennemi supérieur en nombre; d'autre part, la tradition dit: *La fuite devant des forces irrésistibles est pour les musulmans une coutume autorisée par le Prophète* [1]. Ce fut sur ces motifs que le scheïkh fonda sa proposition de déposer le grand-vizir; il envoya un de ses confidens, Baki-Tschelebi, au moufti Bolewi, pour lui persuader de rendre un fetwa dans ce sens. Mais, au moment même où le moufti se trouvait jeté dans une étrange perplexité par cette ouverture inattendue, son kiaya vint lui dire que le scheïkh était mort subitement. Kœprilü fut ainsi délivré d'un de ses adversaires les plus dangereux. Le tschobanaga Kasim, ancien kiaya du grand-vizir Tarkhoundji-Ahmed, et depuis segban-baschi, convaincu d'avoir donné au scheïkh Hasanzadé Houseïn les listes des personnes

---

[1] Naïma, II, p. 631. *El firar-mimma la youtake min sünnenil-mourselin.*

exécutées par les ordres de Kœprilü, fut immédiatement mis à mort.

Pendant qu'aux Dardanelles Kœprilü ramenait sous les drapeaux ottomans la victoire qui les avait fuis si long-temps, Sidi Ahmed, Fazli-Pascha et Ali Tschenghizadé, gouverneurs de Bosnie, d'Albanie et de l'Herzegovine, rivalisaient de valeur sous les murs de Zara, de Spalato et de Cattaro, sans qu'aucun d'eux cependant réussît à s'emparer d'une de ces places. Kœprilü fut plus heureux dans son entreprise contre Lemnos; quatre mille braves furent embarqués pour cette île, sous le commandement du kapitan-pascha Topal-Mohammed. Comme la forteresse était bâtie sur des rochers qu'on avait vainement essayé de miner, et que la garnison avait reçu des renforts d'une escadre vénitienne composée de dix-sept vaisseaux, le siége, auquel furent blessés le kapitan-pascha, le commandant des janissaires, le samsoundji-baschi, dura soixante-trois jours; enfin le commandant de la place offrit de quitter l'île. La reddition du fort fut conclue de part et d'autre sous la condition d'une libre retraite, sans bagages toutefois, pour la garnison; mais un ou deux cents hommes furent massacrés; cinq cents esclaves des galères, que les Vénitiens avaient délivrés dans le cours de leurs victoires, furent rendus aux chaînes communes, ou destinés à faire partie des troupes d'occupation que le kapitan-pascha devait laisser dans l'île; enfin, sur les quatre cents qui s'y trouvaient, quelques Grecs furent mis à mort « pour servir d'exemple aux » autres, » dit l'historiographe de l'empire. Les historiens vénitiens gardent le plus profond silence sur les circonstances de cette conquête de Lemnos par les Turcs. Le témoignage des historiens ottomans accuse la perfidie des vainqueurs qui commirent véritablement *un acte de Lemnos*. Les Grecs avaient coutume d'appeler les cruautés et les trahisons *actes de Lemnos*, parce que les femmes de l'île avaient fait autrefois un massacre général de leurs époux, en raison de l'odeur qu'ils exhalaient, et parce que, lors de l'émigration des Pélasges, ils avaient tué les femmes qui les avaient accompagnés au sortir d'Athènes et les enfans qu'ils en avaient eus. Quelque temps après, l'île avait été frappée de stérilité dans ses champs, dans ses animaux et dans ses femmes, et Pythia avait promis aux Athéniens la possession de ce territoire, pour apaiser les dieux irrités. Lemnos s'était rendue à Miltiade, fils de Cimon, après quelque résistance de la part des habitans d'Hephaista et de ceux de Nisyrna. Hephaista, aujourd'hui Cochino, avait pris son nom d'Hephaistos, qui était descendu du ciel dans l'île, et qui le premier fit rougir le fer dans la fournaise, afin de le forger. On trouve suffisamment l'explication de ce mythe dans les mines de métal de Lemnos et le volcan Mosychle, d'où l'île a été nommée aussi *la brûlante* et *la flamboyante*. La terre sigillée de Lemnos fut célèbre dès la plus haute antiquité, surtout comme spécifique contre la morsure des serpens, dont l'île ne compte pas moins de sept espèces différentes. Kœprilü Mohammed envoya au Sultan, à Andrinople, un rapport dans lequel il lui annonçait sa nouvelle conquête;

Kœprilü lui avait conseillé de se rendre à Andrinople, espérant le retenir hors de sa capitale par l'attrait des plaisirs de la chasse, pour lesquels il avait déjà montré une vive passion. Une année après son avènement, Mohammed, alors âgé de huit ans, avait assisté à une chasse aux faucons, près des *Eaux-Douces* à Constantinople ; Naïma cite ce fait comme un événement extraordinaire, parce que le jeune Sultan, en voyant un lièvre et un aigle succomber sous le bec des faucons, avait demandé la vie des malheureuses victimes. Lorsque, trois ans plus tard, Mohammed tua un pigeon de sa propre main et en fit présent au grand-vizir Tarkhoundji Ahmed, Constantinople fut inondé d'odes et de chronogrammes sur l'exploit du royal chasseur, et l'historien de l'empire le consigna dans ses annales à côté des événemens qui à cette époque signalèrent la politique ottomane. Mohammed se livra, chemin faisant, aux exercices de la chasse, et employa dix jours à parcourir la distance qui sépare Constantinople d'Andrinople, quoique cette distance ne soit que de trois journées de marche; il était accompagné du résident impérial et de l'interprète Panajotti; les princes fils d'Ibrahim Ier le suivaient dans des litières grillées à la suite des femmes du harem. A une lieue en avant d'Andrinople, sur les hauteurs de Kara-Baïr, les habitans vinrent à sa rencontre. Le moufti, la sultane Walidé, les kadiaskers, les membres du diwan et toute la cour, avaient quitté Constantinople avec lui. Quatre semaines après, on célébra la nouvelle de la prise de Lemnos par une illumination qui dura trois nuits, et le grand-vizir reçut du Sultan l'accueil le plus distingué (25 novembre 1657). Les troupes établirent leurs quartiers d'hiver à Koumouldjina, Schoumna, Hezargrad, Karaferia et Rodosto. Le froid fut des plus rigoureux, et on le sentit encore davantage à Andrinople, par suite du manque de bois et des inondations de la Toundja. Beaucoup de propriétaires abattirent leurs maisons pour en vendre le bois; ce commerce leur fut des plus favorables, de sorte que la destruction de leurs habitations les enrichit. Les troupes coupèrent sans pitié les plus beaux arbres des campagnes de l'empereur ou des particuliers. La Toundja envahit les jardins du seraï.

Kœprilü mit à profit les loisirs de l'hiver, pour préparer une expédition contre Rakoczy, auquel notre récit nous ramène maintenant, et dont l'esprit remuant attira sur la Transylvanie une guerre désastreuse. Déposé, ainsi que nous l'avons dit en parlant incidemment des relations extérieures de la Porte, les événemens qui se passèrent entre Rakoczy, ses alliés les voïévodes de Valachie et de Moldavie, l'hetman des Cosaques, et leur redoutable ennemi le khan des Tatares, veulent être racontés avec quelques détails. Mohammed-Ghiraï, immédiatement après avoir pris possession de la souveraineté de la Crimée, avait confirmé dans leurs fonctions le kalgha Ghazi-Ghiraï et le noureddin Aadil-Ghiraï, et revêtu Seferaga de la dignité de vizir. Bientôt après, des querelles s'élevèrent entre les descendans de Moubarek-Ghiraï et ceux de

Behadir-Ghiraï : Sefer-Ghazi, prenant le parti de ces derniers, protégea Sélim-Ghiraï contre le noureddin Aadil-Ghiraï, qui avait épousé la cause de la famille de Moubarek-Ghiraï ; Sélim-Ghiraï invoqua le secours de la tribu Schirin, et Aadil-Ghiraï celui de la tribu Manssour. Quelque temps après, Aadil-Ghiraï étant mort des suites d'une chute de cheval, Mourad-Ghiraï fut élevé à la dignité de noureddin. Mohammed-Ghiraï, qui, lors de son premier avènement, avait envoyé deux ambassadeurs à l'empereur d'Autriche, accrédita auprès de la même cour Meïdan Ghazibeg [1], avec la mission d'annoncer son second avènement. L'année suivante, cet ambassadeur assista au couronnement de Léopold comme roi de Bohême et de Hongrie, et deux ans plus tard, lors de la mort de Ferdinand III, au sacre de ce même Léopold comme empereur d'Autriche. Meïdan Ghazibeg était chargé, pour le nouvel empereur, non seulement de félicitations, mais encore d'une lettre du khan, dans laquelle on remarquait les passages suivans : « Rakoczy s'est
» démasqué; le grand-vizir Mohammed Kœprilü s'est
» mis en marche pour le punir. Moi-même j'ai reçu
» du Sultan l'ordre d'appuyer le grand-vizir : j'ai ra-
» vagé la Transylvanie à la tête des Noghaïs, et pour-
» suivi Rakoczy jusque sur les bords de la Theiss;
» mais là j'ai dû m'arrêter, pour ne pas franchir les
» frontières de votre empire. La Porte a conféré la
» principauté de Transylvanie à Acate Barcsay ; si

---

[1] Ce fut le neuvième ambassadeur tatare qui parut à la cour impériale.

» vous tenez à l'amitié du Sultan et à la mienne, vous » traiterez Rakoczy comme un rebelle. » L'empereur réclama contre le passage de la lettre dans lequel il était question des limites de son royaume, en disant que le khan ignorait la véritable démarcation des frontières qui s'étendaient au-delà de la Theiss. Meïdan Ghazibeg reçut de la munificence impériale cinq mille rixdales, une chaîne d'or et de la vaisselle d'argent pour une valeur de deux mille soixante florins.

L'hetman des Cosaques avait sollicité de la Porte l'investiture de la souveraineté du pays qu'il gouvernait, mais la Porte la lui avait refusée par égard pour le khan des Tatares qui aurait pu prendre ombrage de cette faveur accordée à un infidèle; mécontent de l'issue de cette négociation, il s'était joint à Rakoczy dont les forces combinées à celles de ses auxiliaires s'élevaient à soixante mille hommes. Le khan des Tatares envahit la Transylvanie avec deux cent mille cavaliers, dont la moitié était sous les ordres du khalga. Dans cette expédition, vingt mille chrétiens périrent; vingt mille à peu près furent faits prisonniers, parmi lesquels se trouvaient sept cents nobles transylvaniens; plusieurs milliers de chariots furent chargés de butin, cent cinquante canons traînés à la suite de l'armée victorieuse; le khan imposa en outre au pays une contribution de trois cent mille piastres pour la rançon des plus proches parens de Rakoczy tombés en son pouvoir. Le Sultan exprima sa haute satisfaction au khan, en lui faisant présent d'un poignard garni de pierreries, et d'un riche kaftan de zibeline. Les voïévodes de Valachie et de Moldavie, qui avaient pris part à l'expédition contre la Pologne, furent appelés à Constantinople pour rendre compte de leur conduite. Mais comme les voïévodes ajournèrent leur départ sous différens prétextes, et que celui de Valachie, Constantin Bessaraba, eut l'imprudence de dire que, si jamais il se rendait à Constantinople, ce serait le sabre au poing, la Porte les déposa. Le Grec Michné, fils d'un serrurier, fut nommé voïévode de Valachie, et l'Albanais Ghika, compatriote du grand-vizir, vieillard de soixante ans, voïévode de Moldavie. Le Sultan envoya au khan des Tatares dix mille ducats à titre d'argent de bottes, et une lettre qui lui prescrivait d'occuper la contrée d'Akkerman avec quarante mille hommes. Le gouverneur de Silistra, Fazli-Pascha, reçut l'ordre d'entrer en Valachie par Rousdjouk, à la tête des sipahis et des janissaires, et des possesseurs de siamets et de timars. Au lieu de partir en toute hâte de Rousdjouk, Fazli perdit dix-sept jours à des temporisations inutiles, et laissa à Bessaraba le loisir de brûler les faubourgs de Tergowitsch et de s'enfuir en Transylvanie ; vingt mille ducats offerts à Fazli par un interprète auraient, dit-on, été le prix de ces retards complaisans. Le kalgha à qui avait été confié le commandement en chef de l'armée tatare, refusa dès-lors d'agir de concert avec Fazli-Pascha, qui fut rappelé à Andrinople et exécuté. Le Sultan témoigna sa satisfaction au kalgha en lui envoyant par un chambellan une chaîne d'or et un poignard enrichi de pierreries (1657).

Le 13 avril 1658, la tente impériale fut dressée dans la plaine d'Andrinople, pour annoncer la reprise des hostilités contre la Transylvanie. Le grand-vizir ne partit que neuf semaines plus tard, après avoir été revêtu solennellement du titre de serdar par le Sultan, qui, conformément à l'ancien usage, fixa de sa propre main à son turban deux agrafes de diamans surmontées de panaches de héron. Les gouverneurs d'Ofen et de Silistra, Kenaan et Kadr-Pascha, ayant réuni à leurs troupes et à leurs lewends de la Tatarie Dobroudja, douze mille Polonais, marchèrent sur Jenœ qu'ils prirent après un siége de vingt-quatre heures (30 août). La cavalerie tatare et cosaque se rendit à Weissenbourg (Alba Julia), résidence de Rakoczy, et la dévasta. Deux cent mille Tatares réduisirent en cendres cette belle contrée, et lui enlevèrent cent cinquante mille habitans dont les deux tiers périrent par l'épée, et le reste fut traîné en esclavage. Sur les instances des Etats de Transylvanie, Barcsay fut nommé voiévode de cette province, à la charge par lui de payer à la Porte, au lieu de l'ancien tribut de quinze mille ducats, un tribut de quarante mille; à cette condition ruineuse, le chambellan envoyé à cet effet remit, suivant l'usage, à Barcsay un kaftan, une kouka et une masse d'armes, et accomplit ainsi la cérémonie solennelle de son installation sur le trône, ou plutôt sur le tabouret de la Transylvanie, parce que cette principauté, comme celles de Valachie et de Moldavie, n'est pour ainsi dire qu'un tabouret doré pour les pieds du Sultan. Tschenghizadé Ali-Pascha, en sa qualité de gouverneur de Temeswar, reçut ordre d'occuper la Transylvanie; le gouverneur d'Ofen, Kenaan-Pascha, fut chargé de la garde de Jenœ. Le Sultan éleva à la dignité de grand-écuyer le chambellan qui lui apporta la nouvelle de l'heureux succès des armes ottomanes, et envoya au grand-vizir un sabre tout brillant de diamans et un kaftan doublé de zibeline. Le triomphe de Kœprilü fut célébré à Andrinople et dans tout l'empire par des illuminations qui durèrent sept nuits. Entre Acate Barcsay, le nouveau prince de Transylvanie, et le gouverneur d'Ofen, furent arrêtées les cinq conditions suivantes : 1°. Lugosch et Sebes, dont les revenus étaient destinés à être distribués en aumônes à la Mecque et à Médine, devaient désormais, ainsi que tous les villages qui en dépendaient, faire partie du territoire turc. 2°. Jenœ, avec son ancienne circonscription, devait à l'avenir relever de la Porte. 3°. La même disposition s'appliquait aux villages du district de Szolnok, érigés autrefois en fiefs et en wakfs. 4°. Le prince et les trois nations de Transylvanie s'engageaient solidairement à écarter Rakoczy. 5°. Les frais de la dernière guerre devaient être à la charge des Etats qui promirent en effet de contribuer à les payer, proportionnellement à leurs moyens.

Les troubles qui venaient d'éclater dans l'Asie-Mineure rendirent nécessaire la présence du grand-vizir dans cette partie de l'empire, et ne permirent pas aux Ottomans de mieux exploiter leur victoire. Pendant les préparatifs de l'expédition contre la Transyl-

vanie, Abaza Hasan, « ce levain de toutes les dis-
» cordes, cet agent provocateur de toutes les sédi-
» tions, » avait organisé dans l'Asie-Mineure une des
plus terribles révoltes dont l'histoire ottomane fasse
mention; il avait réuni autour de lui non seulement
cette masse flottante de rebelles qui vivaient de troubles, mais encore des paschas, tels que le gouverneur
de Damas, le vizir Tayyarzadé Ahmed, le beglerbeg
Djanmirza et plus de cinquante sandjakbegs. Outre une
horde de saridjés et de seghbans, qu'on appelait la
milice du pays, et qui n'était en réalité que le soutien
de toutes les révoltes, sous prétexte d'obéir aux ordres qui leur enjoignaient de se rendre au camp impérial avec leurs contingens, divers beglerbegs ou sandjaks avaient rassemblé leurs troupes et s'avançaient
vers la capitale; lorsque le Sultan alarmé leur adressa
un kattischérif, dans lequel il leur reprochait leurs
retards, ils déclarèrent qu'ils ne se mettraient pas en
route avant qu'on eût destitué Kœprilü, qui, disaient-
ils, avait fait exécuter plus de mille sipahis et un nombre encore plus considérable de janissaires. Ils envoyèrent un d'eux, nommé Hasan, au Sultan avec cette
réponse, et marchèrent immédiatement sur Brousa.
Dans le cours de ce voyage, les chefs rebelles ne
permirent pas le pillage aux soldats sous leurs ordres;
mais ils frappèrent les villes qui se trouvaient sur leur
passage de contributions de dix mille à vingt mille
piastres, et les distribuèrent ensuite à ceux qui avaient
juré fidélité à leurs drapeaux. Ils forcèrent le juge de
Brousa de se rendre auprès du Sultan avec un second

message. Mohammed, irrité d'une semblable audace, fit un accueil terrible au juge : « Le roi de Pologne, » lui dit-il, bien qu'infidèle, a pourtant contribué à la » victoire de la foi dans la dernière campagne, et ceux- » ci, qui s'appellent les vrais croyans et les confesseurs » de l'unité, ont égaré par des propositions diaboliques » un grand nombre de musulmans, parce qu'ils avaient » peur de perdre la vie. Si Abaza Hasan n'ose venir ici, » qu'il aille administrer Bagdad et disperse son armée. » Il n'est pas à propos de déposer le grand-vizir; si on » n'obéit pas à mes ordres, j'en atteste le ciel, je les » anéantirai tous ainsi que vous; aujourd'hui vous êtes » protégé par le caractère inviolable d'ambassadeur; » partez. » Le grand-vizir fit secrètement mettre à mort le chambellan Hasanaga, qui lui avait apporté un message d'Abaza Hasan et l'annonce de la révolte, de peur que quelque chose n'en transpirât dans le camp. Les janissaires et les sipahis qui étaient auprès d'Abaza écrivirent de nouveau au Sultan pour lui demander la destitution de Kœprilü, mettant à ce prix leur subordination. Mohammed se déclara hautement le protecteur du grand-vizir, et ferma ainsi la bouche aux ennemis de ce dernier, qui avaient espéré tirer parti des circonstances; on répandit dans toutes les provinces une grande quantité de copies du fetwa, dans lequel le moufti et tous les oulémas avaient mis les rebelles au ban de l'empire. Le gouverneur du Diarbekr, Mourteza-Pascha, reçut l'ordre de marcher contre Abaza avec tous les begs du Kurdistan et le contingent d'Erzeroum. La défense de Brousa fut confiée à Kenaan-Pascha, celle de Modania à Tschaousch-oghli Mohammed-Pascha. Le gouverneur d'Anatolie, Konakdji Ali-Pascha, eut provisoirement le commandement en chef de l'armée d'expédition; en attendant l'arrivée de Mourteza-Pascha, l'ancien kaïmakam, Sinan-Pascha, fut chargé de la garde de Scutari qu'il fortifia par des redoutes. Toutes ces mesures étaient bonnes en elles-mêmes, mais elles furent déjouées par les secrètes intelligences de Kenaan-Pascha, gouverneur de Brousa, avec les rebelles.

A son retour de l'île de Crète, le serdar Deli Houseïn, qui avait fait pendant douze ans la sainte guerre aux Vénitiens, qui avait victorieusement défendu Canée contre toutes les attaques des ennemis, assiégé Candie avec tant de vaillance, si heureusement étouffé la révolte de ses troupes, ne trouva pour toute récompense de ses services que l'hostilité de Mohammed Kœprilü. Le grand-vizir voulait mettre à mort Deli Houseïn, sous prétexte qu'il avait amassé de grandes richesses et n'avait pas fait la conquête de Candie; il voyait en lui un rival à la plus haute dignité de l'empire, et craignait qu'on ne lui envoyât de nouveau le sceau, ainsi qu'on l'avait déjà fait une fois. Les nombreux amis de Deli Houseïn à la cour et dans le gouvernement empêchèrent la réalisation des projets du grand-vizir. Le khazinedar Solak Mohammed obtint de la sultane Walidé la grâce de Deli Houseïn. Le reïs-efendi et Gourdji-Kiaya, de concert avec Solak Mohammed, représentèrent à Kœprilü qu'on ne pouvait mettre à mort un vizir sur de simples soupçons et sans un fetwa. Mais Kœprilü, qui n'abandonnait pas si facilement une résolution, chargea le reïs-efendi de demander un fetwa au moufti, qui le refusa en disant qu'il ne devait pas s'occuper de ce monde, mais de l'autre. Le reïs-efendi rapporta cette réponse à Kœprilü. Mais, comme il redoutait son obstination, il crut devoir entrer dans ses vues, pour être plus utile à son ami, et lui conseilla de chercher à assouvir indirectement sa haine sur Houseïn, en lui conférant des fonctions dont l'exercice suscitât forcément contre lui un grand nombre de plaintes ; il lui insinua en même temps que la place de grand-amiral serait celle qui pourrait le mieux servir ses vues, et que les begs de la mer et les gouverneurs des îles ne manqueraient pas d'accourir bientôt à Constantinople pour se plaindre des exactions de leur nouveau chef. Le reïs-efendi mit ainsi en défaut la défiance ordinaire de Kœprilü, et sut même exploiter sa haine au point d'en obtenir la place de kapitan-pascha pour Deli Houseïn; il avertit en même temps sous main ce dernier du piége qui lui était tendu. Il fut d'autant plus facile à Deli Houseïn de ne pas y tomber et de ne donner aucune prise sur sa conduite, qu'il était revenu de Crète immensément riche, et qu'il n'avait nul besoin d'exactions pour tenir un brillant état de maison; il poussa même, dit-on, la prudence jusqu'à ne point accepter les présens en jeunes garçons, draps, riches étoffes et autres objets semblables, que lui offrirent les capitaines de la flotte. L'historien de l'empire n'affirme pas ce fait, et ne le cite qu'avec des restrictions dubitatives, tant un pareil refus de la part d'un vizir, même dans des circonstances où sa vie est en danger, lui parait une chose incroyable. L'habileté du reïs-efendi donna ainsi le change à celle de Kœprilü; aucune accusation ne s'étant élevée contre Deli Houseïn pendant le temps qu'il fut kapitan-pascha, son exécution fut nécessairement ajournée. Un dernier trait complètera l'esquisse du caractère vindicatif de Kœprilü. L'ambassadeur français de La Haye, voyant cette rapide succession de grands-vizirs qui ne se montraient un moment au faîte du pouvoir que pour disparaître aussitôt, pensa qu'il en serait de Kœprilü comme de ses prédécesseurs, et apporta quelques retards à lui offrir les présens que les ambassadeurs donnent ordinairement aux grands-vizirs à leur entrée en fonctions; puis, lorsqu'il ne put plus douter qu'il s'était trompé dans ses calculs, il fit à Kœprilü les présens d'usage, pour désarmer sa colère, mais il n'était plus temps. La haine du grand-vizir n'attendit plus qu'une occasion favorable pour se manifester, et cette occasion ne tarda pas à s'offrir. Un certain Vertamont, à qui le capitaine-général des troupes vénitiennes de Candie avait remis des lettres chiffrées pour l'ambassadeur français et le secrétaire vénitien Ballarino, fit part au kaïmakam du message dont il avait été chargé. Le secrétaire de l'ambassade française, qui trembla pour sa vie en se rappelant qu'un interprète vénitien avait été mis à la question pour n'avoir pas pu donner la clef d'une correspondance en chiffres, demanda à M. de La Haye de lui permettre de se cacher. M. de La Haye, appelé à Andrinople, et ne pouvant s'y rendre parce qu'il était malade, y envoya son fils, M. de Vantelet, qui répondit avec présence d'esprit et courage aux questions de Kœprilü. Cependant celui-ci lui fit administrer la bastonnade par les tschaouschs, ce qu'ils firent avec tant de cruauté, qu'ils lui cassèrent une dent, et il donna l'ordre de le jeter dans une tour des remparts de la ville, « parce que, dit-il, on ne devait pas supporter » de l'envoyé d'un ambassadeur ce qu'on ne suppor- » terait pas de l'ambassadeur lui-même (avril 1658). » M. de La Haye vint lui-même à Andrinople, et, comme il ne put donner la clef des lettres chiffrées, il fut également incarcéré. Lorsque Kœprilü revint de son expédition de Transylvanie, et qu'on lui parla de M. de La Haye et de son fils, il répondit : « Sont-ils » donc toujours là ? » ce qui, en d'autres termes, signifiait qu'ils devaient être mis en liberté. Louis XIV envoya à Constantinople son ambassadeur près de la cour de Berlin, Blondel, pour faire une enquête sur la conduite de M. de La Haye et demander satisfaction au Sultan. Kœprilü, dans l'audience qu'il donna à Blondel, le fit asseoir sur une chaise sans dossier, tandis que lui-même le reçut étendu sur un sofa; il ouvrit la conférence par des plaintes sur la perfidie de M. de La Haye, qu'il accusait d'entretenir des correspondances avec les ennemis de la Porte. Il refusa obstinément à Blondel de lui donner accès auprès du Sultan, sous prétexte que cet honneur n'était accordé qu'aux ambassadeurs permanens, et non à des chargés d'affaires en mission extraordinaire. Averti par cette réception hostile, Blondel ne jugea pas prudent de remettre au grand-vizir la lettre dans laquelle Louis XIV demandait au Sultan, pour satisfaction de l'injure faite à son ambassadeur, la déposition de son premier ministre. Comme il ne trouva personne à qui confier la dangereuse mission de présenter cette lettre à Mohammed, il dut se contenter de la délivrance de M. de La Haye et de son fils, et de la permission qui leur fut donnée de quitter Constantinople. Cependant, un navire sous pavillon français étant sorti du port avec des marchandises turques, ils furent de nouveau incarcérés, jusqu'à ce qu'ils eussent racheté leur liberté à prix d'argent.

Avant de suivre le Sultan dans son expédition contre les rebelles d'Asie, dont l'extermination formait pour ainsi dire le faîte de l'édifice cimenté par le sang des victimes de l'implacable justice de Kœprilü, nous remonterons le cours des événemens, et nous raconterons, dans leur ordre chronologique, les destitutions et les exécutions des hauts dignitaires qui furent sacrifiés à la haute influence de Kœprilü, alors maître absolu des affaires. Nous aurons occasion aussi de mentionner la mort naturelle des hommes célèbres qui firent pendant un espace de vingt ans, depuis l'avènement d'Ibrahim Ier jusqu'à cette époque, la gloire de la littérature ottomane. Le kapitan-pascha Topal Mohammed, qui s'était distingué à la prise de Lemnos en faisant prisonniers deux cents soldats vénitiens avec leur capitaine, dut cependant céder sa place à Tschaouschzadé Mohammed-Pascha, uniquement parce qu'après la bataille des Dardanelles il avait refusé de se rendre auprès de Kœprilü, à la première invitation qu'il en avait reçue ; le grand-vizir, pensant qu'il serait imprudent de le mettre à mort avant que le temps eût rendu moins vif le souvenir de la reprise de Lemnos, ajourna à une époque plus favorable l'assouvissement complet de sa haine. Le kislaraga Dilawer, à qui son poste dans le seraï donnait une certaine influence sur le Sultan, fut envoyé en Egypte, à la suite de deux rapports que Kœprilü adressa à Mohammed IV pour lui demander de nommer le trésorier Solak-Mohammed à la place du kislaraga ; la dignité de khazinedar fut donnée au confident (moussahib) Schahin, qui eut lui-même pour successeur Aliaga. L'éloignement du grand-fauconnier Ibrahim fut provoqué par une cause d'une nature différente. Ibrahim avait dénoncé par jalousie à la sultane Walidé l'amour du Sultan pour le fauconnier Yousouf, jeune homme dont la beauté rappelait celle de son patron (Joseph d'Egypte). Cette indiscrétion ayant attiré à Mohammed quelques remontrances maternelles, Ibrahim fut éloigné du seraï, et envoyé à Kaffa en qualité de sandjakbeg. Souleïman, qui succéda à Ibrahim dans les fonctions de grand-fauconnier, reçut l'ordre de se rendre à Erlau, neuf jours après sa nomination, pour s'être livré inconsidérément à quelques railleries sur la passion du Sultan. Le chef de la chambre intérieure, le Franc Mohammedaga, s'étant permis de désapprouver, en présence de Mohammed IV, les taxes extraordinaires imposées à la nation, dut échanger sa dignité contre celle de khazinedar, qui lui donnait moins d'accès auprès de la personne impériale; mais, bientôt après, il fut nommé kapouaga ou grand-maître d'hôtel de la cour extérieure. L'ancien aga des janissaires, sur qui on fit peser la responsabilité de la conduite de ses troupes, qui, dans leur trajet des Dardanelles à Andrinople, s'étaient révoltées à Koumouldjina, fut mis à mort; quelque temps après, on étrangla toutes les nuits trente à quarante janissaires, et on jetait leurs troncs inanimés dans la Toundja, qui le matin les déposait sous les murs des jardins du seraï. Le percepteur des impôts de la Morée, Abdi-Pascha, qui avait autrefois été protégé par le defterdar Morali contre les nombreuses plaintes provoquées par ses exactions, et qui, sous le grand-vizirat d'Ipschir, avait été nommé gouverneur de la Morée préférablement à Kœprilü, paya de sa tête ses concussions. Nakkasch Ali, volontaire sipahi, qui avait autrefois rempli les fonctions de juge du marché de Constantinople, et qui, se trouvant depuis quelque temps sans emploi, avait sollicité en vain, tantôt la place de directeur des douanes, tantôt celle d'aga des Turcomans, résolut avec quelques sipahis de tuer le grand-vizir, pensant que ce meurtre lui faciliterait l'accomplissement de ses vœux. Lorsqu'il crut avoir suffisamment mûri son projet, il dit hautement au milieu d'une assemblée nombreuse : « Nous n'avons pas » besoin d'un vizir aussi sanguinaire; que ceux qui veu- » lent en délivrer le monde, me suivent! » Quelques centaines de personnes se réunirent à lui; mais l'aga des janissaires et le koulkiaya les dispersèrent, et conduisirent Nakkasch Ali et cinq de ses compagnons dans la tente du grand-vizir. L'aga des silihdars, protecteur secret de Nakkasch Ali, exprima le désir de l'avoir sous sa garde en qualité de camarade (sipahi); mais le koulkiaya refusa de le lui livrer. Ce même jour, Nakkasch Ali et ses cinq complices furent exécutés (17 juin — 16 ramazan). L'ancien kaïmakam, Kœr Houseïn, qui tout récemment avait été nommé serdar de l'armée de Crète en remplacement de Deli Houseïn, avait eu quelques entrevues avec Nakkasch Ali. Sur une circonstance aussi insignifiante, le grand-vizir le soupçonna d'avoir trempé dans la conspiration, et lui ordonna de partir immédiatement pour la Crète, réservant sa vengeance pour d'autres temps. En revanche, il fit exécuter Siawousch Moustafa, l'ancien gouverneur de Damas, qu'il n'avait épargné jusqu'alors que par égard pour le Sultan. Après s'être fait long-temps prier, Siawousch s'était enfin rendu à Andrinople, où Kœprilü, suivant son habitude, l'avait reçu avec de fausses démonstrations d'amitié. Kœprilü était un si grand maître dans l'art de feindre, que personne ne savait si les sentimens qu'il exprimait étaient faux ou sincères. Il avait pour principe que la colère et l'injure sont inutiles et même dangereuses au dépositaire du pouvoir royal, et qu'il faut tromper ses victimes pour les immoler plus sûrement [1].

---

[1] Il fit cette confidence au maître des requêtes Wedjihi, qui en fit part à Naïma, II, p. 655.

Parmi les hommes distingués morts depuis l'avènement d'Ibrahim, nous citerons le calligraphe et poëte Djewri, le poëte et philologue Riazi, le moufti et historien Aziz-Efendi, et Katib Tschelebi Hadji Khalfa. Djewri, l'ami du reïs-efendi Sari Abdoullah et le premier calligraphe de l'empire depuis la mort d'Aarif [1], a laissé un traité rimé sur les logogriphes, un second sur les médicamens simples et un troisième sur les prédictions astrologiques [2]. Riazi, qui suivait la carrière de légiste, et qui en dernier lieu avait rempli la place de juge du Kaire, a fait des biographies de poëtes et un recueil de proverbes persans, intitulé *Règle de conduite*, un diwan, et une traduction turque des vies des hommes célèbres, par Ibn Khallikan. Nous avons déjà eu occasion de parler plus d'une fois de l'ambitieux et intrigant kadiasker Kara Tschelebi Abdoulaziz-Efendi, renommé par le fanatisme et l'arrogance qu'il avait déployés dans ses fonctions de moufti; outre son traité sur le droit dont il fit hommage au sultan Mohammed, il a laissé deux ouvrages qui lui assurent un rang honorable parmi les historiens ottomans : le premier est une histoire universelle intitulée *Jardin des Justes* (*Raouzatoul-ebrar*); le second est l'histoire des événemens qui se sont succédé en Turquie depuis la déposition d'Ibrahim jus-

---

[1] Abdoulbaki Aarif, mort en 1025 (1616), est auteur de plusieurs poésies, entre autres d'une hymne (*Miradjiyé*) sur l'ascension du Prophète. Voyez les *Biographies* de Saffayi, la 269e, et de Nabi, la 429e.

[2] Djewri et Naïma, II, p. 542 et 543. D'après le *Fezliké*, mort en 1065 (1655).

qu'à sept semaines avant la mort de l'auteur [1]. Abdoulaziz parle toujours avec orgueil de lui-même, et en termes haineux de ses concurrens à la dignité de moufti, particulièrement du petit-fils de Seadeddin, dont la fortune, l'influence et l'autorité étaient devenues le point de mire de sa jalousie envenimée. Cette disposition d'esprit ne laissa pas de lui attirer de nombreux ennemis. Sa vanité et son luxe donnèrent lieu à des bruits injurieux, mais souvent injustes; sa maison était peuplée d'une troupe de beaux garçons, vêtus l'hiver de bogazin [2] indien à fleurs avec des ceintures de cachemire, et l'été de fine mousseline avec des ceintures d'étoffe d'or à la mode de Crimée [3]: par les grandes chaleurs, ils portaient des robes de lin blanc [4] et point de pantalons; leurs robes, ouvertes sur la poitrine et ornées d'agrafes ou de boutons d'or, laissaient voir l'éblouissante blancheur de leur teint, dont l'éclat luttait avec celui de leurs bijoux. Le célèbre et savant historien Hadji Khalfa, officier de la chambre des comptes, eut une vie moins brillante, mais plus glorieuse que celle du voluptueux et ambitieux moufti Abdoulaziz. Fils d'un sipahi, Hadji Khalfa était entré en 1629 (1039), comme schaghird (apprenti), dans la chancellerie des secrétaires-d'État (basch-moukabelé), avait suivi en cette qualité les ar-

---

[1] Il mourut le 6 rebioul-akhir 1068 (11 janvier 1658), et son histoire se termine à l'arrivée de Kœprilü à Andrinople, le 18 sâfer (25 novembre).

[2] *Bogaei.* — *Hindi*, d'où dérive le mot *indienne*.

[3] *Ssyrma*, le σύρμαδες des Byzantins.

[4] *Tschintian.* Naïma.

mécs ottomanes dans leurs expéditions contre Hamadan et Bagdad, et fréquenta à son retour à Constantinople un cours sur les leçons de Kazizadé. Sous le grand-vizirat de Mohammed au Gros-Talon, pendant que les troupes étaient établies dans leurs quartiers d'hiver à Haleb, il fit le pèlerinage de la Mecque et de Médine, ce qui lui valut le surnom de Hadji (pèlerin), et enfin il assista au siège d'Eriwan en 1635 (1045). A dater de cette époque, il se voua entièrement aux lettres. Il suivit les cours des professeurs les plus distingués de la capitale [1]; après avoir étudié pendant dix ans la jurisprudence, la logique, la rhétorique, l'exégèse et la tradition, il s'appliqua aux mathématiques et à la géographie, vers laquelle la guerre de Crète sollicita particulièrement son esprit. Devenu valétudinaire, il apprit la médecine, puis il se livra à l'interprétation du sens des lettres et des noms de Dieu. Les fruits de cette vie, consacrée pendant trente ans à l'étude des sciences, furent quatorze ouvrages importans : une description du Petit-Atlas, sous le titre de *Réflexions de la Lumière*[2]; une géographie de l'Asie et de la Turquie d'Europe, intitulée *Aspect du monde*[3]; une histoire universelle en langue arabe, depuis la création du monde jusqu'à trois années avant la mort de l'auteur; une histoire de l'empire ottoman, conduite depuis l'année 1000 de

---

[1] Aradj Moustafa, Konrd Abdoullah, près du collége de l'Aya Sofia; Ketschi Mohammed, près du collège de la Souleïmaniyé; Souhraniweli.
[2] *Lewamioun-nour*. — [3] *Djihannuma*.

l'hégire ¹ jusqu'à l'époque de sa mort (1685 — 1068); une histoire des guerres maritimes des Turcs, et une histoire de Constantinople ²; des Tables chronologiques précieuses pour la vérification des dates, bien qu'on puisse y relever quelques erreurs; une collection de fetwas ³; deux traités de statistique et de philologie; enfin, le dictionnaire bibliographique et encyclopédique, intitulé : *Noms des Livres et des Sciences* ⁴. Cet ouvrage, dans lequel l'auteur a suivi pour le classement des matières l'ordre alphabétique de la grande encyclopédie de Taschkœprizadé, porte la lumière dans le ténébreux chaos des littératures arabe, persane et turque.

A la nouvelle des troubles de l'Asie, Mohammed invita le grand-vizir à se rendre en toute hâte auprès de lui, à Andrinople. Dix jours après que les étendards impériaux eurent été plantés à Constantinople, et vingt jours après son départ de Jenœ, Kœprilü entra dans la capitale avec une pompe extraordinaire (15 octobre — 17 moharrem). Deux jours plus tard, Mohammed, assis dans sa tente, s'adressa, à l'issue du conseil qu'il avait présidé, aux officiers des troupes : « Mes servi-
» teurs, leur dit-il, le maudit Abaza refuse d'obéir à
» mes ordres; en interrompant cette année le cours
» de mes victoires et en prêtant secours aux infidèles,

---

¹ *Roumili et Bosna*, traduit par Hammer. Vienne, 1812.

² *Rewnakos saltanet*, c'est-à-dire, « la splendeur de la domination. »

³ *Redjmer-redjim bissin wel djim*, c'est-à-dire, « lapidation de celui qui doit être lapidé (de Satan) par S. et Dj. »

⁴ *Esamii-koutoub wel founoun*.

» il a suffisamment prouvé sa rébellion. Maintenant il
» ravage l'Anatolie avec une troupe de brigands. J'ai
» donc résolu de le combattre, et j'espère que vous
» vous joindrez à moi. Marcherez-vous? » A ces mots,
tous les assistans crièrent d'une voix unanime : *Vive le
Sultan!* en déclarant qu'ils ne déposeraient leurs sabres qu'après avoir puni les rebelles; seulement ils
supplièrent le Padischah de pardonner aux janissaires
et aux sipahis qui se trouvaient encore parmi les rebelles, et de leur accorder une amnistie pleine et entière, promettant d'anéantir ceux qui resteraient sourds
à sa voix. Mohammed écouta cette demande avec bienveillance, et se disposait à y satisfaire, lorsque le segardji-baschi, avec lequel Kœprilü avait concerté cette
démarche, s'avança accompagné de quelques anciens
des janissaires, et dit : « Que résultera-t-il de la mort
» de ceux qui tomberont dans un combat contre des
» Musulmans, et qui font, comme nous, cinq fois leur
» prière par jour? » On lut immédiatement des fetwas
dans lesquels le moufti Bowlewi déclarait légitime la
mort des rebelles [1].

[1] D'après le principe établi dans le droit de guerre musulman (*kitabosseïr*) : *Inné kattel-aounet wessouat fiz-zoulmet fi eyamil-fitret moubahoun liennihüm yessaouné fil erzi bil-fesadin we yesabé katilühüm lienné min esch-schouroutil islami esch-schifkatoun ala khalkillahi wel ferahou bi ferahihüm wel houznou bi houznihüm we hüm ala aksihi;* c'est-à-dire : « Il est permis de tuer ceux qui secondent ou qui commettent des
» injustices dans des temps de troubles, car ils tendent à bouleverser le
» monde : celui qui les tue acquiert un grand mérite, car c'est un devoir de
» l'islamisme d'avoir pitié du peuple de Dieu, de se réjouir des joies des
» serviteurs de Dieu et de partager leur tristesse; mais c'est le contraire
» chez les rebelles. » Naïma, II, p. 676, et Mohammed Khalifé, f. 84.
Wedjihi, f. 88, et *Soubdet*, f. 121.

Le 20 octobre (22 moharrem), la sultane Walidé partit pour Constantinople; le Sultan la suivit à un jour de distance. Vers le même temps, arriva de Syrie le bostandji qui avait porté à Sokhté Mahmoud-Pascha la nomination au gouvernement de Haleb; mais le gendre d'Abaza, Hamamdji Oghli, qui occupait cette ville avec ses troupes, lui en avait obstinément refusé l'entrée. Le bostandji, loin de cacher le mauvais état des affaires, eut l'imprudence de dire au kislaraga et au grand-vizir lui-même, que l'Asie-Mineure était perdue, et qu'on ne pourrait espérer le rétablissement de la tranquillité tant que Kœprilü ne serait pas déposé. Sur un signe du despote au tschaouschbaschi, le bostandji, conduit devant la tente du grand-vizir, paya de sa tête sa franchise irréfléchie. Le Sultan arriva à Daoud-Pascha, situé aux portes de Constantinople, après une marche de dix-sept jours. Près des Eaux-Douces, les troupes furent payées, passées en revue, et les noms de tous les absens rayés des contrôles (31 octobre — 3 sâfer); huit jours plus tard, Mohammed s'embarqua pour Scutari. Les gouvernemens de Damas, de Siwas, de Karamanie, d'Anatolie et d'Angora, dont les paschas avaient fait cause commune avec les rebelles, furent conférés à de nouveaux titulaires. A Scutari, Yousouf-Pascha fut nommé serdar, et reçut ordre de marcher sur l'ennemi. Il débloqua Koutahia, qui s'était défendue pendant deux mois contre le chef des rebelles, Djanmirza-Pascha, commandant quatre mille seghbans et saridjés. D'un autre côté, Hasan-Pascha était heureusement entré

dans Angora, et y avait massacré quatre-vingts seghbans. Le moutesellim de Sokhté Mahmoud-Pascha
était parvenu à se faire ouvrir les portes de Haleb, et
les habitans avaient chassé de la ville le gendre d'A-
baza et ses lewends. Abaza lui-même avait établi son
camp à Aïnegœl (à cinq marches de Constantinople);
de là il s'était dirigé sur Akhischehr, qu'il avait assigné
à ses troupes pour point de réunion. Le beglerbeg
d'Anatolie, Konakdji Ali-Pascha, chargé de la défense
de la contrée d'Isnik (Nicée), fut surpris et complètement défait par l'avant-garde d'Abaza. Mourteza-
Pascha, qui avait été nommé serdar de l'armée d'expédition contre les rebelles dans la partie sud de l'Asie-
Mineure, se tenait enfermé à Koniah. Lorsqu'Abaza
apprit que les troupes avaient reçu leur solde près
des Eaux-Douces, et que par conséquent il fallait renoncer à l'espoir de voir éclater dans leurs rangs une
nouvelle rébellion, il eut le projet de faire jouer à cinq
mille de ses sipahis le rôle de transfuges. A cet effet,
il leur ordonna de rentrer les uns après les autres
dans le camp du Sultan, de fraterniser avec les troupes restées fidèles pour les gagner secrètement à sa
cause, et de provoquer la ruine sinon le meurtre du
grand-vizir à la première occasion favorable qui se
présenterait; mais Kœprilü, instruit de ce projet par
ses espions, publia la liste de sept mille sipahis qui s'é-
taient enrôlés sous les drapeaux d'Abaza; treize cents
d'entre eux, qui s'étaient déjà introduits dans le camp,
furent saisis et massacrés. Les murmures qu'excitèrent
parmi les troupes la radiation de ces sept mille sipahis

des contrôles ¹, et le meurtre de ceux qui avaient été pris, déterminèrent le grand-vizir à renoncer à son projet de marcher en personne contre les rebelles, à rentrer à Scutari, et à remettre le commandement en chef entre les mains de Mourteza-Pascha. Ce général ayant découvert que trois des paschas qui s'étaient rangés sous ses drapeaux entretenaient une secrète correspondance avec Abaza, les fit décapiter et envoya leurs têtes au grand-vizir, qui lui adressa des félicitations sur cet acte de vigueur. Abaza, qui était instruit par ses secrètes intelligences de tous les mouvemens de Mourteza, le surprit aux environs d'Ilghoun, et lui fit éprouver une défaite si complète (11 décembre 1658 — 15 rebioul-ewwel 1069), que l'historien de l'empire avoue lui-même une perte de huit mille hommes ². Ce sanglant échec fut pour Mourteza un mérite aux yeux de Kœprilü, qui avait douté jusqu'alors de sa fidélité; il lui confirma ses pouvoirs de général en chef au lieu de les lui retirer. Au milieu de l'abattement général qu'avait causé la nouvelle des malheurs des armes ottomanes, il ne jugea pas prudent de laisser le Sultan passer l'hiver à Scutari. Conformément à

---

¹ *Il Supremo Vezir ha fatto levar la paga a tutti i Sipahi che non si sono trovati presenti nella rassegna.* Panajotti.

² Le meilleur *Rapport* que nous possédions sur cette rébellion, si dangereuse par l'extension qu'elle avait prise, est celui de Panajotti : *Cassanaga che di gia haveva sottomessa tutta l'Asia minore con 80,000 e piu persone, tra quale 38,000 cavali tutta gente bellicosa, fattosi padrone di tutte quelle provincie; contra di lui tre Bassa (di Alepo, Damasco, Meraas) con 70,000 soldati, capitano di quelli Mustafaoghli d'Alepo uomo belicosissimo.*

ses conseils, Mohammed se rendit à Constantinople pour habiter le seraï pendant les quarante jours les plus rigoureux de la saison [1].

Mourteza-Pascha, qui depuis sa défaite avait regagné la confiance de Kœprilü, se montra dès lors le digne et terrible instrument de la politique machiavélique du grand-vizir. Là où la valeur ne peut rien, la trahison vient en aide ; les plus braves sont souvent les plus faciles à tromper, et le succès sur le champ de bataille est moins sûr que l'assassinat. Abaza s'était retiré à Aïntab, dans l'intention d'y passer l'hiver ou de franchir l'Euphrate si le manque de vivres l'y forçait. Mais déjà le sandjak de Biredjik avait déjoué une de ses tentatives. Mourteza, maître de Haleb, entretenait sans cesse, par des lettres circulaires, l'activité parmi les troupes turcomanes, kurdes et arabes ; des proclamations adroitement répandues dans le camp des rebelles par ses agens secrets lui faisaient espérer de voir prochainement les sipahis et les janissaires révoltés rentrer dans le devoir, ou du moins séparer leurs intérêts de ceux des seghbans et des saridjés. Il gagna surtout par de grandes promesses les chefs des lewends. Un de ces derniers, homme rusé et d'un esprit diabolique [2], se chargea de la ruine d'Abaza en mettant à profit son extrême simplicité. Il lui persuada qu'aussi long-temps qu'il ne serait pas maître d'une forteresse comme celle de

---

[1] *Erbaïn*, quarante jours, depuis le 25 décembre jusqu'au 3 février vieux style. Naïma, II, p. 677. Abdi, f. 52.

[2] *Scheïtan ou ghaddar harif*. Naïma.

Haleb, sa position ne serait pas sans danger, et il lui conseilla, puisqu'il ne pouvait s'emparer de cette place par la force, de recourir à la ruse. Il lui proposa d'envoyer à Haleb, sous l'apparence de transfuges, les lewends, de la fidélité desquels il s'était assuré par le serment sur le sabre et le Koran, de s'y rendre ensuite lui-même sous prétexte de demander au général ottoman l'oubli du passé, et de saisir cette occasion pour se mettre en possession de la ville. Abaza donna dans le piége que le juge de Klis et le moufti d'Aïntab, d'accord avec Mourteza, aidaient à lui cacher. Il assista sans s'émouvoir au départ de ses soldats pour Haleb, et si quelquefois un soupçon parut se glisser dans son esprit, les chefs des lewends, le juge et le moufti vinrent le rassurer. Plusieurs lettres envoyées par les officiers qui s'étaient rendus à Haleb ajoutèrent à son aveugle confiance, car toutes lui annonçaient les bonnes dispositions du serdar à son égard, et son zèle pour obtenir sa rentrée en grâce auprès du Sultan. Enfin, le moufti s'offrit de partir lui-même pour terminer cette affaire. Il revint à Aïntab avec les promesses les plus formelles de Mourteza et de Kounakdji Ali-Pascha, gouverneur de Haleb; ils étaient prêts à lui jurer, par un plénipotentiaire et au nom du Sultan, la sécurité la plus parfaite pour sa personne. Abaza ayant agréé la proposition, Mourteza envoya au-devant de lui le sandjak d'Akhiska, Arslan-Pascha, porteur d'une lettre dans laquelle il lui garantit, par le Koran et en invoquant le nom de Dieu, une sûreté entière et sa médiation la plus active auprès de la Porte pour lui obtenir son pardon. Suivant une convention concertée d'avance, Arslan-Pascha fut remis comme ôtage au chef des lewends, et Abaza, loin de se douter de la trahison que ce dernier méditait contre lui, se rendit d'Aïntab à Haleb. Il y fut reçu avec les plus grands honneurs. Mourteza lui assigna pour demeure son propre seraï, et logea sa suite chez les habitans de la ville. En même temps on dressa, en présence de tous les magistrats de Haleb, une supplique au grand-vizir, au moufti et au kislaraga, en faveur d'Abaza, qui fut remise devant lui à un courrier. Abaza lui-même, avec trente paschas et begs de son parti, parmi lesquels se trouvaient les vizirs Kenaan-Pascha, l'ancien gouverneur d'Ofen et Tayyaroghli Ahmed-Pascha, furent retenus par le serdar à un souper donné en leur honneur. Cependant les propriétaires des maisons, chez lesquels on avait logé la suite d'Abaza, reçurent l'ordre de massacrer leurs hôtes sur le signal donné par un coup de canon tiré du haut du château (17 février 1659 — 24 djemazioul-ewwel 1069). A la fin du souper, Mourteza, se tournant vers ses gens, leur dit : « Don- » nez aux paschas nos frères l'eau pour les ablutions » nécessaires avant la prière du soir. » C'était le signe convenu pour leur massacre. Lorsque tous eurent rendu le dernier soupir, un coup de canon donna le signal du meurtre général des rebelles dans la ville. Trente têtes de paschas et de begs furent envoyées à Constantinople comme témoignage de la perfide justice de Kœprilü et de Mourteza. Le Sultan récompensa la trahison de son général par une lettre louangeuse sur son zèle et sa fidélité, et lui envoya un sabre garni de pierreries pour l'échanger contre celui qu'il venait de rougir dans le sang de ses hôtes. Dans la nuit qui suivit ce grand assassinat, un violent tremblement de terre menaça de réduire en ruines la ville de Haleb, comme si les élémens eux-mêmes avaient voulu se révolter à la vue de tant d'horreurs; ce tremblement de terre et le grand incendie qui éclata peu de temps après à Constantinople furent généralement considérés comme une punition de Dieu pour les crimes récemment commis [1].

La vengeance publique qu'on avait si heureusement tirée du chef de la rébellion facilita à la politique de Kœprilü l'assouvissement de sa haine personnelle contre son rival au grand-vizirat, Deli-Houseïn. Nous avons déjà dit qu'il n'avait dû la conservation de ses jours qu'à l'intervention de la sultane Walidé et du kislaraga, et que Kœprilü n'avait retardé son exécution que jusqu'au jour où une plainte viendrait la justifier. Mais comme Deli-Houseïn, averti par ses amis, ne donnait aucune prise contre lui dans l'exercice du grand-amiralat, on lui conféra, avant qu'une année se fût écoulée, le gouvernement de Roumilie, dans l'espoir que cette charge fournirait plus facilement l'occasion de le prendre en défaut. On avait permis au

---

[1] Naïma, II, p. 684, reproduit à cette occasion un traité d'Aristote, sous le titre arabe *Edwar ou ekrar*, c'est-à-dire *les Cycles et les Révolutions*, dans lequel il démontre l'intime liaison qui existe entre les grands crimes (*moulhimé*) et les grands malheurs célestes ou terrestres (*dahiyé*).

nouveau gouverneur d'établir sa résidence, soit à Andrinople, soit à Filibé ou à Sofia. Deli Houseïn, se fiant à l'apparente tranquillité du grand-vizir et oubliant les avertissemens de ses amis, préleva quelques sommes au lieu de prestations en nature, soit pour remplir sa caisse épuisée, soit par avidité. Il est vrai de dire que ces sommes, comparativement à celles extorquées habituellement par les gouverneurs, étaient si minimes, que personne n'aurait pensé à se plaindre, si Kœprilü n'eût excité le juge de Filibé, Souleïman-Efendi, à adresser secrètement à la Porte des plaintes contre les injustices du gouverneur, sous forme de supplique rédigée par les habitans. Aussitôt que ces plaintes furent arrivées, Deli Houseïn reçut l'invitation de se rendre à Constantinople. Ne se doutant de rien, il se présenta au palais du grand-vizir, qui lui fit un accueil gracieux et le revêtit d'un kaftan de zibeline ; mais le jour suivant, dans l'audience du Sultan, celui-ci l'apostropha avec colère, l'accusa de négligence et d'avidité, l'accabla d'invectives, et lui répéta en termes véhémens tout ce que le grand-vizir lui avait insinué. C'était ainsi que Kœprilü, non content d'employer la main du souverain à signer la sentence de mort de ses ennemis, voulait encore les injurier par sa bouche ; dans cette circonstance, il se plut à aggraver la cruauté d'un jugement injuste par la raillerie d'une harangue apprise, et l'esclave, pour assouvir sa vengeance, abusa non seulement de la faiblesse, mais aussi de l'éloquence de son maître. A tous ces reproches immérités, le vaillant guerrier répondit seulement : « Je re-

» mets à Dieu la punition du crime qu'on médite con-
» tre moi ; depuis long-temps on a voulu me retran-
» cher de ce monde; les griefs et les plaintes ne sont
» que le résultat d'insinuations mensongères dans le
» but de me perdre. » Il fut jeté aux Sept-Tours, puis
exécuté deux jours après malgré l'intercession du kislaraga et de la sultane Walidé, malgré l'attitude mena-
çante des troupes [1]. Ainsi périt le brave Deli Houseïn,
après avoir rempli successivement les postes de grand-
écuyer, de gouverneur du Kaire, de Chypre et de
Bagdad, et combattu avec bonheur dans la sainte
guerre pour la foi et l'empire. Pour prix de la valeur
qu'il avait déployée pendant son commandement en
chef dans la guerre de Crète et pour récompense de
ses longs services, Houseïn dut livrer sa tête au bourreau. Né dans la ville d'Yenischehr, il était entré sous
Mourad IV dans le seraï comme simple fendeur de
bois ; mais bientôt sa force extraordinaire et son habileté dans l'exercice de l'arc le recommandèrent à
l'attention du Sultan. Un ambassadeur persan ayant
apporté un arc qu'aucun des lutteurs de Constantinople n'avait pu tendre, l'arme était restée dans un
coin de l'appartement du kislaraga. Deli-Houseïn, qui,
en apportant du bois un jour d'hiver, se trouva seul
dans la chambre, s'amusait à la tendre en secret,

---

[1] *Deli Husein doppo esser stato accolto dal Vezir grande e regalato con due vesti di zibelino e stato carcerato nelle 7 torri, dove ha bisognato liberarlo stante la minaccia della milizia, ma la notte seguente e stato strangolato con dispiacer grande della milizia.* Rapport de Panajotti. Valiero, l. VI, p. 497, mutile le nom de Deli Houseïn en écrivant *Chireassam.*

lorsque, effrayé par l'arrivée du kislaraga, il se retira en toute hâte. Ce dernier, voyant l'arc dérangé, demanda qui avait pu le tendre. Deli Houseïn se présenta, et tendit l'arc en présence du kislaraga. « Donnez-lui sur-le-champ des vêtemens convenables, dit » celui-ci, pour qu'il puisse paraître devant le Padi» schah. » Revêtu d'un doliman, Deli Houseïn fut conduit devant le Sultan, qui lui-même, habile dans tous les exercices guerriers, sut apprécier d'autant mieux l'habileté du baltadji, qu'elle lui permettait de répondre victorieusement au défi de l'ambassadeur persan. Deli-Houseïn fut aussitôt nommé grand-écuyer, et, après la conquête d'Eriwan, promu à la dignité de gouverneur d'Égypte. Son esprit fin et naturel et ses saillies égayèrent fréquemment les festins secrets de Mourad IV. Sa réputation de force et sa figure noble et imposante lui gagnèrent surtout la bienveillance des femmes, qui, toutes les fois qu'il passait à cheval par les rues de Constantinople, accouraient en foule pour voir le joyeux Houseïn, le héros et le vaillant champion de la foi pendant la guerre de Crète. Deli Houseïn méritait cette distinction non seulement par sa valeur, mais aussi par sa galanterie toute chevaleresque. Lorsque dans ses promenades il rencontrait une société de femmes, il avait coutume de leur dire : « Que le salut soit sur vous, mes femmes, » plantes de basilic céleste, anges de la terre! Vous » nous donnez de braves garçons pour en faire des » légistes et de vaillans guerriers; que Dieu vous com» ble de ses grâces; ne nous oubliez pas dans vos

» prières. » Hommes et femmes lui criaient alors :
« Que Dieu te conserve long-temps au Padischah ! Si
» la dignité de vizir est due à un héros, elle est due à
» un homme d'honneur tel que toi ¹. » Sans doute
l'affection que le peuple portait généralement à Houseïn détermina Kœprilü, l'homme de vengeance, à
hâter sa perte.

Le moufti Bolewi, bien qu'élevé par Kœprilü à la
première dignité législative, avait néanmoins obstinément refusé le fetwa qui devait déclarer légale l'exécution de Deli Houseïn. A toutes les instances du
grand-vizir, il avait toujours répondu : « Je ne vois
» pas quelle faute a commis cet homme, qui d'ailleurs
» peut encore servir activement l'empire et la foi. »
En outre, Bolewi n'avait pas craint de remettre au
Sultan une représentation écrite contre le voyage projeté de Brousa que le grand-vizir avait tout récemment conseillé à Mohammed. Bolewi insistait dans cet
écrit sur ce qu'il était plus urgent de prendre des
mesures convenables pour combattre avec succès les
Vénitiens dans l'île de Crète, que de courir en Asie
après une troupe de rebelles. Le Sultan remit l'écrit
du moufti entre les mains du grand-vizir, avec ces
mots : « Je te rends le maître de bannir ou de tuer le
» molla (moufti), jusqu'ici ton protégé. » Kœprilü se
contenta de le destituer de ses fonctions et de le ban-

¹ *Kahreman wezir olindjé boilé gc: ek.* Naïma, II, p. 648. *Kahreman*, littéralement *homme vengeur*, est le nom d'un ancien héros persan ; il est aussi connu chez les Orientaux que chez nous les noms d'Alexandre et de César. Dans Herbelot, *Cahriman* ; les femmes répondaient à la galanterie de l'homme galant en l'appelant *le galant homme*.

nir à Mikhalidj; il nomma à sa place Mohammed de Brousa¹, qui, en sa qualité de juge d'armée de Roumilie, pouvait, d'après les dispositions de la loi, prétendre au siège de moufti de préférence à tout autre. Le gouvernement de Roumilie, devenu vacant par la mort de Deli-Houseïn, fut conféré à Khissim Mohammed, et celui de Bosnie à l'ancien grand-vizir Melek Ahmed-Pascha². Sidi Ahmed-Pascha succéda dans le gouvernement d'Ofen à Fazli-Pascha, qui venait d'être exécuté.

Sur ces entrefaites, l'ancien kaïmakam Kœr Hasan, à ce moment gouverneur dans l'île de Crète, et qui, soupçonné d'avoir trempé dans la rébellion de Nakkasch Hasan, avait dû alors la conservation de ses jours à cette circonstance seule qu'il se préparait à partir pour son gouvernement, provoqua sa sentence de mort par une lettre que l'ancien moufti Bolewi avait remise au Sultan, et celui-ci à son premier ministre. Dans cette lettre, Kœr Hasan disait imprudemment que, si le grand-vizir ne se rendait pas en personne à Candie, on ne pourrait espérer la conquête de l'île. Kœprilü crut entrevoir dans ces paroles le conseil indirect d'envoyer au gouverneur le sceau de l'empire; à l'instant il fit expédier sa sentence de mort, dont l'exécution ne fut arrêtée que par la mort naturelle de Kœr Hasan, survenue deux jours avant l'arrivée du courrier. Les fonctions de serdar, qu'il

---

¹ Ouschakizadé, *Biographie* 379ᵉ.

² Melek Ahmed renouvela à cette occasion le monument de Mourad Iᵉʳ sur le champ de bataille de Kossowo. Ewlia, II, f. 9.

remplissait à l'armée de Crète, furent confiées à Taoukdji Moustafa-Pascha. L'ancien kapitan, Topal-Pascha, dont l'exécution avait été ajournée à cause du service qu'il avait rendu à l'État en reprenant Lemnos, fut également voué à la mort. Invité par son successeur (le kapitan-pascha Ali Hosamzadé) à quitter la station de Khios et à venir le trouver sur son vaisseau-amiral, il fut étranglé par les esclaves des galères aussitôt qu'on lui eut fait lecture de sa condamnation. Ali Hosamzadé [1] ne jouit pas long-temps de la dignité de grand-amiral qu'il avait recouvrée; il mourut de la peste, et laissa pour lui succéder son fils Abdoulkadir-Pascha (16 mai 1661). Le premier acte du nouvel amiral fut la punition du sandjak d'Attalia, Kœrbeg Moustafa-Pascha, qui, d'accord avec le juge Wehab, tué depuis dans le massacre de Haleb, avait à plusieurs reprises levé l'étendard de la révolte, et qui venait de mettre la ville en état de siége. Abdoulkadir s'était rendu de Khios à Rhodes, lorsque, averti des projets de la flotte vénitienne par la capture d'un brig chargé de porter des lettres de George Morosini à Priuli, il revint à Khios. De là il fit voile pour Zea et l'île Longue. A peine les deux armées navales étaient-elles en présence, qu'un ouragan les sépara, et dispersa la flotte turque non sans lui faire éprouver

---

[1] *Journal* des campagnes de l'armée navale ottomane, dans De Lacroix, *État général de l'Empire ottoman*, II; p. 215. Naïma ne fait aucune mention de ce changement. D'après les *Tables chronologiques* de Hadji Khalfa, Hosamzadé mourut en 1072 (1662); mais dans le *Journal* de Paul Omero, l'interprète de la flotte (qui l'appelle *Mazamama*), il mourut en 1661.

une perte de plusieurs galères. Le 26 août 1661, dès la pointe du jour, la flotte vénitienne rencontra devant Milo celle des Ottomans dans un désordre complet et l'attaqua. Dix galères se sauvèrent démâtées dans le port de Milo; six avaient coulé bas; deux autres furent prises à l'abordage par la capitana vénitienne et les galères de Malte. La perte des Ottomans dans ce combat fut évaluée à plus de quatre mille hommes tant morts que faits prisonniers. De son côté, l'amiral vénitien avait à regretter la perte d'un galion chargé de cent dix esclaves musulmans qui tombèrent entre les mains des Turcs. Malgré cet échec, Abdoulkadir-Pascha reprit sa route vers Attalia; après avoir débarqué son artillerie, il se disposait à ouvrir le siége de la ville, lorsqu'une députation envoyée par les habitans vint le supplier de leur épargner un bombardement, promettant en retour de lui livrer le pascha. En effet, les principaux de la place persuadèrent à Kœrbeg qu'il lui serait facile d'acheter son pardon moyennant quelques milliers de ducats. Kœrbeg, avec ses frères, son kiaya et son bouloukbaschi, quittèrent donc la ville pour se rendre à bord du vaisseau-amiral; à peine y étaient-ils montés, qu'ils furent étranglés et leurs corps jetés à la mer. Les têtes empaillées des rebelles et cent bourses d'or, qu'Abdoulkadir avait prélevées sur les habitans, conjurèrent la fureur que devait inspirer au grand-vizir la perte de la bataille de Milo; il écrivit même au kapitan-pascha une lettre de condoléance sur le malheur dont Dieu avait voulu le frapper, lui promit de détourner de lui la disgrâce du Sultan, et lui ordonna de ramener la flotte à Constantinople. Kœprilü resta fidèle à sa parole : Abdoulkadir eut la vie sauve, mais sa place fut donnée au gendre du grand-vizir, Moustafa-Pascha.

En même temps que l'Asie-Mineure était menacée par la rébellion d'Abaza d'une révolution complète, le feu de la révolte avait éclaté dans la Haute-Egypte. Mohammed, beg de Djirdjé, un des principaux chefs du pays et aussi riche que puissant, avait conçu le projet d'expulser le gouverneur d'Egypte, Schehzouwar Mohammed-Pascha, pour se venger de son refus de lui conférer la dignité d'émiroul-hadj (commandant de la caravane des pélerins). Son projet devait recevoir son exécution le jour où le gouverneur lui remettrait le kaftan, insigne de sa nouvelle dignité comme beg. A cet effet, il répandit l'or à pleines mains parmi les janissaires, les azabs et autres soldats des sept milices du Kaire. Schehzouwar, averti à temps, réunit ses troupes, refusa de le voir, et lui envoya le kaftan avec l'ordre de retourner à Djirdjé. Sur le rapport adressé par Schehzouwar à la Porte, une lettre du Sultan enjoignit au gouverneur de destituer Mohammedbeg et de nommer à sa place Ahmedbeg. Les chefs des mamlouks, les agas des sept odjaks, les kaschifés et les anciens se soumirent à ces ordres; mais Mohammedbeg refusa d'obéir au khattischérif qui le nommait gouverneur d'Abyssinie, et résolut de repousser la force par la force. Il fit fondre des canons, et alla même, s'il faut en croire Naïma, jusqu'à faire battre monnaie en son nom. Schehzouwar, pour étouffer la révolte, enrôla de nouvelles troupes et confia l'étendard sacré à l'émiroul-hadj, Kaïtasbeg, avec ordre de marcher contre le rebelle, à la tête des sept corps réguliers des milices du Kaire. Mohammedbeg s'était avancé jusqu'à Manfalout; profitant de son absence, le scheïkh des Arabes de la tribu Hawwaré pilla les magasins du beg de Djirdjé. Près de Milo, non loin de Manfalout, les deux armées en vinrent aux mains. Mohammed, complètement défait, s'enfuit vers l'Oasis où il avait envoyé d'avance cinq cents dromadaires et trois cents jumens chargés de ses trésors. Kaïtasbeg se mit à sa poursuite et l'atteignit près des ruines de Kassr, à quelque distance de l'Oasis. Malgré la vaillante défense de Mohammedbeg, qui avait fait des corps de ses dromadaires des retranchemens vivans, il fut fait prisonnier, ainsi que ses principaux officiers, et envoyé chargé de chaînes au Kaire, où il subit le dernier supplice. Sa tête fut portée comme trophée à Constantinople, où elle fut jointe à celles des rebelles qui arrivèrent en masse de l'Asie-Mineure. Pendant plus d'une année, on vit journellement vingt à trente des têtes des principaux chefs des rebelles exposées à l'entrée du seraï; les historiens ottomans portent à quelques mille le nombre de ceux qui expièrent leur rébellion sous la hache du bourreau. La place de gouverneur de Djirdjé fut conférée à Tourna Moustafa, page de la chambre intérieure du seraï; il eut pour successeur le poëte Abdi, qui sortait de la chambre des seferlis. Né dans la belle vallée des Eaux-Douces, cette nature majestueuse l'avait fait poëte;

plus tard, il échangea cette vocation contre celle d'historien.

Le 1ᵉʳ mai 1659 (8 schâban 1069), le Sultan partit de Constantinople pour Brousa, afin d'être plus près des opérations militaires dirigées contre le reste des rebelles dont l'extermination avançait de jour en jour. A son passage à Scutari, on exposa, à l'entrée de sa tente, les têtes du secrétaire d'Abaza, qui jusqu'alors s'était tenu caché, et du kiaya de l'émiroul-hadj, accusé d'avoir soustrait quelques sommes du présent que la Porte envoyait annuellement à la Mecque. La trahison exercée par l'ancien gouverneur d'Anatolie, Djanmirza, contre Abaza, lui avait valu une première fois sa grâce, mais de nouvelles plaintes arrivées contre lui provoquèrent sa sentence de mort; elle fut exécutée; le même sort frappa le kiaya-yeri (procureur des janissaires) du Diarbekr; Parmaksiz Ali, silihdar à l'époque du grand-vizirat d'Ipschir; le second écuyer Hasan, confident de Mohammed, beg de Djirdjé, et le neveu de Soukhté Mahmoud-Pascha, qui avait soulevé contre la Porte les habitans de Syrie et de Tripoli. L'ancien juge de Brousa, Schami Nououman, dont les exactions étaient restées longtemps impunies en récompense des sages mesures qu'il avait prises pour protéger la ville contre les rebelles, eut la tête tranchée, ainsi que l'ancien bostandji-baschi Pir Aama, en expiation de la mollesse dont il avait fait preuve dans le commandement des troupes envoyées contre les seigneurs de l'hippodrome. De Brousa, où on avait exposé sur un trône, à la vénération du seraï, la plus sainte relique du trésor impérial, le manteau (borda) du Prophète, le Sultan manda auprès de lui le kaïmakam de Constantinople, Ismaïl-Pascha, et lui conféra le titre de moufetisch (grand-inquisiteur). Homme ardent dans l'accomplissement de ses devoirs, et vizir zélé, Ismaïl était souvent exposé aux injures de son harem, et surtout à celles de la sultane, veuve de Kenaan-Pascha, à cause de la faiblesse de son organisation, comme homme et comme époux. En sa qualité d'inquisiteur, Ismaïl parcourut toute l'Asie-Mineure et la Syrie jusqu'aux confins de l'Arabie, sévissant partout avec la dernière rigueur contre ceux qui avaient pris la moindre part à la dernière rébellion, et sans avoir égard au rang des coupables. Ses instructions lui prescrivaient en outre de contrôler les listes des sipahis, des seïdes et des rayas. Un grand nombre de ces derniers s'étaient soustraits au paiement des impôts par des lettres d'affranchissement illégalement délivrées. Deux cents émirs, qui, à Eregli, s'étaient arrogé le droit de porter des turbans verts, furent forcés d'abandonner ce signe distinctif de la descendance du Prophète, et leur nombre fut réduit à vingt. A Koniah, on arrêta comme suspects huit derwischs mewlewis. Conduits devant Ismaïl, celui-ci leur dit : « Les mewlewis qui voyagent » ont coutume ou de lire le *Mesnewi,* ou de jouer de » la flûte, ou de danser la valse sacrée ; montrez-moi » donc ce que vous savez faire. » Quatre d'entre eux seulement ayant pu le satisfaire, les quatre autres, qui étaient en effet des rebelles déguisés, furent mis à mort.

Au milieu des nombreuses exécutions, qui firent violemment échouer les projets ambitieux de tant de dignitaires, la mort naturelle de l'ancien grand-vizir Gourdji Mohammed, à l'âge de cent dix ans, doit exciter notre étonnement. Après avoir été employé pendant trente années comme gouverneur des provinces asiatiques de Damas, Haleb, Diarbekr et Erzeroum, il était parvenu à près de cent ans au grand-vizirat, mais il dut l'abandonner presque aussitôt à cause de son incapacité, résultat d'une vieillesse si avancée. Il vécut encore dix ans, pendant lesquels dix autres changemens de dignitaires investis du pouvoir suprême vinrent le consoler de sa destitution.

La tranquillité était à peine rétablie dans l'Anatolie, que Kœprilü reprit avec une nouvelle ardeur son système de réforme et de répression. A Damas, les janissaires, qui d'ordinaire étaient envoyés en garnison pour trois ans dans les provinces, et qui avaient pris pour cette raison le nom de nobetdji (garde montante), qu'ils échangèrent ensuite contre celui de yerli-kouli (soldats du lieu), avaient refusé l'obéissance aux ordres de la Porte; Kœprilü confia le commandement d'un corps de janissaires de la capitale à l'aga Ali, avec ordre de lui renvoyer les rebelles et de livrer à la mort les auteurs de ces troubles. La grande sévérité qu'Ali déploya, en cette circonstance, trouva sa récompense dans sa nomination au gouvernement de Saïda. Pendant son administration, il essaya, mais en vain, de s'emparer des émirs des Druses. Mohammed-Pascha, son successeur à Saïda, fut plus heureux : secondé par l'Albanais Hasan, il fit traîtreusement prisonnier le plus puissant des émirs de la tribu Maan (*du drapeau rouge*), puis il se ligua avec les émirs du *drapeau blanc*, ennemis jurés de la tribu Maan.

Pour remédier aux abus qui s'étaient introduits dans les fiefs de la cavalerie, Kœprilü ordonna qu'à l'avenir leurs possesseurs, tant ceux d'Asie que ceux d'Europe, eussent à renouveler leur diplôme. Cet ordre n'aurait pas laissé d'exciter de vifs murmures, ces renouvellemens n'ayant lieu d'ordinaire qu'à l'avènement d'un nouveau Sultan, s'il n'avait pas abandonné en même temps la moitié de la taxe échue. De l'armée, le grand-vizir tourna ses regards vers l'Hellespont, qu'il songea à rendre inaccessible aux flottes ennemies par la construction de plusieurs nouveaux châteaux. Déjà, sous le grand-vizirat de Mourad-Pascha, la sultane Walidé avait appuyé ce projet de toute son autorité; mais, outre que le Trésor ne pouvait pas disposer alors des quarante mille piastres que devaient coûter ces constructions, les représentations des habitans des villages environnans, qui redoutaient le voisinage de la garnison, le firent abandonner. On prétexta que la distance entre les deux caps du canal était trop considérable pour pouvoir être croisée par le feu des batteries, et qu'on y manquait d'eau. Cependant toutes ces difficultés disparurent devant la volonté inébranlable de Kœprilü : la flotte reçut ordre de passer l'hiver à l'entrée des Dardanelles, et les équipages furent employés aux constructions dirigées par l'architecte Moustafaaga, sous l'inspection du commandant des Dardanelles Frenk Ahmed-Pascha. Les deux châteaux formèrent un carré régulier dont chaque façade avait une longueur de trois cents aunes : l'un reçut le nom pompeux de *Kilidol-Bahr* (clef de la mer); l'autre celui de *Seddol-Bahr* (digue de la mer), tandis que celui construit par Mohammed II, sur la côte d'Asie, portait le nom modeste de *Tschanak-Kalaasi* (château des assiettes), à cause des fabriques de poterie qui l'avoisinaient; un autre château sur la même côte est appelé *Koum-Kalaasi* (château du sable). Comme les villages voisins étaient tenus de fournir les matériaux nécessaires à la construction de ces châteaux, Frenk Ahmed-Pascha et l'architecte surent, par leurs vexations, amasser des sommes considérables; la dureté inhumaine avec laquelle ce dernier surtout traita les malheureux habitans lui valut la haine et la malédiction générale, plus encore que son excessive avidité. Un jour, Frenk Ahmed lui ayant demandé pourquoi il avait fait battre un musulman innocent jusqu'à ce que mort s'en suivît, il lui dit pour toute réponse : « C'est » ainsi qu'il faut agir [1]. » En retournant de Brousa à Andrinople (septembre 1659 — moharrem 1070), le Sultan visita les nouvelles constructions, et ordonna de les munir d'une nombreuse artillerie. Pour l'occupation du château d'Asie, on transforma les fiefs supprimés de cavalerie des sandjaks de Boli, Kastemouni, Khoudawendkiar, Bigha et Karasi, en fiefs soldés (gedik-timar) de trois mille aspres chacun;

---

[1] *Boilé iktiza eder. Soubdet,* f. 136.

pour le château de Roumilie, on employa les feudataires, dits des Faucons (toghandji-timar), de Silistra, Nicopolis, Tschermen, Kirkkilisé et Wiza. Dans le courant de la même année, Maanzadé Houseïnaga, fils de Fakhreddin, revint à Constantinople de son ambassade auprès du sultan indien Djihanschah. A son passage à Scutari, Houseïnaga remit au Sultan les lettres de Mourad-Bakhsch, fils et successeur de Djihanschah. Les présens dont elles étaient accompagnées consistaient en un panache de plumes de héron retenu par une agrafe de diamans, au milieu desquelles brillait une table oblongue pesant cinquante carats; un sabre avec son fourreau d'or garni de pierreries, et dix ballots de châles et d'étoffes indiennes. Le Sultan lui ayant demandé ce qu'il avait vu de beau dans le pays d'où il revenait, Houseïnaga répondit que rien ne pouvait être comparé à la position du Bosphore, qui dépassait tous les miracles de la nature et de l'art indien. Maanzadé Houseïn était arrivé dans l'Inde précisément à l'époque de la guerre civile allumée entre les quatre fils de Djihanschah. Il tomba entre les mains de l'aîné des quatre princes, Mourad-Bakhsch, qui retint l'ambassadeur ottoman et les présens dont il était porteur, et répondit aux lettres du Sultan comme venant de succéder à son père; cependant, peu de temps après, il dut céder le trône à son frère Orengzib.

Nous avons vu plus haut que Kœprilü, à son départ de Jenœ, avait laissé Kenaan-Pascha gouverneur d'Ofen, et Djan Arslan-Pascha gouverneur de Silistra, pour maintenir la tranquillité en Transylvanie.

Michné, voïévode de Valachie, avait obtenu du premier l'autorisation de rentrer dans ses États, sans l'avoir sollicitée du second. Le jour où il vint prendre congé, Arslan-Pascha, le frappant violemment sur la poitrine, lui cria d'un ton menaçant : « Maudit ! ne » suis-je pas le gouverneur de Silistra, le seul à qui tu » dois demander la permission de retourner chez toi ? » Cet outrage fit naître une haine implacable dans l'âme de Michné, ce Grec orgueilleux, qui, à son avènement, s'était fait couronner publiquement par un moine comme archiduc de Valachie ; depuis il mit tout en œuvre pour obtenir un diplôme de la Porte qui sanctionnât ce titre. Cependant la prudence lui ordonna de dévorer cette injure, mais il se promit d'en tirer vengeance à la première occasion [1]. Peu de temps après, Arslan-Pascha fut assailli, sur la route de Silistra, par les gens de Michné, et ne leur échappa que par une fuite précipitée sur l'autre rive du Danube, en face de Sistow.

Michné, l'ennemi juré de Constantin Cantacuzène et de son gendre Philippeskoul, qui s'était réfugié chez le prince de Moldavie, Ghika, résolut la perte de l'un et de l'autre. Il commença par calomnier le premier à Constantinople, et par s'allier secrètement avec Rakoczy contre Barcsay que la Porte venait de lui donner pour successeur. Constantin Cantacuzène, rappelé dans la capitale, se justifia contre les allégations de Michné en prouvant d'une manière incontestable

---

[1] Engel, dans son *Histoire de Valachie*, ne dit pas quel fut le motif de la rébellion de Michné. Naïma, II, p. 204, en parle avec détail.

que l'infidélité dont il était accusé retombait sur l'accusateur. Dès lors Michné jeta le masque, et commença sa rébellion, en faisant exécuter les boyars dévoués aux intérêts de la Porte [1]. Les uns furent étranglés, les autres précipités dans la cour du haut des fenêtres du palais; leurs cadavres, foulés aux pieds de ses trabans, furent laissés sans sépulture et jetés sur des tas de fumier; les femmes des suppliciés furent soumises aux plus affreux tourmens, pour obtenir d'elles la révélation des lieux où était cachée la fortune de leurs maris. Tergowitsch fut cernée par la cavalerie de Michné, et tous les Turcs qui s'y trouvaient passés au fil de l'épée par l'infanterie; Braila et Djourdjewo furent pillées et livrées aux flammes. A la tête de dix mille Valaques et de cent mille Hongrois sous les ordres de Mikes, Michné marcha à la rencontre de Ghika, et le battit si complètement sous les murs d'Yassy, qu'il dut s'enfuir à Bender. Il espérait y trouver le kalgha Ghazi-Ghiraï envoyé à son secours par ordre de la Porte avec cinquante mille Tatares [2]; mais, ne se croyant pas en sûreté, Ghika quitta Bender et se réfugia à Andrinople.

A la première nouvelle des événemens dont la

---

[1] Engel, *Histoire de Valachie*, p. 305. Michné souleva contre la Porte les évêques et les prêtres bulgares; il portait dans ses rangs six drapeaux rouges avec une croix blanche. On lit, dans les *Relat. di Costantinopoli* : — *Il Michne Voivoda di Valachia disgustato della Porta si mise in pensiere di cacciare il Turco da Costantinopoli havendo fatto corrispondenza colli vescovi e ecclesiastici di Bulgaria.*

[2] Engel dit seulement vingt mille Tatares. Naïma, au contraire (II, p. 706), dit cinquante mille.

Valachie et la Transylvanie étaient le théâtre, le Sultan avait intimé au khan de Crimée l'ordre de se mettre en campagne et d'envahir la Valachie. La nouvelle guerre amena quelques changemens administratifs. Le gouverneur de Bosnie, Sidi Ahmed, fut nommé gouverneur d'Ofen, et le sandjak d'Ilbessan, Mohammedbeg, qui s'était brillament distingué dans les campagnes de Moldavie et de Valachie, passa au gouvernement de Silistra. Ghika, qui s'était réfugié chez son protecteur et compatriote, le grand-vizir Kœprilü, fut installé comme voïévode de Valachie, et Étienne, fils de Lupul, qui jusqu'alors avait langui dans les Sept-Tours, fut élevé à la dignité de prince de Moldavie.

Cependant les Tatares, renforcés d'un corps de Polonais et de Cosaques, avaient franchi les frontières de la Moldavie, et livré une bataille sanglante à l'armée réunie des Valaques et des Szikliens, près d'Yassy, sur les rives du Baschlouï. Le sort de cette lutte ne fut décidé en faveur des Tatares qu'au bout de trois jours; douze mille sept cents Hongrois et Valaques couvrirent de leurs cadavres le champ de bataille; un grand nombre d'entre eux trouvèrent une mort misérable dans les eaux du Baschlouï et dans les marais. L'intrigant Michné, qui avait été élevé comme page par le vieux conquérant d'Akhiska, Kenaan-Pascha, possédait les langues arabe, persane et turque; il avait longtemps feint de vouloir échanger la foi de ses pères contre celle des musulmans, et, pour mieux accréditer cette croyance, il avait adopté leurs usages et leurs vêtemens; dès lors il se vit forcé de se réfugier en

Transylvanie. Les murs de Tergowitsch, résidence des voïévodes de Valachie, furent rasés sur les ordres exprès du Sultan, et la cour du prince valaque transférée à Bucharest. Rakoczy, battu près de Deva par Sari Houseïn (22 novembre 1659), frère de Siawousch-Pascha, sandjak d'Erlau, et par Sidi Ahmed gouverneur d'Ofen, s'était enfui à Szaszvaros (Broos), après avoir laissé sur la place trois mille sept cents morts, et abandonné au vainqueur soixante drapeaux et six pièces de canon.

Au commencement du printemps suivant (16 avril 1660 — 5 schâban 1070), Seïd Ali fut solennellement investi à Andrinople de la dignité de général en chef des troupes destinées à marcher contre la Transylvanie. Il partit aussitôt pour Belgrade, où il devait attendre les instructions ultérieures de la Porte. Le sagardji-baschi, avec quinze régimens de janissaires, reçut ordre de le suivre à marches forcées. A la nouvelle de l'approche de Sidi Ahmed, Rakoczy avait levé en toute hâte le siége de Hermannstadt et s'était replié sur Clausenbourg, entraînant à sa suite tous les hommes capables de porter les armes. Il s'y retrancha entre Kapous et Gyalou, résolu de courir les chances d'une bataille. Elle fut livrée sur la rive droite de la Szamos, entre Clausenbourg et Szamosfalva. Rakoczy fut battu et s'enfuit grièvement blessé dans le fort de Grosswardein où il mourut dix-huit jours après. Quatre mille têtes provenant de la défaite de Rakoczy, fichées sur des piques, furent portées en triomphe à Andrinople par des Grecs et des Arméniens, puis roulées aux pieds du grand-vizir, qui les fit jeter ensuite en pâture aux chiens. La nouvelle de ces succès détermina le Sultan à se rendre pour la troisième fois à Andrinople; mais Kœprilü s'y opposa, en lui représentant que l'argent qu'on attendait de Transylvanie n'était pas encore arrivé. Un khattischérif du Sultan ordonna à Sidi Ahmed de confirmer en qualité de prince de Transylvanie son prisonnier Barcsay.

Avant de reprendre le récit des événemens qui suivirent la mort de Rakoczy et qui entraînèrent l'Autriche dans de nouvelles guerres avec la Porte, nous devons jeter un regard sur les relations diplomatiques des deux puissances entre elles pendant les trois dernières années.

Les plaintes mutuelles contre les incursions et les brigandages exercés par l'un des deux peuples contre l'autre se succédèrent comme de coutume. Le gouverneur d'Ofen, Kenaan, envoya à plusieurs reprises des tschaouschs au comte de Puechhaim, à Vienne, pour se plaindre de la garnison de Weszprim, qui avait saccagé le village d'Ercseny, situé à cinq lieues seulement d'Ofen. Il se plaignit en outre d'une attaque imprévue contre le sandjak de Koppan, d'une incursion à Pankota, sous les murs de Szegedin, et de l'enlèvement de trente habitans et de huit cents têtes de bétail [1].

---

[1] Du 3 redjeb 1067 (17 avril 1657). Dans les Archives I. R. se trouvent également deux lettres de Kenaan-Pascha à Puechhaim et à Sagan, datées du 2 silhidjé 1067 (4 octobre 1657), et relatives à la violation des frontières par le commandant de Weszprim et à l'insurrection de Rakoczy. Voyez aussi *Lettera del Vezir di Buda Kenaanbassa al S. Principe Gonzaga portata di Hasan Ciaus* 26 Agosto 1657, en réponse au message

De son côté, le grand-vizir, dans une note au résident impérial Reninger, se plaignit de ce que dans la Hongrie supérieure Nadasdi, Forgacs, Zriny et Bathyany assistaient ouvertement le traître Rakoczy dans sa lutte avec la Pologne. L'Autriche envoya à Ofen le docteur Metzger, afin d'aplanir, s'il était possible, le différend survenu entre Rakoczy et la Porte, tandis que Henri Woggin partait, avec une mission semblable, pour le camp du grand-vizir. Il le rencontra à Temeswar où il fit son entrée avec une pompe inaccoutumée. Comme il se rendait à Jenœ, à la suite du grand-vizir, Woggin fut joint par l'interprète impérial Panajotti; Reninger était resté à Constantinople à la cour du Sultan. Barcsay, récemment nommé par la Porte prince de Transylvanie, mit tout en œuvre pour s'assurer les bons offices du résident; mais les habitans de la Hongrie supérieure ayant pris le parti de Rakoczy, l'empereur crut devoir à sa politique autant qu'aux intérêts de la religion de se rendre aux prières de ce dernier et de le secourir. Cinq mois auparavant le grand-vizir, dans une lettre au grand maître-d'hôtel prince Porcia, s'était plaint de ce que l'empereur avait permis à la mère de Rakoczy de faire des enrôlemens dans les États d'Allemagne. Dans sa réponse, le cabinet de Vienne déclara sans détour que n'ayant pas agréé le choix du nouveau prince, François Rhédei, il avait

---

de Metzger à Komorn, concernant les incursions sur le territoire de Stublweissenbourg à la date du 21 juillet, *Lettera del Vezir Kenaanbassa a S. Maestà Caes. portata dal Arnaud Ali Aga nell' audienza del* 21 *Marzo* 1659.

pu approuver la conduite de Rakoczy; que cependant il ne lui avait jamais prêté secours, et qu'il persisterait dans son système si la Porte s'abstenait de toute innovation en Transylvanie. Lorsque plus tard Jenœ eut succombé et que Rakoczy eut pris la fuite, le gouverneur d'Ofen, Kenaan-Pascha [1], commis à la garde de la Transylvanie, écrivit au palatin : « que, Rakoczy
» ayant désobéi au Sultan, il avait été chargé de l'en
» punir, mais qu'il n'avait pu le faire, celui-ci s'étant
» réfugié au-delà de la Theiss; que fidèle aux stipu-
» lations du dernier traité de paix, il ne ferait pas pas-
» ser cette rivière à un seul homme si le palatin se con-
» formait aux articles de ce même traité. » L'aga envoyé par le grand-vizir à l'empereur rapporta, à son retour à Constantinople, qu'on avait permis à Rakoczy et aux deux voïévodes de Moldavie et de Valachie de se rendre à Francfort où ils devaient réclamer les secours de l'empereur, tandis qu'on l'avait obligé de rester à Vienne. Kœprilü, dans une violente sortie contre Reninger et Panajotti, dit à ce sujet que, d'après la lettre de la capitulation octroyée par le sultan Souleïman au prince de Transylvanie, ce dernier ne pouvait entretenir de relations avec aucune puissance étrangère; que Rakoczy venait de la violer pour la troisième fois, et que la teneur du traité conclu avec l'empereur exigeait qu'on lui livrât les princes de Moldavie et de Valachie. L'année suivante, Auguste de Mayern se rendit en qualité d'internonce à Constantinople, et de

---

[1] *Litteræ Kenaanbassa ad Palatinum e castris Jenoe*, 13 Dec. 1658.

là à Brousa pour notifier au Sultan le couronnement de l'empereur Léopold (12 août 1659 — 23 silkidé 1069). Depuis Bayezid Yilderim qui avait reçu à Brousa les ambassadeurs de Hongrie, de France et de Chypre, pour négocier la rançon des prisonniers faits à la bataille de Nicopolis, aucun ambassadeur européen n'avait été admis dans cette capitale à l'audience du Sultan. Mayern remit ses lettres de créance et ses présens; mais ayant appris que la lettre de l'empereur resterait sans réponse, il crut devoir à la dignité de son maître de ne remettre au moufti que les sommes qui lui étaient destinées. Dans son audience du grand-vizir, l'internonce répondit à Kœprilü, qui revint sur l'extradition de Rakoczy, que l'empereur ne l'avait pas en sa puissance, et que, s'il l'avait, son honneur lui défendrait de le livrer. Le reïs-efendi Schamizadé, conseiller intime de Kœprilü, insinua à ce sujet à Mayern, dans un repas donné en son honneur, que l'empereur pouvait agir à l'égard de Rakoczy comme jadis le pape envers Djem, et le schah de Perse envers Bayezid, fils de Souleïman. Sur la réponse de l'internonce, que le cas était différent, et que le pape et le schah s'étaient couverts d'opprobre aux yeux de la postérité [1], Schamizadé laissa tomber la conversation. Pour répondre à la mission de Mayern, la Porte chargea Souleïman-

---

[1] *Che l'esempio del Sofi di religione e costumi totalmente da lui lontano e inefficace a persuaderci, e che quello d'Alessandro VI e molto diverso per la qualità del soggetto tradito, e poi e stato biasimato da tutti gli Storici, ch'a ponto di ciò la sua memoria debbe esser bastevole a dissuadere ogni Principe di simile attentato.* Rapport de Panajotti et de Reninger, et Relation de Mayern. Vienne, 25 décembre 1659.

aga de porter à Vienne ses félicitations au sujet du couronnement de l'empereur. Dans une seconde lettre, le Sultan et Kœprilü disaient que Rakoczy avait commis des crimes en Transylvanie, un des pays tributaires de la Porte; que cette puissance avait résolu de le poursuivre les armes à la main, et que l'empereur devait éloigner en lui le dernier obstacle qui s'opposât à une paix solide et durable. Dans son audience de congé, Mayern avait entendu de la bouche même du Sultan ces menaces indirectes, et l'ambassadeur français manda en toute hâte à sa cour que le seul moyen d'entraîner l'empereur dans une nouvelle guerre avec la Porte était de secourir activement Rakoczy.

Cependant la Transylvanie succombait sous le poids énorme d'un nouveau tribut annuel de quatre-vingt mille écus, et d'une contribution de cinquante mille écus. L'internonce de Barcsay, Michel Szara, qui était arrivé à Constantinople avec la moitié de cette somme seulement, fut jeté dans les Sept-Tours, bien qu'il eût apporté en outre des présens en joyaux d'argent d'une valeur de vingt mille écus. Il n'en sortit qu'à l'arrivée d'un courrier porteur du reste du tribut, et de cinq mille écus à compte sur les cinquante mille imposés pour couvrir les frais de la guerre. Ces sommes étaient hors de toute proportion avec celles imposées aux autres pays tributaires, puisque la Moldavie ne payait que vingt mille écus, la Valachie trente mille, et Raguse tous les trois ans vingt-cinq mille.

L'agent de Barcsay, Sigismond Buday, dans une

conversation à Vienne avec l'envoyé turc, Souleïmanaga, avait appris que Sidi Ahmed-Pascha et le khan des Tatares venaient de recevoir l'ordre de réduire Rakoczy [1]. Au retour de Souleïmanaga à Constantinople, le reïs-efendi se montra blessé du style de la lettre de créance de l'empereur, dans laquelle on lisait ces mots : « Nous lui avons permis d'approcher » de notre trône impérial [2]. » Il se plaignit à l'interprète Panajotti de l'orgueil inaccoutumé de l'Autriche. Panajotti excusa sa cour en lui faisant remarquer cette phrase humiliante de la lettre du Sultan : « Après avoir » prosterné son front devant l'étrier impérial; » ce qui, disait-il, n'était pas non plus très-agréable à entendre.

Peu de temps après la discussion soulevée à ce sujet, un messager du nouveau gouverneur d'Ofen, le serdar Seïd Ali-Pascha, arriva à Vienne auprès du duc de Sagan. Il était porteur d'une lettre dans laquelle la Porte se plaignait, entre autres griefs, de l'incendie de Jassols par la garnison de Weszprim, de l'enlèvement de quinze cents têtes de bétail par les garnisons de Raab et de Papa, du meurtre de quinze cents Turcs par les troupes de Gran, Komorn et Totis; de l'enlèvement des troupeaux de Somlyó, de l'incursion des commandans de Gyar-

[1] *Relazione di quello chè e passato tra Suleimanaga Internunzio Ottomano e Sigismondo Buday huomo del S. Achatio Barczay nel congresso seguito fra loro nella casa del medesimo aga 15 Dec. 1659.*

[2] *Permisimus ad Imperialem C. R. Nostrum thronum Sanctosacrum Internuntium accedere — quarum litterarum tenore nobis debita cum humilitate relata.*

math et Szecseny, avec huit cents cavaliers et quatre cents fantassins, jusque sous les murs de Gran, de celle des commandans de Hatvan et de Fülek dans les environs de Putnok, et des ravages exercés par les troupes de Papa dans le voisinage de Simontornya [1].

Sur ces entrefaites, le comte de Souches, généralissime de l'armée impériale en Hongrie, avait pris possession, en vertu du traité conclu avec Rakoczy, des châteaux de Szathmár, Kálló et Tokay, et occupé au nord du royaume de Hongrie les deux palatinats de Szathmár et Szabolcs, que plus tard Barcsay réclamait pour lui-même à Constantinople. Vischer de Rampelsdorf qui avait été député à Sidi Ali, pascha d'Ofen, pour s'entendre avec lui, revint avec une lettre dans laquelle celui-ci, après avoir raconté la défaite de Rakoczy, se plaignait de l'occupation par les troupes impériales des palatinats de Szathmár et de Szabolcs. De Souches, dans une seconde lettre que le chef d'escadron Lambach remit à Sidi Ali, répondit qu'il ne s'était porté avec son armée sur les frontières qu'afin de garantir la paix, et de protéger les provinces limitrophes contre les ravages des Tatares. La lettre du duc de Sagan était conçue dans le même sens. Loin de se laisser tranquilliser par ces protestations, Sidi Ali faisait ses préparatifs pour le siége de Grosswardein. L'envoyé de Barcsay, Haller, qui s'était rendu auprès du serdar dans l'intention d'obtenir la remise du restant de la contribution de

---

[1] *Lettera di Seid Ali Bassa de Buda al Ecc. duca di Sagan pre sentata dal alfier Zemper li 17 Aprile 1660.*

guerre de cinquante mille écus, imposée à la Transylvanie, fut jeté dans les fers pour son refus de livrer aux Ottomans la forteresse de Grosswardein confiée à sa garde. A cette nouvelle, Barcsay se rendit en personne au camp turc, établi entre Lippa et Jenœ, pour se plaindre de cette violation du droit des gens ; mais Sidi Ali, après l'avoir accablé de reproches au sujet des troupes qu'il avait envoyées au secours de Rakoczy, le retint prisonnier, et continua sa marche sur Grosswardein. A son approche, François Gyulay s'enfuit avec les restes de Rakoczy à Patak. La garnison, forte seulement de neuf cent cinquante hommes, voyant l'impossibilité de défendre la ville contre les Ottomans, livra aux flammes les faubourgs et s'enferma dans la citadelle. Ali-Pascha investit aussitôt la place en vue du généralissime impérial, qui restait tranquille spectateur. La trahison fournit au serdar les moyens de faire écouler l'eau des fossés, et l'explosion d'un magasin à poudre détruisit une partie de la citadelle. Six semaines après l'ouverture du siége, repoussé avec perte dans un premier assaut, Sidi Ali accorda une libre retraite à la garnison. Les Ottomans qui avaient évalué le nombre des troupes au double de ce qu'il était réellement, ne purent revenir de leur étonnement lorsqu'ils virent défiler devant eux un corps à peine égal à celui des immortels soldats des Thermopyles. Lambach, qui pendant tout ce temps avait été retenu dans le camp ottoman, fut alors renvoyé avec une lettre du serdar, dans laquelle celui-ci s'excusait de la négligence qu'il avait mise à congédier

son envoyé sur les travaux que lui avait imposés le siége de Wardein. Cette conquête était d'une haute importance pour le sort de cette guerre, et formait avec la prise de Jenœ, en Transylvanie, un pendant à la conquête de Ténédos et de Lemnos dans l'Archipel. Le fils du grand-vizir, Nassouh-Pascha l'historien, dit de Grosswardein qu'elle était entourée de trois murs formés de tuiles et de mortier, et que ses fossés remplis d'eau avaient vingt aunes de profondeur et cent aunes de largeur : « Ses remparts, continue-t-il, sont si éle-
» vés, qu'aucun oiseau ne saurait atteindre leur cime;
» ses fossés si larges, que l'imagination la plus hardie
» ne pourrait concevoir l'idée de les franchir. » Il ajoute: « Ce boulevard, situé sur les rives du Kœrœs,
» est aussi imprenable que celui formé par les rochers
» du Caucase. » La lettre adressée par un sandjakbeg [1] aux comtes Adam et Ladislas Károly, commandans des forteresses de Szathmár et Kálló, plus prosaïque que le pompeux récit de l'historien, n'est pas cependant moins caractéristique ; elle commence ainsi : « Moi,
» Houseïn, le champion de l'empereur le plus invin-
» cible, grand-palatin de Bihar, Szathmár, Szabolcs
» et Grosswardein, je te salue, toi, Adam Károly.
» Je te prends en pitié, car Szathmár appartient au
» padischah le plus invincible, et c'est en vain que tu
» essaies de soulever Kálló. Ceux qui ont recours

---

[1] Probablement le frère de Sarischah, et non pas le commandant de la forteresse, comme le dit Ortelius, et, d'après lui, tous les autres chroniqueurs hongrois ; car le *Soubdet*, f. 148, dit expressément que le commandant s'appelait Arnaoud Sinan-Pascha.

» à la grâce du Padischah jouiront de ses faveurs.
» Réfléchis bien que Kœvár et Backo sont les fron-
» tières de la Transylvanie, et que Munkacs, Patak et
» Tokay appartiennent au Padischah.— Chef de Kálló,
» comment te portes-tu? comment dors-tu? Nous te
» ferons bientôt une visite. Gouverneur de Szathmár,
» chien aveugle, pourquoi, dans ta stupidité, restes-
» tu tranquillement enfermé avec le gouverneur de
» Gusdin? Celui que tu disais ton maître est mort, et
» Gusdin est également tombé entre les mains du Sul-
» tan. Sachez-le donc et hâtez-vous d'agir en consé-
» quence. Fait à Wardein. Moi, Houseïnaga, qui,
» ceint du sabre depuis treize années, trempe mes
» armes depuis cette époque dans le sang des Hon-
» grois [II]. »

Sidi Ali-Pascha dans son expédition contre Wardein dut se passer des secours du khan des Tatares, qui alors était en pleine guerre contre les Russes et les Cosaques. L'hetman des Cosaques zaporogues, que les historiens ottomans appellent Ouzou Kirali ou roi d'Oczakow ou du Dnieper, avait informé le khan des Tatares qu'il lui était arrivé une ambassade dont le but était de les exciter à prendre les armes contre l'ennemi commun, les Tatares, en leur rappelant qu'ils étaient comme lui chrétiens et compatriotes [1]. Le khan

---

[1] La lettre que le czar envoya à l'hetman des Cosaques zaporogues a été traduite par Mirza Alexandre Kayembeg, à l'occasion d'une erreur dans laquelle est tombé M. de Hammer en consultant le texte de Naïma; mais cette erreur est due, comme le dit Kayembeg lui-même, au copiste turc ou à la typographie de Constantinople. Voici ce que dit Naïma : « Le roi de

des Tatares se mit aussitôt en marche contre l'ennemi; un corps d'armée du czar de Russie, fort de dix-

» Moscou envoya au susdit (à l'hetman des Cosaques Zaporojski) un am-
» bassadeur avec une lettre conçue en ces termes :

« Notre but principal, notre seul désir, est d'entrer dans les pays des
» Musulmans pour venger nos alliés et nos coreligionnaires. L'obligation
» que la religion nous impose exige que nous attaquions les Tatares avec des
» forces nombreuses; que nous ruinions leurs possessions (qui, semblables
» à une épaisse muraille, nous empêchent d'étendre nos conquêtes dans les
» pays des Musulmans). Après en avoir fini avec eux, notre résolution est
» déjà fixée quant aux mesures ultérieures à prendre dans l'intérêt général (de
» la gloire des chrétiens). Ainsi le zèle religieux et l'utilité commune exigent
» que vous agissiez de concert avec nous, et ne permettent pas que, sous
» aucun prétexte, vous montriez de la froideur dans l'exécution de cette
» entreprise. »

» Le reste de la lettre contenait des promesses flatteuses. Les Cosaques, à la
» réception de cette lettre, furent inquiets. L'alliance conclue avec ce khan
» généreux, pensaient-ils, leur avait valu la possession de tant de forteresses,
» de places et de terres fertiles acquises avec le secours des Tschinguizèdes,
» qu'ils regardaient la violation de leur serment comme le plus grand malheur
» qui pût leur arriver. Ils résolurent donc de faire part au khan de cette pro-
» position (du czar), en lui conseillant de prévenir les Russes, de rassembler
» une nombreuse armée et de marcher contre eux avant qu'ils se missent en
» mouvement; de ne pas leur donner le temps de se reconnaître; de mettre
» en déroute leurs troupes; de piller et de ravager leur pays. Le khan,
» après avoir reçu cet avis, rassembla aussitôt une nombreuse armée; et,
» dans le mois de ramazan de l'année susdite (1069 de l'hégire, c'est-à-dire
» au mois de mai de l'année 1659), marcha contre l'ennemi. Le roi de
» Moscou, voyant de son côté que les Cosaques s'éloignaient de lui avec
» défiance et restaient fidèles à leur alliance avec le khan, détacha un corps
» d'armée pour ruiner quelques forteresses qui se trouvaient sur les frontières
» des possessions des Cosaques, afin de les punir. Au nombre de ces forte-
» resses se trouvait celle de Maïkhli, contre laquelle furent envoyés dix-sept
» mille hommes, sous les ordres de deux boyards, qui, avec le secours de
» cinq mille Cosaques qui étaient restés attachés à la Russie, pillèrent les
» faubourgs (de cette forteresse) et en firent le siége. Le 1er du mois de
» schewal 1070 (10 juin), après la prière solennelle, l'armée des Tatares,

sept mille hommes¹, et de cinq mille cosaques fidèles à ce dernier, sous les ordres de deux boyards, fit le siége de Maïkhli². Le khan était sur le point de passer l'Arel³ lorsqu'il fut instruit du siége de la forteresse par les Russes. Il hâta aussitôt sa marche et envoya

» ayant traversé une grande rivière nommée *Edil*, se disposait à marcher
» contre la Russie, quand elle reçut la nouvelle du siége de cette forteresse,
» et crut prudent de se diriger de ce côté. Quinze mille guerriers intrépides
» et prompts comme le vent, sous les ordres du brave Terrasihbeg, furent
» aussitôt envoyés en avant. Le lendemain, au point du jour, ils se préci-
» pitèrent avec la rapidité du torrent sur l'ennemi (qui assiégeait la forte-
» resse). Alors commença un combat terrible qui dura environ trois heures.
» Enfin l'ennemi fut complètement défait, et de dix mille (dix-sept mille) il
» ne s'en sauva que mille; les autres tombèrent sous le glaive des Tatares,
» qui les poursuivirent, et aucun des cinq mille Cosaques dévoués à l'ennemi,
» et qui se trouvaient au siége de la forteresse, ne parvint à se sauver : tous
» furent précipités dans le gouffre de l'enfer. Les vainqueurs s'emparèrent de
» tous les bagages de l'armée (vaincue); et, après avoir envoyé au khan
» quelques officiers faits prisonniers, avec la nouvelle officielle de la vic-
» toire, ils s'arrêtèrent dans ce lieu. » Voyez *Journal asiatique*, t. XVI.
(*Note du Traducteur.*)

¹ Naïma dit dix mille Turcs; ce qui est une erreur, puisque, comme l'a prouvé Mirza Alexandre Kayembeg, le khan, en recevant la nouvelle du siége de Maïkhli, envoya à son secours quinze mille hommes de troupes légères sous les ordres de Firaschbeg. (*Note du Traducteur.*)

² Naïma commet ici une autre faute, qui avait induit en erreur M. de Hammer. Il n'existe pas de forteresse du nom de Maïkhli ni dans l'Ukraine, ni dans les environs du Volga; mais on trouve encore, dans le gouvernement de Poltawa, district de Krementshouk, un bourg nommé Mangeleïa qui fut cédé à la Russie par un traité de paix avec la Pologne. Ainsi il doit être question ici d'une autre forteresse de l'Ukraine; car cette province était alors le théâtre de toutes les opérations militaires. (*Note du Traducteur.*)

³ Kayembeg a prouvé qu'au lieu du Volga il faut lire l'Arel, puisque la guerre se fit alors dans l'Ukraine, et que le khan ne pouvait pas se porter sur le Volga pour abandonner la Crimée aux attaques des Russes. Les Tatares traversèrent l'Arel dans le voisinage de Peretschpina, à environ cent soixante verstes de Mangeleïa. (*Note du Traducteur.*)

au secours des assiégés quinze mille Tatares sous les ordres de Firaschbeg. Déjà, le jour suivant, Firaschbeg attaqua un corps considérable de Russes dont mille seulement, après un combat de trois heures, échappèrent par la fuite à une destruction complète; les cinq mille Cosaques du Dnieper, qui avaient combattu dans les rangs des assiégeans, furent anéantis. A la nouvelle de cette victoire, Mohammed-Ghiraï suspendit sa marche, et ayant fait amener les prisonniers en sa présence, il les fit tous massacrer dès qu'il eut obtenu d'eux les renseignemens dont il avait besoin. L'hetman des Cosaques zaporogues fut admis à baiser la main du khan. Sur ces entrefaites, six prisonniers, amenés au camp tatare, déclarèrent qu'une armée forte de cinquante mille hommes assiégeait la forteresse de Konotop, et qu'un second corps de cinquante mille Russes protégeait les gués de la Tisna, afin d'empêcher le passage des Tatares et des Cosaques. Mohammed-Ghiraï résolut de culbuter d'abord le corps d'armée russe laissé à la défense des gués, et d'attaquer ensuite l'armée campée devant Konotop. Les Cosaques, secondés par les Tatares, furent les premiers lancés contre l'ennemi. Le khan, placé sur le haut d'une colline, d'où il regardait la bataille, appelait l'assistance de Dieu sur les armes tatares. Toute l'armée russe fut anéantie. Vingt mille hommes périrent sur le champ de bataille, trente mille furent faits prisonniers [1]. On fixa

---

[1] M. de Hammer, dans sa réponse à la note de M. Kayembeg, a donné la traduction littérale d'une relation turque de cette bataille, puisée dans le

aussitôt la rançon de ces derniers ; la valeur des principaux officiers échus en partage au khan fut

rapport officiel du khan. L'importance de ce document, autant que la particularité de sa rédaction, nous détermine à l'insérer ici en entier.

L'AN 1069 (1659).

Combat du Tatarkhan Mohammed Guirai, et défaite de l'armée moscovite.

« En ce temps arriva à l'étrier impérial, de la part du tatarkhan Moham-
» med Guirai, une lettre annonçant la victoire, dont le contenu était ce qui
» suit :

» Le maudit roi moscovite aux mauvaises actions, séduit par l'erreur,
» avait depuis quelques années rassemblé une armée destinée à la dé-
» faite, dans l'intention de nuire aux musulmans ; il la tint sur pied
» pour se rendre maître des Cosaques du Dnieper, dont il avait attiré la
» moitié par mille ruses et artifices. Il leur avait préposé comme chef le
» Cosaque rebelle nommé *Serké,* tandis que le reste, trompé par ces pres-
» tiges, se porta à la révolte. Sur ces nouvelles, le *noureddin* avait été en-
» voyé avec une partie des Tatares, redoutables aux ennemis, contre cette
» division des idolâtres et cette cohue de renégats. En même temps arri-
» vèrent des hommes de la part du hetman des Cosaques, qui se réfugia
» auprès du khan. Ils annoncèrent que les ennemis assiégeaient la ville de
» *Konotop,* et que, si cette ville tombait entre les mains des Moscovites,
» tous les Cosaques réfractaires iraient se soumettre au czar de Moscovie.
» Pendant que l'illustre khan se préparait à se porter vers ce côté, on sut
» que le roi aux mauvaises actions, s'imaginant de donner de l'embarras,
» avait envoyé quelques Cosaques devant la ville d'Assow. A cette nouvelle,
» Ahmedguirai Sultan, avec une partie de sa maison, tous les Tatares
» *Chidak,* la troupe du mirza *Newrouz,* et toute l'armée circassienne,
» avait marché sur Assow. Les coquins de Cosaques réfractaires, lorsqu'ils
» en eurent avis, se retirèrent à l'endroit où était leur camp et le joignirent.
» Aussitôt que l'illustre khan eut reçu cette nouvelle, sans perdre un moment
» et mettant sa confiance en Dieu, il se mit en marche les premiers jours
» du *ramazan,* et traversa avec une armée innombrable de Tatares les sta-
» tions et les espaces. Comme le passage de l'armée tatare était impossible
» tant que les bourgs et villages situés sur les grands fleuves débouchant
» du pays des Cosaques ne seraient pas soumis, une troupe de Tatares avec

estimée à plus de cent mille ducats. Les plus âgés dans le conseil des Tatares émirent cette opinion, que

> » des chevaux *Tschatal* (?) fut envoyée au secours des Cosaques assié-
> » gés, aussitôt qu'on fut arrivé au fleuve *Arghala* (?) ; mais le nommé
> » *Serké* (Bespalin?), sans religion et sans entendement, qui avait été nommé
> » hetman de Cosaques de la part des Moscovites, avait occupé, avec trente
> » mille Cosaques et Moscovites, tous les endroits des passages aux châteaux
> » situés sur le fleuve *Aghela* et les autres fleuves, et avait mis le siége devant
> » le château de *Houvaltova* (Poutiwl) ; pendant qu'on s'y battait avec
> » acharnement, l'armée envoyée sous la bénédiction et l'*augure* du padi-
> » chah de l'Islam (que Dieu veuille le rendre victorieux jusqu'au jour du
> » jugement!) arriva; et aussitôt qu'on eut mis la main à l'épée, les mau-
> » dits voués à la perte furent défaits et tombèrent généralement comme
> » victimes du glaive humiliant des ennemis; quelques-uns seulement furent
> » faits prisonniers et mis aux chaînes. Le maudit *Serké* et quelques deys
> » infidèles étant tombés entre les mains favorisées (du ciel) des vainqueurs,
> » l'on apprit, après des informations prises sur les intentions de l'ennemi,
> » après le siége du château Konotop, que l'armée moscovite, forte de trois
> » cent cinquante mille fantassins et cavaliers, avait reçu l'ordre de leur roi
> » de se porter en masse auprès de leur général en chef, de se rendre maître
> » des Cosaques du Dnieper, d'envoyer leur rapport au roi, et de ne pas
> » changer de position jusqu'à ce qu'ils eussent reçu de nouveaux ordres;
> » qu'il leur enverrait les renforts et provisions nécessaires, qu'il s'attendait
> » à être témoin de leur bravoure, qu'ils devaient marcher de deux côtés
> » contre les musulmans et se mettre à tout prix en possession de Konotop.
> » Lorsqu'on apprit ces nouvelles, on fit tous les efforts pour délivrer cette
> » forteresse assiégée. Sans avoir égard aux troupes qui devaient arriver de
> » quelques endroits, le noureddin et le hetman passèrent sous la protection
> » de Dieu avec une armée aussi nombreuse que victorieuse, et marchèrent
> » sur le camp moscovite. Chemin faisant, on fit tous les jours des prison-
> » niers; les véritables nouvelles surpassèrent les espérances; et l'illustre
> » khan, se trouvant après une marche de quarante et un jours auprès du
> » camp des Moscovites, laissa en arrière tout son bagage et arriva leste et
> » léger au camp des infidèles, rempli de confusion. Près le camp de cette
> » horde, séduite par l'erreur, se trouvaient dans deux endroits de grands
> » marais; outre qu'il était impossible de les passer autrement que par le
> » moyen de ponts, il y avait quatre camps ennemis, chacun commandé
> » par un général en chef. Le premier était *Dourbinski* (Troubetzkoy), le
> » second *Poscharski*, le troisième *Iklidje Ilbaouski* (Huljenicki), et le

l'expérience ne permettant plus d'ajouter une foi absolue à la parole des Cosaques ligués, il valait mieux

» quatrième *Ramdanoski*. Toute leur infanterie, la cavalerie et l'artillerie
» avaient occupé les ponts, et leurs corps s'étaient réunis pour rendre le
» passage impossible. De ce côté, l'armée tatare et les autres troupes et l'ar-
» mée du hetman étaient arrivées aux ponts, et pendant que l'on se canonna
» chaudement des deux côtés, on fit des préparatifs pour passer, dans un
» endroit éloigné à trois heures de ce pont, le marais vaste comme la mer,
» et dont le fond n'était pas visible. La cavalerie et l'artillerie passèrent
» avec mille difficultés; et sans que les Moscovites infidèles en eussent aucun
» avis, l'armée fut rangée et attaqua tout d'un coup les infidèles avec le cri
» de guerre : *Allah! Allah!* avec la grâce de Dieu le conquérant absolu.
» C'est par la prière (*zikr*) des cavaliers du paradis (les anges et les saints),
» et par la grâce de Dieu et sa providence, que les infidèles furent battus
» et les champions de la foi victorieux; ceux-là furent mis en fuite et ceux-ci
» les poursuivirent. La cohue détestable des infidèles arriva au marais de-
» vant eux, à cette eau bourbeuse, où, comme des sangliers blessés, ils
» furent tous enfoncés dans la boue, et ils restèrent le pied fixé dans le
» limon atteints par la vengeance divine. Lorsque les Tatares altérés de
» sang qui étaient à leur poursuite s'en aperçurent, ils en firent justice par
» les coups du glaive vengeur, et la plus grande partie furent faits prison-
» niers. Le général Troubetzkoy, qui était resté au camp, le trésorier qui
» lui avait été adjoint de la part du roi aux mauvaises actions; les pages,
» les princes et les autres intimes ayant été témoins de ce combat, et n'étant
» pas sûrs si l'armée en vue était la leur, envoyèrent quarante mille infi-
» dèles au secours, dont pas un ne fut sauvé. Les braves Tatares ensan-
» glantèrent le champ de bataille avec les flèches à quatre ailes, avec les
» lances qui déchirent les seins, avec les massues de fer qui fendent les
» crânes; de sorte qu'à force de torrens de sang, tout le champ parut cou-
» vert de saules pourprés. De cette manière, une grande bataille eut lieu,
» les cadavres furent amoncelés sur la steppe en collines ressemblant à des
» montagnes. Les Tatares, si experts en guerres, ne regardant ni derrière
» ni devant eux, et ne donnant aucun repos à leurs brides, pénétrèrent
» dans leur assaut, avec ces démons dignes d'être lapidés, jusqu'au fond
» du camp, où ils ne s'arrêtèrent pas non plus; mais ils s'enfoncèrent dans
» le camp, pillèrent les tentes et le trésor de ces mauvais garnemens, et
» firent mille dommages et ravages. Joyeux de s'être vengés comme il faut
» de l'ennemi (au naturel dur et cherchant toujours noise), l'armée musul-
» mane se retira vers le soir en repos; mais ceux qui avaient été épargnés

s'en débarrasser par un massacre général. Leur opinion ayant prévalu, tous les officiers russes furent

» par l'épée, qui ne se refuse à personne, furent rassemblés dans un en-
» droit; et considérant que, s'ils se trouvaient encore là le matin, pas une
» tête ne serait sauvée, ils abandonnèrent dans les ténèbres de la nuit leurs
» effets les plus précieux, leur artillerie et tout leur bagage, changeant
» leur constance en fuite, et l'existence de la bataille en absence de tout
» conflit. Se flattant d'avoir fait un échange heureux, ils se réfugièrent
» dans un endroit éloigné du camp voisin de la rivière et de difficile accès.
» Lorsqu'au matin on vit le camp évacué, les chefs de l'armée s'assem-
» blèrent en conseil et délibérèrent; en voici le résultat : Dieu soit loué
» qu'outre la vengeance la plus complète, tant de princes et de généraux
» sont tombés entre nos mains! si nous cherchons des richesses, le roi aux
» mauvaises actions, qui est assez riche, affranchira ces prisonniers; d'au-
» tres se sauveront par la fuite, et après quelque temps ils viendront en
» force pour prendre vengeance; il vaut mieux qu'ils tombent tous vic-
» times du glaive, pour que notre vengeance soit complète, et que nous
» nous fassions un nom jusqu'au jour de la résurrection. On ne convoita
» point les richesses des deux généraux *Troubetzkoy* et *Poscharski*, qui
» promirent des trésors pour leur délivrance, et on ne leur accorda non plus
» ni repos ni pardon; ils furent tous dévorés par l'épée. Ainsi périt une
» armée de plus de cent mille hommes; comme c'était l'élite de leurs trou-
» pes, on se dépêcha de les envoyer dans l'autre vie; le troisième général,
» s'étant embourbé dans le marais, fut tué comme un cochon sauvage; le
» quatrième ayant eu recours à la fuite, ne fut point pris. Ceux qui s'en-
» fuirent du camp et se réfugièrent auprès du fleuve difficile à passer s'é-
» taient d'un côté appuyés au fleuve et de l'autre barricadés par des cha-
» riots; ils respirèrent ainsi deux jours. L'hetman des Cosaques marcha
» contre eux avec ses canons et avec ceux pris dans le camp des infidèles,
» et les mit en pièces des quatre côtés; plus de la moitié des infidèles pé-
» rirent par les ravages du canon; ceux qui s'enfuirent furent poursuivis
» l'épée dans les reins, et, outre ceux qui avaient péri dans la fuite jusqu'au
» fleuve *Isamardjik* et le château de *Toboli* sur la frontière moscovite,
» une grande quantité d'infidèles furent sauvés. Le feu de la guerre, allumé
» le 11 de schewal, fut éteint le vingt-unième jour. Bref, quoique l'armée
» musulmane fût comme un point au milieu des masses des pervers, et que
» l'armée des infidèles fût innombrable, néanmoins, par l'effet du grand
» courage des hommes heureux, et sous les auspices du grand-khakan, à
» peine la dixième partie de leur armée fut-elle sauvée. Louange à Dieu, et

d'abord décapités devant la tente du khan, puis les trente mille prisonniers abandonnés à la fureur des soldats. Couvert de sang, Mohammed-Ghiraï se porta rapidement contre l'armée russe devant Konotop. Les Cosaques, formant l'avant-garde, commencèrent la bataille qui dura trois jours consécutifs sans que la victoire se fixât dans les rangs des Tatares supérieurs en nombre (27 juin 1660). Le quatrième jour, les Russes, ayant pris la fuite, furent poursuivis avec tant de vigueur qu'arrivés sur les bords d'une grande rivière, ceux qui ne périrent pas dans les flots succombèrent sous les sabres tatares. L'armée victorieuse s'y arrêta quelques jours pour soigner ses blessés, puis elle se porta sur le château de Rumnia dont la garnison, jugeant toute défense inutile, négocia avec l'hetman sa reddition. Mais le commandant fut conduit en présence du khan, et massacré, ainsi que les cinq cents hommes qu'il avait sous ses ordres. Redoutant le même sort, les garnisons des châteaux environnans

» louange encore à Dieu! une victoire aussi brillante, une aussi grande
» conquête n'eut pas lieu depuis la création du monde; les hommes les plus
» âgés et les plus instruits s'accordent là-dessus. Outre cette grâce insigne,
» plus de soixante possesseurs de châteaux qui avaient obéi aux Moscovites,
» et qui avaient renforcé le roi malencontreux, séparèrent après cette grande
» bataille leurs intérêts des siens, tuèrent les officiers moscovites, brûlèrent
» quelques palanques, passèrent le Dnieper et se soumirent. Le khan ayant
» donné ces détails, fut remercié de la part de Sa Majesté pour ce service
» distingué; des lettres flatteuses, accompagnées de présens, lui furent en-
» voyées. Quand l'envoyé allemand eut appris ces nouvelles, il fut embar-
» rassé et confus, changea de ton en faisant des excuses; on ne l'arrêta
» plus un moment, il fut congédié avec tous les honneurs, et Souleïman-
» aga fut nommé de la part de Sa Majesté le Chahinchah ambassadeur à
» Vienne. »

s'enfuirent ou firent leur soumission. A son arrivée à la montagne sablonneuse de Poschon, Mohammed-Ghiraï détacha, dans l'intérieur de la Russie, des corps nombreux de Tatares, qui, ne trouvant plus nulle part de résistance, ravagèrent pendant quinze jours tout le pays, le feu et le fer à la main, et revinrent au camp chargés d'un immense butin. La perte des Russes, durant cette campagne, fut évaluée à cent vingt mille morts; cinquante mille ames, hommes, femmes et enfans, furent conduits en esclavage. La nouvelle de ces succès arriva à Constantinople en même temps qu'un convoi de trois cents têtes, que le gouverneur de Bosnie, Melek Ahmed-Pascha, avait coupées à la suite d'un combat contre trois mille Hongrois. La joie que manifesta le Sultan en apprenant le succès de ses armes en Hongrie et en Russie, fut annoncée à la capitale par des fêtes et des illuminations qui se prolongèrent pendant sept jours et sept nuits [III].

La guerre des Cosaques et des Tatares contre les Russes fut suivie de plusieurs ambassades que les parties belligérantes envoyèrent à Constantinople. Le général Wikowski, au nom des Cosaques, vint implorer les secours de la Porte contre les Russes; il était accompagné d'un autre ambassadeur envoyé dans le même but par toute la nation. L'ambassadeur russe, chargé d'une lettre du Czar pour le Sultan, se plaignit des incursions des Tatares. Il réclama, mais en vain, que la Porte intervînt dans sa querelle avec ces derniers, et défendît au khan de ravager l'intérieur des provinces russes. L'ambassadeur du roi de Pologne était chargé d'exprimer au Sultan la gratitude de son maître pour les secours qu'il avait reçus du khan dans sa lutte contre la Russie, et de le féliciter au sujet de la conquête de Grosswardein. Le jour de l'audience, cent têtes de Cosaques, appartenant à ceux de cette nation qui avaient voulu surprendre les châteaux nouvellement construits sur le Don, furent plantées sur des piques à l'entrée du diwan. L'ambassadeur Szomowski [1], dans sa harangue au Sultan, parla longuement de la prospérité de la Pologne qui, selon lui, était due aux secours des Tatares et à l'humiliation du Czar. Malgré ses paroles flatteuses, le grand-vizir réclama d'un ton menaçant l'extradition du voïévode de la Valachie qui s'était réfugié à Kaminiec.

L'ambassadeur de Pologne retourna dans sa patrie, accompagné d'un tschaousch chargé de protester contre l'élévation du jeune Rakoczy au trône de Pologne. Trois mois auparavant, le Sultan avait reçu en audience un envoyé de Ramadhan, dey d'Alger, porteur de présens pour une valeur de dix mille ducats. Son arrivée excita d'autant plus l'attention de la capitale, que le dey avait succédé au rebelle Khalil, son cousin, qui, après avoir chassé le gouverneur que la Porte nommait tous les trois ans pour cette province, usurpa le premier le titre de dey d'Alger. Pour l'ex-

---

[1] Szomowski apporta à Lemberg un précieux manuscrit de l'*Hedayet*, que le renégat Bobowski avait sauvé du grand incendie qui avait désolé Constantinople l'année précédente, et dont il fit don aux jésuites de sa ville natale, Lemberg. Ce manuscrit se trouve actuellement à la Bibliothèque I. de Vienne, nº 535 et 536.

pédition des affaires, Ramadhan s'était entouré d'un diwan composé de vingt-quatre colonels (boulouk-baschis), dont chacun commandait à vingt-quatre soldats, de vingt-quatre capitaines et de dix-huit anciens. Vers la fin de l'année précédente, Ramadhan avait conclu avec le comte de Winchelsea, ambassadeur du roi d'Angleterre, Charles II, un traité en sept articles qui avait pour objet de protéger le commerce anglais contre les pirates barbaresques. D'Alger, Winchelsea s'était rendu à Constantinople, où il devait remplacer l'ambassadeur Sir Thomas Bendysh. En son honneur, le grand-vizir fit renouveler le présent de bienvenue qui avait été donné à son prédécesseur; ce présent consistait en dix moutons, cinquante poulets, cent pains, vingt pains de sucre et vingt cierges, dont dix de cire blanche et dix de cire jaune. Dans son audience, Winchelsea obtint dix-neuf kaftans au lieu de dix-huit qu'on avait coutume de remettre aux ambassadeurs des puissances européennes. Les présens offerts par Charles II, aux frais de la Compagnie du Levant, comprenaient cinquante habillemens complets, dont dix de velours, dix de taffetas, dix d'étoffe d'or, dix de soie, dix autres de drap fin d'Angleterre, et quatre dogues. L'interprète de l'ambassadeur fit lecture d'une lettre dans laquelle le roi d'Angleterre notifiait à la Porte son avènement, et l'informait du pardon qu'il avait accordé aux assassins de son père. Il terminait en recommandant au Sultan le commerce de la Grande-Bretagne, et en demandant, comme marque d'une faveur particulière, la mise en liberté de tous les esclaves anglais. La Porte satisfit en partie à cette demande, et renvoya trois esclaves anglais sur la frégate qui ramena l'ambassadeur à Londres. L'ambassadeur français fut forcé de s'embarquer, moins à cause de la haine personnelle que lui portait le grand-vizir, qu'en raison du mécontentement que la Porte lui avait témoigné pour les secours fournis aux Vénitiens dans l'île de Crète par le gouvernement français. Après l'occupation des rochers de Sciathos au nord de Négrepont par François Morosini, et celle de la ville au bout d'un siége de huit jours, la flotte combinée des Vénitiens, des Maltais, du pape et de la France, avait paru tout-à-coup devant Suda, et s'était emparée du fort de Santa-Veneranda (22 août 1660). Les Ottomans déjouèrent l'espoir qu'avait l'amiral vénitien de s'emparer par surprise de la Canée; mais les troupes de terre, sous le commandement du prince Almerich, emportèrent les châteaux-forts de Calojero, Calama et Apricorno, dont les murs furent rasés; les quatorze pièces de canon qu'on y trouva furent enlevées. Le 6 septembre, le capitaine-général vénitien vint mesurer ses forces contre le serdar de l'île, Katirdjioghli, dans un combat près de Cicalaria, dont l'artillerie, prenant en queue les Ottomans, leur fit éprouver une perte sensible. Peu de temps après, Katirdjioghli conduisit quatre mille Turcs de Candie au secours de la Canée, vivement pressée par les Vénitiens; mais trois mille hommes seulement rentrèrent dans la ville fort maltraités; aucun d'eux ne serait revenu si les neuf cents cavaliers vénitiens avaient fait leur devoir. Malgré tous les efforts des Vénitiens, les Turcs réussirent plus tard à jeter douze cents hommes, moitié cavalerie, moitié infanterie, dans la place. Dès lors, les Vénitiens résolurent de marcher sur Candia-Nova, fort nouvellement construit par les Ottomans en face de Candie, et dont la réduction offrait quelques chances de succès, Katirdjioghli ayant affaibli la garnison en la diminuant de quatre mille hommes. Mais l'entreprise échoua encore par l'esprit de pillage dont firent preuve quelques officiers et les soldats en général. A la première nouvelle des dangers qui menaçaient la place, Katirdji accourut, et força les Vénitiens à se rembarquer. L'exécution de Taoukdji-Pascha et la nomination de Katirdji en son lieu et place confirment en quelque sorte les rapports des historiens ottomans sur la victoire remportée par leurs armes [1].

La nouvelle du siége de Grosswardein, qui plus tard amena une guerre désastreuse entre l'Autriche et la Turquie, arriva à Constantinople à l'époque où un incendie fortuit ravagea pendant trois jours une grande partie de la capitale. Le feu qui avait pris à la porte d'Ayasma-Kapou détruisit toutes les maisons situées près de cette porte, à l'extérieur comme à l'intérieur, réduisit en cendres le palais de l'aga des janissaires et le quartier qui s'étend jusqu'aux mosquées des sultans Bayezid et Mohammed II. Le second jour,

---

[1] Wedjihi, f. 119 et 120, dit que deux mille Musulmans seulement avaient défait l'armée des infidèles dix fois supérieure en nombre. Brusoni convient de la défaite des Vénitiens, tandis que Gratiani, le panégyriste de Morosini, la passe sous silence.

l'incendie éclata dans le Bezestan de Mahmoud-Pascha et de Tahtoul-Kalaa, dévora d'un côté toutes les maisons jusque dans le voisinage de l'hippodrome, de l'autre côté les casernes des janissaires en face du magasin aux farines; la nuit suivante, le feu se dirigea avec un redoublement de fureur vers les portes de Koum-Kapou et de Psamatia, et jusqu'aux abords de Daoud-Pascha; il ne cessa d'exercer ses ravages que vers le soir du troisième jour. Près de quarante mille habitans, qui s'étaient réfugiés avec leurs objets les plus précieux et leurs meubles dans les mosquées de Djerrah Mohammed-Pascha et de Mahmoud-Pascha, ou dans les citernes de Vlanga-Bostan et de Bodroun (l'ancienne citerne Mocisia), devinrent la proie des flammes ou périrent misérablement sous les décombres des maisons qui s'écroulèrent de toutes parts. Deux cent quatre-vingt mille maisons, trois cents seraïs, cent khans et karavanseraïs, disparurent dans cet immense désastre. Le kiayabeg Souleïman, qui, par sa négligence et son peu de zèle à maintenir l'ordre, avait beaucoup contribué aux progrès de l'incendie, fut accusé des malheurs de ces trois jours, dans un rapport adressé à ce sujet au Sultan, par Dabbagh Mohammed, l'un des vizirs de la coupole. Kœprilü récompensa le zèle officieux du rapporteur par une sentence de mort, attendu que, d'après le Kanoun, le kaïmakam seul avait le droit de présenter un rapport à ce sujet. Presqu'à la même époque, on apprit la nouvelle d'incendies qui avaient pareillement éclaté à Brousa, Tokat, Sofia, Silistra, Yassy et Kanischa. Les incendies marquèrent cette année, comme la peste et la famine signalèrent la suivante. On vit sortir journellement plus de mille cadavres par la porte d'Andrinople; dans la Roumilie, des villages entiers furent dépeuplés; l'Anatolie souffrit également de la peste, de la famine et du feu. Comme le magasin des poudres de Kanischa avait sauté dans le grand incendie de cette place et détruit une partie de la ville, le comte Zriny vint y mettre le siége. Il était sur le point de s'en rendre maître, lorsque des ordres de Vienne le forcèrent à la retraite. A la lecture des dépêches, Zriny, plein de colère, jeta son sabre par terre; mais en même temps il jura que son entreprise n'aurait pas été faite en vain, et il éleva sur la Murr, à une lieue de Kanischa, un fort auquel il donna le nom de Serinwar. La fureur de Kœprilü ne connut plus de bornes lorsqu'il apprit la construction de Serinwar; cependant il se tut en attendant le moment de se venger, car le résident impérial s'était plaint de la marche de Sidi Ahmed sur Wardein comme d'une première violation de la paix; pour lui donner une satisfaction apparente, il appela même Sidi Ahmed du gouvernement d'Ofen à celui de Kanischa, et conféra le premier de ces deux postes à Ismaïl-Pascha. Tous les deux furent ensuite mis sous les ordres d'Ali-Pascha, qui s'avançait contre la Hongrie. Vischer de Rampelsdorf fut envoyé au-devant du nouveau serasker à Temeswar, pour arrêter sa marche. Sidi Ahmed-Pascha était un des vizirs qui s'étaient attiré la haine implacable du vieux Kœprilü, et un de ceux dont l'exécution n'avait été ajournée que pour l'atteindre plus sûrement à la première occasion favorable. Après son rappel du gouvernement d'Ofen, le serasker Ali-Pascha avait reçu, pendant sa marche vers les frontières de Hongrie, seize lettres du Sultan, qui lui demandait la tête de Sidi Ahmed; mais, à cette occasion, il dut attendre quelque temps pour remplir sa mission. Percé de cinq balles dans la tente d'Ali-Pascha, Sidi Ahmed eut encore la force de s'élancer sur son cheval, et il serait parvenu à se sauver si l'on n'avait pas d'avance coupé les jarrets de son coursier. Un de ses propres serviteurs lui envoya une dernière balle. « Traître! ingrat! » lui cria Sidi Ahmed, et, s'enveloppant de son manteau, il attendit la mort que lui donnèrent les gens d'Ali en l'assommant avec des pieux de tente. Le jour où la tête de Sidi Ahmed arriva à Constantinople, le pascha de Haleb, Khasseki Mohammed, époux de la sœur cadette du Sultan, fut étranglé avec son kiaya, son secrétaire et son trésorier. Ni la parenté du Sultan, ni leur mérite ne purent garantir d'une mort prématurée ceux sur lesquels s'appesantissait la haine meurtrière de Kœprilü. Le juge de Constantinople, Seadeddinzadé Rouhallah, le secrétaire-d'Etat Widjdi, le chambellan Kemalzadé Mohammed, furent tous mis à mort sous prétexte qu'ils s'étaient livrés à des calculs cabalistiques et à des prédictions astrologiques; mais la véritable cause de leur fin tragique fut la haine invétérée que Kœprilü avait vouée, pendant qu'il n'était que gouverneur de Chypre, au poëte Rouhi leur maître; le poëte Widjdi fut bien plutôt victime de la haine du reïs-efendi Schamizadé que de celle de Kœprilü. Le gouverneur d'Egypte Schehzouwar fut étranglé pour avoir soustrait quelques bourses d'argent provenant de la succession du beg de Djirdjé, ainsi que Taoukdji Mohammed, pascha de Crète, pour n'avoir pas su vaincre. Le beglerbeg de Silistra, Moustafa, qui avait remplacé dans ses fonctions Moustafa, le meurtrier de Sidi Ahmed, fut relégué dans le gouvernement du Diarbekr. A peine y fut-il arrivé, qu'il subit le dernier supplice, tandis que son kiaya était exécuté, chemin faisant, à Eregli, près de Kirkilisé (7 août 1661 — 11 silhidjé 1071). Kœprilü, qui déjà depuis quelque temps souffrait d'une hydropisie, ne rêvait encore que sang et combats. Afin de pousser avec plus d'activité la guerre de Hongrie, il détermina le Sultan à se rendre pour la troisième fois à Andrinople, et installa en qualité de kaïmakam son fils Ahmed Kœprilü, qu'il venait de rappeler de son gouvernement de Damas. Mohammed IV se rendit par Gallipoli aux Dardanelles, pour y inspecter les châteaux nouvellement construits, et alla vingt jours après dresser son camp dans la plaine qui s'étend sous les murs d'Andrinople.

L'esprit entreprenant de Kœprilü se manifesta encore, dans l'avant-dernière année de sa vie, par de grandes constructions. Les unes furent entreprises aux frais de l'Etat et dans le but de mieux protéger les frontières au nord de l'empire, les autres par la sultane Walidé et aux frais du grand-vizir. Naguère il avait fait construire deux nouveaux châteaux pour garantir les Dardanelles contre les entreprises des puissances maritimes étrangères; maintenant il ordonna la construction de deux autres châteaux sur les rives et à l'embouchure du Don et du Dnieper. Le premier de ces châteaux s'élevait près d'Azov, et servait à empêcher les caïques des Cosaques de passer l'embouchure du Don, ou du moins à surveiller leurs mouvements; il reçut le nom de Seddoul-Islam (digue de l'Islamisme). Sur un ordre exprès du Sultan, le khan se mit en marche contre Azov à la tête de vingt mille Tatares, tandis que le kalgha avec quarante mille hommes établit son camp à Perekop, et que le noureddin envahit les pays limitrophes avec le reste des troupes de Crimée. Cinquante mille Polonais vinrent se joindre aux Tatares. Cette expédition coûta aux Cosaques vingt mille morts et la perte de deux forts. Dès que la construction du château de Seddoul-Islam fut terminée, la flotte ottomane se rendit à Kaffa. En sortant du port, de violens orages lui firent éprouver de grandes pertes. Presque toutes les galères furent submergées, un très-petit nombre parvint à se sauver à Sinope; la galère du kapitan-pascha Abdoulkadir et celle d'un kiaya furent les seules qui rentrèrent saines et sauves dans l'arsenal de Constantinople. Le second château de Kœprilü fut construit sur les rives du Dnieper, dans le voisinage de l'ancienne résidence ruinée de Ghazan-Khan, en face du gué Toghangetschidi (gué du Faucon). Le nouveau gouverneur de Silistra, Souleïman-Pascha, avec tous ses feudataires et les troupes de Moldavie et de Valachie, et le kalgha Ghazi-Ghiraï avec trente mille Tatares, furent employés à cette construction. L'armée cosaque et huit caïques qui étaient accourues pour empêcher les travaux furent battues par les Tatares et les Ottomans, et refoulées dans les marais du *Jonc-Jaune*. Au commencement de l'automne, l'armée ottomane, après avoir laissé une garnison suffisante dans le nouveau fort, rentra dans ses quartiers d'hiver à Akkerman. Le château de Toghangetschidi était un monument de la puissance ottomane élevé au milieu des steppes de la Tatarie, que les géographes orientaux appellent les Champs de Heïhat. Ces champs s'étendent à l'est et à l'ouest, depuis les rives de l'Aksou (Bog) et de l'Ouzou (Dnieper) jusqu'à celles du Ten (Don) et du Tel (Wolga), au nord jusqu'à Astrakhan, et au sud jusqu'aux rives du Kouban (Hypanis); situés entre la mer Caspienne et la mer Noire, ils embrassent une superficie de mille parasanges. Ces immenses steppes, que Timour, en marchant contre Tokhatmisch, traversa en cent quatre-vingts jours, sont couvertes en hiver d'une neige aussi haute que l'herbe en été, et sont habitées par des Noghaïs et des Kalmouks. Pendant que ces constructions étaient élevées pour garantir les frontières au nord de l'empire, l'inspecteur architecte, Djewheri Ibrahim, poussait avec la plus grande activité, dans le quartier des Juifs à Constantinople, les travaux de la mosquée de Walidé. Cette mosquée, qui avait été commencée par la sultane Safiyé, mère de Mohammed III, avait été détruite dans le dernier incendie de la ville. Simultanément Kœprilü éleva à ses frais un khan, une maison destinée à la lecture de la tradition et son tombeau. Pendant le reste de ses jours, ce tombeau fut constamment rempli de blé, qui fut distribué à sa mort aux pauvres pour faire place à son cercueil; changement qu'un initié aux mystères de Démétrius et d'Isis n'aurait pas pu ordonner avec plus de sagacité. On prétend que sur son lit de mort il donna au Sultan le conseil de ne jamais prêter l'oreille aux femmes, de ne jamais confier le pouvoir à un homme riche, de remplir par tous les moyens possibles les caisses de l'Etat, et de tenir sans cesse en mouvement les troupes et sa propre personne. Lorsqu'après la prise de Grosswardein le résident impérial Reninger lui fit quelques représentations et lui insinua que les puissances chrétiennes, continentales et maritimes, pourraient bien se liguer pour envahir l'empire, Kœprilü répondit, suivant l'esprit de la politique turque : « que le lion, son maître, ne craignait ni le » feu ni l'eau, qu'il était libre à tous les chrétiens réu- » nis d'attaquer l'empire s'ils tenaient à connaître sa » force. » Quelques années auparavant, il s'était refusé à solder le compte d'un gros morceau d'ambre, acheté pour le seraï, en disant qu'un lion aussi redoutable que le Sultan, son maître, devait fuir la mollesse. Ces paroles sont au moins dignes de Kœprilü, homme d'Etat consommé non moins que tyran inflexible. Pendant les cinq années de son grand-vizirat, il fit périr trente-six mille hommes [1]. Ce nombre ne paraît pas

---

[1] *Having in his time put to death thirty six thousand persons, whom*

trop exagéré si on se rappelle l'aveu de l'aga qui convint d'avoir expédié à lui seul quatre mille hommes; si l'on se rappelle le massacre de Haleb, et les vingt à trente têtes qu'on vit, pendant toute une année, se succéder presque journellement, fichées sur des piques à l'entrée du seraï. En admettant qu'il n'ait fait mettre à mort que trente mille personnes, chaque mois de son grand-vizirat fut marqué par cinq cents meurtres, le double des exécutions que, d'après une tradition populaire, imposée par le despotisme oriental à ses hordes d'esclaves, le Sultan peut sans scrupule ordonner chaque jour. Cette tradition porte que le Sultan est en droit de sacrifier journellement sept têtes, le grand-vizir six, et ainsi de suite, en ligne descendante, chaque vizir de la coupole jusqu'au septième; tous les autres vizirs n'ont droit qu'à une seule vie par jour. Si, d'après tout ce que nous avons raconté, la cruauté du despote octogénaire ne peut être révoquée en doute, cruauté qui augmenta à chaque pas qu'il fit vers le tombeau, il paraît cependant, en considérant la réputation d'homme juste et doux qu'il s'était acquise pendant son administration comme gouverneur de province, que cette cruauté ne lui était pas naturelle, et qu'elle n'était que la conséquence d'un principe implacable : il crut qu'on ne pouvait autrement dompter l'hydre de la révolte ni maintenir l'obéissance absolue. On pourrait demander, il est vrai, s'il y aurait eu moins de sang versé dans l'espace

he proscribed in several countries and privately strangled in the city. Rycaut.

de cinq ans, lors même que l'ancienne anarchie, résultant du changement rapide des premiers dépositaires du pouvoir et de la rébellion des troupes, aurait continué, et s'il n'aurait pas été possible d'obtenir par une voie plus humaine la tranquillité intérieure et la gloire extérieure? L'histoire répondra négativement avec quelque certitude à la première de ces deux questions, mais elle portera un jugement affirmatif sur la seconde; car, même à l'époque où la révolte se déchaînait de toutes parts, sous Mourad-Pascha le creuseur de puits, et sous Mourad IV, jamais tant de sang n'avait été versé. D'ailleurs le même but a été atteint plus humainement par le fils de Kœprilü, Ahmed, dont l'administration eut une durée triple de celle de son père et brilla de l'éclat d'une triple victoire, remportée dans les guerres d'Allemagne, de Crète et de Pologne. La gloire d'Ahmed Kœprilü, comme capitaine et homme d'Etat, comme ami de l'ordre et protecteur des sciences, comme conquérant d'Ujwar, de Candie et de Kaminiec, remplira les trois livres suivans.

LIVRE LIV.

Entrée aux affaires de Kœprilü Ahmed; il est nommé grand-vizir. — Mort de Kemeny. — Retour du Sultan à Constantinople; il semble vouloir régner par lui-même. — Défense de reconstruire les églises grecques. — Négociations diplomatiques avec les agens de Venise, d'Angleterre, de France, de Transylvanie et d'Autriche. — Guerre contre la Hongrie. — Négociations avec les plénipotentiaires impériaux à Belgrade, à Esseg et à Ofen. — Expédition dirigée sur Neuhæusel. — Défaite de Forgács. — Prise de Neuhæusel. — Exécution du reïs-efendi et de son beau-père. — Apafy au camp turc. — Prise de Neutra, de Lewencz, de Novigrad. — Les Tatares en Moravie et en Silésie. — Départ de l'envoyé impérial. — Arrivée d'un ambassadeur polonais. — Quartier d'hiver. — Marche de Zriny sur Szigeth et Fünfkirchen. — Naissance du prince Moustafa. — Prières publiques. — Le scheïkh Wani. — Les sultanes Walidé et Khasseki. — Jardins et chasse. — Départ du grand-vizir. — Chute de Neutra. — Levée du siége de Kanischa. — Siége, prise et démolition de Serinwar. — Le grand-vizir marche sur la Raab. — Bataille de Lewencz. — Marche des deux armées sur les bords de la Raab. — Nouvelles propositions de paix. — Bataille de Saint-Gotthard. — Paix de Vazvár. — Chasse du Sultan. — Envoi d'un ambassadeur extraordinaire à Vienne. — Un soulèvement des troupes est réprimé au Kaire. — Impositions frappées sur les habitans de Chypre et de Khios. — Les Grecs chassent les catholiques de leurs églises. — Négociations entre Alger, l'Angleterre, la Hollande et la France. — Exécution d'un athée. — Goût de Mohammed IV pour la littérature. — Le Sultan à Demitoka, aux Dardanelles et à Constantinople. — Consécration de la mosquée de la sultane Walidé. — Ambassade du comte Leslie. — Ambassade turque à Vienne.

Kœprilü Ahmed, alors âgé de vingt-six ans, avait reçu dès son enfance les leçons d'Osman-Efendi, jurisconsulte estimé. Osman était célèbre entre les oulémas bien plutôt par le titre de khodja de Kœprilü que par les commentaires dont il a enrichi ses nombreux manuscrits, et le don qu'il a fait à la mosquée de Sélim à Constantinople de sa bibliothèque, devenue ainsi wakf, c'est-à-dire bien religieux et inaliénable, à condition que les livres dont elle se composait resteraient constamment dans l'intérieur de la mosquée [1]. Bien que Kœprilü Mohammed ne sût ni lire ni écrire, il sentait assez les avantages de l'instruction pour les souhaiter à son fils, et, lorsque l'anarchie exposa à de continuels dangers les têtes des begs et des vizirs, il crut devoir mettre en sûreté la personne et les biens de son enfant en le destinant à remplir un jour les fonctions d'ouléma. Ahmed Kœprilü [2] fut donc placé de bonne heure sous le patronage du célèbre historien et moufti Karatschelebizadé Abdoulaziz-Efendi en qualité de moulazim ou candidat à un emploi de mouderris : à l'âge de seize ans, il arriva, tout naturellement et par suite d'extinctions, à être nommé l'un des huit mouderris attachés à la mosquée de Mohammed II. Il suivit

---

[1] Sa biographie est la 346e, dans le Recueil d'Ouschakizadé.

[2] Dans la lettre si remarquable de Tullio Miglio, qui accompagna le comte Gœs à Belgrade, lettre déposée à la Bibliothèque impériale : *Le particolarità dell' Impero Ottomano.*— *Hist. prof.*, n° 544, *Relat.* du 21 mars, p. 644, Ahmed-Pascha est ainsi caractérisé : *Ahmed-Pascha di statura mediocre, di barba nera, di colore bruno, di complessione sanguinea, d'umore giovial, nel parlar molto affabile, si sforza pero d'ostentarsi terribile, e con certi movimenti della bocca e degli occhi procura di mostrarsi rigoroso e severo; ben e vero che quell' non mostra la suave fisonomia, cerca d'effettuarlo nell' interno, essendo certo che molto inclina alla profusione del sanguine umano.*

dix ans cette carrière; mais, au bout de cette période, un différend avec ses collègues, ou, ce qui est plus vraisemblable, l'ambition, lui fit abandonner les dignités législatives pour les charges politiques; trois ans avant la mort de son père, il fut nommé gouverneur d'Erzeroum; l'année suivante, il devint gouverneur de Damas. En cette dernière qualité, il s'attira les bénédictions des pauvres en renonçant à deux impôts [1], qui avaient rendu annuellement à ses prédécesseurs de trois à quatre cent mille aspres, et mérita les suffrages de son père et ceux du Sultan par une expédition qu'il accomplit avec bonheur. Il marcha contre les Druzes avec les troupes de Damas, de Tripoli, de Jérusalem et de Ghaza, formant environ trois mille hommes, et auxquelles s'étaient adjoints dix autres mille hommes fournis par les voïévodes de Saïda, de Safed et de Beïrout. Il évita de s'engager dans les défilés où Ipschir-Pascha avait été vaincu et blessé par les Druzes, et gagna à marches forcées les lieux désignés sous les noms de Djizr-Yakoub (pont de Jacob), de Merdjol-Ouyoun (prairie des Sources), de Kassiyé et de Reschid, où s'élevaient les palais des fils de Schehab, distingués par leur drapeau blanc [2] des fils de Maan, leurs ennemis acharnés, qui portaient le drapeau rouge [3]. Les fils de Schehab prirent la fuite, ceux de

---

[1] *Deschisché* et *kariyé. Djewahiret tewarikh*, c'est-à-dire *les Joyaux de l'histoire de Hasan, gardien des sceaux de Kœprilü Ahmed*, p. 6.

[2] *Akli.*

[3] *Kisillü*, § II, Bd. S. 655. Maan et Mainoghli désignent la même tribu.

Maan firent leur soumission, et envoyèrent des ôtages pour soustraire leur pays aux maux de la guerre; sur la proposition du gouverneur, le territoire occupé par les fils de Schehab et de Maan, celui de Saïda, de Safed et de Beïrout, furent confiés à la garde d'un beglerbeg nommé par la Porte. Il n'y avait pas encore un an qu'Ahmed était gouverneur de Damas, lorsqu'un ordre impérial le rappela précipitamment à Constantinople, où la situation alarmante de son père, âgé de quatre-vingts ans et atteint d'une hydropisie parvenue à son dernier période, rendait sa présence nécessaire. Il succéda à ce dernier dans la gestion des affaires avec le titre de kaïmakam, lorsque le Sultan partit pour Andrinople avec le grand-vizir; mais dès le vingt-quatrième jour qui suivit son entrée en fonctions, il fut mandé d'urgence à Andrinople, où le Sultan lui confia les sceaux de l'empire, le lendemain de la mort de son père (1er novembre 1661 — 8 rebioul-ewwel 1072), survenue un mois après son arrivée dans la capitale [1]. Ses premiers actes témoignèrent bientôt qu'il était résolu à maintenir une justice sévère, et à n'abandonner aucune de ses prérogatives. Deli Hafiz-Hasan, que son père avait dépouillé du titre de chambellan, et qui, le jour où passa devant sa maison le cadavre du vieux tyran, manifesta une joie

---

[1] Raschid, f. 7, dit que ce fut dans la nuit du septième jour; Abdi, f. 33, est du même avis. Osman-Efendizadé ou un copiste ont changé, dans la transcription, le 7 en un 1; en sorte que le 6 est devenu un 2. C'est à tort que Rycaut, p. 113, désigne le 19 octobre (29 nouveau style) comme le jour du décès.

publique et inconvenante, fut relégué en Chypre ; l'aga des Turcomans, Dal Ahmed, fut décapité pour ses injustices. Le moufti Esir Mohammed-Efendi de Brousa, celui-là même qui seize ans auparavant avait été fait prisonnier par les Vénitiens à bord du vaisseau de l'eunuque Sünbülaga, et depuis avait recouvré sa liberté, s'était permis, en présence du Sultan et de Kœprilü Ahmed, quelques observations sur l'extrême sévérité du dernier grand-vizir, et avait parlé de sang injustement répandu. Le grand-vizir dit au moufti : « Si mon père a signé des arrêts de mort, » il l'a fait en vertu de ton fetwa. » Ce dernier répondit : « Si j'ai délivré des fetwas, c'est parce que je re-» doutais pour moi-même les effets de sa cruauté. — » Efendi ! répliqua le grand-vizir, est-ce à toi, qui es » instruit dans la loi du Prophète, à craindre Dieu » moins que sa créature ? » Le moufti garda le silence ; mais cet entretien lui valut sa destitution et son exil à Rhodes [1], et sa place fut donnée à Sanizadé [2]. La première condamnation à mort, régulièrement prononcée par fetwa, atteignit un renégat grec, ex-métropolitain de Rhodes, qui s'était lié autrefois au bagne, où il était renfermé, avec un eunuque du seraï, qui plus tard concourut à lui faire obtenir un emploi. Un jour, en visitant une Grecque du Fanar, il trouva sur le sofa un portefeuille que venait d'y oublier un agent

---

[1] C'est là qu'il vivait en 1669 (an de l'hégire 1080), lorsque Nassouh-Paschazadé écrivit son histoire. *Soubdet*, p. 154. Sa biographie figure dans celles d'Ouschakizadé, sous le n° 379.

[2] 191e Biographie d'Ouschakizadé.

du prince de Moldavie. Ce portefeuille contenait une lettre par laquelle les moines du mont Athos accusaient réception à Lupul, prince de Moldavie, de cent mille ducats qu'il leur avait envoyés. Le renégat porta cette lettre au defterdar Morali, véritable sangsue des finances, et les moines du mont Athos furent obligés de rendre les cent mille ducats. Pour reconnaître un service aussi important, Derwisch Mohammed, alors grand-vizir, nomma le révélateur chambellan, et lui donna même la prééminence sur tous ses collègues. Sous Kœprilü Mohammed, le renégat avait fait condamner à mort deux juges de Rhodes qu'il accusait de prévarication, mais il avait gardé par-devers lui trente mille piastres provenant de leurs biens personnels. Le frère de l'un des juges réussit à prouver la fraude du chambellan qui fut décapité.

Quant aux affaires de Hongrie et de Transylvanie, à la continuation des hostilités contre la république de Venise et à la guerre avec l'Allemagne, de jour en jour plus imminente, Kœprilü Ahmed adopta entièrement la politique de son père. Dix jours encore avant de mourir, le grand-vizir Mohammed, sentant sa fin prochaine, avait mandé auprès de lui le résident impérial Reninger, et lui avait déclaré formellement, en présence de son fils, que l'empire ottoman ne souffrirait pas l'intervention de l'empereur dans le choix du prince de Transylvanie, que les troupes ottomanes n'évacueraient pas cette province, et qu'enfin Apafy, au lieu de Kemeny son concurrent, serait seul reconnu par la Porte en qualité de prince de Transylvanie. Ali-Pascha, gouverneur de Silistra, et le khan des Tatares, reçurent en conséquence l'ordre de continuer la campagne en Transylvanie, et de soutenir les prétentions d'Apafy à la principauté. Ismaïl, pascha d'Ofen, avait mis à feu et à sang la vallée d'Hatzeg (juillet 1661), réduit en cendres les villes saxonnes de Szászváros et de Szászsebes. Les Tatares de Bessarabie s'étaient avancés jusqu'à Alvincz, lorsque Kemeny se retira tout-à-coup sur les bords de la Szamos, et de là à Negerfalva. Les Tatares coururent à sa poursuite, laissant à leur droite les Alpes Emberfoë, l'atteignirent à Nagy-Banya, et ramenèrent à Domahida plusieurs milliers de prisonniers et de nombreux troupeaux. Ali-Pascha suivait avec le reste des troupes les traces des Tatares qui se ruaient en avant comme des oiseaux de proie : il franchit la frontière hongroise, et campa près de Nyalábvár, dans le palatinat d'Ugocs, à environ un mille d'Huzt. N'ayant pu forcer Kemeny à lui livrer bataille, il envoya en qualité de négociateur Houseïn-Pascha à Huzt, où on le fusilla par ordre du commandant. Ali vengea la mort de son ambassadeur en ravageant le palatinat de Marmarosch; puis il retourna en Transylvanie, campa entre Bethlen et Dès, et désola tout le pays qui s'étend sur les rives de la Maros jusqu'à Maros-Vásárhely; des centaines de villages furent incendiés, les hommes massacrés, les femmes et les enfans réduits à l'état d'esclavage. De son camp de Maros-Vásárhely, Ali-Pascha offrit alors la principauté de Transylvanie à Etienne Petki, dont il punit le refus par l'incendie des villes szikliennes de Maros et d'Udwarhely; puis il conféra le titre de prince à Michel Apafy, noble transylvanien, qu'un long esclavage parmi les Tatares de la Crimée avait dégradé au point qu'il se résolut à courber la tête sous le joug de fer que lui réservait la suzeraineté des Ottomans. Le jour même où Apafy recevait avec le kaftan et la masse d'armes l'investiture de sa voïévodie, Kemeny, qui, à la tête des troupes impériales, s'était avancé jusqu'à Klausenbourg, se retira de nouveau en Hongrie [1]. Sans quitter le camp d'Udwarhely, Ali-Pascha somma les villes des Szikliens, Szasi, Kesd, Orbai et Csik, de prêter au nouveau prince le serment de fidélité (du 17 au 19 octobre 1661). Elles s'y refusèrent, se fiant à l'époque avancée de la saison : celle de Csik comptait d'ailleurs sur le rempart naturel que lui offraient les Alpes. Ismaïl, pascha d'Ofen, marcha aussitôt sur cette ville avec une armée, dont l'aile droite était formée par la cavalerie turque, et l'aile gauche par celle des Tatares. Ni les abattis d'arbres, ni les retranchemens élevés en avant de Csik, ni le voisinage des Alpes qui couvrent ses derrières ne peuvent éloigner d'elle le fer et l'incendie. Des villes paisibles disparaissent sous des nuages de fumée, et Petki ne

---

[1] Bethlen, p. 80. Le voyageur Ewlia, que sa destinée a mêlé à toutes les négociations et à toutes les expéditions entreprises de son temps, a pris part également à cette campagne de Transylvanie ; il a pénétré jusqu'aux bords de la Theiss (I. B., p. 92). Il raconte fort en détail les invasions successives de la vallée d'Hatzeg jusqu'à la hauteur de Kaschau, puis des villes des Szikliens jusqu'en Transylvanie, et notamment jusqu'à Schaesbourg, qu'il nomme *Sas* (Sasmadjari), et jusqu'à Fogaras.

réussit qu'avec peine à s'enfuir dans les bois [1]. Partout le meurtre s'allie au viol; spectacle affreux et bien digne de pitié [2]! Cependant Ali-Pascha se porta des bords de la grande Kukel, où est située Udwarhely, vers ceux de l'Alt et dans la direction de Fogaras, tout comme précédemment il s'était avancé des bords de la Szamos sur ceux de la Maros, et enfin sur ceux de la Kukel. Hors d'état d'appuyer par un long siége les sommations qu'il adressait à la ville, il se dirigea sur Hermanstadt non sans avoir brûlé les ponts de l'Alt et de la Scheuern (20 novembre 1661). De Hermanstadt, il força les villes saxonnes à contribuer pour moitié dans les frais de la guerre et frappa sur elles un impôt de deux cent cinquante mille écus; il convoqua la diète de Kisselik, où le prince prêta serment aux États et reçut leurs hommages, et où ces derniers consentirent à ce que le district de Szathmár fût afférent à Grosswardeïn. Ali-Pascha laissa au prince deux mille Turcs et dix-huit compagnies de Valaques sous les ordres d'Ibrahim, et ramena à Temeswar le reste de son armée.

Kemeny, contrairement à l'avis de ses sept plus dévoués partisans, des deux Haller, des deux Bethlen, d'Etienne Petki, de Denis Bánffy et de Jean Szentpály, s'obstina à entreprendre au commencement de l'année suivante une dernière expédition contre Megyes, résidence d'Apafy (3 janvier 1662). Ce dernier

---

[1] Bethlen, l. III, p. 35.

[2] *Stupra cædibus, cædes stupris intermixtas; miseremini, o miseremini, lectores!* Bethlen, p. 35.

implora le prompt secours d'Ali, qui lui envoya le sandjak de Jenœ, Koutschouk Mohammed, et deux mille cavaliers, avec lesquels il se renferma dans Schæsbourg [1]. Kemeny était campé à peu de distance, près de Tejergyház, et les troupes auxiliaires allemandes à Valkany-Zentpaly, près de Segesd. Cependant Koutschouk Mohammed-Pascha sortit de Megyes et se dirigea sur Schæsbourg. Tous, frappés du danger qui le menaçait, pensaient qu'il allait immédiatement ou attaquer ou se replier sur la Hongrie. Pierre Huszar prédisait hautement que Koutschouk Mohammed sortirait de Schæsbourg avec autant de hardiesse qu'il y était entré la veille (23 janvier 1662). Personne ne voulait le croire, lorsqu'à midi on aperçut tout-à-coup les cavaliers turcs. Koutschouk Mohammed était sorti de Schæsbourg et s'avançait d'un pas assuré sur Hetour; dans sa première attaque, il culbuta les auxiliaires allemands et croates. Radak s'enfuit dans les bois avec l'infanterie; cet exemple fut bientôt imité par la cavalerie. Kemeny, foulé aux pieds des chevaux, abandonna, en rendant le dernier soupir, toute prétention à régner sur la Transylvanie. C'était ainsi qu'un an et demi auparavant Rakoczy était tombé victime de son ambition, en voulant, comme Kemeny, lutter contre les forces supérieures des Ottomans [2].

[1] Ewlia, I, p. 92, dit que Houseïn était le frère de Siawousch-Pascha, lequel n'est autre que Cifra Hasan dont nous avons parlé; car de *koutschouk* (petit) on a fait *Cifra*.

[2] *Opere di Raimondo Montecuccoli corrette, accresciute ed illustrate da Giuseppe Grassi.* Torino, 1821, II, p. 27.

L'hiver que le Sultan et le grand-vizir passèrent à Andrinople fut signalé par quelques mutations entre les fonctionnaires, et par l'exécution de Mohammed-Efendi, l'ancien tezkeredji d'Ipschir-Pascha, qui, après s'être long-temps caché, crut pouvoir impunément rentrer dans Constantinople; à la vérité, le grand-vizir mit à le poursuivre beaucoup moins d'acharnement que le reïs-efendi Schamizadé, et Mohammed dut sa perte aux haines de ce dernier. Au commencement du printemps, le Sultan repartit pour Constantinople; une partie de chasse qui le retint deux jours à Tschataldjé n'ayant pas été heureuse, le bostandji-baschi (surintendant des forêts) perdit son emploi pour n'avoir pas su mieux pourvoir aux plaisirs du Sultan. Le moufti Sarizadé, auquel on reprochait une cupidité excessive, fut pareillement destitué [1], et sa place donnée à Minkarizadé [2]. Le gouverneur d'Egypte, Ibrahim-Pascha, envoya au Sultan la tête du scheïkhoul-beled Ahmed, beg de Nikopolis, qui, en voulant introduire des réformes dans le réglement et l'administration des finances, s'était attiré la haine du pascha. Un édit impérial qu'il avait provoqué portait : qu'à l'avenir aucun Arabe ne serait incorporé dans les sept milices du pays; qu'il ne serait plus accordé de pensions aux femmes et aux enfans;

---

[1] A l'appui de cette accusation, Ouschakizadé raconte, dans sa 191e biographie, qu'un jour, étant chez son grand-père, Sarizadé lui demanda une coupe de porcelaine avec tant d'instances, que le propriétaire importuné finit par briser la coupe.

[2] Voir la 406e biographie, dans le Recueil d'Ouschakizadé.

que celles actuellement payées seraient réduites de dix aspres à trois, de huit à deux et de six à une ; de plus, il s'était réservé la disposition exclusive des arrérages et des autres pensions [1]. C'était là ce qui avait motivé les plaintes du gouverneur, et ce dernier avait obtenu d'autant plus facilement le kattischérif, ou ordre de son exécution, qu'Ahmed-Beg avait manqué à l'engagement pris envers le grand-vizir, Mohammed Kœprilü, de lui rendre un compte annuel des trésors confiés à sa gestion. Averti du danger qui le menaçait par un page du gouverneur, il sut d'abord y échapper en évitant de paraître chez Ibrahim-Pascha; mais le jour vint où il fut obligé d'aller lui offrir ses félicitations à l'occasion de la *Fête du Sacrifice*. Lui et les siens furent aussitôt massacrés par les gens du pascha (27 juillet 1662 — 10 silhidjé 1072). C'est ce gouverneur qui a élevé une mosquée sur l'empreinte que les pas du Prophète avaient laissée aux portes du Kaire.

Le gouverneur de Nicosie en Chypre, Ibrahim, surnommé ordinairement *l'ivrogne*, avait, pendant une nuit du Ramazan, cerné tout-à-coup une mosquée où s'étaient réfugiés une troupe de soldats rebelles, en avait tué plus de deux cents et avait expédié leurs têtes à Constantinople. La même punition avait été infligée par le gouverneur du Diarbekr aux troupes révoltées qui avaient pris le titre d'ouftediwla, c'est-à-dire du sandjak renversé. L'émir arabe Ali Haris fut décapité à Constantinople, où il s'était rendu sans défiance. Ce

---

[1] *Histoire du fils d'Yousouf*, p. 152.

destin lui fut commun avec un prince druze de la famille Schehab qui se tenait caché dans la capitale et dont l'asile vint à être découvert. Les concussions de Potour-Ali, defterdar de Damas, furent également punies de mort. Quatre-vingts hommes signalés par le sandjak d'Eskischer comme voleurs de grands chemins furent décapités devant le kœschk des revues. Les trois begs des sandjaks de Hamid, d'Aïdin et de Magnésie, furent mandés à Constantinople, et après une réprimande sévère, le cimeterre du bourreau les punit de n'avoir point délivré leurs beglicks des bandes de brigands qui les infestaient. En Asie-Mineure, le sandjak de Kanghri s'était laissé battre par un chef de partisans qui avait arboré l'étendard de la révolte et qu'il avait reçu ordre de châtier ; par suite de cette défaite, tout le territoire de Kanghri et de Modreni fut impitoyablement ravagé. Le grand-vizir confia le soin de réprimer ces désordres à Büklü Mohammed-Pascha, l'ancien kapitan-pascha, qui, peu de temps auparavant, s'était enfui à Venise, craignant la colère de Mohammed Kœprilü, et n'était revenu à Constantinople qu'avec l'assurance d'obtenir sa grâce. Après avoir purgé le pays, il reçut en récompense le gouvernement de Roumilie, et en même temps l'ordre formel de réparer les routes de Cattaro, de Sebenico et de Spalatro pour la prochaine campagne. L'ancien grand-vizir Melek Ahmed-Pascha, gouverneur de Bosnie, étant mort de la peste, sa place fut donnée à Serdar Ali-Pascha avec les sandjaks de Poschega, de Zwornik, de Banyaluka et de Hélouni. Le capitaine

Dellak Moustafa, qui commandait une escadre à Mitylène, fut exécuté comme le chambellan Deli Hafiz, pour s'être réjoui publiquement de la mort du grand-vizir; ce fut ainsi que le vieux Mohammed Kœprilü continua du fond de sa tombe à frapper de mort ses plus mortels ennemis. Le gouverneur de Bagdad, Mourteza-Pascha, qui venait d'être exilé en Crète, chercha en route à soulever les agas de Mossoul et du Diarbekr, mais ces derniers ne lui laissèrent que l'alternative de passer en Crète ou de s'enfuir sous le costume de derwisch; se voyant poursuivi, il se jeta dans l'Euphrate et parvint non sans peine à joindre le chef kurde d'Amadia, Seïdkhan-Oghli. Il s'empressa d'envoyer son imam à Constantinople pour demander sa grâce; mais celui-ci fut décapité, et le grand-chambellan fut dépêché auprès du beglerbeg du Diarbekr, Mohammed-Pascha, précédemment kiaya du grand-vizir[1], avec l'ordre d'exécuter la sentence de mort qui frappait Mourteza-Pascha. En apprenant que le pascha du Diarbekr marchait contre Amadia, Seïdkhan livra Mourteza-Pascha avec deux millions d'aspres. La tête de ce dernier et celles de deux autres begs furent envoyées à Constantinople, mais une très-faible partie de l'argent fut versée dans les caisses du trésor. En Géorgie, des différends s'étaient élevés entre le gouverneur du Tschildir, Roustem, fils de Sefer-Pascha, et les begs géorgiens: d'un autre côté, Moustafa-Pa-

---

[1] Rycaut, p. 119. Tullio Miglio dit de ce fonctionnaire : *Mohamet-pascha di Aleppo, che puo tutto appresso il Veziro, fu gia Maggiordomo del defonto Veziro, il principal motore di questa guerra* (1664).

scha, gouverneur d'Erzeroum, accusait Roustem de l'avoir calomnié : ce dernier fut condamné à mort; Moustafa et le chambellan Sélim furent chargés d'exécuter l'arrêt. De retour à Constantinople, après avoir accompli cette mission, le chambellan perdit son emploi et fut emprisonné pour un an dans la tour du château qui s'élève sur le Bosphore, et une seconde année dans le logement assigné au bourreau, entre les deux portes du seraï. Sur la nouvelle donnée par le khan des Tatares que les caïques des Cosaques se montraient dans la Mer-Noire, le sandjak d'Alayé, Deli Mouteweli Mohammed, un des princes de la mer, fit voile pour ces parages avec dix galères, tandis que Memi-Paschazadé partit en cette même qualité pour la Mer-Blanche avec vingt autres bâtimens.

Bien que, parmi ces exécutions, il n'y en eût peut-être pas une qui ne fût justifiée ou par un crime d'Etat, ou du moins par un abus de pouvoir, un tel début de la part d'Ahmed qui, à l'exemple de son père, parut d'abord n'aspirer qu'à répandre le sang, déplut à la sultane Walidé et à son conseiller intime, le reïs-efendi Schamizadé; tous deux semblèrent voir d'un mauvais œil le pouvoir illimité, qu'ils avaient souffert chez Mohammed Kœprilü, passer aux mains de son jeune fils. Mais ce qui causa surtout l'animadversion de la sultane Walidé et du kislaraga contre le grand-vizir, ce furent bien moins les nombreuses exécutions dont il avait donné l'ordre, que le renvoi du defterdar Houseïn-Pascha, leur créature, auquel Ahmed Kœprilü substitua une des siennes, Ahmedaga, général des djebedjis. Ils s'en vengèrent en forçant le grand-vizir à éloigner de lui son kiaya, qui était en même temps son bras droit et son confident, en le nommant gouverneur du Diarbekr; ils cherchèrent en outre à persuader au Sultan qu'il ferait bien de régner par lui-même. Une seule fois depuis l'entrée au pouvoir du vieux Kœprilü, et pendant un séjour que ce dernier fit aux Dardanelles, le Sultan avait eu un éclair de volonté politique (1657 — 1067). Comme il passait à cheval devant la mosquée des Roses, il y entra pour faire sa prière, et aussitôt le prédicateur s'étendit avec une intention marquée sur ce texte : *Nous t'avons placé sur la terre pour y succéder au Prophète; juge donc les hommes avec justice*. Le Sultan, ayant cru voir dans ce discours un reproche indirect, fit demander au prédicateur ce dont il avait à se plaindre : ce dernier répondit que l'administrateur des biens de la fondation laissait par négligence tomber sa maison en ruines. Aussitôt le Sultan donna au kislaraga, administrateur-général des fondations pieuses, l'ordre de réparer la maison du prédicateur. A l'époque que nous retraçons maintenant, et dans le but de limiter, sinon de renverser le pouvoir d'Ahmed Kœprilü, le kislaraga et la sultane Walidé obtinrent du Sultan qu'au lieu de monter à cheval et de chasser continuellement, comme il l'avait fait jusqu'à ce jour, il passerait tous les jours quelques heures à la fenêtre du kœschk des revues. Ce kœschk avait jour sur la rue qui conduisait à la Porte, c'est-à-dire au palais du grand-vizir, car de là Mohammed IV pouvait voir tous ceux qui entraient ou sortaient ; s'il apercevait des étrangers ou des gens dont il ne présumait pas que les affaires fussent assez importantes pour nécessiter leur présence au palais du premier dignitaire de l'Etat, il envoyait demander au grand-vizir des renseignemens sur ces individus et le motif de leur visite. Un matin, il vit des chrétiens se diriger vers la Porte en kalpaks doublés de rouge et en pantoufles jaunes, costume que leur interdisait la hiérarchie des costumes, mais il est vrai de dire que depuis long-temps cette défense n'était pas strictement observée. Le Sultan, vivement irrité, envoya chercher le soubaschi (chef de la police), et lui ordonna de se rendre à la Porte, d'y saisir les délinquans et de les renvoyer chez eux, sans bonnets ni pantoufles, après leur avoir administré la bastonnade. Le soubaschi remplit ponctuellement sa mission : il fit coucher par terre et bâtonner le chargé d'affaires du prince de Moldavie et de Valachie, qu'il contraignit ensuite à s'en retourner chez lui la tête et les pieds nus. Il fut enjoint de nouveau sous peine de mort d'observer le réglement qui interdisait aux chrétiens les bonnets rouges et les pantoufles jaunes, et aux janissaires les turbans de soie et les poignards. Le Sultan ne se contenta pas de répandre dans toute la ville des espions et des gardes; déguisé et confondu parmi les exécuteurs, il parcourut en personne les rues de la capitale, afin de veiller par lui-même à l'observation d'une défense si importante. Dans le cours de ses excursions, il rencontra un fiancé arménien qui, en vertu d'un ancien privilége, s'était cru autorisé à porter des chaussures jaunes le jour de son mariage : au lieu du lit nuptial, ce fut la tombe qui s'ouvrit aussitôt pour ce malheureux. Cette sévérité dura quelques jours ; puis on laissa de nouveau dormir le réglement, et ce fut à cette démonstration que se réduisit l'initiative un instant prise par le Sultan.

Entouré de toutes parts d'ennemis acharnés à le perdre, le grand-vizir, pour se concilier la sultane Walidé, combla d'égards et de distinctions son confident Schamizadé ; il eut soin de demander et de suivre en toutes circonstances l'avis de ce dernier, et parvint, par cette habile tactique, à faire exiler en Egypte le kislaraga Solak Mohammed, qui fut remplacé par le basch-kapouoghlan (premier garçon de la Porte). Cependant rien ne put apaiser la Walidé ; bientôt le bruit courut parmi le peuple que la mère du grand-vizir, qui passait pour avoir ensorcelé le Sultan en faveur de Mohammed et d'Ahmed Kœprilü, venait de perdre toute influence sur la sultane Walidé. Néanmoins Ahmed était trop adroit pour ne pas accéder à ses volontés autant qu'il dépendait de lui. Pour plaire au scheïkh Wani, chef des fanatiques orthodoxes et l'ennemi déclaré des chrétiens, il se vit forcé de démolir les murs de toutes les églises grecques qui avaient été la proie d'un violent incendie et que l'on travaillait à reconstruire : il dut également faire jeter en prison les ouvriers qui avaient été employés à cette reconstruction [1]. La sultane Walidé, trouvant que la

---

[1] *Rapport* de Reninger, en date du 15 mai 1662.

construction de la mosquée fondée par elle avançait trop lentement, s'en plaignit au mimar-baschi (inspecteur des constructions), celui-là même qui récemment avait bâti les châteaux qu'on voit aux Dardanelles. Il s'excusa auprès de la sultane sur ce que les meilleurs ouvriers avaient été incarcérés par ordre du grand-vizir pour avoir pris part à la construction des églises grecques. A la requête de la sultane Walidé, Ahmed ne fit nulle difficulté de les relâcher immédiatement, mais sa colère atteignit l'inspecteur des constructions qui avait osé lui susciter de pareils embarras. Ce malheureux fut décapité, et ses biens confisqués: ils se montaient à environ deux mille bourses dont chacune valait cinq cents écus. C'est ce même inspecteur qui, un jour aux Dardanelles, fit périr un ouvrier sous le bâton, et se borna à répondre aux reproches du pascha: « Il le fallait. » En parlant de son exécution (15 mai 1662), l'historien Nassouh-Paschazadé s'écrie à son tour: « Il le fallait aussi [1]. »

Les armemens préparés contre la Hongrie déterminèrent la république de Venise à faire de nouvelles propositions de paix. Bakibeg, qui s'était présenté à l'armée vénitienne comme fugitif de Candie, et s'était ensuite rendu dans ses domaines situés en face de Corfou, et de là à Constantinople, sous prétexte que sa fuite simulée avait eu uniquement pour but de reconnaître les forces de l'ennemi, entama les premières négociations par l'intermédiaire de Ballarino. Les

---

[1] *Ol mahallé dakki boïlé iktifa eïledi.* Soubdet, f. 136.

Turcs voulaient raser la Nouvelle-Candie, rendre le territoire de Candie et de Souda, mais ils demandaient en échange Souda qu'ils avaient perdue, un présent annuel pour le Sultan, et le droit d'établir à Candie un receveur des impôts. Le sénat de Venise répondit à ces propositions : que Souda, place renommée par sa position inexpugnable, ne pouvait être rendue; mais qu'il offrait en échange Tiné et Karabouza; que, si on insistait pour maintenir à Candie un receveur des contributions, il était juste que du moins un consul vénitien résidât à la Canée; que le tribut annuel ne devait pas excéder vingt-cinq mille écus, et le présent réclamé pour le Sultan trois cent mille écus. La nouvelle d'un combat naval livré près de Kos, et dans lequel la flotte vénitienne avait pris ou coulé quatre vaisseaux et vingt-huit caïques égyptiens[1], coupa court aux négociations (30 septembre 1662). Le parlementaire vénitien Ballarino, qui se trouvait alors à Constantinople où il jouissait de toute sa liberté, fut menacé un instant du sort de l'ambassadeur Capello, qui depuis sept ans gémissait enfermé à Andrinople où il a terminé ses jours[2]. L'ambassadeur anglais Winchelsea obtint le renouvellement de la capitulation britannique[3], et un

---

[1] Brusoni, II, l. XIX, p. 111. Rycaut, p. 122. *Journal* de Paul Omero, interprète de la Porte. Dans les *Mémoires* de Lacroix, vol. II, ce fait n'est pas seulement passé sous silence : il y a confusion de dates; car, à la page 229, on désigne, comme étant encore grand-vizir le 19 mai 1662, Mohammed Kœprilü, mort le 16 octobre 1661.

[2] Rycaut, p. 123 et 124, et lettres de Ballarino au docteur Nicolas Contarini sur sa situation périlleuse.

[3] *Rapports* de Reninger et de Panajotti.

article supplémentaire au traité conclu avec le gouverneur de la Morée à Athènes, portant que les navires anglais ne seraient soumis à aucune visite; mais survint une rixe provoquée par l'équipage d'un vaisseau anglais qui, étant descendu en Morée pour faire du bois, s'était pris de querelle avec des Turcs et avait tué plusieurs de ces derniers; cette scène fâcheuse se passa dans un jardin de Smyrne, où des soldats ivres s'oublièrent au point de frapper plusieurs négocians anglais, et fit prévoir dans quelle position difficile se trouverait le nouvel ambassadeur. Un outrage que fit subir le pascha de Haleb à d'autres négocians de la même nation, entrava encore les négociations qu'il se proposait d'entamer. Deux secrétaires de l'ambassade française, MM. Du Pressoir et Fontaine, arrivèrent dans ce même temps à Constantinople, porteurs d'une lettre royale pour l'agent Roboli, qui était resté dans cette capitale; d'autres dépêches, adressées au grand-vizir et au Sultan, avaient pour objet de réclamer la satisfaction due à M. de La Haye pour les mauvais traitemens qu'il avait essuyés, et de s'informer si la Porte était disposée à bien accueillir son fils, désigné pour lui succéder. Le grand-vizir répondit que le Sultan consentait à recevoir le nouvel ambassadeur, conformément aux capitulations[1]. Le nouveau prince de Transylvanie, Apafy, se plaignit par l'intermédiaire de l'un de ses magnats, Jean Datzo, des outrages que lui faisait subir le pascha Koutschouk Mohammed; il demanda également la diminution du tribut exorbitant

---

[1] Ces quatre pièces se trouvent dans Rycaut, p. 226 et 227.

qui lui avait été imposé, et la restitution des parties de territoire qui avaient été retranchées de la Transylvanie. En ce qui concernait la délimitation des deux territoires, un certain Gabriel Haller fut chargé de diriger les négociations auprès du pascha de Temeswar [1]; d'un autre côté, Apafy réclama en cette circonstance l'intervention de l'ambassadeur anglais Winchelsea; mais ce fut en vain, car le moment était venu où la Porte devait songer sérieusement à convertir en un paschalik la principauté de Transylvanie; d'ailleurs l'opposition manifestée par la cour impériale rendait à chaque instant la guerre plus imminente.

Aussitôt après son entrée au pouvoir et la mort de Kemeny, Ahmed Kœprilü avait donné au duc de Sagan avis de son élévation et de celle d'Apafy [2]; Ismaïl-Pascha avait également dépêché au même duc de Sagan Ali-Tschaousch pour lui annoncer l'avènement d'Apafy [3]. A Constantinople, le loyal Styrien Simon Reninger [4] mit tout en œuvre pour maintenir la paix entre l'Autriche et la Porte. Le conseiller aulique Beris fut chargé par le cabinet de Vienne de négocier un accommodement avec le Sultan. Le grand-vizir déclara, dans une réponse écrite [5], que la Tran-

---

[1] Bethlen, *Comment.*, II, p. 148. Rycaut, p. 121. Lettre d'Apafy, datée du camp de Koczard, du 25 septembre 1662.

[2] *Lettera del nuovo Vezir al Duca di Sajan.*

[3] *Lettera del Vezir di Buda Ismailbassa portata da Ali Ciaus li 30 Gennaro 1662.*

[4] *Simon Reninger a person sincere, free and open hoarted, agreable o the nature of the Germans.* Rycaut, p. 105.

Lettera di Ahmedbassa per il Boris tradotta in Vienna 18 Giugno 662 da d'Asquier.

sylvanie faisait partie de l'empire ottoman [1], et renvoya Beris à Ali-Pascha, nouveau serdar préposé aux frontières, et autorisé à conclure, s'il y avait lieu, l'arrangement proposé. Mais Ali refusa d'entendre Beris : cet ambassadeur n'avait, disait-il, que faire à Temeswar; il pouvait s'en retourner à Constantinople ou même à Vienne; on n'avait nulle crainte de son empereur, qui n'avait pas même su défendre Wardein [2]. Reninger se fit alors adresser (19 juillet 1662) de Vienne le traité de paix, qu'il pria le grand-vizir de vouloir bien renouveler; il en fut délibéré en plein diwan, et dans un conseil secret composé du grand-vizir, du moufti, du reïs-efendi, du kiayabeg et de l'aga des janissaires. La Porte ne voulut abandonner ni le droit de choisir le prince de Transylvanie, ni remettre en liberté les heiduques, ni restituer Szekelhyd tant de fois réclamé par l'empereur. Ali-Pascha de Temeswar annonça au diwan que Szekelhyd avait appartenu à Rhedei, commandant de Wardein, que, depuis la prise d'Erlau, Karoly était un fief turc, qu'il en était de même de Kálló, que les heiduques libres de Wardein appartenaient à la forteresse. Ainsi, l'on ne put s'accorder sur aucun point.

Au printemps suivant, la guerre fut résolue contre la Hongrie. Le Sultan et le grand-vizir partirent pour Andrinople; Kara Moustafa, beau-père de ce dernier, qui, un mois auparavant, avait succédé à feu Abdoulkadirzadé dans le poste de kapitan-pascha, fut

---

[1] *Transilvania patrimonio ereditario degli Imperatori Ottomani.*
[2] *Rapport de Beris.*

laissé à la garde de la capitale avec le titre de kaïmakam (19 mars 1663 — 9 schâban 1073). C'était le quatrième voyage du Sultan à Andrinople, d'où le grand-vizir, qui venait d'être nommé serasker, partit avec la pompe habituelle, après que le Sultan eut attaché de sa propre main un double panache de plumes de héron à son turban, et l'eut fait revêtir de deux kaftans garnis de fourrures de zibeline ; au moment de se séparer, il lui remit un sabre enrichi de diamans et l'étendard sacré du Prophète. Ahmed Kœprilü fit dans Belgrade une entrée triomphale [1] : à sa droite marchaient les beglerbegs ; à sa gauche les sandjaksbegs, à la tête desquels on remarquait les tschaouschs, les mouteferrikas et le defterdar-pascha. Ce dernier, qui avait été autrefois général des armuriers et qui depuis avait été nommé par le grand-vizir ministre des finances, justifia ce choix par la promptitude avec laquelle il sut réunir des denrées et des munitions de guerre. Deux frères du grand-vizir, Moustafabeg et Alibeg, le précédaient immédiatement. Suivi de son nombreux état-major, Kœprilü se rendit à sa tente au milieu d'une haie de sipahis et de janissaires, qui tous le saluaient de leurs vœux et de leurs félicitations [2].

---

[1] On trouve une relation circonstanciée de ce voyage dans Ortelius Redivivus, par Martin Mayern. Nuremberg, 1665 ; 2 vol. in-fol., p. 248. Les *Agia Maghlani* ne sont autres que les Adjemoghlans ; les *Hoswadar* se confondent avec les Tschokadares ; le *Mole* ou le *Schoufti* de Belgrade correspond au molla et au moufti, etc.

[2] Cette entrée est décrite dans Ortelius Redivivus, t. II, p. 248 et 249, et dans un autre ouvrage in-4º, intitulé : *Magnifique entrée des Turcs, et ce qui a eu lieu par ordre du premier-vizir, le 8 juin 1663, non loin*

Deux jours après, il donna audience aux plénipotentiaires impériaux, qui avaient attendu son arrivée à Belgrade : c'étaient le baron de Gœs et le conseiller aulique Beris, qui déjà, à Temeswar, avait inutilement cherché à entamer des négociations avec Ali-Pascha ; il reçut également le résident habituel Reninger, qui l'avait accompagné dans cette expédition. Mais il n'envoya à leur rencontre ni tschaouschs ni janissaires, et ne leur offrit ni le café ni l'encens habituels. Il se plaignit à eux de ce que l'empereur d'Autriche avait violé la paix en dépassant les frontières de la Transylvanie, en s'emparant de Szekelhyd et en élevant près de Kanischa le fort de Serinwar : il demanda en conséquence l'évacuation de Szekelhyd et la démolition de Serinwar. C'est dans le sens de ces réclamations que fut projetée la réponse au duc de Sagan ; mais cette réponse fut remise à deux jours de là, et lorsqu'on serait arrivé à Essek [1]. Le grand-vizir fit conduire le baron de Gœs sur une hauteur, pour lui faire embrasser d'un coup-d'œil l'ensemble de son armée, forte de cent vingt-un mille six cents hommes, de cent vingt-trois pièces de campagne, de douze canons de siége,

---

de la ville grecque de Weisenbourg, dans le camp où il a rassemblé, dit-on, une armée de deux cent mille hommes. 1663. (Türkischer Prœchtiger Einzug, was für Ordnung der primo Vezir den 8. Junius 1663 nicht weit von Griechisch Weisenburg in dem Lager, wo seine Armada zu Feld liegt, so über 200,000 Mann stark seyn soll, sehr prœchtig durch die Armada angelangt. 1663.)

[1] Raschid, f. 8, etc. *Djewahiret*, p. 20, et *Compte rendu*, par Tullio Miglio, qui accompagnait le baron de Gœs, de la conférence de Belgrade et de la situation de l'armée ottomane, 12 feuilles in-4°. Vienne, 21 juin 1663. Voir aussi Ortelius Redivivus, p. 250 et 251.

de soixante mille chameaux et de dix mille mulets [1].

Quinze jours après, eurent lieu l'entrée du grand-vizir à Essek, et sa seconde entrevue avec les deux plénipotentiaires impériaux, le baron de Gœs et le résident Reninger. Dans cette conférence, à laquelle assistèrent le reïs-efendi, le kiaya et l'aga des janissaires et des sipahis, le grand-vizir réclama, outre la cession de Szekelhyd et la démolition de Serinwar, le paiement d'un tribut annuel de trente mille ducats, tel que le kanoun de Souleïman l'avait déterminé [1], preuve bien évidente qu'il ne désirait pas sincèrement le maintien de la paix. Les plénipotentiaires autrichiens promirent de soumettre les deux premiers points de la réclamation à l'examen de leur gouvernement; mais, quant au troisième, ils déclarèrent nettement qu'ils ne se chargeraient point de le communiquer à l'empereur.

Tandis que l'armée défilait sur le pont d'Essek, le grand-vizir reçut une lettre du khan des Tatares, auquel avait été dépêché le tschaousch-baschi Ahmed, porteur, suivant l'habitude, d'un présent, dit de carquois, de dix mille ducats. Le khan annonçait l'arrivée prochaine au camp turc d'une armée de cent mille Tatares, commandés par son fils Ahmed-Ghiraï; il promettait en outre de la faire suivre bientôt d'un corps de quinze mille Cosaques [2]. On reçut en même

---

[1] Raschid, t. I, f. 9. La lettre de l'empereur se trouve dans le *Djewahiret*, p. 26, et dans les *Rapports* de Reninger et du baron de Gœs.

[2] Raschid, I, f. 9. Voir dans le *Djewahiret*, p. 31, la lettre du khan des Tatares, et, p. 34, celle de son fils Ahmed-Ghiraï.

temps des nouvelles du gouverneur d'Ofen, Houseïn-Pascha, frère de Siawousch-Pascha, que le vieux Kœprilü, au lit de mort, avait signalé à son fils comme le plus intrépide défenseur des frontières. On marcha donc sur Ofen, dont la forteresse reçut les envoyés impériaux.

Dans un grand conseil de guerre, assemblé dans cette ville (23 juillet 1663 — 17 silhidjé 1073), le grand-vizir soutint que des trois forteresses, Raab, Komorn et Ujwar ou Neuhæusel, la dernière était celle dont on pouvait s'emparer le plus facilement, et dont la prise offrait le plus d'avantages et un immense butin, puisque le second vizir de l'empereur s'y était renfermé [1] : il fit observer à ce sujet que Raab était d'un accès difficile et Komorn défendu par de larges et profonds fossés remplis d'eau. Cinq jours après, les envoyés furent appelés de nouveau dans la tente du vizir; ils y trouvèrent le serdar Ali-Pascha, le beglerbeg de Damas, Moustafa-Pascha, et le reïs-efendi. Le grand-vizir n'était pas présent, mais sans doute il s'était caché derrière les tapisseries de sa tente. Ali-Pascha prit la parole en son nom : il offrit aux plénipotentiaires la paix aux termes posés jadis par Souleïman, c'est-à-dire, moyennant un tribut annuel de trente mille ducats, ou aux conditions fixées par le vieux Mourad-Pascha, c'est-à-dire, à la charge d'acquitter une fois pour toutes la somme de deux cent

---

[1] Raschid, f. 9, dit que le conseil de guerre eut lieu le 10, et le *Djewahiret* en fixe la date au 17. Ortelius prétend qu'il y eut deux séances, l'une le 10 et l'autre le 20.

mille florins. Les plénipotentiaires, qui s'étaient déjà expliqués quant à la proposition d'évacuer Szekelhyd et de raser Serinwar, demandèrent alors un délai pour en référer à leur souverain; car les Ottomans ne se contentaient plus de la démolition des forteresses transylvaniennes; ils exigeaient maintenant qu'elles fussent remises entre leurs mains. Ali-Pascha leur accorda un délai de quatorze jours, pendant lequel il leur signifia que l'armée turque continuerait sa marche sur Ujwar (30 juillet 1663 — 24 silkidé 1073).

Deux jours après, le camp fut levé et l'armée se dirigea sur Gran. Le grand-vizir avait donné ordre de jeter un pont à la hauteur de cette place; mais il fut obligé d'attendre quatre jours son entier achèvement. Dès le premier jour de la nouvelle lune (5 août 1663 — 1er moharrem 1074), le serdar Ali-Pascha et Mohammed-Pascha franchirent la rivière avec huit mille hommes. Le comte Forgacs, commandant de Neuhæusel, trompé par un faux rapport et croyant le pont coupé par le milieu, crut devoir saisir l'occasion d'effectuer une sortie avec six mille hussards ou heiduques, huit bannières de cavalerie et cinq cents hommes d'élite choisis dans l'infanterie, afin d'attaquer les Turcs séparés par la largeur du fleuve du reste de l'armée. Aussitôt que ces derniers, qui stationnaient à Parkan, le virent approcher, ils replacèrent les barques du pont, qui avaient été enlevées pour mieux tromper l'ennemi; vingt mille hommes, commandés par Ibrahim-Pascha et Kaplan-Pascha, traversèrent le fleuve en toute hâte, et, se joignant aux troupes du serdar Ali et de Gourdji Mohammed-Pascha, fondirent sur l'armée hongroise et la défirent complètement. Plus de la moitié resta sur le champ de bataille ; Forgacs eut beaucoup de peine à regagner Neuhæusel, et Palfy rejoignit avec deux cavaliers seulement le palatin qui arrivait de la Hongrie-Supérieure. Sept cents prisonniers furent sabrés ou égorgés comme des veaux ou des pourceaux en présence même du grand-vizir ; trois cent quarante-quatre, au nombre desquels se trouvaient les capitaines Rüblad et le baron Welss, furent dirigés sur Ofen. Le grand-vizir accorda une prime de quarante à cinquante piastres pour chaque prisonnier qui lui fut amené, et une autre de vingt à trente piastres pour chaque tête d'ennemi.

Pendant la durée du combat, Kœprilü ne s'était pas aventuré à sortir de son camp ; mais, quand tout fut terminé, il se mit en marche pour se rendre à Parkan, et envoya en avant les paschas Ali, Moustafa et Gourdji, avec ordre de rétablir les ponts de la Szitva et de la Nitra sur la route d'Ujwar. On avait saisi un courrier porteur de plus de vingt-cinq lettres, contenant soit des instructions aux officiers qui commandaient à Novigrad et à Ujwar, soit des réprimandes adressées à Forgacs sur son impéritie [1]. Une lettre du grand-vizir

[1] Le *Djewahiret* dit que, parmi les lettres interceptées, il s'en trouvait, 1º une adressée à Locatelli, commandant de Neuhæusel, p. 50 ; 2º une de Montecuccoli à Forgacs, p. 21 ; 3º une au capitaine du régiment Pio, p. 51 ; 4º la dépêche du président de la chambre envoyée à Lewenz, à Neuhæusel et à Novigrad, p. 52 ; 5º une du comte Harrach au commandant allemand à Novigrad, p. 52 ; 6º une au marquis Grana à Neuhæusel.

somma ce dernier de rendre Neuhæusel (17 août 1663 — 13 moharrem 1074). Cette lettre était ainsi conçue : « Le premier vizir, le serdar-sipehsalar du » grand Padischah terrestre, fait savoir à Forgacs » qu'il se dispose, avec des armées si innombrables » que la terre fléchit sous leur poids, à reprendre » Ujwar au nom du souverain de l'Islamisme. Si les » Hongrois lui remettent volontairement la place, ils » conserveront leurs biens et leurs vies : sinon, par » le Dieu tout-puissant, créateur du ciel et de la terre, » ils seront tous passés au fil de l'épée. Si les Hon- » grois savaient combien le Padischah leur est affec- » tionné, ils s'empresseraient de lui offrir leurs en- » fans en holocauste. Et, sur ce, paix à celui qui mar- » che dans la véritable voie du salut [1]. »

Comme dans la forteresse il ne se trouvait personne qui entendît le turc, les deux porteurs du message furent priés de le traduire en langue hongroise. Après avoir lu cette traduction, Forgacs se borna à lui répondre : « Dites à votre maître que la forteresse ne » m'appartient pas; que cette nuit nous nous propo- » sons de délibérer sur ses propositions, et que de- » main il aura ma réponse. » Pendant la nuit, la tranchée fut ouverte, et, à la prière du matin, des victimes furent égorgées pour tâcher d'obtenir la protection du ciel. Vingt-un gros canons du calibre de 22, de 35, de 48 et de 64 livres tonnèrent dans la forteresse. Cependant Arslan-Pascha, à la tête des mi-

---

[1] Cette lettre se trouve dans le *Djewahiret*, p. 56, et dans Ortelius Redivivus, p. 267.

neurs, coupa les conduits qui amenaient les eaux de la Nitra dans les fossés de Neuhæusel, et mit à sec les boyaux souterrains (27 août 1663 — 23 moharrem 1074). Le fils du khan des Tatares, Ahmed-Ghiraï, arriva à la tête de cent mille Tatares, et presque aussitôt son frère Mohammed-Ghiraï apparut avec vingt mille Cosaques. Ahmed-Ghiraï était armé d'un sabre, d'un poignard et d'un carquois, et portait des fourrures de zibeline; son frère était revêtu d'un kaftan tout en étoffe d'or, d'un contousch rouge et d'un kalpak de zibeline; on distinguait également l'hetman des Cosaques à son contousch et à son kalpak; les voïévodes de Moldavie et de Valachie suivaient leurs troupes. Kaplan Moustafa-Pascha reçut l'ordre de se porter sur l'autre rive de la Nitra pour couper le passage au corps d'armée que Montecuccoli se proposait d'envoyer au secours de la forteresse. Les assiégeans nourrissaient un feu très-vif; mais la plupart de leurs coups s'égaraient, et les assiégés recueillirent dans les premiers jours sept cents boulets dont le diamètre avait au moins trois palmes. Jusqu'alors les bastions de la forteresse n'étaient pas entamés. Un boulet parti des remparts atteignit et creva la pièce de canon du plus gros calibre qui fût dans l'armée turque : elle avait été coulée à Brunswick et surnommée *le brise-murailles*. Le grand-vizir divisa en quatre détachemens les hommes qui ne figuraient pas sous les armes ou travaillaient à la tranchée, et les employa successivement à élever une chaussée. Lui-même se plaça à la tête du premier détachement composé du kiaya et de tous les dignitaires attachés à la Porte ; le defterdar-pascha forma le second avec le personnel de toutes les chancelleries ; dans le troisième entrèrent le mouteferrika et les tschaouschs, et dans le quatrième les sipahis et les silihdars. Le vizir Houseïn, pascha d'Ofen, fut chargé d'inspecter ces divers détachemens. Nuit et jour résonnaient les tambours et les fifres, les trompettes et les timbales ; chaque nuit, le grand-vizir parcourait les tranchées, et encourageait les mineurs à pousser leurs travaux jusqu'au pied des remparts (18 septembre 1663 — 15 sâfer 1074). Une maison prit feu sur le bastion de Sierot, et, à cette occasion, un pascha et deux compagnies vinrent de nouveau sommer les assiégés. Quatre jours après (22 septembre 1663 — 19 sâfer 1074), un assaut fut donné au bastion Frédéric [1] ; le lendemain ce fut le tour du bastion Forgacs, et le surlendemain on attaqua de nouveau le bastion Frédéric. Les Turcs étaient déjà parvenus au sommet du bastion, lorsque la garnison réussit à les repousser : les marquis Pio et Grana furent tous les deux blessés dans ce nouvel assaut. Comme la redoute élevée en avant de Sierot atteignait à peu près la hauteur de ce bastion, les Turcs en profitèrent pour diriger un feu meurtrier sur les défenseurs de la place. On se prépara à un assaut général, mais les assiégés ne l'attendirent pas. Les Hongrois et les Allemands forcèrent leurs généraux, le marquis Pio et le comte Forgacs, à signer une capi-

---

[1] Ce bastion est décrit par Rycaut, dans son *Rampire of the fort Frederic*, p. 143.

tulation divisée en huit articles (24 septembre 1663 — 21 sâfer 1074), qui accordait aux assiégés la vie sauve et la faculté de se retirer avec tout ce qu'ils possédaient, sans traverser le camp et sans courir la chance d'être dépouillés par les hordes de Tatares; mille chariots devaient leur être fournis à cet effet; une lettre adressée par le grand-vizir à l'empereur devait témoigner que la garnison de Neuhæusel avait fait son devoir jusqu'au bout; il était défendu aux vainqueurs de pénétrer dans la ville avant le départ de tous les assiégés; les blessés, qui ne pouvaient s'éloigner avec leurs compatriotes, conservaient l'option d'aller, une fois guéris, où bon leur semblerait. Effectivement la garnison hongroise se retira tambour battant [1] (28 septembre 1663 — 25 sâfer 1074).

On trouva dans la forteresse quarante canons et quatorze mille kilos (sept cents tonneaux) de farine.

---

[1] Raschid, f. 12, et le *Djewahiret*, p. 78. Dans le *Djewahiret*, le siège est décrit avec plus de détails que dans Ortelius ou dans la *Relation* écrite en latin et traduite en langue allemande : 1° *Journal der A. 1663 von den Türken bloquirten, und endlich auch eroberten Oberungarischen Vestung Uywar oder Neuhaussel*, 6 f. in-4. 2° *Verzeichniss, was sich taglich vom 15. August 1663, da er in diese Festung kommen, bis zur Uebergabe ergeben, von Johann Pfleger aus dem lateinischen übersetzt*, 1663. 3° *Aussage eines franzosichen Renegatens, welcher anheut den 23. Aug. des 1663. Jars vor dem türkischen Lager, so jenseits des Flusses Neutra um das Dorf Udler geschlagen, freiwillig heunte nach Neuhæusel kommen*. 4° *Extract des Schreibens des Hrn. General Sporkens, aus dem Hauptlager Losis vom 29. August 1663; auch andere Schreiben von den listigen und ungewonlichen Stratagemen der Türken grausamen Wuiten und Tyranisiren*. 1663. 4. 5° *Feldzug, der türkische, d. i. wahrhafter Bericht von der türkischen Armee, welche und wie viele Passen solche gefuiret, wie stark dieselbe von Belgrad ab-*

Quatre jours après, à la prière du vendredi, les deux grandes églises d'Ujwar furent converties en mosquées. Quatre mille hommes choisis parmi les janissaires, les sipahis, les djebedjis, les topdjis, les azabs et les martoloses, dont la solde s'élevait annuellement à trois millions huit cent mille sept cent trente-deux aspres, furent laissés dans la place, et le grand-vizir adressa des lettres de grâce à toutes les garnisons des palanques environnantes.

Comme cette prise de Neuhæusel était le premier fait d'armes qui signalât la reprise des hostilités contre la Hongrie, ajournée depuis un demi-siècle par les renouvellemens successifs de la paix de Sitvatorok, elle retentit dans toute l'Allemagne, où jamais ne parurent autant d'écrits, de prédications, de journaux, de prédictions, de conseils et d'exhortations relatifs à l'envahissement de l'empire par les Turcs, que dans cette année et celle qui la suivit [1]. La forteresse de Neuhæusel avait été attaquée par des forces si supérieures, le siège en avait été conduit avec tant de vigueur et avait duré si long-temps, qu'aujourd'hui

---

marschiret, und was mit solcher bis zu des kays. Legates R. di Goys Abreise passirt, samt einer Liste derer im Forgaczischen Treffen (1663) *gefangenen Christen.* 1664. 4. Rycaut, dans Knolles, p. 141. Montecuccoli, II, p. 50.

[1] Entre autres : *La puissance des Turcs devenue le jouet de Dieu, ou Guerre des Turcs et victoire des Chrétiens*, par Lassénius, divisé en vingt lettres; *Danger imminent dont nous sommes menacés par l'approche des Turcs*, 1663; *Quelques Considérations politiques et historiques soumises aux Réflexions de nos contemporains*, Wittenberg, 1663; *Considérations loyales et impartiales relatives à la guerre des Turcs*, etc.

encore, si l'on veut parler en Autriche ou en Hongrie d'un grand déploiement de forces, d'une fermeté inébranlable, on dit souvent : *Comme un Turc devant Neuhœusel.*

Quatre jours avant la prise d'Ujwar, et un matin que le grand-vizir inspectait la tranchée, le reïs-efendi Schamizadé, conseiller intime de la sultane Walidé, auquel le père de Kœprilü avait dû son élévation, fut tout-à-coup décapité avec son beau-père Kazizadé Ibrahim-Pascha, à la grande stupéfaction de l'armée (12 septembre 1663 — 9 sâfer 1074). Pour expliquer cette exécution, les historiens européens de l'époque ont prétendu que Schamizadé, homme d'un naturel pacifique, s'était opposé à la guerre [1]. Il est vrai que le résident et les envoyés d'Ofen, où cinq jours plus tard les têtes de Schamizadé et de Kazizadé Ibrahim furent envoyées comme celles de deux traîtres, témoignèrent de son amour pour la paix [2]. Mais nous ajoutons plus de foi à la version adoptée par les historiens turcs. Suivant ces derniers, Schamizadé, moins dévoué à Ahmed qu'à Mohammed Kœprilü et à son propre beau-père, avait proposé au Sultan de nommer celui-ci grand-vizir à la place d'Ahmed. A peine le grand-vizir en fut-il informé, qu'il se hâta de signaler au Sultan les entraves que le bruit de sa ré-

[1] Rycaut seul en donne, p. 135, la véritable raison ; et, sur ce point, il est d'accord avec les historiens ottomans.

[2] « Nous ne savons pas pourquoi cet homme juste, qui avait toujours conseillé la paix, a été mis à mort si promptement et d'une manière si imprévue. » *Rapport* de Goes et de Reninger, écrit à Ofen le 19 septembre 1663.

vocation ne manquerait pas d'apporter à la marche des affaires, et il insista sur la nécessité de mettre fin à ce bruit : c'est ce qui fut aussitôt résolu et exécuté : Schamizadé fut sacrifié (29 septembre 1663).

Informé de la prise d'Ujwar, le frère du grand-vizir se rendit à Ofen, où, à l'occasion de cet événement, des réjouissances eurent lieu pendant trois jours consécutifs [1]; à Constantinople, les fêtes durèrent sept jours : on y promena en triomphe les sept cents prisonniers faits sur l'armée de Forgacs et trois cents autres tombés au pouvoir des Turcs en diverses rencontres. Au nombre de ces infortunés, on remarquait Jean Aur, qui depuis a décrit les souffrances d'une captivité de onze ans qu'il subit au château des Sept-Tours.

Neuhæusel, érigée en forteresse par l'évêque Paul Wardai, prise par les Turcs à la faveur des troubles excités par Bethlen et Homonai, reprise par les Hongrois, plus tard assiégée inutilement par Bouquoi, général des troupes impériales, qui, seize fois blessé, trouva la mort devant cette place, venait de soutenir un sixième siége; sa chute eut un long retentissement, car Neuhæusel était un des boulevards qui protégeaient la Hongrie contre les Ottomans. Les croissans et les étendards turcs outragèrent les six bastions Forgacs, Sierot, Frédéric, de Bohême, Ernest et l'Empereur, qui

---

[1] *Donanma*, selon Rycaut *dunelma*, p. 144. Outre plusieurs chronogrammes sur la prise de Neuhæusel, on trouve dans le *Soubdet*, f. 165, un rapport sur le même événement dû au poëte Souleïman-Efendi, qui alors était le maître des requêtes du grand-vizir.

jusqu'alors avaient été considérés comme les remparts invincibles de la chrétienté; le culte de Mohammed profana les églises de cette ville. La prise de Neuhæusel parut d'un sinistre présage en 1663, c'est-à-dire, trois cents ans après la défaite des Serviens près de la Mariza, où les Hongrois et les Serviens coalisés avaient combattu les Turcs pour la première fois, et où la chapelle de Mariazell avait été fondée en souvenir de la miraculeuse évasion du roi Louis de Hongrie.

Huit jours après cet événement, on vit arriver au camp turc Apafy, prince de Transylvanie, qui s'était abstenu de répondre à une première invitation, de peur de rencontrer au camp un prétendant à sa principauté dans la personne de l'envoyé Gabriel Haller, qu'on avait essayé de noircir à ses yeux et qui se trouvait effectivement auprès du grand-vizir [1]. Mais invité de nouveau par ce dernier à venir le rejoindre et rassuré par les internonces Batzo, Ladislas Ballo et Valentin Rilvasi, qui revenaient du camp, il parut enfin à l'armée qui campait sous les murs d'Ujwar; il fut reçu par Gabriel Haller, les princes de Moldavie et de Valachie, et le tschaousch-baschi, accompagné de soixante tschaouschs. Encouragé par cet accueil favorable, il passa deux mois au camp, où, pendant tout ce temps, on lui fournit les vivres nécessaires pour lui et son escorte; mais, malgré les promesses quotidiennes du grand-vizir, il ne put en obtenir une con-

---

[1] Voyez, pour les détails, l'*Historia rerum Transylvanicarum*, de Jean Bethlen, p. 27 et suivantes.

vention écrite (ahdnamé). Gabriel Haller profita de son audience de congé pour demander aussi l'autorisation de partir; le grand-vizir, pour toute réponse, lui adressa un sourire. Croyant voir dans ce signe une affirmation, Haller partit avec Apafy. Mais à peine arrivés à Gran, sur le pont du Danube, ils furent rejoints par des Tatares de Crimée qui les poursuivaient à bride abattue, et qui, se ruant en furieux sur l'escorte d'Apafy, l'auraient jeté lui-même dans le fleuve, s'il ne s'était promptement élancé dans l'un des bateaux qui soutenaient le pont. On eut beaucoup de peine à sauver la vie du vice-maréchal Nalatzi, qui, dans le choc, avait été précipité dans le Danube. A Nemeth, où ils se disposaient à passer la nuit, soixante cavaliers turcs vinrent saisir Gabriel Haller, accusé d'avoir pris la fuite : conduit devant le grand-vizir, ce malheureux fut décapité sans avoir pu même ouvrir la bouche pour justifier de son innocence et invoquer le droit des gens, qui, en sa qualité d'ambassadeur, devait le rendre inviolable.

L'arrivée du grand-chambellan au camp d'Ujwar suivit de près celle d'Apafy : il était porteur d'une lettre louangeuse du Sultan pour le grand-vizir, et d'un présent consistant en un sabre, un poignard, un panache de héron, un kaftan et des fourrures honorifiques. La lettre du Sultan [1], conçue dans la formule

---

[1] Voyez le khattischérif, dans Raschid, t. I, f. 13 et 14, et dans le *Djewahiret*, p. 92; et les lettres du commandant de Wessprim, dans Montecuccoli, p. 82; Zriny, p. 83; Esterhazy, commandant de Papa, p. 84.

ordinaire, portait « que le pain du Sultan avait été
» bien gagné par tous ses esclaves qui, en combattant
» pour la vraie foi et l'empire, n'avaient eu d'autres
» coussins que les pierres, et d'autres lits que la terre
» nue; il souhaitait, ajoutait-il, que ce pain leur pro-
» fitât. »

Dès le jour qui suivit la prise de Neuhæusel, le grand-vizir avait adressé des sommations aux châteaux et aux palanques des environs, à Lewenz, à Novigrad, à Neutra, à Freystadtl et à Schintau [1] (28 septembre 1663). Kaplan-Pascha, envoyé à Novigrad, fit savoir que le château se défendait, et demanda des munitions. Houseïn-Pascha, gouverneur d'Ofen, parti pour s'emparer de Neutra, annonça au contraire que la garnison s'était rendue volontairement, et qu'il revenait avec tout le butin trouvé dans le fort [2] (18 octobre 1663—16 rebioul-ewwel 1074). De Neutra, Houseïn se porta sur Lewenz, dont la garnison ne se montra pas moins déterminée que celle de Novigrad : le grand-vizir se réserva le soin d'assiéger lui-même ces deux places.

Cependant les Tatares parcouraient de nouveau la Moravie et la Silésie (2 septembre 1663). Dès le mois d'août, six mille d'entre eux, après avoir ravagé les environs de Tyrnau, de Freystadtl et de Saint-George, outragé les jeunes filles, égorgé ou écrasé les enfans

---

[1] Voyez la sommation adressée à Freystadtl, dans Ortelius, t. II, p. 284, et dans le *Djewahiret*, p. 80.

[2] *Djewahiret*, p. 88 ; compte rendu par un prisonnier d'une conversation qui eut lieu entre Forgacs et le commandant de Komorn.

contre les murs, jeté pêle-mêle dans des sacs ceux qu'ils épargnaient pour les emporter sur la croupe de leurs chevaux, et accouplé comme des chiens les hommes et les femmes, franchirent la March et la montagne du Weissenberg, guidés par les hussards hongrois de la frontière, et fondirent sur la Moravie en passant par Landshut : Freystadtl et Schintau leur opposèrent une énergique résistance. Pendant dix jours, dix mille janissaires investirent Freystadtl; mais, après trois assauts infructueux, ils se retirèrent en jetant bas le pont de la Waag [1] (13 septembre 1663). Les Tatares parcoururent les environs de Nikolsbourg, de Rabensbourg et de Brünn, en brûlant tout sur leur passage : ils arrivèrent ainsi jusqu'à trois milles d'Olmütz. Les domaines des princes de Dietrichstein et de Liechtenstein furent pillés et incendiés : trente-deux villages appartenant au second furent détruits de fond en comble [2], et les Tatares traînèrent douze mille nouveaux esclaves au marché de Neuhæusel. Puis ils marchèrent de nouveau sur Pressbourg, réduisirent en cendres Geyersdorf et Saint-George, traversèrent à la nage la rivière de la Waag, et arrivèrent jusqu'au défilé de Rosincko, dans le cercle de Hradisch. En même temps, quatorze

---

[1] Montecuccoli, et le *Recueil périodique militaire d'Autriche*, 1828, p. 141.

[2] Ortelius, t. II, p. 273, et la *Couronne de lauriers, Histoire des chevaliers chrétiens qui ont combattu en Transylvanie, en Hongrie, en Styrie et en Afrique pour l'honneur de la Chrétienté* (*Historischer Lorberkranz der christlichen Ritterleute, so in Siebenbürgen, Ungarn, Steiermark und in Africa für die Ehre christlichen Namens gefochten*). Nüremberg, 1664.

mille Tatares, hussards et janissaires, ravageaient les environs de Brunau et de Klobach, tuaient, brûlaient, pillaient et chassaient devant eux à coups de fouet deux mille prisonniers qu'ils ramenaient en Hongrie avec quatre chariots traînés par seize chevaux et chargés de malheureuses jeunes filles. Comme ils revenaient au camp de Neuhæusel, le comte Nicolas Zriny sortit d'une embuscade et leur tua quatre cents hommes; mais, assailli à son tour par le pascha de Haleb, il fut obligé de se retirer sous le feu de Komorn. Pierre Zriny, frère de Nicolas Zriny, fut plus heureux contre Djenkdji-Pascha, gouverneur de Bosnie, qui espéra vaincre plus facilement l'un des Zriny en l'attaquant isolément, et qui songeait à fondre ensuite sur la Styrie. Dans ce but, il quitta la Bosnie avec dix mille hommes, en laissa deux mille à Lica et à Corbolo, et marcha avec le reste sur Ottochaz, ville située aux environs de Carlstadt, pour surprendre Neu-Serinwar, et, si ce coup de main échouait, ravager la Styrie (17 octobre 1663). Pierre Zriny l'attendit dans une forêt avec quatre mille Croates; il laissa défiler tranquillement la moitié de ses troupes; puis il fondit sur l'autre, lui tua mille hommes, prit huit étendards, et lui fit deux cent cinquante-sept prisonniers.

Le nombre des chrétiens emmenés en esclavage par les hordes incendiaires qui parcoururent à cette époque la Moravie, la Silésie et la Hongrie, s'éleva à quatre-vingt mille [1].

[1] Voyez, dans Ortelius, t. II, p. 288, la liste des principaux morts.

A la fin d'octobre (28 octobre 1663 — 26 rebioul-ewwel 1074), le grand-vizir leva le camp de Neuhæusel. L'armée passa la Neutra, la Szituva et la Gran, et eut à soutenir une marche pénible sur une terre marécageuse rendue encore plus impraticable par les pluies d'automne. Vingt canons hors de service trouvés à Neuhæusel, et parmi lesquels deux remontaient au règne du sultan Souleïman, furent envoyés à Gran. Lewenz, qui avait refusé de se soumettre à la première sommation du grand-vizir[1], se rendit trois jours plus tard; la garnison sortit avec tous ses bagages; des cartes de sûreté, destinées à protéger les habitans contre les pillards, furent expédiées dans tous les environs, et vingt mille nouveaux sujets courbèrent la tête sous le sceptre ottoman; le sandjak de Lewenz fut confié au tschatrapatra Ali-Pascha, auquel fut laissée une garnison de quatre cents hommes (2 novembre 1663 — 1ᵉʳ rebioul-akhir 1074). En même temps, on apprit que Neograd avait ouvert ses portes à Kaplan-Pascha, après avoir soutenu un siége de vingt-sept jours et lui avoir fait essuyer une perte de huit cents à mille hommes. On y laissa également une garnison de quatre cents hommes commandés par Kasim-Pascha. Les princes de Transylvanie, de Moldavie et de Valachie quittèrent le camp, après avoir reçu des vêtemens d'honneur[2], et le ba-

---

[1] Voir la sommation et la réponse, dans le *Djewahiret*, p. 101, et dans Ewlia, t. I, f. 93.

[2] Voyez la lettre de Stanislas Potocki, palatin de Cracovie, et celle du chancelier Nicolas, dans le *Djewahiret*, p. 112 et 114.

ron de Gœs, jusqu'alors détenu à Ofen, fut congédié par une lettre polie, dans laquelle on lui demandait si son refus d'entrer en accommodement tenait à son dédain pour les avantages de la paix ou à l'insuffisance de ses pouvoirs.

A Essek, le grand-vizir donna audience à un ambassadeur polonais qui, au nom du roi son maître, était venu implorer le secours des Tatares contre la Russie. Il répondit à cet ambassadeur que l'empire ottoman ne pouvait se priver de pareils auxiliaires dans un moment où l'on était en guerre avec l'empereur, et que les Tatares marcheraient sur la Pologne elle-même, si elle tentait de prendre part à la querelle survenue entre la Porte et l'Allemagne. Le quartier-général du grand-vizir fut transféré d'Ofen à Belgrade; Kaplan-Pascha partit pour Kanischa; les Tatares prirent leurs quartiers d'hiver à Szegedin, Szombor et Fünfkirchen; Houseïn, pascha d'Ofen, général de l'arrière-garde, reçut la mission d'observer les mouvemens de Zriny.

On était au cœur de l'hiver, et les troupes impériales crurent devoir en profiter pour diriger de nouvelles opérations sur la Mur et la Drave. Au milieu de janvier, le comte Wolf Jules de Hohenlohe, qui commandait les troupes de l'Empire, sortit tout-à-coup, avec six mille fantassins et mille cavaliers, de Pettau, l'antique Pettovium, célèbre par les monumens romains que renferme son enceinte, et où l'empire romain d'Occident expira [1] dans la personne du jeune Au-

---

[1] Les embarras auxquels l'empire romain fut en proie pendant que son

gustule, son dernier souverain. Neu-Serinwar, château-fort que le comte Nicolas Zriny avait élevé sur les rives de la Mur, malgré les plaintes du grand-vizir, fut la place d'armes où Zriny, ban des Croates et généralissime de l'armée de Hongrie, réunit ses troupes aux Hongrois, commandés par le comte Bathiany, à douze mille Bavarois guidés par le quartier-maître-général Pouchard, à sept cents fantassins et à six escadrons des cavaliers de Piccolomini, sous les ordres du comte Leslie [1] (21 janvier 1664). Forte

---

dernier empereur résidait à Pettau, ont probablement donné lieu au dicton français : *La cour du roi Pettau.*

[1] Dans la *Relation* d'Ortelius, p. 297 à 300, il s'en trouve deux spécialement relatives à cet événement. La première est intitulée : *Courte et véridique Relation de la glorieuse et mémorable expédition entreprise pour la chrétienté, et heureusement accomplie dans l'intervalle qui s'est écoulé depuis le 20 (10 janvier) jusqu'au 16 (8 février) de la précédente année 1664, par M. le comte Niklas de Zérin, avec ses troupes, celles de Budiany et celles de Neidasdy, formant en tout vingt-trois mille hommes.* Gratz, 1664. La seconde : *Très-belles, très-excellentes et très-chrétiennes exhortations au sujet de la guerre contre les Turcs, où se trouve racontée d'abord en toute exactitude et impartialité l'impresa que le comte de Hohenloe et le comte Zrinyi ont, avec leurs troupes, exécutée l'hiver dernier sur le territoire turc.* Nuremberg, 1664. — *Comment les Turcs avaient profité du moment où la diète était convoquée à Narasdin, en Croatie, par le comte N. de Zérin, pour tenter une incursion dans l'île de ce nom, mais comment ils ont été repoussés et poursuivis par M. Pierre; comment ceux de Wardein ont été battus par les nôtres dans une escarmouche et ont essuyé une perte assez considérable.* Octobre 1664. (1º *Bericht kurzer und wahrhafter der hœchst ruhm-und denkwerthen Entreprise, so von Hrn. Niklas Grafen von Zerin mit eigenen auch budianisch und Neidasdischen Kriegsvolgkk sammt in die 23,000 stark vom 20 (10) Janner bis 16 (8) Februar gegenwærtig 1664. Jars zu gedeihlichem Aufnehmen der werthen Christenheit lœblich ist vorgenommen und glücklich vollbracht worden.* Gratz, 1664. 2º *Auserlesene christliche und überanus schœne Ermahnungen und Rathschlæge von dem*

de vingt-trois mille hommes, l'armée marcha de Serinwar sur Presnitz, qui capitula au bout de deux jours. Huit cents hommes, au nombre desquels se trouvaient quatre cents soldats turcs, cent Tatares et trente-sept agas, évacuèrent la forteresse, abandonnant quinze pièces de canon. Les hussards et les heiduques se jetèrent sur les Tatares; Zriny les retint à coups de sabre; mais il eût été massacré lui-même par un Bohémien hongrois, si l'un des serviteurs du comte Hohenlohe n'avait brûlé la cervelle à ce dernier. Dans la même nuit, Babocsa fut cerné, et le quatrième jour (25 janvier 1664), deux mille soixante-douze individus, parmi lesquels onze agas, quittèrent la place, et furent conduits sur les rives de la Drave, où les Hongrois incendièrent le château de Barcs, évacué par les Turcs. A Babocsa et à Barcs, vingt canons tombèrent entre les mains du vainqueur. Le lendemain, Zriny gagna avec sa cavalerie le défilé de Szigeth; mais dépourvu d'artillerie, il passa outre et s'avança jusqu'à Fünfkirchen. Dans cette excursion, les Hongrois mirent le feu à la palanque de Torbeg: là s'élevaient un tombeau et un couvent au lieu même

Türkenkrieg, dabey gleich anfangs die Impresa, welche der Graf von Hohenlohe mit den Reichsvælkern in Begleitung des Grafen Zrini auf das türk. Gebiet næschst verwichenen Winter vorgenommen, richtig und glaubwürdig erzæhlt wird. Nürnberg 1664. Relation wasmassen der durch G. N. von Serin nach Warasdin in Kroatien ausgeschriebene Landtag die Türken der Serenischen Insul einen Einfall tentirt, aber von Hrn. Peter repousirt und verfolgt; die Wardeiner von den Unseren in einem Scharmützel mit einer Schlappe abgewiesen worden. Oct. 1664.)

où avaient été ensevelis, après la prise de Szigeth, le cœur et les entrailles de Souleïman [1]. Fünfkirchen et ses mosquées recouvertes de plomb devinrent aussi la proie des flammes : le château seul ne put être pris faute d'artillerie de siége [2]. Au reste, comme le principal but de cette expédition était de fermer pour l'année suivante l'accès du pays à l'armée ottomane, Zriny laissa de côté Sziklos, se dirigea sur le pont d'Essek, prit d'assaut la palanque de Terrak qui en formait la tête, et ce pont magnifique, œuvre du grand Souleïman, dont la longueur était de huit mille cinq cent soixante-cinq pas et la largeur de dix-sept, fut brûlé en deux jours. Cinq cents villages environ, qui se trouvaient sur le passage des Hongrois, furent également réduits en cendres, et servirent à éclairer leur marche dévastatrice.

Informé par Mourad, beg de Fünfkirchen, que Zriny s'avançait vers Szigeth, le grand-vizir, fort inquiet, s'empressa de nommer serdar (30 janvier 1664 — 2 redjeb 1074) le pascha Mohammed, qui était alors en quartier d'hiver à Essek, plaça sous ses ordres les paschas de Stouhlweissenbourg et d'Yenœ, Kaplan-Pascha et les Tatares, et lui ordonna de marcher en toute hâte à la rencontre de Zriny ; lui-même arbora ses queues de cheval à Belgrade, et fit annoncer aux troupes que le lendemain elles partiraient en

---

[1] *Torbeg*, selon Ortelius *Torpech*, suivant la relation précitée *Darchpeck*, ne figure ni au répertoire de la carte de Lipzki, ni sur cette carte même.

[2] Ortelius et les deux *Relations* précitées.

laissant derrière elles les bagages pour alléger la route. En effet, le jour suivant il sortit de Belgrade avec mille hommes de ses troupes particulières et deux mille janissaires pour se rendre à Semlin (21 février 1664 — 24 redjeb 1074). Mais arrivé à Mitrowitz, il apprit que les Hongrois avaient passé outre, renonçant à assiéger Szigeth. Il s'en retourna aussitôt à son quartier d'hiver de Belgrade, confiant au serdar Mohammed-Pascha la garde de Szigeth, et celle de Fünfkirchen à Kaplan-Pascha, au beg de Behké, à l'alaïbeg de Bosnie, au moutesellim d'Ofen, et aux paschas de Koloswar et de Temeswar. Des lettres d'Apafy, qui répondaient à celle du palatin et annonçaient en même temps l'occupation de Clausenbourg, de Szekelhyd et de plusieurs autres châteaux transylvaniens, firent un peu diversion aux mauvaises nouvelles qui les avaient précédées.

L'expédition de Zriny au cœur de l'hiver donna lieu à Andrinople et à Constantinople aux bruits les plus exagérés : elle fut surnommée l'*Expédition du pieu de fer*[1]. Cependant plusieurs exécutions de personnages éminens et divers changemens administratifs occupaient aussi l'attention publique. Dihan Arslan-Pascha, gouverneur de Silistra, avait été étranglé, devant Neuhæusel, immédiatement avant le départ du grand-vizir, et le serdar Ali-Pascha avait été commis à la garde d'Ofen. Mohammed-Pascha succéda au gouverneur de Karamanie, Tschatalbasch-Pascha, étranglé devant la tente du grand-vizir. Le grand-cham-

---

[1] *Kazik timour seferi*. Soubdet, f. 51.

bellan et favori du Sultan; Yousoufaga, contre lequel les portiers du seraï avaient adressé des plaintes au Sultan à son retour de la chasse, fut d'abord éloigné du seraï et nommé sandjak d'Angora; puis il fut décapité à Babaeski, sur la route de Constantinople, par un kapidji envoyé à sa poursuite. Le confident Hasan, qui s'était enorgueilli de son titre de favori et en avait abusé envers les pages du seraï, perdit sa place, et fut éloigné avec le titre de chambellan et un revenu journalier de cent cinquante aspres. Son poste fut confié à Moustafa Kouloghli, fils d'un simple janissaire de Safran Borli, lieu de naissance de Djindji-Khodja, si mal famé sous le sultan Ibrahim. Moustafa devait à ses talens comme musicien et comme poëte les hautes faveurs du Sultan. Deli Mohammed, qui commandait l'escadre de la Mer-Noire, revenait à Constantinople, après avoir coulé bas quelques caïques appartenant aux Cosaques, lorsqu'il reçut un message du khan qui l'invitait à revenir pour l'aider à repousser une nouvelle invasion des Cosaques du Dnieper. L'amiral ottoman fit pendre l'envoyé du khan, mais il fut lui-même exécuté peu de temps après pour cet abus de pouvoir[1]. Tschengizadé, gouverneur de Bosnie, qui, sans y être autorisé, avait attaqué le fort de Klis et avait été repoussé, paya de sa vie son échec et son insubordination. Ali-Pascha, qui avait commandé l'armée de Transylvanie et plus tard la garnison d'O-

---

[1] Dans l'exemplaire du *Soubdet*, qui existe à la Bibliothèque de Dresde, le texte saute ici de la feuille 69 à la feuille 51, car les dix feuilles suivantes ne sont pas séparées.

fen, mourut à Temeswar, âgé de quatre-vingt-sept ans. Le ressentiment du grand-vizir atteignit l'aga Mohammed, l'ancien kislaraga, jusque dans la ville de Médine, où une fatale condamnation vint le frapper de mort. L'ordre fut donné de reconstruire le pont d'Essek. On recruta en Hongrie mille janissaires pour renforcer la garnison de Constantinople, et cinq cents qui furent envoyés en Crète. A Andrinople et à Gülbaba, lieu situé à une lieue et demie de la capitale et dans le village de Tjœlmekkœï, le Sultan fit élever des kœschks et tracer un jardin qui fut orné de fontaines et de jets d'eau.

Le printemps était arrivé, et le grand-vizir n'avait encore reçu qu'une réponse vague à la lettre remise au baron de Gœs [1]. Aussi, dès le commencement de la saison, les queues de cheval furent arborées dans la plaine de Belgrade, et, trois semaines après, le grand-vizir campait dans celle de Semlin (20 mars 1664 — 22 schâban 1074). Afin de mettre l'armée au complet, on y incorpora même ceux des fonctionnaires salariés qui n'en faisaient point habituellement partie [2], tels que les grands-officiers de marine inscrits à la chancellerie de l'amirauté, et trois vizirs qui avaient été mis à la retraite, entre autres l'ex-gouverneur du Kaire, de Bagdad et de Diarbekr. De peur que le pont d'Es-

---

[1] Voyez cette lettre dans Raschid, t. I, f. 16, dans le *Djewahiret*, p. 132, et dans la *St. R. Lettera del G. V. Ahmed a S. Ecc. duca di Sagan tradotta 2 Maggio* 1664, et la réponse laconique du grand-vizir. *Djewahiret*, p. 133.

[2] *Kaïdli* et *Defterli*. Raschid, I, f. 16, et *Djewahiret*, p. 134.

sek, reconstruit dans l'espace de trois mois¹, ne fût de nouveau incendié par l'ennemi, Kikleli Moustafa-Pascha, qui commandait la garnison d'Essek, Ismaïl-Pascha, beglerbeg de Bosnie, et le samsoundji-baschi, furent préposés à sa garde. Comme depuis long-temps il n'avait plu et que le pays était désolé par la sécheresse, le grand-vizir ordonna des prières publiques²; un autel (mihrab) fut élevé sur les rives de la Save, et, le troisième jour, une pluie abondante exauça les vœux des fidèles croyans (20 avril 1664 — 24 ramazan 1074). D'autres prières furent prescrites en même temps, comme sous les règnes de Mourad et de Mohammed III, à Andrinople et à Constantinople, pour appeler la protection de Dieu sur les armes ottomanes. Au sujet de ces prières, il s'éleva un démêlé très-vif entre le moufti Minkarizadé Yahya et le scheïkh prédicateur Wani, qui insistait pour que les prières eussent lieu en public : le moufti prétendait au contraire que la prière individuelle et dans l'intérieur de la mosquée n'était pas moins agréable à Dieu que la prière en commun et sur la place publique. Comme le scheïkh Wani³ joignait à la faveur particulière du Sultan celle du grand-vizir, qui l'avait connu à Erzeroum pendant le cours de son gouvernement, sa proposition l'emporta sur celle du moufti. Il s'était appelé Wani du nom de Wan, lieu de sa nais-

---

¹ *Djewahiret*, p. 153. Ce ne fut pas en quarante jours, comme l'ont prétendu quelques historiens européens.

² *Istiska*. Voyez Mouradjea d'Ohsson, I, p. 236.

³ La *Biographie* de Wani est la 459ᵉ, dans le *Recueil* d'Ouschakizadé.

sance : c'était un fanatique, ennemi juré des sofis et des chrétiens, affectant une hypocrite orthodoxie, et ne songeant point à s'appliquer les préceptes sévères qu'il adressait au peuple. Un de ses confidens lui demandait comment il pouvait concilier l'anathême que, du haut de sa chaire, il ne cessait de fulminer contre les vases d'or et d'argent, la soie et les perles, les jeunes garçons et les belles esclaves, avec l'usage qu'il en faisait lui-même : il lui répondit par une subtilité qui caractérise parfaitement la casuistique de l'orthodoxie musulmane. « Les biens de ce monde, lui dit-il,
» ne sont en eux-mêmes ni pernicieux ni condamna-
» bles ; la manière de les acquérir et d'en user décide
» seule en quels cas et à quelles sortes de gens ils sont
» permis ou défendus. Les friandises que la loi t'inter-
» dit peuvent très-bien m'être permises, car tout dé-
» pend des intentions, des forces et de la manière d'ac-
» quérir et de posséder. Par exemple, la loi défend
» d'avaler les débris de viande extraits des gencives à
» l'aide d'un curedent. Si cependant je veux me don-
» ner cette jouissance, je détache ces débris avec ma
» langue, et je les avale sans enfreindre la loi. Vous
» autres, vous achetez des plats exquis et des vêtemens
» somptueux avec de l'argent mal acquis, et voilà juste-
» ment pourquoi ces jouissances vous sont interdites ;
» quant à nous, loin de nous révolter contre la rigueur
» des préceptes, nous achetons aussi, mais à crédit, des
» femmes et des mets délicats, et nous avons bien
» soin de ne les payer qu'après en avoir joui. Dès
» lors, le précepte par lequel il est défendu d'acheter

» avec l'argent qui provient d'une source illicite, ne
» nous est plus applicable, puisqu'au moment de la
» jouissance nous devons encore cet argent. » Un pareil casuiste, un aussi digne contemporain du jésuite Tellier, était bien fait pour rassurer le Sultan au sujet de l'inaction dans laquelle il vivait à Andrinople, tout entier aux plaisirs de la chasse et aux voluptés du harem, ne pouvant se résoudre à retourner à Constantinople, ni à se placer à la tête de l'armée. « Que
» ferai-je à Constantinople? répondit-il au kadias-
» ker qui l'engageait à se montrer dans sa capitale.
» Le séjour de Constantinople n'a-t-il pas coûté la vie
» à mon père? Mes prédécesseurs n'ont-il pas été
» constamment les prisonniers des rebelles? Plutôt
» que d'y retourner, j'y mettrais le feu de ma propre
» main, et je verrais avec joie la ville et le seraï con-
» sumés par les flammes! »

Sur ces entrefaites, une illumination de sept jours fut ordonnée dans les principales villes de l'empire à l'occasion de la naissance du prince Moustafa (2 juin 1664 — 8 silkidé 1074). La joie du Sultan fut d'autant plus vive que la mère de ce fils était Khasseki, la nouvelle sultane favorite, jeune Grecque originaire de Crète, qui, tombée au pouvoir des Turcs à la prise de Retimo, avait été offerte au Sultan par le serdar Deli Houseïn, et avait pris au harem le nom de sultane Rebia Gülmisch[1], c'est-à-dire qui a bu les roses du

---

[1] Mouradjea d'Ohsson, t. II, p. 514, et non pas *Zachi*, comme Alix, dernier historien français de l'empire ottoman, l'a prétendu en copiant le roman des *Anecdoti segretti*, l. VIII, p. 407. On y trouve que le Sultan

printemps; or, le crédit de la brune Khasseki commençait à balancer celui de la blonde Walidé, Tarkhan-Sultane, née en Russie [1]. Partageant sa faveur entre la Walidé et la Khasseki, et exclusivement adonné aux plaisirs des jardins et à ceux de la chasse, le Sultan ne songeait à la guerre qui se préparait que pour consulter les astrologues dont les prédictions, alors accueillies comme des oracles en Turquie et en Allemagne, annonçaient une grande effusion de sang [2].

Les queues de cheval flottaient encore dans la plaine de Semlin, lorsque le grand-vizir fut tout-à-coup arraché à son inaction par de nombreux messages qui

---

aurait substitué à son nom d'Eugénie celui de *Zachi*, qui signifiait *Cara*. Ce nom de Zachi n'est autre chose qu'une altération du mot *Khasseki*. Alix ne s'en doute même pas; car il la désigne, t. II, p. 154, sous le double nom de *Chaiseki Zachi*.

[1] « La Sultane Valide, Moscovite de nation, grande, maigre, un peu picotée de vérole, les yeux bleus, le teint fort blanc, et les cheveux d'un blond doré fort ardent. » *Mémoires* de La Croix, I, p. 556.

[2] Rycaut, dans Knolles, II, p. 150. En Allemàgne, à cette époque, parurent successivement deux écrits qui avaient trait également à la politique et à l'astrologie, publiés à peu près sous le même titre et dans les mêmes termes, au sujet de deux météores, dont l'un s'était montré en Hongrie et l'autre en Arabie. Le premier est intitulé: *Aggression des Turcs et protection de Dieu, manifestée par le phénomène apparu au ciel au mois de décembre* 1660, *à Scharosbidack, dans la Hongrie-Supérieure, lequel nous annonce la prochaine invasion des Turcs, et signifie que nous devons espérer en Dieu et tenir une conduite en harmonie avec les circonstances* (1661). Le second: *Aggression des Turcs et protection de Dieu, extrait publié tel qu'il m'a été adressé de Transylvanie par un ami dévoué, relatif au phénomène apparu dans le ciel au mois de janvier de la présente année* 1663, *en Arabie, à Medina-Thulnabia, et qui nous annonce l'invasion des Turcs et les cruautés qu'ils ne manqueront pas de commettre*, par S. H. de G.; suivi d'un *Extrait relatif à l'arrivée des Turcs*. 1663.

lui faisaient sentir la nécessité de ne pas différer plus long-temps de se mettre en campagne. Le prince de Transylvanie, Apafy, lui adressa une lettre du kapitan de Szathmar, relative aux armemens de l'empereur, et aux renforts que lui envoyaient la France et ses autres alliés [1]. Le beglerbeg de Haleb, Gourdji Mohammed-Pascha, commandant de Szigeth, annonça la marche du *Pieu de fer,* Zriny, contre Szigeth et Kanischa [2], et Houseïn-Pascha écrivit d'Ujwar que Neutra venait d'être cerné par le lieutenant-général comte de Souches. Aussitôt les paschas Koutschouk Mohammed, Kasim et Khalil, beglerbegs de Warasdin, de Yenœ et d'Erlau, Apafy [3] et le yali-aga Ahmed, reçurent l'ordre de partir avec les Tatares répartis dans les quartiers d'hiver, afin de protéger Ujwar et de sauver Neutra. Presqu'en même temps, le grand-écuyer apporta, avec une lettre du Sultan qui invitait l'armée à entrer en campagne, deux habits d'honneur (la fourrure et le kaftan), un sabre et un poignard enrichis de diamans et deux panaches de héron ; il amenait aussi dix chevaux provenant des haras impériaux : enfin, il était porteur d'autres présens de la part du kaïmakam, du silihdar et du kapou-aga. Le jour du départ, on apprit une fâcheuse nouvelle :

---

[1] Voyez la lettre d'Apafy, dans le *Djewahiret,* p. 143, et celle du kapitan de Szathmar, *ibid.,* p. 144.

[2] *Relation* du beglerbeg de Szigeth, dans le *Djewhairet,* p. 138, et réponse du grand-vizir.

[3] Lettre à Apafy. *Djewahiret,* p. 142.

Neutra, assiégée par des forces imposantes [1], avait été obligée de se rendre, et le comte de Souches menaçait Lewenz, après avoir battu Koutschouk Mohammed-Pascha sur les rives de la Gran près de Szent-Kereszt (Sainte-Croix) (7 mai 1664 — 11 schewal 1074). Houseïn, pascha d'Ujwar, le frère de Khalil, pascha d'Erlau, le reïs-efendi et le defterdar d'Ofen, qui s'étaient rendus à Neutra pour en solder la garnison, venaient d'évacuer la forteresse avec quatre cents cavaliers et deux cents hommes d'infanterie, emportant armes et bagages, et abandonnant au vainqueur quatre-vingts pièces de canon et une grande quantité de munitions de guerre; mais de Souches ne trouva pas de vivres dans la place, car la disette seule avait déterminé la reddition de Neutra [2].

[1] Seize mille hommes au dire des Turcs. Suivant le *Recueil périodique militaire d'Autriche*, 1828, p. 270, huit mille hommes seulement.

[2] Ortelius, p. 311. 1°. *Relation écrite au camp de Canizza; premier combat entre les Turcs et les Chrétiens, soutenu dernièrement par le comte de Souches, à la tête de ces derniers, contre plusieurs milliers de Tatares et de Turcs coalisés.* Mai 1664. 2°. *Relation de la première rencontre qui eut lieu en 1664 entre les Turcs, d'une part, et, de l'autre, les chrétiens et les Hongrois; comment M. le général de Souches a porté dans ce combat, comme tout récemment par le blocus de Nitria, un coup funeste aux Turcs, et leur a enseigné la marche de l'écrevisse;* suivie d'un *Historique de tous les Événemens remarquables survenus depuis au camp de Kanizza.* Mai 1664. (1°. *Ein Bericht von dem Canizzischen Lager, wie auch der Türken und Christen Treffen, so unlængst G. Souches mit denen bei etlich tausend zusammengezogenen Türken und Tataren vorgegangen.* Monath May 1664. 2°. *Relation von der ersten Türken rencontre des Jars mit den Christen und Ungarn, die ihnen H. General B. de Souches gleichwie zuvor in Bloquirung der Vestung Nitria, also nunmehr auch im Feld den ersten blutigen Streich versetzt und den Krebsgang gelehrt, samt fernerem Bericht, was seither im Lager zu Kanischa denkwürdiges passirt.* May 1664.

A l'instigation de Reninger, le grand-vizir consentit de nouveau à écrire de sa propre main au duc de Sagan, pour lui annoncer que, toujours disposé à conclure la paix, il marchait néanmoins à sa rencontre avec des soldats « aussi innombrables que » les flots de la mer¹. » A Vukovar, une lettre pressante de Houseïn, pascha de Kanischa, l'instruisit que cette ville assiégée et bombardée depuis la fin d'avril par Zriny, Hohenlohe² et Strozzi, tomberait au pouvoir de l'ennemi si elle n'était immédiatement secourue. Vers le milieu de mai (14 mai 1664 — 18 schewal 1074), le grand-vizir passa le pont d'Essek, et témoigna sa satisfaction aux beglerbegs de Bosnie et de Syrmie, pour le zèle dont ils avaient fait preuve dans la reconstruction du pont, et celle de la palanque de Darda. A Mohacz, il donna un habit d'honneur au fils du khan qui y tenait son quartier d'hiver; de Sziklos, il donna secrètement avis de son arrivée prochaine à la garnison de Kanischa. A Fünfkirchen, il visita les ruines des maisons incendiées lors du dernier siége. Au pont de Csaukal, à deux lieues de Szigeth, il eut une conférence avec Gourdji Mohammed-Pascha, gouverneur de cette ville, qui lui rendit compte de la situation de Kanischa³ (25 mai 1664 — 29 schewal 1074). A Szigeth, il fut reçu en grande pompe par le

---

¹ *Derya misal yer getürmez.*

² Rycaut désigne Hohenlohe sous le nom d'*Olach*, et Montecuccoli, t. II, p. 60, sous celui d'*Hollach*. Grassi, son annotateur, ajoute : *Altri leggono Hohenlohe*, comme s'il tenait pour défectueux le véritable nom. Rycaut transforme encore le nom de Souches en celui de *Susa* et de *Soise.*

³ Rycaut. Voir aussi les *Rapports* du pascha de Kanischa.

commandant Mohammed-Pascha, par le pascha de Poschega, Kaplan, et le beglerbeg d'Anatolie [1] (26 mai 1664 — 1ᵉʳ silkidé 1074); les gouverneurs de Morée, de Roumilie, de Nicopolis et d'Okhri, se joignirent à lui avec leurs contingens et mille fusiliers albanais. Dans un conseil de guerre tenu à Szigeth, on agita la question de savoir s'il convenait de s'emparer des palanques de Babocsa et de Berczencze (Pressnitz), qui interceptaient la route directe de Kanischa, ou de les tourner et d'entreprendre une marche plus pénible à travers les marais.

Ce fut le dernier avis qui prévalut; mais en même temps, les principaux chefs de l'armée hongroise, réunis de leur côté en conseil de guerre sous les remparts de Kanischa, et considérant que l'armée du grand-vizir s'élevait à plus de trente mille hommes, que les assiégeans atteignaient à peine la moitié de ce nombre, que d'ailleurs ils commençaient à manquer de vivres, et qu'enfin l'armée ottomane pouvait se jeter entre eux et Serinwar et marcher sur Pettau, Radkersbourg et Gratz, après avoir franchi la Mur,

---

[1] La meilleure relation du siége de Kanischa se trouve dans les *Annales militaires*, 1828, II, f. 6. Parmi les anciennes relations du même siége, on remarque : *Diarium und kurze Erzœhlung, wie die Belagerung der Festung Canischa den 17. (27) Aprilis begonnen, continuirt, und aus was erheblichen Ursachen dieselbe den 21 Mai (11 Junius) 1664 wieder aufgehoben worden, sodann wie der Türk die Vestung Neu Serinwar attaquiert und erobert; samt Anhang, begreifend unterschiedliche generale und particulare über die seithero bevorab den 1. und 2. Aug. 1664 bei Erobernny Levenz und Barkan, sodann bei dem blutigen Haupttreffen bei S. Gotthard an der Raab passirte actiones und Kriegshandlungen; mit einem Grundriss beider Lager. 1664.*

se décidèrent à lever le siége. L'armée impériale se replia donc avec toute son artillerie sur Neu-Serinwar [1]. Les palanques de Babocsa et de Berczencze, évacuées et incendiées par leurs garnisons, tombèrent d'elles-mêmes entre les mains des Turcs. A Babocsa, le grand-vizir fut rejoint par le grand-cafetier de la sultane Walidé qui lui apportait de sa part des coupes précieuses, une fourrure de zibeline et un poignard orné de pierreries. Ce fut à une lieue de Kanischa, au pont de Boghan, qu'il apprit le départ de l'armée ennemie (31 mai 1664 — 6 silkidé 1074) : il entra seul dans la forteresse, remit à son vaillant défenseur, Houseïn-Pascha, un kaftan garni de zibeline et un poignard enrichi de brillans ; il distribua aussi des kaftans aux officiers et sept bourses aux soldats blessés pendant le siége. Sans perdre de temps, il se mit à poursuivre l'armée impériale qui, par sa retraite forcée sur la rive droite de la Mur, donna au grand-vizir un triple avantage, puisqu'elle le laissa en possession d'une forêt où il devait trouver un abri naturel, d'une hauteur d'où il pouvait facilement bombarder Serinwar, et enfin de routes frayées jusqu'à la forteresse. Serinwar, en ce moment la pomme de discorde entre les deux nations, avait été élevée pour servir de tête au pont jeté sur la Mur, contrairement au traité et aux intentions de l'empereur, qui appréhendait de fournir par là aux Turcs des griefs contre

---

[1] Voyez la *Relation* détaillée du siége, dans Ortelius, p. 518; dans Montecuccoli, t. II, p. 62; dans Rycaut, p. 151.

lui. Cette place n'avait ni flancs, ni fossés, ni chemins couverts; elle était dans un emplacement défavorable, dominée par une hauteur, ouverte de deux côtés où les remparts ne s'étendaient pas jusqu'à la rivière; sa mauvaise construction nécessitait une surveillance extrêmement pénible de la part d'une garnison peu nombreuse ; en un mot, Serinwar était si peu propre à devenir une place de guerre que, dans le principe, on l'avait surnommée étable à moutons [1]. Déjà, à la cour impériale et en conseil de guerre, il avait été décidé que ce fort serait rasé et remplacé par un autre lorsque, les hostilités venant à éclater, on fut obligé de recourir au plus vite à l'art des fortifications, pour mettre Serinwar en bon état de défense. Fossés, puits, mines et contre-mines, blindes, flancs couverts, retirades, passages souterrains, galions, batteries, grenades à mains, bombes, artifices, rien ne fut épargné pour ajouter aux moyens de défense de la place.

A peine l'armée ottomane fut-elle arrivée sous les murs de Serinwar, que le passage de la Mur fut résolu : trois cents janissaires et autant de seghbans reçurent l'ordre de traverser le fleuve sur des radeaux construits à cet effet. La moitié de ce détachement venait de débarquer dans l'île de la Mur et de se retrancher, lorsque le comte Strozzi fondit sur elle (6 juin 1664) l'épée à la main, à la tête de cent cinquante mousquetaires, l'extermina entièrement et brisa deux autres radeaux à bord desquels se trouvaient qua-

---

[1] *Ovile.* Montecuccoli, t. II, p. 64, et *Soubdet*, f. 55, ne la nomment pas autrement que *Batak Kalaa*, c'est-à-dire *le Château du marais*.

tre cents janissaires; tous périrent dans les flots. Déjà Strozzi jouissait de son triomphe, lorsqu'il tomba frappé d'une balle. La nouvelle de sa mort précipita l'arrivée au camp du feld-maréchal Montecuccoli, qui prit six jours après le commandement supérieur de l'armée, et sur qui reposa désormais le soin de protéger Serinwvar et de défendre le passage de la Mur. Les troupes autrichiennes embrassaient l'espace compris entre le confluent de la Mur et de la Drave, et le point opposé à la forteresse de Serinwar assise sur la rive gauche de la Drave; le terrain qui s'étendait depuis là jusqu'à Kotory était occupé par les confédérés impériaux sous les ordres de Hohenlohe; enfin, à partir de Kotory et en remontant, campaient les heiduques et les hussards, commandés par Zriny, Bathyany et Nadasdy (22 et 23 juin 1664).

Le siége continuait, et la nature du terrain détrempé par les pluies et devenu trop glissant pour que les assiégés pussent gravir la hauteur, au sommet de laquelle étaient disposées les batteries de l'ennemi, fit échouer deux sorties successives. Quelqu'un proposa alors de surprendre les derrières des assiégeans; mais, pour mettre ce plan à exécution, il fallait deux fois traverser la Drave, d'abord au lieu de sa réunion à la Mur, et ensuite près de Dernis au-dessous de son confluent. Il fallait en même temps dégarnir les bords de la Mur; ce projet fut donc rejeté comme dangereux et inexécutable, et l'on résolut d'attendre les troupes confédérées d'Allemagne et de France qui marchaient au secours des assiégés, les premières sous les ordres de

Léopold, margrave de Bade, et les secondes sous ceux du comte de Coligny. Un assaut impétueux (29 juin 1664) dirigé sur la demi-lune de Serinwar fut repoussé par les assiégés, et une nouvelle tentative des Ottomans pour traverser la Mur échoua comme la précédente. Deux jours après, les assiégeans avaient gagné tant de terrain que le feu de la place ne pouvait plus les atteindre; les palissades furent incendiées, et les officiers Avancourt[1], Tasso, Buttler et Rossi écrivirent au général en chef que, dans l'impossibilité de tenir plus long-temps, ils se disposaient à retirer les postes des fossés sans attendre que l'ennemi les forçât de les abandonner. Montecuccoli leur donna l'ordre de brûler les ouvrages en bois, de faire sauter les mines et de se retirer au-delà du pont, aussitôt que le ravelin ne serait plus tenable. Cependant, Tasso crut pouvoir se maintenir jusqu'au lendemain; mais ce jour-là même les assiégeans assaillirent la place avec tant de fureur, que les défenseurs de Serinwar perdirent courage, et prirent la fuite dans le plus grand désordre sans détruire les ponts ni brûler les fortifications. Onze cents Hongrois furent taillés en pièces ou noyés dans la Mur[2]. Dans cette journée, périrent, entre autres, le

---

[1] *Avangour*, suivant Montecuccoli; *Bemberg* sans doute n'est autre que Lamberg.

[2] Montecuccoli ne porte qu'à huit cents le nombre des morts; mais, d'après le *Djewahiret*, p. 169, ce nombre s'élève à onze cents; et cette dernière assertion est confirmée par celle de Reninger, qui dit : « Onze cents têtes furent déposées devant la tente du grand-vizir, et sur treize prisonniers vivans, sept furent massacrés. » Ortelius, p. 350.

lieutenant-général comte Thurn et nombre d'officiers (29 juin 1664 — 5 silhidjé 1074)[1].

Pendant le siége, le nouveau favori du Sultan, Yousouf, était arrivé au camp porteur d'une lettre impériale, d'une fourrure et d'un poignard d'honneur. Le grand-vizir reconnut cette nouvelle faveur par un don de vingt bourses d'or qu'il fit à Yousouf, et un envoi de douze cent têtes qu'il adressa au Sultan, à titre de présent.

Trois mortiers, six faucons et une coulevrine, trouvés à Serinwar, furent envoyés à Kanischa, et, sept jours après, les Turcs firent sauter et rasèrent le fort (7 juillet 1664), en signe de mépris pour le fondateur et les défenseurs de la place. Pendant le siége, les paschas de Nicopolis, d'Awlona et d'Okhri avaient rejoint l'armée. Le beglerbeg de Silistra, Houseïn-Pascha, et celui de Meràsch, Moustafa-Pascha, reçurent l'ordre de marcher sur Ofen avec les vingt canons laissés à Essek, et des munitions en quantité suffisante. Quant au grand-vizir, il se proposait de marcher sur la Raab[2], et de gagner ainsi le point

---

[1] Voyez la *Relation* du siége et de la prise de Serinwar. Raschid, I, f. 19. Les *Annales militaires* de 1828, II, p. 20, auxquelles est joint un *fac-simile* du plan original qui accompagnait le *Rapport* adressé à l'empereur par Montecuccoli; et trois relations intitulées : 1º *Diarium anni 1654 a die 20 Junii ad 5 Julii in castris ad Uli-Zrinvar.* 2º *Copia Schreiben I. Ex. H. G. v. Serin an die gratzischen Geheimen Regenten aus Czakathurn 30. Juni, wegen Verlust von Neu Serinwar 1664.* 3º *Relation von 1664, wasmassen die Türken das Fort Neu Serinwar demolirt und gesprengt. 1664.*

[2] *Djewahiret*, p. 172. Cette version est la seule vraie des trois qui ont été émises par Montecuccoli, II. p. 65 : *Porre assedio a Giovarino.*

de ralliement fixé à Stouhlweissenbourg. Cinq jours après (12 juillet 1664 — 18 silhidjé 1074), il quitta un matin les bords de la Mur et alla camper le soir à Kanischa [1]. De là, il fit adresser une sommation au fort du Petit-Komorn, et, bien que le commandant de cette place réclamât, avant de se rendre, la vie sauve pour lui et pour les siens et le droit d'emporter tous les bagages, il n'obtint que le premier objet de sa demande, et un seul chariot fut mis à sa disposition.

« N'avez vous pas dépouillé au milieu de l'hiver » et chassé sans pitié les défenseurs de Babocsa et de » Berczencze? Quel droit avez-vous donc à des mé- » nagemens?[2] » dit le grand-vizir au négociateur. La garnison eût été heureusement inspirée de rester au Petit-Komorn après une pareille déclaration; car, malgré la foi jurée, elle fut égorgée au sortir de la place. Quatre canons et deux cents quintaux de poudre tombèrent aux mains des Turcs, qui, après avoir fait sauter le fort (18 juillet — 24 silhidjé), revinrent camper auprès du ruisseau de Kanischa, et, deux jours après, sur les bords du lac Balaton [2]. Kaplan-Pascha, envoyé en reconnaissance dans la direction d'Egerszeg, manda au grand-vizir que la garnison de ce château était sur le point de le brûler. Ismaïl-Pascha, gouverneur de Bosnie, partit aussitôt et eut beaucoup de peine à arracher aux flammes neuf canons et trente prison-

---

[1] Montecuccoli, II, p. 73. Le *Djewahiret* dit avec raison que ce fut un dimanche (18 silhidjé), car le 12 juillet était un dimanche.

[2] Voir la sommation et la réponse dans le *Djewahiret*, p. 173.

niers musulmans que, dans la précipitation de sa fuite, la garnison avait oubliés dans le fort (21 juillet — 27 silhidjé).

Le quartier-maître Houseïn-Pascha alla assiéger, avec deux escadrons de seghbans crétois et mille Albanais, Beleske qu'il incendia, et dont la garnison se retrancha dans une église, où elle se défendit vingt-quatre heures avec le courage du désespoir; mais enfin, les Ottomans mirent le feu à l'édifice et elle périt sous les décombres. Le sandjakbeg de Doukaghin fut tué avec un grand nombre de seghbans à la prise de Beleske. Les palanques d'Egerwar et de Kemendwar, l'une située entre des marais, l'autre sur une hauteur, repoussèrent d'abord les sommations qui leur furent adressées par les Turcs; mais, dans l'impossibilité de résister, elles arborèrent le drapeau blanc, et leurs garnisons obtinrent la vie sauve : toutes furent rasées par le vainqueur (27 juillet — 3 moharrem)[1]. Il en fut de même de Kapornak que ses habitans avaient abandonné. D'Egerwar, les Turcs se firent conduire aux bords de la Raab, sur lesquels ils campèrent en face de Kœrmend. Gourdji, Ismaïl et Kaplan, qui commandaient l'avant-garde, tombèrent dans leur marche sur une embuscade ennemie qu'ils défirent et rapportèrent deux cents têtes. Mais les Turcs essayèrent vainement d'effectuer en cet endroit

---

[1] Le *Djewahiret* dit, p. 176, que les palanques suivantes dépendaient d'Egerszeg : Beleschke (Beleske) à une distance de deux lieues, Kapornak à quatre lieues, Saint-Gotthard à quatre lieues, Berwar à quatre lieues, Egerwar à une lieue, Kemendwar à deux lieues.

le passage de la Raab, car l'armée de Montecuccoli, renforcée des troupes françaises et impériales, était déjà sur l'autre rive du fleuve, et s'opposait à ce passage comme tout récemment elle s'était opposée à celui de la Mur. Leurs tentatives furent donc repoussées par Montecuccoli et le comte de Coligny; les gentilshommes français saisirent avec transport l'occasion qui s'offrait à eux de déployer leur bravoure contre les Ottomans. L'adjudant-général Châteauneuf et le chevalier de Saint-Aignan furent tués dans ce combat, l'un sur le pont-levis, l'autre sur le rivage; le comte de Sault et le marquis de Troiville furent grièvement blessés [1].

Pendant le siége de Serinwar, le comte de Souches avait suivi Ali-Pascha, qui, avec une armée forte de vingt à trente mille hommes, s'était dirigé de Neuhæusel aux environs de Lewenz à Saint-Bénédict, où il l'avait attaqué et défait avec douze mille hommes : les Tatares et les Moldaves avaient été les premiers à s'enfuir[2], et le reste de l'armée les avait suivis de près [II]. Toute l'artillerie et tous les bagages avaient été la proie du vainqueur; les cadavres de six mille Ottomans et celui de leur chef, Ali-Pascha, avaient jonché le sol; on n'avait fait que trois prisonniers, et un corps de cinq cents janissaires, sé-

---

[1] Ortelius, p. 235. Montecuccoli, II, p. 75. Le *Djewahiret* seul indique les haltes du grand-vizir pendant son trajet de Serinwar à Kœrmend.

[2] Le *Djewahiret* repousse ici, p. 191, tout secours des infidèles, et rappelle le précepte du Prophète : *La tetakhadou el kafriné ewliae min dounel-moumininé*, c'est-à-dire : « Ne choisissez pas pour amis les infidèles, mais bien les vrais croyans. »

paré du reste de l'armée, avait été taillé en pièces. De Souches avait poursuivi l'ennemi jusqu'à Parkany dont il s'était emparé¹.

Après la chute de Serinwar, Montecuccoli, ne pouvant pressentir si l'ennemi marcherait sur la ville de Raab ou se dirigerait en droite ligne sur le fleuve du même nom, avait pris le parti de traverser la Mur (16 juillet 1664) à Neuhof, afin d'opérer sa jonction avec les auxiliaires allemands et français, et de protéger les frontières de l'Autriche sur la rive droite de la Raab, comme naguère celles de la Styrie sur la rive gauche de la Mur. Heureusement il arriva à Kœrmend comme le grand-vizir débouchait sur la rive opposée (26 juillet — 2 moharrem). Après avoir tenté inutilement de traverser le fleuve et vainement canonné la ville, les Turcs se résignèrent à suivre la rive droite du fleuve, tandis que Montecuccoli marchait sur la rive gauche. A Kœrmend, le grand-vizir reçut une réponse du duc de Sagan, prince de Lobkowitz, à la dépêche qu'il lui avait adressée lors de son départ ; soit que cette réponse eût été antidatée, soit que les circonstances de la guerre eussent retardé son arrivée, elle datait environ d'un mois. Le résident impérial Reninger et l'interprète Panajotti se trouvaient au camp du grand-vizir², où l'un était pri-

---

¹ *Recueil militaire*, 1828, II, p. 140-143. Rycaut donne les discours du comte de Souches et celui d'Houseïn-Pascha, et Ortelius la *Relation* de Souches, p. 331-354. C'est, d'après cette relation, que les *Annales militaires autrichiennes* ont décrit cette expédition. 1818, 1ᵉʳ cahier, p. 117.

² Il s'était rendu d'Essek à Siklos, à Szigeth, Babofcze, Berczencze,

sonnier et confié à la garde des janissaires, et l'autre remplissait volontairement les fonctions d'interprète. Là Reninger eut la douleur de voir de ses propres yeux les villages incendiés, les femmes et les enfans traînés en esclavage et traités comme de vils animaux, les têtes de ses compatriotes accumulées devant la tente du grand-vizir, qui payait chacune trois écus. Pendant toute la marche, ce fut le renégat hongrois Garba, alaïbeg de Kanischa, qui servit de guide à l'armée ottomane. A la hauteur de Czakan, située ainsi que Kœrmend sur la rive gauche de la Raab, l'avant-garde des Turcs chercha de nouveau à traverser le fleuve (29 juillet — 5 moharrem); mais ses efforts échouèrent encore une fois contre la bravoure des Impériaux. Deux jours après, les deux armées étaient en présence près du village de Saint-Gotthard, situé sur la rive droite de la Raab; celle du grand-vizir était campée du côté de Saint-Gotthard, et la Raab la séparait des Impériaux. Montecuccoli se prépara à la bataille désormais inévitable qui allait fixer le sort de la guerre, et rendit un ordre du jour divisé en quatorze points, qui réglait à la fois l'ordre dans lequel devaient se ranger l'infanterie et la cavalerie, la hauteur et la profondeur des lignes, la répartition de la cavalerie légère et de la grosse cavalerie, l'ordre de la marche et la disposition des bagages [1]. Pendant ces

---

Serinwar, Segesd, Petit-Komorn, Beleczke, Egerwar, Kœrmend. *Relation de Reninger*, datée du camp de Saint-Gotthard, août 1664.

[1] *Punti da osservarsi della battaglia, publicati a di trenta di Luglio* 1664.

préparatifs, une lettre du duc de Sagan, conçue en termes généraux, fournit au grand-vizir l'occasion d'entamer avec le résident impérial une quatrième négociation, semblable sur tous les points à celles qui avaient eu lieu précédemment à Belgrade, à Essek et à Ofen. Reninger fut donc mandé sous la tente du grand-vizir qui, pour ne donner aucun soupçon à ses troupes, avait appelé à cette réunion tous les chefs de l'armée; lui-même se tint caché derrière une tapisserie. Les vizirs et beglerbegs, gouverneurs d'Ofen, de Haleb, de Damas, de Roumilie, d'Anatolie, l'aga des janissaires, celui des sipahis, le kiayabeg et le reïs-efendi, ouvrirent la conférence. Reninger commença par demander, au nom de l'Empereur, la démolition de Szekelhyd et celle de Saint-Job; à cette proposition, tous les chefs musulmans partirent d'un éclat de rire; lorsqu'il réclama en outre la cession de Neuhæusel, ils lui demandèrent en riant s'il avait jamais entendu dire que les Ottomans eussent cédé volontairement une conquête aux chrétiens. Enfin, lorsqu'il proposa d'élever une forteresse aux bords de la Waag, entre Neutra et Guta, pour mettre un terme aux incursions des Ottomans, Ismaïl-Pascha, gouverneur d'Ofen, et l'aga des janissaires, se levèrent pour aller soumettre ces conditions au grand-vizir. Ce dernier parut alors au milieu de l'assemblée et posa son ultimatum au résident impérial. Il lui déclara que la cession de Neuhæusel, la démolition de Szekelhyd et celle de Saint-Job étaient également impossibles; que l'élévation d'une forteresse sur la rive droite de la Waag pourrait être accordée, mais dans le cas seulement où l'empereur s'engagerait à ne pas reconstruire Komorn et Neu-Serinwar. Il ne pouvait rien promettre, ajouta-t-il, à l'égard de Neutra, car tout dépendait de la résistance de cette ville. Pour Babocsa et Berczencze, dont le résident avait demandé la non réédification, il répondit que ces deux villes, enfoncées dans les terres, ne pouvaient entrer en parallèle avec le Petit-Komorn et Serinwar, immédiatement situés aux portes de Kanischa. Quant à renouveler la paix de Sitvatorok, il ne voulut pas en entendre parler; un autre traité devait être conclu sur les nouvelles bases que venait d'établir la victoire des armes ottomanes. Ainsi fut congédié Reninger : le lendemain (31 juillet — 7 moharrem), il écrivit son rapport à la cour de Vienne, et le soir, au moment où partait le courrier, l'avant-garde turque franchit la Raab [1].

Sur les frontières de la Hongrie et de la Styrie, au confluent de la Raab et de la Laufnitz qui sert de limite à ces deux pays, s'élève, non loin de la Raab, le couvent de Saint-Gotthard, habité par des religieux de l'ordre de Cîteaux, et célèbre à jamais dans l'histoire par la grande bataille qui fut livrée sur la rive gauche du fleuve, et à laquelle il a donné son nom (1er août 1664). La Raab coupe une vallée fertile bornée des deux côtés par de petites collines, et dont la largeur sur la rive gauche (où se livra la bataille)

---

[1] *Rapport* de Reninger au camp de Saint-Gotthard.

n'excède pas deux mille pas[1]. A une lieue au-dessus de Saint-Gotthard et sur la rive droite, on découvre le village de Seming, et entre deux est situé le chétif village de Windischdorf, qui alors était désigné sous le nom hongrois de Ciasfalou[2]; en face et sur la rive gauche s'élève Moggersdorf, qui fut, à proprement parler, le centre de l'action. A l'est, la plaine de la Raab est bornée par les hauteurs de Saint-Gotthard; mais, à l'ouest, la vue s'étend au loin jusqu'à la crête de Hainfeld et celle de Gleichenberg, sentinelles avancées des Alpes de la Haute-Styrie, dont les lignes bleues apparaissent à l'horizon. Sur la rive droite de la Raab campait l'armée ottomane, sur la rive gauche, l'armée impériale. Les tentes du grand-vizir s'élevaient sur la colline qui domine Windischdorf; celles des Impériaux étaient dressées en face, au pied des collines. En cet endroit, la Raab n'a pas plus de dix ou quinze pas de large, c'est-à-dire, la moitié moins qu'à son confluent avec la Laufnitz, dont le volume d'eau est à peu près égal au sien. Entre Moggersdorf et Windischdorf, la Raab décrit sur sa rive droite[3] une

[1] J'ai visité deux fois le champ de bataille de Saint-Gotthard, et notamment le 17 octobre 1828 pour la seconde fois. Des bords de la Raab à la chapelle de Moggersdorf, on compte quinze cents pas, et de cette chapelle au pied de la hauteur, sept cents : la colline a environ mille pas d'élévation.

[2] Rycaut dans Knolles, II, p. 156. Ce village ne figure pas au plan des *Annales militaires; Moggersdorf* y est désigné sous le nom de *Magersdorf*, et *Seming* sous celui de *Zaming*.

[3] *Dove l'acqua non più di dieci in dodici passi larga con tortuoso corso formava un angolo verso lui (il Vesiro) rientrante ed avantaggioso.*

courbe rentrante, et sur sa rive gauche une courbe saillante, sinuosité qui facilitait à l'armée turque le passage du fleuve, car le feu croisé de l'ennemi se trouvait ainsi masqué par le rivage qui se recourbait des deux côtés à partir du point le plus extérieur de l'arc.

Cette double sinuosité correspondait justement au centre du camp impérial ; dans la nuit qui précéda la bataille, le grand-vizir avait fait amener sur ce point quinze pièces de campagne : quelques autres avaient été également disposées sur la hauteur qui dominait la plaine, et devaient protéger le passage de l'armée turque. Les troupes de l'empire, qui formaient le centre de l'armée chrétienne, montrèrent dans cette circonstance une telle incurie que le mouvement des Turcs leur échappa entièrement. Ceux-ci commencèrent à effectuer leur passage et à se retrancher sur la rive gauche du fleuve. Le lendemain (1er août 1664 — 8 moharrem 1075), à neuf heures du matin, le grand-vizir se dirigea avec ses troupes vers le gué qui se trouve au milieu de la courbe. Ismaïl-Pascha et trois cents sipahis passèrent les premiers, ayant chacun un janissaire en croupe. Ces derniers se retranchèrent aussitôt à Moggersdorf. Les troupes allemandes dont se composait le corps de bataille (car les Impériaux formaient l'aile droite et les Français l'aile gauche), placées vis-à-vis la courbe rentrante, plièrent au premier choc, et s'enfuirent dans un tel désordre que le comte de Waldeck mit l'épée dans les reins à plusieurs officiers, et que bien peu écoutèrent la voix du prince de Holstein [1], qui avait voulu partager le commandement de la cavalerie avec le comte de Waldeck. Le général d'artillerie Fugger tomba frappé d'une balle ; le margrave de Durlach n'échappa à la mort qu'avec beaucoup de peine ; le margrave de Sulzbach ne put déterminer le régiment de Schmid à marcher sur l'ennemi ; le bataillon de Nassau fut taillé en pièces, Nassau lui-même fut tué et Schmid blessé dans l'action. Les Turcs, en possession de Moggersdorf, n'étaient pas à une portée de pistolet des tentes allemandes et de celles du margrave de Bade. Déjà les Ottomans se considéraient comme vainqueurs, lorsque les ailes de l'armée impériale relevèrent la bataille. A la tête de son régiment, le prince Charles de Lorraine, préludant à ses exploits futurs, tua de sa propre main le commandant de la garde personnelle du grand-vizir, et les Ottomans furent repoussés dans l'arc décrit par la Raab. Moggersdorf fut repris et brûlé : tout le poids de l'attaque porta sur le centre de l'armée chrétienne. Montecuccoli, abandonnant l'aile droite, vola au secours de ses alliés avec les régimens de Sparr, de Tasso, de Lorraine et de Schneidau, prit les Turcs en flanc et les força à repasser le fleuve. Les janissaires, qui s'étaient jetés dans les maisons du village, poussèrent la fermeté au point de se laisser consumer par les flammes plutôt que de se rendre [2]. Comme cependant

[1] Voir Ortelius, p. 538, le *Mémoire* de Rinteln et la *Relation* de Montecuccoli dans les *Annales militaires*. 1818, cahier XV, p. 559.
[2] *Ostinazione degna di riflesssione e d'ammirazione.*

l'armée turque continuait à passer le fleuve, Montecuccoli envoya dire au comte de Coligny, général des troupes françaises, que le moment était venu de lui prêter main forte. Ce dernier lui envoya aussitôt mille hommes d'infanterie et quatre escadrons de cavalerie, commandés par le duc de La Feuillade et Beauvezé. Les régimens d'infanterie impériale Spick [1] et Pio, et le régiment de cavalerie Rappach, qui marchaient à leur suite, rétablirent la bataille. Lorsque Kœprilü vit arriver les Français sous les ordres de La Feuillade, il s'écria à l'aspect de leurs perruques poudrées : « Quelles sont ces jeunes filles? » Mais les jeunes filles dont il parlait, sans se laisser intimider par le formidable cri d'*Allah!* s'élancèrent sur les Turcs en criant à leur tour : *Allons! allons! tue! tue!* [2] Ceux des janissaires qui eurent le bonheur d'échapper au carnage se rappelaient encore, après de longues années, ce cri: *Allons! allons! tue! tue!* et le nom de *Fouladi* (l'homme d'acier), sous lequel ils désignaient le duc de La Feuillade [3].

Enfin, vers midi, les Ottomans firent mine de vouloir attaquer les ailes de l'armée ennemie : quatre grands corps de cavalerie irrégulière passèrent la Raab et fondirent sur l'aile droite (les troupes impériales);

---

[1] Et non Spilik, comme dans Montecuccoli.

[2] Du Vigneau, p. 115.

[3] Du Vigneau, *État présent de l'empire ottoman*, p. 117. Cette dénomination est la meilleure réponse à la critique de Senkovski, suivant lequel *Fouladi* (l'homme d'acier) ne serait pas un surnom comme *Foulad*, acier. *Nouveau Journal asiatique*, t. II, p. 59.

trois entamèrent l'aile gauche (les troupes françaises) ; en même temps, trois grandes masses de cavalerie régulière se groupèrent en-deçà de la Raab et en face du corps de bataille, pour assaillir les troupes de la confédération allemande, tandis que les janissaires se retranchaient aux bords du fleuve. Ces divers mouvemens facilitent à un autre corps de cavalerie turque le passage de la Raab à une demi-lieue au-dessus de l'endroit où le terrain est le plus vivement disputé ; un cinquième corps se dispose à franchir la rivière au-dessous, en sorte que l'armée impériale court le danger imminent de se voir prise entre deux feux. A l'aile droite, les régimens de cavalerie Spork et Montecuccoli ; à l'aile gauche, les Français se précipitent pour arrêter le passage des Turcs ; au centre, Montecuccoli, entouré de tous les généraux, arrête le plan d'une attaque générale. Déjà quelques-uns songeaient à battre en retraite, déjà les Français et les troupes de l'Empire avaient plié bagages, lorsque le général en chef leur démontre qu'une attaque prompte et en masse est désormais leur seul moyen de salut. Vaincre ou mourir, tel fut le mot d'ordre donné par Montecuccoli aux chefs de l'armée, et par ceux-ci aux troupes qu'ils commandaient. Le général de cavalerie, Jean Spork, qui ne savait ni lire ni écrire, mais que son héroïque bravoure faisait comparer à l'Ajax d'Homère [1], se

---

[1] Voir ce qui est relatif au comte Jean de Spork dans les *Annales militaires*, 1820, cahier VIII, p. 211. Devenu comte et ayant beaucoup de peine à écrire son nom, il signait toujours *Spork comte* au lieu de *comte Spork*, car, disait-il, il avait été Spork avant d'être comte.

prosterna à terre la tête nue et dit à haute voix : « Puis-
» sant généralissime qui es là-haut, si tu ne veux pas
» secourir en ce jour les chrétiens, tes enfans, du
» moins ne viens pas en aide à ces chiens d'Ottomans,
» et tout à l'heure tu riras bien. »

Aussitôt on sonna la charge. Une immense acclamation s'éleva des rangs impériaux, et déconcerta les Turcs habitués eux-mêmes à terrifier l'ennemi en criant *Allah!* [1] A l'aile droite, étaient placés les régimens de Spick, de Pio, de Tasso, de Schneidau, de Lorraine et de Rappach ; à l'aile gauche les Français, et au centre les troupes allemandes. Toute cette ligne, repliée en forme de croissant, attaque simultanément l'armée ennemie et la refoule dans la demi-lune formée par la courbe du fleuve. Janissaires, sipahis, Albanais sont précipités pêle-mêle dans les flots de la Raab. Plus de dix mille Turcs sont tués ou noyés, et dans ce nombre le gouverneur de Bosnie, Ismaïl-Pascha [III], beau-frère du Sultan, l'aga des janissaires, celui des sipahis, trente agas et l'écuyer du grand-vizir, enfin l'alaïbeg de Kanischa, Fethibegzadé [2], ce Garba, ce renégat hongrois, qui avait conduit l'armée turque à sa ruine et qui devait y être enveloppé. Le carnage dura jusqu'à quatre heures du soir. Trente mille cavaliers qui, sur l'autre bord du fleuve, étaient restés paisibles spectateurs du combat, prirent la fuite, abandonnant les quinze canons mis en batterie sur

---

[1] *Alla foggia dei barbari coll' arte loro deluzi.* Montecuccoli, p. 85.

[2] Le *Rapport* de Reninger est d'accord sur ce point avec le *Djewahiret*, p. 190.

cette rive par ordre du grand-vizir. Ces canons et quarante drapeaux furent les trophées de la bataille. Les chrétiens recueillirent aussi une abondante moisson de harnais d'or et d'argent, de sabres et de poignards ornés de pierreries, de vêtemens et de coupes somptueuses, précieux souvenirs de la victoire. Le lendemain matin, Montecuccoli rendit grâces au Dieu des armées et à la Vierge sainte, et fit chanter solennellement l'hymne : *Seigneur, nous te louons!* au lieu même où fut élevée la chapelle qui subsiste encore aujourd'hui, en commémoration de la victoire la plus signalée [IV] que les troupes chrétiennes eussent remportée sur les Turcs depuis trois cents ans; et si le champ de bataille où les Serviens et les Hongrois furent vaincus par l'armée ottomane, trois cents années auparavant [V], a été appelé *la défaite des Serviens*, la plaine de Saint-Gotthard, aux bords de la Raab, peut bien aussi à juste titre être surnommée *la déroute des Turcs*; il faut remarquer également que le nom de la mère de Dieu fut mêlé à chacune des deux actions. La chapelle de Mariazell a été fondée après l'échec essuyé par les Turcs sur les rives de la Marizza, et Montecuccoli remercia la sainte Vierge après la victoire de Saint-Gotthard [1]. C'est de la bataille de Keretztes que datent les séditions et les troubles intérieurs qui hâtèrent la décadence de l'empire ottoman, et c'est après la bataille de la Raab que s'ouvrit cette guerre contre Venise, la Pologne, la

---

[1] *Dalla implorata intercessione della sanctissima vergine sollecitata.* Montecuccoli, p. 88.

Russie, reprise et continuée dix-sept ans contre l'Autriche, et à laquelle mit un terme la paix de Carlowitz qui marqua le dépérissement de l'empire ottoman. Cette bataille mémorable, sinon par le nombre des morts et par ses résultats, car la paix qui s'ensuivit ne changea presque rien à la face des affaires, mais parce qu'elle mit un terme aux succès des Turcs contre les chrétiens, fut livrée le 1er août, c'est-à-dire, le même jour que les deux célèbres batailles navales d'Actium et d'Aboukir.

Après sa défaite, le grand-vizir était venu camper à Vasvar ou Eisenbourg où il signa, le 10 août 1664, un traité de paix en dix articles; trois jours après, les expéditions de ce traité furent mystérieusement échangés [1] en attendant que sa ratification par l'Empereur terminât les hostilités. Cette paix n'était rien moins qu'un renouvellement de celle de Sitvatorok, dont le grand-vizir n'avait pas voulu entendre parler. La Transylvanie devait être évacuée aussi bien par les troupes impériales que par celles de la Porte. Apafy, reconnu en qualité de prince de Transylvanie par l'Empereur et par le Sultan, devait payer à ce dernier le tribut habituel. Quant aux sept palatinats hongrois compris entre la Theiss et la Transylvanie, il devait en revenir trois à l'Empereur, et la Porte s'en réservait quatre enlevés à Rakoczy. Novigrad et Neuhæusel restaient entre les mains du Sultan, et Szekelhyd au pouvoir de l'empereur. Ce dernier était

---

[1] Au camp situé non lon de Marzelli, 14 août. *Rapport* de Reninger. Le kiaya seul avait été mis dans la confidence de cette paix.

libre de fortifier en retour Lewenz, Schinta, Guta, Neutra, et d'élever une forteresse sur la Waag entre ces deux dernières villes. Les habitans du pays qui s'étend sur les rives de la Gran et de la Waag, depuis Neutra jusqu'à la March, et les heiduques libres ne devaient pas être forcés de reconnaître la souveraineté ottomane, et les incursions devaient cesser de part et d'autre. Il était défendu à l'Autriche de relever Neu-Serinwar, et la paix devait être ratifiée par un échange d'ambassadeurs et de présens dont la valeur serait au moins de deux cent mille florins [1]. Toutes les clauses des précédens traités qui n'étaient point abrogées par celui de Vasvar continuaient d'être obligatoires. En résumé et malgré la brillante victoire de Saint-Gotthard, cette paix fut beaucoup plus avantageuse à la Porte qu'à l'Autriche, car elle enlevait à cette dernière puissance non seulement Serinwar, objet de la guerre, mais l'importante forteresse d'Ujwar, une des clefs du royaume de Hongrie.

Le grand-vizir s'était porté à Neuhæusel d'où il comptait se diriger sur Neutra, lorsqu'il reçut de Vienne la ratification du traité (27 septembre 1664); force lui fut de ramener ses troupes dans leurs quartiers d'hiver. Reninger [2], qui lui remit en audience

---

[1] En latin *florini*, en turc *karagrousch*; cette monnaie valait trente ou quarante aspres de moins qu'un *reischsthaler* ou *beyazgrousch*. Le *grousch* noir des Turcs avait donc la valeur d'un florin : le *grousch* blanc équivalait au thaler. *Rapport* de Reninger du 15 août 1664, daté du camp de Weitzen.

[2] *Rapport* de Reninger en date du 1er octobre 1664 sur cette audience solennelle, et *Traduzione della ratificazione di S. Maometto IV, della*

solennelle une expédition du traité approuvée par l'Empereur, reçut en présent une fourrure d'honneur et un cheval richement harnaché [1]. Ce fut le kapidji Yousouf qui porta à Vienne, accompagné d'une suite nombreuse, l'autre copie du traité également ratifiée par le Sultan [2].

Vers la fin d'octobre, le grand-vizir leva le camp, et établit son quartier d'hiver à Belgrade (22 octobre 1664 — 1ᵉʳ rebioul-akhir 1075). Le fils du tatar-khan reçut une fourrure de zibeline, un sabre et un carquois d'or. Les Tatares avaient rendu de grands services à l'armée ottomane, surtout pendant le trajet de Saint-Gotthard à Stouhlweissenbourg, où ils avaient attelé plusieurs centaines de chevaux aux canons, sur le point de rester enfouis dans les marais. Le grand-vizir leur fit distribuer deux mille écus au lion. D'Ofen, la tête du beglerbeg d'Adana, Tschatrapatraoghli Ali-Pascha, fut envoyée à Constantinople; le gouverne-

---

pace fatta nel campo turco a Vasvar 10 Agosto, et dans l'*Inscha* du reïs-efendi Mohammed, nº 6.

[1] Montecuccoli l'appelle *Reiniger*, et l'historien de Kœprilü Ahmed, l'auteur du *Djewahiret*, lui donne même, p. 193, le nom de *Doukagin!*

[2] Raschid, f. 22. Il transcrit également les deux expéditions du traité ratifiées par l'empereur (f. 22) et par la Porte (f. 23); mais il faut en chercher les articles dans l'*Inscha* du reïs-efendi Mohammed. On trouve aussi dans Raschid, f. 21, la lettre adressée à l'empereur par Reninger au sujet de la signature du traité par le grand-vizir. Cette lettre figure pareillement dans le *Djewahiret*, p. 186, avec un traité de paix en dix articles, non pas celui qui fut signé à Vasvar, mais un autre qui fut proposé par Reninger avant la bataille de Saint-Gotthard, et que le *Djewahiret* désigne à tort comme ayant été accepté avant cette bataille. Les neuf articles de la paix de Vasvar donnés par Rycaut, p. 160, ne sont pas exacts. C'est Dumont qui nous en a transmis le véritable texte.

ment de cette ville fut confié à Gourdji Mohammed-Pascha, et celui de Haleb à son prédécesseur Houseïn.

Lorsqu'on apprit à Andrinople que le grand-vizir était aux bords de la Raab, le Sultan décida que la ville serait illuminée pendant une semaine; mais le troisième jour, on apprit la défaite de Saint-Gotthard, qui mit un terme aux réjouissances.

Le Sultan n'en continua pas moins à tuer le temps par mille fantaisies et à satisfaire son goût pour la chasse. Un jour qu'il se livrait à cet exercice aux environs du village de Tschœlmek [1], au lieu de bêtes fauves, il trouva des cadavres sur son passage, et enleva au bostandji-baschi d'Andrinople le titre de surintendant des forêts dont il était revêtu. Deux chefs de brigands anatoliens, Kemantschedjoghli et Berzendji-Arab, furent saisis et amenés à Andrinople; on leur introduisit des torches allumées entre la peau et la chair, et ils furent ainsi brûlés vifs.

Aussitôt après la conclusion du traité de Vasvar, le grand-vizir s'empressa de l'envoyer à Constantinople où il fut ratifié sur-le-champ. Pour effacer le souvenir du désastre qui avait terminé la campagne, une partie de chasse fut projetée aux environs de Yanboli; le kaïmakam Kara Moustafa, beau-frère du grand-vizir, fut choisi pour accompagner le Sultan dans cette excursion: en son absence, les fonctions de kaïmakam furent confiées au vizir Yousouf. Comme l'histoire ottomane,

---

[1] Rycaut, p. 151, désigne ce village sous le nom de *Chiondichoï*.

et particulièrement celle de Mohammed IV, qui, en sa qualité de chasseur intrépide, marcha sur les traces de son aïeul Bayezid Yildirim, enregistre les parties de chasse du Sultan avec le même soin que s'il s'agissait de campagnes véritables, qu'il nous soit permis de suivre Mohammed à celle de Yanboli : car notre but n'est point de faire assister le lecteur à la destruction des bêtes fauves, mais de faire avec lui une reconnaissance géographique aux bords de la Toundja.

Le Sultan sortit d'Andrinople par la porte Tekké : le kaïmakam et le moufti l'accompagnèrent jusqu'à Taschlik, où il les congédia après leur avoir donné des vêtemens d'honneur. Il passa la première nuit à Tschœlmekkœï (26 octobre 1664 — 5 rebioul-akhir 1075), dans son nouveau palais, et les trois autres à Degirmenderesi, à Kizilaghadj-Yenidjé et à Fündüklü ; là, onze têtes de brigands anatoliens, appartenant à la bande de Siwribouloukbaschi, roulèrent devant la tente impériale. Le quatrième jour (30 octobre 1664 — 9 rebioul-akhir 1075), il descendit à Yanboli au seraï des princes tatares, qui y étaient gardés en ôtage, et du reste honorablement traités ; ils en sortaient pour monter sur le trône de Crimée, et revenaient y chercher un asile après leur déchéance. A Yanboli, le Sultan se montra à la fois humain et rigoureux, en ce sens qu'il fit remettre cinq mille aspres à un pauvre homme dont la maison venait d'être incendiée, et fit pendre, malgré l'intercession du kaïmakam, un valet d'écurie pour quelques brutalités envers les animaux confiés à ses soins. « Tu es » vizir, dit-il au kaïmakam, et la prière d'un vizir est » toujours exaucée ; mais aujourd'hui, par Dieu ! elle » ne le sera pas. » Le grand-vizir lui ayant annoncé qu'il se rendait au quartier d'hiver de Belgrade, il lui adressa une lettre de sa main avec une fourrure et un sabre d'honneur. Le sixième jour qui suivit son arrivée à Yanboli (6 novembre 1664 — 16 rebioul-akhir 1075), comme il s'amusait à voir ses pages lancer le djirid, le kaïmakam lui annonça que les têtes des brigands qui désolaient l'Asie-Mineure et avaient pour chef Kourd Hasan, venaient de lui être expédiées des environs d'Yenischehr : en récompense, il donna des kaftans au porteur.

Quatre jours après (10 novembre 1664 — 20 rebioul-akhir 1075), commença la grande battue dans les landes de Taousli, où le Sultan, après avoir prolongé son excursion jusqu'à Ismila, revint le soir en chassant. Le kaïmakam, qui avait été assez heureux pour l'accompagner, reçut une peau de zibeline et prit place au banquet impérial (12 novembre 1664 — 22 rebioul-akhir 1075). Le surlendemain, le Sultan partit pendant la nuit, avant le lever de la lune, au son des trompettes et des timbales. fit la prière du matin à Seïrandjik et alla se baigner dans les eaux thermales d'Aïdos. Après avoir exploré tout le pays, il revint à Yanboli (19 novembre 1664 — 29 rebioul-akhir 1075). Là, il condamna le kiaya du seraï à recevoir mille coups de bâton sur la plante des pieds. Cette sévérité inusitée du Sultan doit être attribuée à l'exaspération qui s'empara de lui, en apprenant que, sans autorisation, le kiaya avait osé chasser pour son propre compte.

Le lendemain, le kaïmakam lui apprit que le moutesellim de Selefké s'était emparé du fameux chef de bande Erdehanoghli, et le lui avait envoyé avec un autre brigand : le supplice fut remis au lendemain (20 novembre 1664 — 1ᵉʳ djemazioul-ewwel 1075). Le Sultan voulut y assister. Dans cette exécution la peau du malheureux Erdehanoghli fut tailladée en tous sens ; on lui introduisit au défaut de l'épaule des torches auxquelles on mit ensuite le feu. Son compagnon allait éprouver le même sort, lorsque le kaïmakam protesta de son innocence ; car, dit-il, Erdehanoghli lui-même avait déclaré que, le jour où il fut pris, cet homme qu'il ne connaissait nullement lui avait été amené de force. Le Sultan ordonna qu'il fût conduit à Andrinople, et tenu sous bonne garde jusqu'à ce qu'un fetwa du moufti eût fait connaître s'il n'y avait pas lieu d'exécuter un homme trouvé en compagnie d'un brigand (21 novembre 1664 — 2 djemazioul-ewwel 1075). Il fit la prière du vendredi dans la mosquée de Seïrandjik, œuvre de Souleïman-le-Grand. Le jour d'après, il chassa à Sarikiz, et enfin, après une chasse de vingt-cinq jours aux environs de Yanboli et cinq haltes nocturnes à Osmanli, Pascha-Kœyi, Dérékœyi, et à Kara Hanzalü, il se rendit à Kirkkilisé. Comme la mosquée de ce lieu, constituée wakf (fonds religieux), tombait en ruines, il recommanda au kizlaraga de veiller plus attentivement à son entretien, et il la pourvut de tapis, de lampes et de candélabres. Ce fut là que le nouveau favori, Moustafa, lui offrit deux magnifiques coursiers arabes et un troisième de race différente, tous richement harnachés : il reçut en échange une peau de zibeline et un simple kaftan.

De retour à Andrinople (24 novembre 1664 — 5 djemazioul-ewwel 1075), le premier acte du Sultan fut de nommer, sur la proposition du grand-vizir, Kara Mohammedaga, l'ancien odabaschi des bostandjis, ambassadeur à Vienne et beglerbeg de Roumilie : il lui accorda en même temps une somme de huit cent mille aspres pour l'aider à soutenir l'éclat de son rang. Le nouveau diplomate fut admis à baiser la main du Sultan[1] et reçut l'ordre de partir immédiatement (30 janvier 1665 — 13 redjeb 1075). Il fut chargé de remettre en présent à l'empereur un panache de héron avec une aigrette en diamans, une grande tente soutenue par un seul pilier, vingt tapis, dont cinq de Perse, cent pièces de mousseline, quatre-vingts pièces d'étoffe, deux livres et demie d'ambre, douze chevaux de main, et deux autres avec tout le harnachement usité aux galas du diwan. La suite se composait de cent cinquante personnes, dont cinquante fonctionnaires.

On y remarquait surtout le célèbre voyageur Ewlia, qui depuis quitta Vienne pour continuer ses voyages, visita Dunkerque, Amsterdam, le Dane-

---

[1] Abdi, f. 43, et Raschid, I, f. 23, disent assez légèrement que ce fut le 13 du mois précité ; mais le dernier mois qu'ils citent est celui de djemazioul-akhir.

mark, la Suède, la Bohême, la Pologne, la Russie, la Crimée, et revint à Constantinople après avoir été trois ans et demi absent [1].

Avant de décrire l'échange des plénipotentiaires qui eut lieu entre la Porte et l'Autriche un an après la conclusion du traité de Vasvar, et leur entrée pompeuse à Vienne et à Constaninople, qui fut considérée comme la ratification définitive de ce traité, quelques événemens dignes de remarque, survenus dans l'intérieur de l'empire pendant la dernière année de la guerre et la première année qui la suivit, nous semblent mériter une courte mention. Le plus grave fut, sans contredit, une révolte de troupes qui éclata au Kaire, et dont nous allons faire connaître l'origine.

Le beg de Djidda, Mohammed, envoyé précédemment à Constantinople pour rendre compte de sa conduite, en était revenu avec le nouveau gouverneur, Omer-Pascha, auquel il avait été adjoint comme defterdar d'Égypte; en cette qualité, il exerçait un pouvoir sans bornes sur le pascha lui-même, qui ne pouvait se soustraire à sa tyrannie. Ce dernier imagina de se concerter avec Oweïsbeg sur les moyens de

[1] Ewlia, I, f. 93, dit avoir visité l'Allemagne, Dunkerque et le Danemark, muni d'une patente impériale, puis Amsterdam, la Suède, la Bohême, la Pologne, jusqu'à Cracovie. Il ajoute qu'il traversa le Dnieper, près du gué de Toghan Getschid ; puis qu'il franchit les steppes pour se rendre en Russie, et notamment à Azov, en compagnie de l'ambassadeur russe; de-là en Crimée, où le khan Tschoban-Ghiraï le combla de présens, et revint à Constantinople avec Ak-Mohammed par Vienne, Prague et Landshut (*Londskat*), où il eut avec les prêtres de longs entretiens sur le sort du malheureux Djem et la parenté qui existait entre les sultans et les rois de France.

secouer un joug si onéreux. Oweïs, qui avait été scieur de bois au seraï, était venu en Egypte avec l'eunuque Nezir, lorsque ce dernier fut expulsé du palais impérial. Dix mille ducats que Nezir lui confia en dépôt et qu'il garda, avaient été la base de sa fortune. Il avait su devenir aga des silihdars, et prenait, en sa qualité de beg, une part active à l'administration du Kaire. Il conseilla au pascha d'éloigner le defterdar, en lui conférant le gouvernement de Djidda. Ce dernier ameuta plusieurs chefs et se présenta avec eux au diwan, où il réclama le droit du sang contre Oweïs, sous prétexte qu'un de ses frères d'armes nommé Osman avait été massacré par ce beg. Oweïs allégua en vain pour sa défense qu'il avait eu cet Osman pour esclave. Les agas des troupes révoltées forcèrent le gouverneur à porter contre Oweïs une sentence de mort. Deux kiayas furent blessés par les mutins, puis étranglés, et un troisième banni, toujours en vertu de condamnations rendues par le gouverneur à son corps défendant. Sur le rapport qui lui fut adressé à ce sujet, le Sultan ordonna par un khattischérif que justice eût son cours. Le gouverneur manda auprès de lui le jeune Mahmoud, favori de Mohammed, et invita ce dernier à venir lui parler sans témoins (2 septembre 1665 — 21 sâfer 1076). Mohammed vint avec Mahmoud; le gouverneur leur offrit la pipe, le café et le sorbet; mais au moment où ils prenaient congé, ils furent taillés en pièces par les gens du pascha.

A cette nouvelle, les agas réunirent leurs soldats,

au nombre de mille hommes, dans la mosquée du sultan Hasan; de là ils mandèrent aux begs de renverser le pascha et d'élever l'un d'entre eux à la dignité de kaïmakam. Les begs s'y refusèrent d'abord, et enfin dirent aux agas qu'ils eussent à renverser le pascha, et qu'alors le kaïmakam se trouverait sans peine. Les agas allèrent donc trouver le pascha, qui, pour sa justification, produisit le khattischérif. A cette vue, ils se retirèrent avec une apparence de soumission; mais, quatre jours après, ils se retranchèrent à la porte de Fer, dans la mosquée de Moeïyed. De son côté, le pascha assembla au diwan ses vingt-quatre begs, leur donna lecture du khattischérif impérial, et les troupes furent sommées de livrer les cinq principaux meneurs. La réponse fut : « Nous périrons tous avant de faire ce » qu'on nous demande.» Bakladji Mohammedbeg fut envoyé contre les rebelles, et reçut, à cette occasion, le titre de serdar; il attaqua la mosquée du sultan Moeïyed de quatre côtés à la fois, fit amener des canons à la porte Souweïla, et la battit en brèche. Les rebelles capitulèrent. Ceux dont l'exécution avait paru nécessaire furent saisis, décapités, et leurs têtes envoyées à la Porte. Soulfikar, un des premiers begs qui avaient pris part au soulèvement, fut envoyé vivant à Constantinople, où l'intercession du kaïmakam lui-même ne put lui éviter une sentence de mort.

Les habitans de Chypre avaient réclamé contre les injustices de leur gouverneur, Ibrahim-Pascha. Le chambellan qui fut envoyé dans l'île pour y faire une enquête, rendit un rapport favorable à ce dernier;

mais le juge d'Atalia prouva qu'il s'était trompé. Ibrahim-Pascha fut rappelé à Andrinople, emprisonné dans l'appartement du bourreau, entre les deux portes du seraï, et enfin livré aux mains de l'exécuteur. Le gouvernement de son successeur, Derzi Ibrahim-Pascha, excita de nouveau les plaintes des habitans et du juge de Chypre. Mais le grand-écuyer (baschzilakhschor) chargé de l'enquête s'étant prononcé en faveur du pascha, ce dernier sortit de prison et fut remplacé par un des begs de la flotte, Abdoulkadir. Les habitans furent condamnés à une amende de trente-six mille piastres, dont la moitié tomba à la charge des troupes de l'île, et l'autre moitié à celle des habitans.

Les mêmes faits se reproduisirent à Khios, où le kaïmakam-pascha envoya un commissaire chargé d'examiner les griefs des habitans contre leur gouverneur. Suivant le désir du pascha, le commissaire fit incarcérer le molla de l'île. Mais un second commissaire d'enquête ayant rendu compte de la suspension du molla, le premier fut, à son retour, condamné à mort et étranglé par l'ordre du Sultan.

Un différend survenu à Khios entre les Grecs et les Latins fournit au kaïmakam Kara Moustafa une excellente occasion de satisfaire sa cupidité. Ignace Néokhori, métropolitain grec de Khios, naturel de cette île, homme adroit et astucieux, obtint un ordre de la Porte qui retirait à l'évêque catholique de Khios toute sa juridiction pour l'attribuer en entier au métropolitain, et dépouillait les catholiques de leurs églises en faveur de la religion grecque. L'évêque catholique partit, accompagné de dix prêtres, pour aller exposer ses griefs à la Porte; mais comme il prit la route la plus longue, celle de Constantinople, le métropolitain le devança à Andrinople, où il calomnia les catholiques et les représenta comme secrètement alliés aux Vénitiens. Le kaïmakam Kara Moustafa profita de cette circonstance pour extorquer aux grecs quatre mille écus et aux catholiques sept mille, en faisant espérer aux uns et aux autres une décision favorable. Au diwan, il promit à la fois des églises aux grecs et aux catholiques; mais, dans sa dépêche au pascha et au molla de Khios, il représenta comme douteux les résultats d'une enquête ultérieure, et plus tard il leur intima l'ordre de mettre les grecs en possession de celles des églises catholiques qui n'appartenaient pas à ce culte depuis plus de soixante ans (1665). Les catholiques perdirent ainsi plus de soixante églises.

Pendant la guerre de Hongrie et l'année qui la suivit, l'hydre barbaresque avait voulu dresser une de ses têtes, la plus puissante et la plus turbulente des trois; nous voulons parler de la régence d'Alger; mais la France lui infligea, pour cette tentative, un châtiment bien mérité. Alger, Tunis et Tripoli avaient conclu avec l'Angleterre, sous l'approbation de la Porte, un traité qui autorisait la seconde de ces puissances « à châtier les Algériens dans le cas où ils man-
» queraient à leurs engagemens, sans que cette puni-
» tion nuisît en rien à la bonne harmonie qui régnait

» entre la Porte et l'Angleterre, » preuve convaincante de l'effronterie de ces brigands et de la faiblesse de la Porte. Rycaut, consul-général anglais à Smyrne, avait apporté à Alger, à Tunis et à Tripoli, la ratification du traité conclu avec ces trois nids de pirates. Mais, à Alger, le diwan refusa de reconnaître ce principe de droit maritime consacré en Angleterre, qu'à bord d'un navire libre il ne peut être porté aucune atteinte à la propriété (1663). C'est dans ce sens que le dey d'Alger répondit au roi d'Angleterre, et deux ans après les hostilités furent reprises entre ces deux États.

Mais Alger eut à soutenir une guerre plus sérieuse contre la France, qui s'était maintenue dans les meilleurs termes avec cette régence jusqu'aux premières années du dix-septième siècle; elle était même la seule puissance maritime qui possédât quelques emplacemens sur la côte septentrionale du territoire algérien, entre autres le bastion de France et plusieurs parcelles de terrain aux caps Negro, di Rosa et à la Calle. Mais les hostilités, long-temps suspendues par un traité de paix dont la Porte s'était rendue médiatrice (1628), éclatèrent de nouveau; et, dans les premières années du règne d'Ibrahim, les Algériens capturèrent quatre-vingts et quelques bâtimens français, dont la valeur s'élevait à plus de quatre millions. Le corsaire Ali Picenino s'empara du bastion de France, et tous les habitans de ce fort, au nombre de trois cent soixante-dix, furent emmenés comme esclaves à Alger, où ils ne tardèrent pas à recouvrer leur liberté, en vertu du traité conclu entre Alger et la France dans le cours de cette même année (1640).

Depuis le commencement du dix-septième siècle, les pirates algériens avaient poussé au loin leurs courses maritimes ; on les avait vus débarquer à Madère, en Irlande et même en Islande. De la première de ces trois îles, ils avaient emmené douze cents esclaves, de la deuxième quatre cents, et de la troisième deux cent soixante-treize. Le nombre des esclaves chrétiens détenus dans l'État d'Alger flottait continuellement entre dix et vingt mille. Quarante ou cinquante bâtimens, armés d'un pareil nombre de bouches à feu, montés chacun par trois ou quatre cents pirates, composaient la marine algérienne. Les Hollandais qui tombaient au pouvoir de ces forbans étaient pendus pour la plupart; les Espagnols brûlés à petit feu en expiation des auto-da-fé ; ceux dont ils épargnaient la vie subissaient les plus affreux traitemens. Les flottes anglaise et hollandaise, commandées par Black et Ruyter, forcèrent Alger et Tunis à relâcher ceux de leurs compatriotes qui languissaient aux bagnes de ces deux villes (1665). Ruyter donna la chasse à tous les corsaires d'Alger, de Tunis, de Tripoli et de Tétouan ; mais le mauvais temps l'empêcha d'incendier la flotte ennemie dans le port d'Alger, comme il en avait conçu le projet (1662). La paix avec la Hollande précéda d'un an le traité conclu avec l'Angleterre que nous venons de rappeler, et dont nous avons parlé beaucoup plus haut. La Hollande avait proposé à l'Espagne, à la France et à l'Angleterre, de s'associer pour mettre un terme à ces pirateries, non moins dans l'intérêt du commerce que pour soutenir l'honneur chrétien et faire respecter le droit des gens; mais ce projet trouva aussi peu d'écho auprès des puissances européennes, que de nos jours la voix du libérateur de Saint-Jean d'Acre (Akka), sir Sidney Smith, au congrès des monarques réunis à Vienne. Comme les pirates algériens infestaient les côtes de Provence, la France envoya à leur poursuite le duc de Beaufort, qui, après un combat naval où triompha la tactique de l'amiral français, s'empara de plusieurs bâtimens ennemis et dispersa les autres.

La France résolut en même temps d'établir une colonie aux environs de Bougie, et, dans ce but, elle transplanta à Gigeri une population de douze mille ames. Le diwan algérien tint conseil sur les dangers auxquels le voisinage d'un établissement européen exposait le refuge des pirates, et ordonna la destruction du château que la France élevait à Gigeri. Trois galères sortirent une nuit d'Alger, et un corps de quelques mille hommes alla par terre attaquer la nouvelle colonie. Le château de Gigeri fut assiégé et pris d'assaut; toute la population française fut massacrée, à l'exception de huit cents personnes qui échangèrent la mort contre l'esclavage. Les Algériens voulurent ensuite raser le château, mais les azabs (soldats de marine) s'y opposèrent non seulement à cause de la perte qui en serait résultée pour le commerce, mais parce que la plupart d'entre eux habitaient les environs de Gigeri. Il fut donc convenu que les frais de l'occupation seraient supportés par les marins qui s'offraient à défendre la ville. Les noms de Beaufort et de Ruyter ne causaient pas moins d'effroi aux pirates que, trente ans auparavant, ceux des chefs de corsaires Ali Picenino et Mourad Reïs aux équipages des navires marchands et aux habitans des côtes de la Méditerranée (25 décembre 1665).

Le chevalier d'Arvieux fut envoyé à Tunis pour veiller à l'exécution du traité de paix en vingt-neuf articles conclu par le duc de Beaufort avec le dey de la régence. D'Arvieux et Rycaut, consuls-généraux de France et d'Angleterre à Smyrne, et qui, tous les deux, reçurent des pouvoirs extraordinaires pour faire exécuter les traités passés entre leurs gouvernemens et les puissances barbaresques, ont écrit sur les contrées et les hommes du Levant deux des ouvrages les plus utiles et les mieux pensés qui aient été publiés sur l'Orient.

A Andrinople, d'autres parties de chasse avaient succédé à celle de Yanboli; le Sultan se livrait comme toujours à cet exercice, ou se délectait à contempler un éléphant aux prises avec des chiens de chasse, à admirer des tours de bateleurs ou l'adresse de ses pages à lancer le djirid. Toutefois un événement qui préoccupa toute la capitale produisit également quelque impression sur Mohammed IV. Un athée fut condamné à mort et exécuté en vertu d'un fetwa émané du juge de Constantinople, en l'absence du moufti, alors à Andrinople. Mohammed Lari, Persan d'origine, à ce que l'on disait, et qui demeurait au khan de

Walidé, avait nié le jugement dernier, l'obligation de jeuner et de prier cinq fois par jour. Le juge de Constantinople, « doué d'une foi robuste, mais d'un fai- » ble savoir [1], » beaucoup moins versé en législation qu'en musique et en calligraphie, porta contre lui un fetwa dont l'exécution « fut un hommage rendu à la » loi du Prophète et à la foi mahométane [2]. » (24 février 1665 — 6 schâban 1075). Peu de temps après, le marchand de lait Beschir, accusé de sympathie pour la doctrine de Hamza, l'apôtre des Druzes, fut également exécuté à Constantinople.

Le Sultan, qui venait de confier à un écrivain distingué de l'époque, Abdi, page de la chambre intérieure, la mission de rédiger les annales de son règne, lui remit le procès-verbal, dressé en justice, de l'exécution de Mohammed Lari, en lui ordonnant de consigner cet événement dans son histoire. Abdi rapporte jour par jour les prescriptions que lui adressait le Sultan de mentionner tel ou tel fait dans ses annales; son ouvrage nous a été d'un puissant secours lorsque nous avons cherché à apprécier l'esprit et le caractère de Mohammed, car ses paroles y sont fidèlement rapportées et le peignent mieux que la foule des histoires turques ou européennes publiées sur le règne de ce prince. Si Mohammed a été nul comme souverain, il sut du moins apprécier et encourager le talent. Les égards avec lesquels il traitait l'écrivain Abdi, et les idées qu'il lui prescrivit de consigner dans son livre,

---

[1] *Saïfoul ilm kawioul-itikad.*
[2] *Tekmili namousi scheriaat ou din oldi.* Raschid, I, p. 24

prouvent que sa passion pour la chasse n'excluait pas chez lui une certaine culture intellectuelle. Ainsi, il lui raconta, en l'invitant à relater ce fait dans son histoire, qu'un jour, poursuivant un lièvre, et ayant aperçu une vache en train de mettre bas, il la regarda faire; puis il persuada au paysan qui en était propriétaire de se convertir à l'islamisme, et le nomma aussitôt kapidji. Une autre fois qu'il venait de chasser un verrat avec une panthère, il demanda à Abdi s'il avait pris en note cette particularité, et lui ordonna en riant de ne pas y manquer. Un jour encore qu'Abdi lui présentait le savon sur une assiette d'argent, Mohammed ne fit que prendre le savon et le replaça aussitôt sur l'assiette, en lui disant : « Je ne l'ai pris que » pour te faire plaisir; va, et que cette marque de fa- » veur soit mentionnée dans ton histoire. » Il s'exprima dans le même sens un jour qu'il visitait en personne son fidèle historien, malade depuis quelque temps. « Qu'as-tu écrit aujourd'hui ? » lui demanda-t-il dans une autre circonstance; et sur la réponse d'Abdi que nul incident mémorable n'avait encore signalé cette journée, le Sultan lui lança un djirid, le blessa et lui dit : « Maintenant, n'as-tu rien à écrire ? » Abdi se garda bien d'omettre un événement aussi remarquable. Plus d'une fois le Sultan ajouta, de sa propre main, à l'histoire d'Abdi, des faits dont cet écrivain n'avait pas connaissance, et son ouvrage est la seule histoire ottomane dont quelques passages aient été écrits de la main d'un Sultan.

Lorsque Mohammed permit au confident Moustafa

d'écrire son nom en chiffres entrelacés (toughra), il demanda à Abdi s'il savait écrire un toughra (3 août 1665 — 23 moharrem 1076). « Je ne le puis » sans la gracieuse permission de Votre Majesté, » lui répondit le page (la loi condamnant celui qui l'écrirait sans autorisation à avoir le poing coupé). « Eh bien ! écris-en un », dit le Sultan. Abdi se hâta d'obéir. « Exerce-toi désormais à cette écriture, lui » dit Mohammed. Je connais ton désir (Abdi voulait » être nischandji); prends patience, et ton tour vien- » dra. » Une autre fois ils traversaient une rivière, et Abdi parut la franchir avec peine; le Sultan lui dit : « Tu as éprouvé bien des difficultés, mais que Dieu » veille sur toi; si je venais à te perdre, où trouverais- » je un nischandji ? » Abdi lui ayant offert une traduction turque du célèbre poëme *Kassidé Lamiyé*, écrit par Kaab-Ben-Soheir à la louange du Prophète, il lui fit présent de trois lampes et d'une assiette d'argent (31 mars 1665 — 14 ramazan 1075).

Le jour même où Abdi fut admis à offrir au Sultan sa traduction du poëme arabe en l'honneur du prophète Mohammed, qui donna son manteau au poëte, le médecin de la cour, Salih-Efendi, présenta également son fameux traité de médecine intitulé : *Le but des commentaires* [1] ; c'était la veille du jour de fête qui partage le mois de jeûne et où les reliques de la Borda [2] (manteau donné par le Prophète au poëte

---

[1] *Ghaïyetoul-beyan*. Abdi, p. 45.

[2] Mouradjea d'Ohsson, historien si exact, a cependant commis deux erreurs en ce qui concerne la Borda : la première en écrivant Hirca au

Kaab-Ben-Soheïr), et celles du Saint-Vêtement, glorifié par un autre poëme de Boussiri, sont offertes dans le seraï à la vénération de la cour. Trois jours après, le Sultan chargea le moufti Yahya-Efendi, le scheikh prédicateur Wani-Efendi, et son médecin Salih-Efendi, de composer pour le tesbih (prière extraordinaire qui a lieu aux approches du mois de jeûne), un nouveau tesbih [1], c'est-à-dire, un nouvel hymne sur la toute-puissance de Dieu (7 avril 1665 — 21 ramazan 1075). Quant à Abdi, une semaine après avoir remis au Sultan sa traduction du poëme arabe, il reçut l'ordre de dresser un chronogramme qui fut transcrit par le calligraphe Teknedjizadé et placardé dans la nouvelle salle d'audience, en face du trône impérial. Le Sultan, qui aimait à lire des inscriptions sur les portes, chargea également le page Abdi de lui en proposer trois. Ce dernier lui soumit trois sentences qu'il avait extraites du Koran, et qui obtinrent l'approbation impériale. La première, inscrite sur la porte qui conduit du harem dans la salle d'audience, portait : *Dieu a ordonné la justice et la bienfaisance* [2]; celle du mur qui fait face à la porte était ainsi conçue : *Salut à ceux qui répriment leur colère et pardonnent à leurs semblables* [3];

---

lieu de Khirka, la seconde en faisant de Bourde (le panégyrique de Mohammed) le nom d'un poëte arabe aveugle.

[1] Le *tesbih* ordinaire est celui qui commence ainsi : *Soubhanek rebbolazim*, c'est-à-dire : « Louange à toi, Seigneur très-puissant ! » Mouradjea, II, p. 79. *Tesbih* signifie également *un chapelet à cent grains de corail*; à chacun de ces grains, on récite un des noms de Dieu.

[2] *Innallahé yemür bilaadli wel-ihsani*. XVI, v. 92.

[3] *Wel kasiminel-ghaïsi wel uafiné anen-nasi*. III, v. 128.

enfin on lisait sur le panneau extérieur qui donnait aux vizirs accès dans la salle d'audience : *O vous qui croyez, obéissez à Dieu, au Prophète et aux Sultans* [1]. Aujourd'hui encore il n'est pas rare de rencontrer ces trois sentences dans les salles de diwan et d'audience de l'Orient.

Le Sultan avait choisi, comme l'automne précédent, Yanboli pour son quartier de chasse; il partit au commencement du printemps pour Demitoka. La sultane Khasseki était partie la veille pour cette ville, et le Sultan l'avait accompagnée avec toute sa cour depuis Andrinople jusqu'à Timourtasch. Les baltadjis du vieux seraï ouvraient le cortége à cheval et sur deux de front; venaient ensuite le kiaya de la Sultane et le grand-écuyer, contrairement au kanoun, d'après lequel le second grand-écuyer doit seul accompagner les Sultanes en voyage; deux voitures argentées contenaient la Sultane et son fils (19 mai 1665 — 4 silkidé 1075). A Kapidjikœi, village situé aux portes de Demitoka, le Sultan prit son repas dans la maison d'un simple particulier. De Demitoka, il se rendit à Feredjik (le Doriskos d'Hérodote), en traversant les villages de Saltikkœi et de Wakf. De Feredjik il alla visiter les bains chauds situés près de la mer et le couvent de Nefsbaba, construit au sommet d'un rocher. Il chassa ensuite sur les rives de la Marizza (l'Hèbre), comme il avait fait l'automne précédent sur les rives de la Toundja. Il confia au kaïmakam Moustafa le gouvernement

---

[1] *Ya ellesiné amenou etiououllahé we etiouou er-resoulé we oulioulemré.* IV, v. 61.

de Bagdad, et fit présent d'une tabatière au moufti, qui avait déjà reçu, peu de temps auparavant, un cheval richement harnaché ; l'astronome de la cour ne fut pas traité moins généreusement. Mohammed accueillit avec joie le courrier du khan de Crimée, qui venait de remporter sur les Cosaques une victoire où cinq mille d'entre eux avaient péri. De retour à Andrinople, il fut informé qu'un athlète et un bostandji avaient osé lutter dans le harem en présence des pages : tous deux expièrent leur crime à la potence. Puis ayant appris le retour du grand-vizir, il chargea le kaïmakam Moustafa-Aga d'aller à sa rencontre jusqu'à Djizr-Moustafa, et de lui remettre un écrit de sa main avec un panache de héron et une fourrure d'honneur, un poignard, un cheval et une chaîne d'or. Les vizirs, les émirs, les officiers des sipahis et des janissaires, tous à cheval, reçurent le grand-vizir à l'entrée du camp ; ce dernier quitta lui-même sa tente et s'avança à pied jusqu'à l'endroit où étaient arborées les queues de cheval. Dans sa gratitude pour les honneurs dont il était comblé par le Sultan, il donna à l'envoyé impérial trois pelisses de zibeline, deux chevaux avec selles et harnais, deux autres chevaux de main, un poignard d'or, une ceinture, mille ducats et vingt bourses d'aspres ; il remit pareillement à son kiaya Ibrahim trois bourses d'argent, une pelisse toute garnie de zibeline et des kaftans pour les gens de sa suite (12 juillet 1665 — 28 silhidjé 1075). Quatre jours après, le grand-vizir rendit au Sultan l'étendard sacré en audience solennelle. Il reçut également, au sujet de la dernière campagne, les félicitations de la cour et des ministres réunis dans une grande tente dressée pour cette cérémonie, et à l'entrée de laquelle il plaça les deux janissaires qui le premier et le second avaient escaladé les murailles d'Ujwar. Le Sultan leur parla beaucoup et long-temps ; il attacha lui-même des décorations à leurs turbans et les mit à la retraite, en assignant au premier soixante-dix et au second cinquante aspres par jour sur les douanes d'Erzeroum. Le favori Moustafa obtint les sandjaks de Tirch et de Magnésie à titre d'argent d'orge, le defterdar Ahmed fut nommé vizir à trois queues de cheval, et l'intendant Karakasch, chargé de l'inspection des bâtimens, fut envoyé à la frontière pour relever les murailles de Wan, renversées par un tremblement de terre.

Sur ces entrefaites, le kaïmakam manda de Constantinople qu'un incendie avait éclaté dans le harem du nouveau seraï. A cette nouvelle, le Sultan se résigna tranquillement à la volonté de Dieu ; mais en apprenant que le feu s'était de nouveau manifesté près de la Porte de Bois, dans la boutique d'un tonnelier, dont les esclaves avaient conservé de la lumière pendant la nuit, et qui, prévenu par ses voisins, leur avait répondu qu'il prenait sur lui toute la responsabilité du fait, il ordonna que cet homme fût pendu. Le kaïmakam annonça dans l'intervalle qu'il avait déjà fait pendre deux femmes et un ouvrier comme auteurs de l'incendie.

A cette époque, le Sultan quitta Andrinople, seconde capitale de l'empire. Il alla visiter aux Dardanelles et à Gallipoli les nouveaux châteaux et le nouveau territoire destiné à la chasse. Les queues de cheval furent arborées dans la Plaine du Pascha aux portes d'Andrinople (18 août 1665 — 6 sâfer 1076); le départ eut lieu la semaine suivante, et, après sept jours employés à la chasse et deux consacrés au repos, on arriva à Gallipoli ¹. Le Sultan visita à Boulaïr le tombeau de son aïeul, le prince Souleïman, celui qui s'était emparé de Gallipoli et de la côte européenne de l'Hellespont; il eut soin de faire renouveler le couvercle du cercueil et le turban qui le décorait. Il voulut saluer aussi la tombe de Yazidjizadé Mohammed-Efendi, l'un des premiers écrivains mystiques des Ottomans, auteur du *Mohammediyé,* poëme didactique de l'Islamisme en neuf mille distiques. Il renouvela le bérat de la fondation pieuse établie sur cette tombe, et ordonna au page Abdi d'inscrire sur les murailles une phrase qui perpétuât le souvenir de cette visite. Il parcourut ensuite les anciens et les nouveaux châteaux des Dardanelles, et retourna à Constantinople.

Le kaïmakam vint au-devant de lui jusqu'à Haramidéré, et lui fit une brillante réception (12 octobre 1665 — 2 rebioul-akhir 1076). Le Sultan descendit au palais de Daoud-Pascha, et fit deux jours après à Constantinople une entrée solennelle.

La nouvelle mosquée de la sultane Walidé, située près de la porte des Juifs et du marché aux Poissons, commencée par la Walidé Kœsem, grand'mère de

---

¹ 1º *Tourbe owasi;* 2º *Ouzounkœpri;* 3º *Derekœi;* 4º *Karadjabeg;* 5º *Balbandjik;* 6º *Kawak;* 7º *Gallipolis.* Abdi, p, 49.

Mohammed, restée inachevée après la mort de cette dernière, sous le nom de Soulmiyé (*Ténèbres*), fut terminée à cette époque et nommée Adliyé (*la Juste*). Elle fut consacrée solennellement à la prière du vendredi en présence du Sultan, de la cour et des ministres. C'était pour avoir soustrait une des colonnes qui soutiennent la tribune du Sultan que le vainqueur de la Canée avait été frappé d'une condamnation. La magnificence des présens que la sultane Walidé offrit au souverain, le nombre des bourses et des pelisses de zibeline réparties à cette occasion, effacèrent toutes les distributions qui avaient eu lieu jusqu'alors en pareilles circonstances (30 octobre 1665 — 20 rebioul-akhir 1076). Elle donna au Sultan un poignard d'or dont le manche était une émeraude, des ceintures et une aigrette en diamans, et dix coursiers rapides *comme le vent* [1]. Le grand-vizir, le moufti, le kapitan-pascha, le nischandji et le defterdar-pascha, les deux grands-juges de Roumilie et d'Anatolie, le chef des émirs, le juge de Constantinople, l'aga des janissaires, Wani-Efendi, nouvellement nommé scheikh de la mosquée, ainsi que l'imam et le prédicateur, furent tous revêtus de splendides fourrures. Le reïs-efendi, le tschaousch-baschi, le grand-chambellan et les dix chambellans ordinaires, les deux grands-écuyers, les six agas des troupes, les syndics, les secrétaires et les premiers tschaouschs de la milice, l'intendant [2], le syndic [3] et le capitaine des gardes de l'arsenal [4], reçurent

---

[1] *Badpaï.* Raschid, 1, p. 28. — [2] *Tersané Emini.*
[3] *Tersané Kiayasi.* — [4] *Wardian baschi.*

des kaftans d'honneur. L'inspecteur des bâtimens, El-Hadj Ibrahim, obtint, avec une pelisse de zibeline, cinq bourses d'argent, et pour ses fils des emplois de mouteferrikas. La sultane Walidé envoya au kislaraga, qu'une maladie retenait au seraï, une pelisse de zibeline; le favori, le silihdar, le kiaya du seraï, le bostandji, l'inspecteur des fondations pieuses de la Mecque et Médine, le président de la chambre des comptes et celui des fermes, furent décorés de la pelisse dans l'intérieur de la mosquée. Lorsque le Sultan, suivi de toute la cour, fut de retour au seraï, la sultane Walidé fut reconduite à son tour avec le même cérémonial. On jeta de l'argent aux pauvres. Les sommes affectées à la construction de la mosquée, du tombeau, de la fontaine et de leurs dépendances, s'élevèrent à trois mille quatre-vingts bourses ou un million cinq cent quatre mille piastres.

Dix jours après la consécration de la nouvelle mosquée, l'ambassadeur impérial, le comte styrien Walter de Leslie, seigneur de Pettau et de Neustadt, conseiller privé, feld-maréchal, gouverneur des frontières esclavonnes, qui déjà, à Andrinople, avait été admis en présence du Sultan, reçut son audience de congé (10 novembre 1665 — 2 djemazioul-ewwel 1076). C'était pour éblouir cet ambassadeur que le Sultan avait déployé une telle magnificence à sa sortie d'Andrinople et à sa rentrée dans la capitale. Cette ambassade fut la septième depuis la paix conclue à Sitvatorok au commencement du siècle. Cette paix avait été successivement renouvelée à Vienne, à Gyarmath, à Komorn, à Constantinople et deux fois à Szœn ; les ambassadeurs Pucchaimb, Kinski, Kuefstein, Schmid de Schwarzenhorn, et deux fois Czernin, avaient pris part à ces renouvellemens; mais aucun d'eux n'avait été escorté d'un suite aussi nombreuse et n'avait déployé autant de pompe que le comte Walter de Leslie; nul surtout n'avait offert de si riches présens; car le traité en fixa la valeur à deux cent mille florins. C'étaient un miroir de hauteur d'homme, dans un cadre d'argent et mobile sur un pied de même métal ; deux grandes aiguières, l'une reposant sur trois colonnes en argent comme le vase, la seconde de hauteur d'homme et ornée de figurines ; deux bassins et leurs couvercles dorés, dont une ouverture laissait échappper l'eau suivant le goût oriental ; douze chandeliers d'argent de la hauteur d'une aune ; douze aspersoirs dorés pour les eaux de senteur ; douze plats d'argent, dont les couvercles arrondis imitaient douze turbans ; douze assiettes de dessert et leurs tréteaux d'argent; un guéridon en argent, couvert d'ornemens ingénieux ; quatre fusils damasquinés d'argent ; un grand coutelas de même métal ; deux pupitres de jaspe qui renfermaient des lunettes ; deux autres en bois d'ébène incrusté d'or, d'argent et d'écaille ; un rafraîchissoir et une grande coupe d'argent ; quatre tapis des Pays-Bas espagnols, brodés en argent ; quarante montres où des chiffres arabes et des chiffres romains marquaient également l'heure ; une grotte qui renfermait un cadran, et un carillon mis en mouvement par une eau jaillissante ; un surtout d'argent haut d'une aune, orné de bassettes d'argent et garni de salières, de flambeaux, etc., le tout en argent; une grande cassette ornée de figurines en argent doré; un grand pupitre d'argent doré, chargé d'ornemens, garni de boites et de tiroirs secrets merveilleusement imaginés.

Il y avait pour la sultane-mère un coussin à coudre brodé renfermant un miroir et un carillon dans un cadre d'argent; deux chandeliers d'argent de la hauteur d'une aune; une aiguière d'argent artistement ciselée; et enfin quatre coupes. Pour le grand-vizir, douze assiettes d'argent avec leurs couvercles; deux chandeliers de même métal, également hauts d'une aune; douze assiettes de dessert en argent, ornées de belles ciselures; une aiguière et douze grandes coupes d'argent. Pour les autres ministres, trente montres, les unes portant des chiffres arabes, les autres des chiffres romains; vingt-une montres d'or; sept vases et sept bassins d'or. Le poids de l'argent seul s'élevait à trente-cinq quintaux.

La magnificence des présens était dignement rehaussée par l'éclat du cortége, par la noblesse de ceux qui le composaient et la richesse de leurs costumes. Lorsque l'ambassadeur fit son entrée à Andrinople et à Constantinople, un drapeau précéda la foule des cavaliers, choisis parmi toute la noblesse chrétienne, et au nombre desquels on remarquait les ducs de Norfolk et de Holstein, les princes de Lichtenstein et de Dietrichstein, les comtes Trautmannsdorf et Herberstein, Stierhaimb, lord Arundel, les barons Coronini de Gœrz, Finn de Trieste, Fünfkirchen de Moravie,

Reck de Westphalie, le Français Vernavel de Châteauvieux, l'Écossais Hay de Delgrave, le marquis florentin Pecori, le Génois Durazzi, les Hollandais Obrosi et Hardick, le conseiller d'Etat Kastner, originaire de Tyrol, Marcino de Lucques, Ignace de Langen, né à Gratz, et le Styrien Simon de Reninger, résident impérial, homme dont le mérite lui avait concilié jusqu'à l'estime des Turcs.

Casanova de Milan, nommé résident à sa place, était venu recevoir l'ambassade à Belgrade; elle eut pour secrétaire le docteur Metzger qui, seize ans auparavant, avait suivi en la même qualité Schmid de Schwarzenhorn, ambassadeur impérial à Constantinople; Woggin remplissait les fonctions d'interprète, le jésuite Paul Taferner celles de chapelain; quatre autres jésuites accompagnaient aussi l'ambassade.

Ce fut le 1er août, anniversaire de l'éclatante victoire remportée à Saint-Gotthard une année auparavant, que l'ambassadeur impérial fit son entrée dans Constantinople. Le 5 du même mois, il fut reçu par le Sultan: sa suite était composée de cent trente personnes qui toutes avaient été revêtues de kaftans.

Le pape Calixte avait solennisé ce jour en instituant la fête de la Transfiguration ou de l'Assomption en mémoire de la glorieuse résistance opposée à Mohammed II par les défenseurs de Belgrade. A cette entrevue la présence du Sultan ne permit pas que les tambours battissent aux champs et que l'étendard fût déployé; mais à Constantinople, où l'ambassadeur fit son entrée avant le souverain, les tambours battirent deux fois; cinquante ans plus tôt, l'ambassadeur Czernin avait fait son entrée dans Constantinople au son de la musique militaire et à l'ombre de l'étendard impérial, qui portait l'aigle d'un côté et de l'autre l'image de la Sainte-Vierge, écrasant la tête du dragon, reposant sur le croissant [1]. Panajotti Nicusi, premier drogman de l'ambassade et de la Porte, remplit, dans cette audience, les fonctions d'interprète; il venait d'être récompensé, par un présent de deux mille ducats, de la part qu'il avait prise aux négociations relatives à la dernière paix.

Avant l'arrivée du Sultan, ce fut le kaïmakam, et après le retour du grand-vizir, ce ministre lui-même, qui fut chargé d'accueillir l'ambassadeur sur les côtes asiatiques du Bosphore où il reçut une hospitalité splendide dans la belle vallée des *Eaux douces*. De Leslie visita ensuite le moufti et en obtint deux fermans, l'un en faveur du commerce, l'autre qui autorisait le libre exercice du culte catholique. Tels furent les résultats les plus importants de sa mission; mais il ne put obtenir que les saints lieux à Jérusalem passassent de la garde des grecs à celle des catholiques, ni que plusieurs prisonniers de distinction, parmi lesquels se trouvait le comte Esterhazy, fussent relâchés

---

[1] Déjà à Andrinople, bien que le drapeau fût plié par ordre du Sultan, le porte-étendard s'était arrangé pour laisser voir l'aigle et le dragon foulé aux pieds : *Il fallut donc le porter plié, mais avec cette adresse, qu'on pouvoit voir d'un côté l'aigle impérial, et de l'autre la mère de Dieu qui brisoit la tête du dragon.* Briot, p. 67.

sans rançon[1]. Son intervention ne fut pas d'un meilleur secours à l'envoyé de Transylvanie, Christophe Pasko, ni à l'ambassadeur Michel Czermeny : ces derniers ne purent obtenir aucune réduction sur le tribut exorbitant de quatre-vingt mille écus qu'ils devaient acquitter.

Après nous être aussi long-temps appesantis sur l'ambassade impériale, il ne sera pas sans intérêt de fixer l'attention du lecteur sur celle du Sultan : non que nous devions y trouver des noms comparables à ceux de la noblesse européenne; mais elle a été conduite par deux écrivains renommés dans l'histoire de la littérature et de la géographie orientales, par le grand historien des voyages, Ewlia-Efendi, secrétaire de l'ambassade, et par le Lorrain Mesgnien, anobli plus tard sous le nom polonais de Meninski, interprète de la cour, l'Hermès Trismégiste de la grammaire et de la lexicographie turques, arabes et persanes. Il accompagnait l'ambassadeur en qualité d'interprète; le conseiller Feichter faisait fonctions de mihmandar (commissaire pour les réceptions). Cet emploi était occupé à la cour de Darius par Omarès[2],

---

[1] *On demanda 6000 florins pour avoir la liberté du C. François Esterhasius, ce que ne pouvant payer, on fut obligé de le laisser dans les ceps.* Briot, p. 155.

[2] Ὁ τῶν ξένων ἡγεμών Ὀμάρης. Arias, I, 16. Anabas, l. XVI. Le nom grec Ὀμάρης peut représenter également les noms arabes *Omar* et *Ammar*; le mot *Ammar*, qui veut dire *esprit cultivé*, est aussi le nom d'une dynastie particulière, celle des *Beni Ammar* de Tripoli. Le plus célèbre de ceux qui portèrent le nom d'*Omar* est le second khalife, celui dont le Prophète disait : *Yantak el hakk ula lisanil Omar*, c'est-à-dire : « La vérité

guide des étrangers, conjointement avec l'interprète Mélon [1].

On nomma en outre trois autres commissaires; celui des subsistances fut le conseiller des finances, Corelics [2], et le feld-maréchal de Souches fut nommé commissaire de réception et d'échange. La réception eut lieu aux environs de la forteresse de Komorn, près du bourg de Szœn que deux renouvellements de la paix de Sitvatorok ont rendu historique : deux poteaux y avaient été dressés à la distance de cinquante pas; les deux ambassadeurs vinrent s'y placer à cheval; là ils mirent pied à terre et les commissaires de la réception les échangèrent l'un contre l'autre; l'ambassadeur impérial était placé entre le feld-maréchal de Souches et le conseiller Feichter; celui du Sultan entre le beglerberg de Stouhlweissenbourg et le beg de Gran. Après s'être rejoints au milieu de l'espace qui séparait les deux poteaux, le feld-maréchal prit la main de l'ambassadeur impérial, et le beglerberg celle de l'ambassadeur turc, puis ils les mirent l'une dans l'autre comme s'il se fût agi d'un mariage [3], en s'adressant des vœux réciproques de bonheur, et en s'engageant à rendre un compte fidèle de l'échange et de la réception qui venait d'avoir lieu. Après cette cérémonie, les commissaires de chaque nation en dres-

parle par la bouche d'Omar. » Cette parole devrait servir de guide à tous les interprètes.

[1] *Ibi igitur Melon Darii interpres excipitur.* Quint. Curt., I. VI.

[2] Il a laissé à la Bibliothèque impériale, parmi les manuscrits historiques, une relation de cette ambassade adressée à l'empereur.

[3] *Quasi che facessero un matrimonio.* Relation de Meninski.

sèrent un acte écrit qu'ils échangèrent entre eux à titre de récépissé légal.

L'entrée solennelle dans Vienne eut lieu par le pont de la Schwechat; le maréchal du palais et le lieutenant-colonel d'Ugarte, nommés commissaires, vinrent à la rencontre de l'ambassadeur turc, qui se plaça entre eux deux. Les corporations de la ville ouvraient la marche. La cavalerie bourgeoise et la cavalerie impériale venaient ensuite, puis la suite du maréchal du palais, le cheval de main du Sultan, les agas, les deux queues de cheval, et immédiatement après les douze trompettes de l'Empereur (8 juin 1665); puis l'ambassadeur entre le maréchal du palais et les commissaires, monté sur un cheval magnifique qui sortait des écuries impériales; ensuite l'interprète, le fils de l'ambassadeur entre un imam et un kadi; les pages, les officiers de la maison, le garde du sceau, le trésorier, le maître de la garde-robe, le kiaya (ou syndic procureur de la maison), le diwan-efendi (secrétaire d'ambassade). Le drapeau rouge de l'ambassadeur était précédé par la musique turque; puis venaient les voitures de l'ambassadeur, tendues de drap rouge et contenant tous les présens du Sultan. La marche était fermée par les hussards qui, depuis Raab, accompagnaient l'ambassade. Le cortége passa sous la porte de Carynthie, suivit les fossés des Augustins, traversa le marché aux Herbes, et arriva enfin à la Tour-Rouge, dans la cité de Léopold, où sept maisons avaient été disposées pour le recevoir [1]. Pour l'entretien de l'am-

---

[1] L'ambassadeur demeurait à l'*Agneau d'or*, le kiaya et le secrétaire

bassade, il fallut chaque jour deux cents soixante pains, cinquante moutons, trois brebis, trois mesures d'orge, quatre-vingts charges de foin et de bois, et cent cinquante écus, montant de la somme payée en Turquie à l'ambassade impériale. La même règle fut suivie pour le bois et le foin; toutefois l'ambassadeur trouva ces fournitures insuffisantes, et protesta formellement.

L'interprète de la cour régla d'avance avec l'ambassadeur le cérémonial de l'audience, les trois saluts à faire à l'entrée de la salle, au milieu et devant le trône, le baisement du manteau, le dépôt des lettres de créance sur la table placée auprès de l'empereur, le nombre des personnes de la suite qui seraient admises à l'audience, nombre que l'ambassadeur restreignit lui-même; car l'honneur de baiser le manteau impérial était peu envié; il ne voulut même aller à l'audience que seul dans sa voiture avec son interprète. Les présens furent portés en grande pompe; le secrétaire d'ambassade tenait élevées dans ses mains les lettres de créance du Sultan et précédait la voiture de cour attelée de six chevaux, qui contenait l'ambassadeur et l'interprète, assis en face de lui (18 juin 1665). Après avoir fait les trois saluts, baisé le manteau et déposé sur la table les lettres de créance, l'ambassadeur adressa à l'empereur une allocution qui fut tra-

---

d'ambassade (Ewlia) au *Hérisson bleu*, la suite à l'*Autruche d'or*, l'aga à l'*Aigle noir*, les palefreniers au *Cheval blanc*, la musique dans la maison des *Balayeurs* et dans une maison située en face du Prater. *Relation* de Meninski.

duite par l'interprète, ainsi que le discours du vice-chancelier prononcé au nom de l'empereur. Alors la suite de l'ambassadeur apporta les présens, et lorsqu'on déploya les tapis de Perse, l'ambassadeur dit à l'oreille de l'interprète : « Combien ils éclipsent celui » qui est étendu sur la table de l'empereur ! »

Deux jours après cette audience, l'ambassadeur fut reçu par le prince Gonzaga, président du conseil de guerre et du conseil aulique (20 juin 1665); mais il n'accepta pas la voiture du prince; il s'y rendit à cheval. Il lui offrit en présent des pelisses, des kaftans, des tapis, des mousselines, ainsi qu'au maréchal du palais, au vice-chancelier de l'empire, au président du conseil des finances d'Autriche et de Hongrie, aux grands-écuyers les princes Porcia et Auersperg, aux comtes Montecuccoli, Schwarzenberg et Zriny, aux commissaires de réception, de la bouche et des vivres et à l'interprète; le confesseur de l'empereur, le P. Müller, jésuite, reçut un kaftan, un tapis et un turban. Aux dames de la cour qui vinrent le visiter, il donna des flacons d'essence et des étoffes brodées.

Toute l'ambassade faisait solennellement ses prières cinq fois par jour; après midi, l'ambassadeur tenait tous les jours un divan; à ce moment jouait la musique militaire. Il visita Saint-Etienne, le Kahlenberg, la Nouvelle-Ville, Ebersdorf, le jardin de la Favorite et Schœnbrunn, où il fut reçu au nom de l'impératrice mère.

Dans toutes ces excursions, il était accompagné de l'interprète, et quelquefois seulement du commissaire de la bouche. Pendant son séjour, il déploya une extrême avidité et une avarice sordide. A l'audience de congé, il voulut tenir ses lettres de créance des mains de l'empereur; mais ce fut le vice-chancelier de l'empire qui remplit cette formalité. Les présens lui furent remis par le prince Gonzaga, président du conseil de guerre et aulique, à qui il envoya, en prenant congé, trois assiettes de sorbets; il usa de la même libéralité envers le duc de Sagan, grand-maître de la cour.

L'ambassade s'embarqua sur trente-deux bateaux, et suivit le cours du Danube pour retourner à Constantinople. Pendant ce trajet, l'ambassadeur écrivit la relation de son voyage. Parmi les fausses indications qu'elle renferme, on remarque celle-ci: « A la ba- » taille d'Ujwar, dit-il, l'ancienne ville de Vienne (le » Kahlenberg) fut ravagée par les Tatares, qui emme- » nèrent deux cent mille prisonniers. » Il ignorait à tel point les événemens d'une guerre qui avait à peine trois ans de date, qu'il confondit la campagne d'Ujwar avec le premier siége de Vienne; or ce siége avait eu lieu cent trente-quatre ans plus tôt. C'est la première relation des ambassades turques à Vienne qui ait été insérée dans les annales de l'empire ottoman, et l'ambassade qui suivit la paix de Vasvar a fixé le cérémonial des trois grandes ambassades accomplies dans l'espace de soixante-quinze ans, et qui eurent pour objet les négociations relatives aux traités de Carlowitz, de Passarowitz et de Belgrade.

LIVRE LV.

Relations diplomatiques avec l'Autriche, Gênes, la Toscane, la France, la Russie. — Nouveau khan des Tatares. — Une expédition en Crète est projetée. — Magnificence du Sultan; son amour pour la chasse. — Le Juif Moïse Sabathaï et le Kurde Mehdi. — Troubles à Bassra et en Egypte. — Eboulemens et sinistres. — Influence des prédications de Wani. — Chasse du Sultan. — Fiançailles et noces de sa tante. — Relations avec la Russie, les Tatares, les Cosaques, la Pologne, la France, l'Angleterre, la Hollande, Raguse, la Moldavie, la Valachie et la Transylvanie. — Le Sultan se rend d'Andrinople à Larissa, où il reçoit les ambassades vénitienne et russe, et d'où il envoie Souleïman en France. — Troubles à Brousa, à Boli, à Andrinople. — Diminution et accroissement du trésor. — Incendie d'Ofen. — Première éducation du prince héréditaire. — Mohammed sur le mont Olympe. — Départ de Kœprilü pour Candie. — Investissement, siége et prise de Candie.

Après l'ambassade du comte Leslie et le retour de Reninger, le résident Casanova s'occupa de la mise à exécution des fermans obtenus en faveur des jésuites [1]; car l'ambassade avait eu, dans cette négociation, plus de bonheur ou d'activité que dans ses démarches pour les franciscains [2]. En revenant de Con-

[1] 1º Un ferman en faveur du commerce, du 29 djemazioul-ewwel 1076 (7 décembre 1665); 2º un ferman en faveur du jésuite Dammayer, même date, et cinq autres ayant pour objet le réglement d'intérêts privés.

[2] Relativement aux franciscains, l'empereur avait écrit au vizir dix ans auparavant, en 1656 : *Intelligimus patres Franciscanos Hierosolymæ existentes a Græcis*, etc.

stantinople, l'ambassadeur trouva à Ofen le savant bibliothécaire de l'empereur Ferdinand, Lambeccius, envoyé dans cette ville pour demander, avec l'appui de Leslie et de Reninger, l'autorisation de visiter la bibliothèque de Mathias Corvin, dont les plus beaux fragmens avaient été emportés à Constantinople, avec les statues d'airain du château, par le grand-vizir Ibrahim, lors de la prise d'Ofen sous le règne de Souleïman; mais il en restait encore une bonne partie qui pourrissait dans une salle souterraine [1]. Lambeccius s'y fit conduire avec le jeune comte Leslie et l'interprète d'Asquier, et il obtint, par l'entremise de l'ambassadeur, deux manuscrits des discours des Pères de l'Église [2], plus propres à irriter qu'à apaiser la soif d'un érudit (mars 1666).

Casanova fit adresser aux paschas de Neuhæusel et de Wardein un ferman qui leur enjoignait de ne pas inquiéter les Heiduques libres de Szobos (23 août 1666). Néanmoins, quatre mois plus tard, l'interprète Mesgnien, dans le cours d'une mission dont il fut chargé auprès du vieux Gourdji Mohammed-Pascha, qui était encore gouverneur d'Ofen, renouvela ces réclama-

---

[1] *Cryptam illam in qua Bibliothecæ Corvinianæ reliquias aiebant adservari.* Diarium intineris budensis 1666.

[2] Le comte Leslie obtint : *S. G. Nazianzeni sermones apologet. in membrano 4. S. Augustini sermones de Verbis. Joannis Quinque eclesiensis poemata.* Lambeccius dit, dans le *Rapport* en langue allemande qu'il adressa à l'empereur, à propos d'autres ouvrages : « J'ai sollicité de nouveau ces livres au nom de Votre Majesté, mais inutilement. » Il visita le Gülbaba (lieu de pèlerinage dans les vignes d'Ofen), les bains, et, avec Arundel, les restes des anciennes constructions romaines à Gran; puis, en compagnie de B. de Finn, les débris attestant la défaite de Forgacs.

tions. Il était porteur de présens et articulait divers griefs contre les paschas de Neuhæusel et de Wardein; ses plaintes étaient fondées sur les mauvais traitemens dont les Heiduques libres étaient demeurés l'objet. Les Ottomans répondirent à ces plaintes par des récriminations sur les incursions de Zriny et de Nadasdi (20 octobre 1666). Deux mois après, Kasim-Pascha, le nouveau gouverneur d'Ofen, notifia sa nomination à Vienne par l'entremise d'un aga. Ce dernier, à la tête de trente-six personnes, fut présenté à l'empereur en audience solennelle par le duc de Gonzaga. Kasim épousa la sœur du Sultan, promise au favori Kouloghli Moustafa, qui refusa cet honneur, heureux de conserver sa liberté et la faveur du souverain.

Le marquis Augustin Durazzo [1], qui était déjà venu à Constantinople à la suite de l'ambassade impériale, revint par mer l'année suivante, chargé de négocier une capitulation pour la république de Gênes. A son arrivée, il fut admis auprès du Sultan en audience solennelle; mais il ne put obtenir une audience de congé. Toutefois il reçut trente-cinq kaftans et une indemnité de soixante écus. Pour récompenser Panajotti d'avoir dirigé les négociations et favorisé l'admission de son ambassadeur, la république de Gênes lui conféra des titres de noblesse [2]. Les sujets du grand-duc de

---

[1] De La Croix, dans son *État général de l'Empire ottoman*, I, p. 295, fait un Doria de *Durazzo : Le principal point de l'instruction de Doria, ambassadeur de la république de Gênes à S. Mehemet IV, en 1668, n'étoit-ce pas de procurer à Philippe IV l'amitié de cet empereur, qui lui fut refusée?*

[2] *Pertanto havendo esso per moglie una Sciotta di Casa Cavalcoressi.*

Toscane obtinrent en même temps, et par son entremise, un ferman qui assurait certains avantages à leur commerce ¹.

Peu de temps avant le départ de l'ambassade impériale, l'ambassadeur français, M. de La Haye Vantelet, le même auquel Mohammed Kœprilü avait fait donner la bastonnade, arriva à Constantinople sur le vaisseau de guerre *le César*. Il demanda à être reçu comme les ambassadeurs d'Angleterre et d'Autriche; mais le grand-vizir ne voulut pas lui accorder plus de dix tschaouschs pour escorte, et le lendemain il entra obscurément au palais de l'ambassade française (7 décembre 1665). Le grand-vizir n'avait pas pardonné à la couronne de France les secours qu'elle avait envoyés aux Hongrois, et il reçut son représentant avec hauteur, sans se lever et en lui reprochant l'alliance des Français avec les ennemis de la Porte. La Haye se retira et fit dire au premier ministre que, si une autre fois il ne se levait pas pour le recevoir, il rendrait les capitulations et retournerait en France. Dans une seconde audience où le grand-vizir ne se montra pas moins impoli, La Haye jeta les capitulations à ses pieds. Le grand-vizir le traita de juif; le chambellan l'arracha de son tabouret, et commença à l'en frapper; l'ambassadeur ayant fait mine de tirer son

famiglia dal 1537 *agregata ai Nobili Genovesi.* Valiero, l. VII, p. 621. Dans la *Relation* de l'ambassade impériale, cette Cavalcoressi, mariée à Panajotti, est désignée comme appartenant à la famille des Cantacuzènes.

¹ *Il comandamento per il traffico delli Sudditi del Granduca non e fatto ancora, perche siamo stati in viaggio — hora procuro di averlo.* Panajotti.

épée, un tschaousch lui donna un soufflet[1]. Le grand-vizir le tint trois jours enfermé, et employa ce temps à délibérer avec le moufti Wani-Efendi et le kapitan-pascha. Enfin il fut convenu que M. de La Haye aurait une nouvelle audience, qui serait regardée comme étant la première. Dans cette nouvelle entrevue, le grand-vizir vint à lui, lui adressa un salut amical et lui dit avec un sourire ironique : « Que tout était fini, qu'il fal-
» lait tout oublier, et qu'à l'avenir ils seraient bons
» amis. » Les coups de tabouret et le soufflet furent passés sous silence; sans doute celui qui les avait reçus omit d'en parler à son gouvernement; ce qu'il y a de certain, c'est que les histoires de la diplomatie française ne mentionnent pas cet événement.

Le czar de Russie avait prié Denys, patriarche grec de Constantinople, de venir à Moscou présider le synode qu'il avait réuni pour faire déposer le patriarche russe, qui lui était opposé (1665); mais le patriarche de Constantinople avait trop présent à l'esprit le sort de son prédécesseur Parthenius, que Mohammed avait fait pendre à cause de ses relations avec la Russie, pour oser entreprendre un pareil voyage; il envoya secrètement à sa place le patriarche d'Antioche et d'Alexandrie et l'archevêque du Mont-Sinaï, qui furent très-bien accueillis par le Czar.

---

[1] Le *Rapport* de Casanova, dans les Archives I. R., donne le 8 janvier. Flassan se trompe ici. L'audience où de La Haye fut si gravement injurié eut lieu le 7 ou le 8 janvier, et celle qui devait être considérée comme la première n'eut lieu que dix jours après. Flassan, ainsi que Chardin, I, p. 35, se taisent sur l'injure faite au roi dans la personne de son ambassadeur.

À cette nouvelle, le grand-vizir fit appeler le patriarche de Constantinople, et le força à déposer l'archevêque et les deux autres patriarches, qui se virent ainsi dépouillés de leurs bénéfices, pendant qu'ils délibéraient à Moscou sur le sort de leur collègue russe [1].

Cette circonstance détermina le Czar à envoyer un ambassadeur à Constantinople : le surlendemain de son arrivée à Andrinople, ce dernier fut reçu par le kaïmakam : trois jours après, le Sultan lui donna audience sous sa tente, n'ayant pas jugé à propos de l'accueillir dans son palais (8 octobre 1666 — 8 rebioul-akhir 1077). Il déploya, à cette occasion, un cérémonial tout-à-fait inusité. Le trône impérial s'élevait au milieu d'une grande tente dressée aux bords de la Toundja. De chaque côté du trône, on voyait l'un des deux Moustafa, dont le premier était vizir favori et le second le kaïmakam Kara Moustafa, les pages du palais intérieur et les laquais impériaux [2], les fauconniers et les confidens, les muets et les nains. L'envoyé s'exprima dans sa langue maternelle : puis le Sultan se tourna vers le kaïmakam et lui dit : « Si » l'ambassadeur a quelque chose à ajouter, qu'il parle » devant moi. » Le kaïmakam répondit que le reste du message était contenu dans la lettre du Czar. Ainsi fut terminée l'audience. La mission de l'envoyé russe

---

[1] *L'État présent des Nations et Églises grecque, arménienne et maronite en Turquie*, par M. de La Croix. Paris, 1715, chap. 38, *de la querelle du G. Duc de Moscovie avec son Patriarche.*

[2] *Schatir.* Abdipascha, p. 58.

avait pour objet de solliciter la réintégration de l'archevêque et des deux patriarches : sa demande fut accueillie [1]. Les patriarches passèrent une année à Moscou ; ils employèrent ce temps à remettre en vigueur la discipline ecclésiastique qui avait perdu toute son autorité et à établir en Russie le rite adopté par l'église de Constantinople. Ils saisirent cette occasion pour intercéder en faveur des malheureux exilés dans *les forêts noires* [1], et obtinrent du Czar une diminution des droits de douane au profit des négocians grecs établis en Russie. Ils retournèrent enfin à Constantinople, porteurs de riches aumônes et de présens considérables.

De son côté, l'envoyé russe se plaignit du tribut levé par le khan des Tatares sur quelques peuplades soumises à la domination du Czar. Le nouveau khan, Aadil-Ghiraï, fils de Tschoban Dewlet-Ghiraï, avait été nommé par le grand-vizir qui n'avait pu pardonner à son prédécesseur, Mohammed-Ghiraï, de n'être pas venu en personne à la guerre de Hongrie où il s'était borné à envoyer son fils, et la seconde, de harceler avec les Tatares de Crimée les Noghaïs, auxquels la Porte avait assigné des territoires en Bessarabie [2]. Aadil-Ghiraï avait quitté son exil de Rhodes pour devenir khan des Tatares aux lieu et place de

---

[1] « Ils intercédèrent pour les relégués aux forêts noires. » La Croix, p. 112.

[2] *Boudjak*. Le *Soubdet* explique cette dénomination qui, à proprement parler, signifie l'*angle;* car la Bessarabie est resserrée entre le Danube, le Dniester et la Mer-Noire.

Mohammed-Ghiraï. Avant de quitter la capitale, Aadil-Ghiraï s'était fait devancer en Crimée par son kalgha, Islam-Ghiraï, et par Serkhosch Ibrahim-Pascha: le premier avait pris la route de terre, le second s'était rendu à Kaffa avec deux galères, où le nouveau prince, suivi du chambellan OEgüz, le rejoignit avec une escadre de onze galères (7 avril 1666). Les terres situées aux bords du Dniester, qui jusqu'alors avaient été attribuées au khan et considérées comme biens de la couronne, passèrent aux mains du fisc et constituèrent une voïévodie qui fut remise aux Tatares noghaïs. L'établissement de ces derniers en Bessarabie ne dura que trois ans, et, pendant cet intervalle, les voïévodes de Moldavie et de Valachie ne cessèrent de réclamer contre leurs incursions et leurs pillages continuels: enfin la Porte fit droit à ces justes récriminations, et le chambellan Saribeg Mohammedaga fut nommé commissaire, et chargé de reconduire les Tatares dans les steppes de leur pays natal. Dans l'année qui suivit son avènement, Aadil-Ghiraï envoya à Vienne une ambassade solennelle pour notifier son avènement à la cour impériale [1]. Ce fut le premier Tatare qui, outre les dépêches du kalgha, du noureddin, de la Walidé et du grand-vizir adressées à l'empereur, remit à l'impératrice, en audience solennelle, une lettre de la Walidé [2]. L'ambassadeur tatare

---

[1] Ahmedaga, seizième ambassadeur tatare à la cour impériale.

[2] *Traducion de carta de la Valide o madre del Chan di Tataria por la Magd. de la Emperatriz, presentada á los 12. Agosto 1667. El sobre*

avait exprimé le désir que l'empereur envoyât en retour un ambassadeur à son maître : cette demande fut passée sous silence.

Venise, qui pendant la guerre de Hongrie avait respiré plus à l'aise, sentit, après la conclusion du traité de Vasvar, que les hostilités ne tarderaient pas à se rallumer entre elle et la Turquie. Cependant elle ne désespéra pas de rétablir la paix et chargea le négociateur Ballarino, qui n'avait pas quitté Constantinople, de remettre au Sultan et au grand-vizir les nouvelles dépêches du doge Contarini. Le grand-vizir mit pour conditions à la paix le paiement de cent mille ducats par les mains de l'ambassadeur vénitien chargé de conclure le traité, l'acquittement d'un tribut annuel de douze mille ducats frappé sur l'île de Candie, et enfin la cession de Suda à l'empire ottoman : de son côté, la Porte s'engageait à détruire les deux châteaux qui faisaient face à la forteresse de Candie et à relâcher tous les prisonniers détenus aux Sept-Tours. La république accepta toutes ces conditions, moins une. Bien que Suda fût à peine située à trois milles de la Canée, elle ne put souscrire à son abandon, et Ballarino refusa de céder sur ce point. Dans un grand conseil réuni à Constantinople, on décida qu'il fallait poursuivre la guerre de Crète avec plus de vigueur que jamais. Kaplan-Pascha reçut le commandement d'une flotte redoutable, et les queues de cheval furent

---

escrito dize asi : Llegue con el ayuda de dios felizmente á la presencia de la Emperatriz consorte del muy podroso Cesar nuestro caro amigo.

arboréés à la porte du seraï (2 avril 1667 — 7 schewal 1077).

Le Sultan campa à Daoud-Pascha et se rendit, par Kirkkilisé, à Andrinople où il arriva après un voyage ou plutôt une chasse qui dura vingt-deux jours (25 mai 1667 — 1ᵉʳ silhidjé 1077) [1]. A Khan-Kœi, il passa en revue les troupes des beglerbegs d'Adana, de Karamanie et du beg de Tarschouz (Tarsus), et donna des kaftans d'honneur à chacun de ces officiers. Vers la même époque, arrivèrent à Andrinople l'ambassadeur Mohammed-Pascha de retour de la mission qu'il venait d'accomplir à Vienne, et le tschaousch Abdounnebi qui, chargé par le grand-vizir d'un message pour le premier ministre de Perse, l'Itimadeddewlet, rendit compte de la position critique dans laquelle se trouvait le schah de Perse, souverain faible et inintelligent.

Quinze mille bourses destinées à terminer la guerre et puisées dans le trésor particulier du Sultan, furent avancées au defterdar du grand-vizir. Déjà il était arrivé au sultan Mourad III de prêter à son premier ministre, Sinan-Pascha, un million d'aspres sur son trésor privé, pour l'aider à subvenir aux frais de la

---

[1] Les stations que fit le Sultan dans ce trajet sont indiquées par Raschid, mais mieux encore par Abdi : ce sont Yarik Bourghaz, Tschataldjé, Fetar, Kœstmer, Oghraschkœi (où se livra la bataille entre Bayezid II et son fils Sélim), près de Tschorlo-Seraï, Wiza, Souleïman-Aouzi, Biné, Kirkkilisé, Khasskœi, Hafsa, Tschœlmekkœi, Andrinople. Les dates indiquées par Raschid, *Soubdet*, et celles de Valiero, 1. VII, p. 656, *parti da qui allì 23 Maggio il Sult. da Costantinopoli*, ne sont exactes ni les unes ni les autres.

guerre entreprise contre les Hongrois. Le Sultan remit, avec le cérémonial ordinaire, l'étendard sacré au grand-vizir dont les troupes campaient à Timourtasch, aux environs d'Andrinople. Cinq jours après, ce dernier marcha sur Candie avec toute son armée. Pendant les quatre premiers jours qui suivirent cette entrée en campagne, le Sultan se fit lire par le page et l'historien Abdi le récit des victoires remportées par ses aïeux, telles que la prise de Constantinople par Mohammed II, la bataille de Tschaldiran sous Sélim Ier, les prises de Rhodes et de Belgrade sous le règne de Souleïman; ce fut pour lui comme un avant-goût de la prise de Candie; mais moins guerrier que ses ancêtres, il craignait de se mettre lui-même à la tête de ses armées. De telles lectures servaient tout au plus à exalter son amour pour la chasse, exercice dans lequel il déployait plus d'héroïsme que sur les champs de bataille ou même dans le sein du harem [1], car une femme grecque de Retimo, sa favorite, le tenait courbé sous son joug impérieux. Le préjugé populaire vit même dans cette circonstance un présage favorable au succès de la nouvelle campagne, et ne douta pas que cette Grecque, originaire de Candie et admise à partager la couche du Sultan, ne fût appelée à régner exclusivement sur son pays natal. L'empire que cette

---

[1] *La Regina madre osservava l'aversione che il figliolo teneva alle femine non inclinando punto alle delitie dei Seragli.* Valiero est tout-à-fait d'accord avec Tullio Miglio sur *le Particolarità dell' Imper. Ottom.*: *Il suo humore à più del malinconico, che non si cura troppo delle donne.*

femme avait pris sur Mohammed calma toutes les inquiétudes du grand-vizir, qui craignait de se voir supplanté par les favoris du Sultan [1]; mais à peine eut-elle donné le jour à un héritier du trône, que le Sultan songea à écarter les compétiteurs de cet enfant en faisant étrangler ses deux frères Ahmed et Souleïman, et il eût accompli ce double fratricide, légitimé par la loi, si le moufti ne lui eût pas fait observer qu'un enfant au berceau offrait trop peu de garanties pour qu'un pareil meurtre ne fût pas au moins prématuré. La sultane Khasseki, mère de ce prince alors âgé de deux ans, reçut une portion des domaines de la couronne qui représentait une valeur de dix millions d'aspres, et la sultane Fatima, fille d'Ahmed Ier, étant morte trois ans après, ses biens furent réunis à ceux de la Khasseki. Quel que fût l'amour du Sultan pour cette Grecque, l'ostentation qui lui était si naturelle entra pour beaucoup dans cette libéralité. Ce fut à la même époque qu'il institua douze coureurs (schatir) dont la livrée magnifique effaçait tout ce qu'on avait vu jusqu'alors en ce genre, rehaussée d'ailleurs par des ceintures d'or, des panaches et des sabres ornés de pierreries; plus douze gardes-du-corps (tschokadar) et douze hommes choisis parmi la garde des archers (solak) qui marchaient à côté du Sultan toutes les fois que ce dernier paraissait en public, et étaient pré-

---

[1] *Pochi anni fa mostrava di voler machiarsi con l'infame vizio che tra Turchi ormai e reso più famigliare che l'uso delle donne, ma il defonto Vesiro accortosene tirò con destrezza fuori del Seraglio il ragazzo, che gia era vecchio di 18 anni.* Tullio Miglio, p. 7.

posés spécialement à la garde de ses étriers. Il confia aussi, vers le même temps, le poste de second vizir à son favori Moustafa Koulogbli, auquel il fit un apanage (arpalik) des revenus de trois sandjaks asiastiques (Aïdin, Saroukhan et Karahissar); il lui céda également des biens de la couronne pour une valeur de dix millions d'aspres. Quant à lui, il continua à partager son temps entre la chasse et le jeu du djirid [1].

Avant son départ de Constantinople, la mosquée du palais impérial de Daoud Seraï avait reçu plusieurs embellissements : on y avait élevé un minaret et construit une chaire (minber) pour les discours prononcés en présence du Sultan après la prière du vendredi. A cette occasion, de riches présens avaient été distribués aux desservans de la mosquée, mais surtout au premier chapelain et au premier prédicateur de la cour, Ibrahim et Wani-Efendi. Déjà, dans une autre circonstance, ce dernier avait reçu un présent de cent moutons; car Mohammed était musulman orthodoxe, et il avait, comme le grand-vizir, accordé toute sa confiance à Wani-Efendi. Il ne sortait jamais, même pour aller à la chasse, sans être précédé d'un chameau qui portait le Koran, et, au seraï, il tenait sévèrement la main à ce que chacun s'acquittât des prières ordinaires ou extraordinaires ordonnées par la loi (2 juillet 1666 — 29 silhidjé 1076). Au moment

---

[1] *Li suoi esercitii sono il giuoco di gerit, e della caccia in particolare e tanto amatore, che spesso ne consuma tutto il giorno in essa. Parte alla caccia con solo, turbante, resta molitissime ore esposto alle ingiurie del calore e del sole.* Tullio Miglio, *Particolarità del Imp. Ottom.* p. 7.

où l'armée ottomane partit pour la campagne de Crète, un ferman fut publié dans toutes les provinces de l'empire qui ordonnait des prières publiques pour le succès de la guerre. Une éclipse de lune étant survenue, il enjoignit aux pages de réciter, pendant toute sa durée, les prières ordonnées en pareille circonstance.

La superstition populaire et les sectes des orthodoxes, qui avaient intérêt à l'entretenir, virent ou feignirent de voir dans cette éclipse un symbole, au reste assez ingénieux, des ténèbres que l'apparition contemporaine d'un Dedjal et d'un Mehdi devait momentanément répandre sur la vraie foi, mais que la vive lumière de l'Islamisme ne tarda pas à dissiper. Dedjal est aux musulmans ce que l'Antechrist est aux chrétiens : Mehdi est l'imam qui reparaîtra comme lui à la fin du monde et annoncera sa venue avant le jugement dernier. Le Dedjal dont nous voulons parler n'était autre qu'un juif, nommé Sabathaï Lévi, né à Smyrne, et qui, après avoir épousé trois femmes, parut à Jérusalem où il se posa en réformateur, déclara la fête du temple abolie, et se donna enfin pour le Messie. Il écrivit sous ce titre à tous les juifs de l'empire ottoman, et ses lettres circulaires mirent surtout en émoi les synagogues de Smyrne et de Thessalonique, auxquelles il s'était adressé plus particulièrement, de même que les épîtres de saint Paul révolutionnèrent seize siècles auparavant les habitans de ces deux villes. Il s'intitula, lui, Sabathaï Lévi, le premier né, le fils unique de Dieu, le Messie et le sauveur d'Israël.

A la voix du nouveau Messie, des milliers de juifs accoururent non seulement de Smyrne, de Selanik et de Constantinople, mais d'Allemagne, de Livourne, de Venise et d'Amsterdam. Les rabbins prirent parti pour ou contre Sabathaï. Lorsque le grand-vizir Ahmed Kœprilü le fit emprisonner à Constantinople, ses partisans fanatiques virent dans cette persécution le premier accomplissement de l'antique prophétie qui annonçait la disparition du Messie pour neuf mois, temps au bout duquel il reviendrait monté sur une lionne, la dirigeant avec une bride formée de serpens à sept têtes, escorté par les frères juifs qui habitent l'autre côté du fleuve Sabation, et désormais le seul maître du monde. En partant pour Candie, le grand-vizir fit transférer l'Antechrist-Messie au château des Dardanelles situé sur la côte européenne. Sabathaï, qui atteignait alors sa quarantième année, âge légal des prophètes aux termes des canons, employa le temps de sa détention à développer sa nouvelle doctrine dont un des principaux points abolissait la fête du temple et y substituait la célébration de son anniversaire. Un rabbin polonais, du nom de Néhémias, qui ne se sentait pas moins disposé que Sabathaï à jouer le rôle de l'Antechrist, mais qui n'avait pu lui persuader que les prophètes annonçaient la venue de deux Messies, l'un maître de l'univers, et l'autre son précurseur; Néhémias, disons-nous, ne pouvant même plus aspirer à un rôle secondaire, ameuta les autres rabbins et se rendit avec eux à Andrinople où, par-devant le kaïmakam, il accusa Sabathaï de souffler la révolte au peuple. Ce dernier, conduit à Andrinople, y subit un interrogatoire en présence du Sultan, du kaïmakam-pascha, du moufti et du scheïkh Wani. Le Sultan voulut mettre sa puissance à l'épreuve : il ordonna que Sabathaï fût dépouillé de ses vêtemens et servît de but à des archers d'une adresse éprouvée, désirant voir comment les flèches rebondiraient sur le corps du Messie. A ces mots, l'Antechrist avoua qu'il était tout simplement un pauvre rabbin et ne se distinguait en rien de ses confrères. Le Sultan lui offrit alors de réparer, par sa conversion à la foi musulmane, le scandale dont il avait été l'objet et le crime de haute trahison qu'il avait commis en s'attribuant le titre de Messie de Palestine, un des sandjaks de la Sublime-Porte, forfait qui devait être expié par le supplice du pal (24 septembre 1666 — 24 rebioul-ewwel 1077). Ici se dénoua la comédie : le Messie devint musulman, et, en échange de sa renonciation à l'empire du monde, il accepta une bourse d'argent et un emploi de gardien du seraï au traitement de cinquante aspres. Toute sa famille se réfugia comme lui au sein de l'islamisme, et il fut un des instrumens les plus utiles que mit en œuvre le scheïkh Wani pour obtenir la conversion des juifs. Dix années de sa vie furent employées à atteindre ce but : au bout de ce temps on l'exila en Morée où il mourut dix ans après. Le système de propagande adopté par le scheïkh Wani et pour l'application duquel il trouva dans Sabathaï un puissant auxiliaire, échoua quelquefois, notamment auprès de l'intrépide Panajotti que le grand-vizir avait entrepris de convertir à l'islamisme : à cet effet il provoqua une polémique religieuse entre lui et le scheïkh Wani qui ne réussit pas à convaincre son adversaire.

Pendant que Sabathaï catéchisait les juifs de l'empire ottoman, le fils d'un scheïkh du Kurdistan se donnait pour Mehdi et soulevait plusieurs milliers de Kurdes. Le beglerberg de Mossoul, de concert avec le gouverneur d'Amadia, parvint à disperser les partisans du jeune prophète, s'empara de lui et de son père et les envoya tous deux prisonniers au Sultan (avril 1667 — schewal 1077). Ce dernier chassait aux environs de Wizé, lorsque le nouveau Mehdi lui fut présenté. Interrogé en présence du souverain, le jeune homme abandonna son rôle de précurseur et répondit avec beaucoup de sens aux questions qui lui furent adressées : le Sultan en fut satisfait et l'attacha à la chambre du trésor en qualité de page : quant à son père, il le nomma supérieur d'un couvent. Ainsi l'Antechrist juif et le Mehdi kurde, l'un page et l'autre concierge du seraï, contribuèrent tous deux à assurer la tranquillité du Sultan non moins que celle de l'empire.

Des troubles d'un autre genre éclatèrent à Bassra, en Egypte et à la Mecque. Houseïn-Pascha, qui avait obtenu le gouvernement héréditaire de Bassra, s'attira la disgrâce du Sultan par sa rébellion, et le gouverneur de Bagdad, Ibrahim-Pascha, reçut l'ordre de marcher avec les begs contre lui, et de procéder à l'installation de Mohammed-Pascha qui devait remplacer Houseïn. Ibrahim-Pascha, nommé serdar, réunit sous ses drapeaux, à Hellé, les beglerbegs du Diarbekr, de Schehrzol, de Mossoul, de Haleb, de Rakka, les émirs kurdes et arabes, et se dirigea vers le château fort de Kavarna, assis au confluent du Tigre et de l'Euphrate, où s'était retranché Houseïn avec les débris des corps de dragons (saridjé), de hussards (seghban) et de la milice indigène (lewend), qui avaient combattu sous les chefs rebelles d'Abaza Hasan. Après avoir infructueusement assiégé Kavarna pendant trois ou quatre mois, le gouverneur de Bagdad se vit contraint de transiger avec Houseïn-Pascha. Il fut convenu que Houseïn se retirerait à la Mecque et qu'en prenant le gouvernement de Bassra, son fils Efrasiab paierait huit cents bourses pour les frais de la guerre et verserait annuellement vingt mille écus au trésor du Sultan. Ibrahim-Pascha retourna alors à Bagdad, et Houseïn à Bassra où, en son absence, les négocians avaient pris les rênes du gouvernement au nom du sultan Mohammed. A sa rentrée dans la ville, il sévit contre ces derniers et envoya au Sultan, par l'intermédiaire de son cousin et mandataire Yahya-Aga, trois cents bourses provenant d'exactions et de meurtres, en promettant d'acquitter en divers paiemens le reste de la contribution qui lui était imposée (1666).

Yahya-Aga rencontra à Andrinople plusieurs négocians de Bassra qui venaient demander justice pour les violences inouïes dont leurs frères avaient été l'objet. Leurs plaintes furent portées au diwan, et comme la défense de Houseïn-Pascha était nulle dans la bouche de son mandataire, qui offrit de fournir les mêmes sommes que son cousin, le gouvernement de Bassra fut confié à Yahya-Aga, et le nouveau gouverneur de Bagdad, Firari Moustafa, reçut l'ordre de marcher sur Bassra avec les begs de Rakka et de Mossoul, de Diarbekr et de Schehrzol, la cavalerie feudataire et les janissaires (1667). Firari Moustafa laissa d'abord passer les grandes chaleurs dans son camp de Hellé; puis il imagina d'assaillir Kavarna du côté des marais, qu'il rendit praticables en faisant abattre des forêts de palmiers; Houseïn-Pascha, reconnaissant l'impossibilité de tenir plus long-temps, s'enfuit en Perse; le fort se rendit aussitôt, et Yahya-Aga en prit possession comme gouverneur de Bassra.

A cette nouvelle, le Sultan nomma Rahma Kazimzadé defterdar de Bassra, et le chargea en cette qualité de fixer les limites de ce gouvernement et le montant des impôts à percevoir dans la province. La garnison de Kavarna reçut en même temps un renfort de mille janissaires. A l'arrivée du defterdar, le gouverneur lui défendit de s'immiscer dans les affaires de finances, et, comme les troupes réclamaient le paiement de leur solde arriérée, Rahma leur déclara que ses efforts pour les satisfaire étaient paralysés par le gouverneur de Bassra. L'armée se souleva, et ce dernier, incapable de conjurer l'orage, prit la fuite au milieu d'une fête (16 août 1668 — 8 rebioul-ewwel 1079). Le Sultan chassait à Brousa, lorsque cet événement lui fut annoncé: il conféra immédiatement le gouvernement de Bassra à Moustafa-Aga qui avait épousé la nourrice du souverain. Après avoir rallié autour de lui tout ce qu'il y avait de plus infime dans les tribus arabes, Yahya-Pascha reprit possession de Bassra par l'intermédiaire de son kiaya. Puis il marcha avec ce dernier sur la forteresse de Kavarna, prévoyant bien que le gouverneur de Bagdad chercherait à secourir la garnison de cette place. Mais ses troupes furent assaillies et dispersées par celles du pascha de Bagdad, et son kiaya fut tué dans la mêlée. Il s'enfuit de nouveau à Sourit, sur la frontière de Perse, où il réunit une seconde fois le rebut de la nation arabe : puis il fondit comme un fléau sur la ville de Bassra. Les brigands arabes dont se composait son armée entrèrent dans cette capitale, tenant le fer d'une main et la flamme de l'autre, violant les femmes et égorgeant les hommes ; ils détruisirent la ville de fond en comble et massacrèrent toute la population. Depuis les horreurs commises par Timour à Siwas, on n'avait rien vu de semblable. Firari-Pascha reçut l'ordre de marcher une seconde fois sur Bassra avec le beglerbeg de Diarbekr, de Rakka, de Meràsch et de Schehrzol (1668). Il laissa passer les grandes chaleurs et en automne il se disposa à assiéger Kavarna. Il adressa une circulaire aux scheïkhs des tribus arabes dont la plus puissante était celle des Ibn Oulian et qui embrassèrent la cause du Sultan. Yahya se vit réduit à s'enfuir en Perse. Ce fut ainsi que la province de Bassra redevint pour la troisième fois tributaire de la Porte. A peine Moustafa-Aga était-il entré en possession de son gouvernement, qu'il en fut dépouillé au profit de Firari Moustafa, pascha de Bagdad, chargé de l'organiser sur une meilleure base.

Quelques troubles qui éclatèrent en Géorgie vers la même époque furent apaisés plus facilement : il suffit aux paschas d'Erzeroum et de Tschildir de s'emparer de quelques châteaux-forts, et l'ordre fut rétabli. Mais, comme quelques Géorgiens, protégés par le scheïkh Wani, avaient réclamé contre l'injustice de Mohammed, kiaya du gouverneur d'Erzeroum, un khasseki alla demander sa mort, ainsi que celle du juge militaire, et leurs têtes furent portées à Andrinople. A Constantinople, l'ancien khan de Bidlis, Abdal-khan, qui, après avoir été réduit par Melek Ahmed-Pascha, avait depuis vécu paisiblement dans la capitale, fut étranglé inopinément en vertu d'un ordre du Sultan apporté d'Andrinople par un kozbegdji du seraï, sans que personne pût découvrir la cause de cette exécution ; toutefois on l'attribua au désir qu'avait Mohammed de s'approprier les richesses qu'Abdal-khan possédait encore.

A l'époque où nous sommes parvenus, l'histoire d'Egypte et celle de la Mecque, qui ont eu jusqu'à présent de nombreux points de contact, seront à l'avenir bien près de se confondre. L'Albanais Ibrahim-Pascha avait succédé à Omer-Pascha dans le gouvernement d'Egypte : c'était un homme bon et juste ; mais il était sous l'influence d'un véritable démon dans la personne de son kiaya. Le rouznamedji Sohrabzadé Moustafa-Efendi, qui, lors des derniers troubles suscités en Egypte par le beg de Djirdjé, s'était rendu à

Constantinople, en revint avec la mission de mettre à mort le kiaya : effectivement il ne tarda pas à l'empoisonner dans un festin.

A la Mecque, le schérif Seïd Mouhsin étant mort, son fils Saad le remplaça. L'emirol-hadj Ouzbeg qui était venu visiter le tombeau du Prophète, trama le renversement du schérif avec Hamoud, frère de ce magistrat, et envoya au Kaire ses deux fils qu'il chargea de remettre un présent de trente mille ducats au pascha d'Egypte. Celui-ci, ou plutôt son kiaya, prit l'argent et retint les deux fils prisonniers. Hamoud s'en vengea en marchant sur Yenbouou et en faisant main-basse sur toutes les aumônes et les marchandises qui y étaient entreposées à la destination de Médine. A cette nouvelle, Yousoufbeg sortit du Kaire et marcha contre lui à la tête de cinq cents janissaires. A trois reprises différentes, Hamoud le fit inviter à ne pas trop se rapprocher de Yenbouou : Yousouf n'en tint pas compte et s'aventura dans les gorges de Djémidéré où il fut assailli par Hamoud et perdit tout son corps d'armée; lui-même fut pris avec son fils (3 janvier 1668 — 18 redjeb 1078). La nouvelle de cette défaite fut portée en Egypte par quatre janissaires, les seuls qui fussent parvenus à s'enfuir. Deux mille hommes et dix begs des Mamelouks reçurent l'ordre de devancer la caravane des pèlerins, et de rétablir les communications interceptées entre l'Egypte et la Mecque. Hamoud, sentant son infériorité, se retira en secret, et la vue de ses tentes trompa et retint l'armée égyptienne : il en profita pour gagner du terrain. Les

Egyptiens ayant reconnu leur méprise le poursuivirent pendant trois jours, mais sans pouvoir l'atteindre. Après le départ de la caravane, Hamoud pilla la Mecque et Djiddé, et ravagea si bien le pays, que la famine y enleva sept ou huit mille personnes. Soixante ou quatre-vingts fugitifs de la Mecque vinrent, en poussant les hauts cris, demander du secours à Brousa où le Sultan était alors en quartier d'hiver. Freng Hasan-Pascha, sandjak de Morée, fut nommé sandjak de Djiddé et reçut la mission de pacifier l'Arabie : pour le mettre en état de soutenir son rang, on lui assigna les revenus d'Itschil (Cilicie).

En Egypte, où il pleut très-rarement et où la grêle est encore moins fréquente, il tomba cette année des grêlons d'une grosseur prodigieuse; quelques-uns pesaient jusqu'à deux livres, et leur chute tua non seulement les oiseaux qu'elle surprit dans les airs, mais un grand nombre de bestiaux (28 juillet 1667 — 18 sâfer 1079). Ce ne furent pas les seuls phénomènes qui signalèrent l'année 1667 : elle fut témoin aussi de tremblements de terre assez violents pour renverser des villes et faire disparaître des montagnes. La moitié d'Erzendjan fut engloutie dans les entrailles de la terre; à Mossoul on vit s'écrouler bon nombre d'édifices, entre autres la coupole qui recouvrait le tombeau du prophète Jonas [1]. Deux ans auparavant, la mort de deux hommes d'Etat célèbres, l'ancien grand-vizir Bami Yarali Mohammed-Pascha et l'ancien

---

[1] Le *Soubdet* rend compte également d'un tremblement de terre, qui en 1077 aurait fait de grands ravages à Cataro, Spalatro, Sebenico et Raguse.

moufti Sanizadé, avait pareillement fixé l'attention publique. L'un d'eux, le vieux Turcoman Yarali Mohammed, s'était d'abord distingué sous les ordres de Khalil, surnommé *le Pieu de fer,* pendant la guerre de Perse où il avait reçu quarante blessures ; à son retour, le Sultan Mourad IV l'avait nommé gouverneur de Haleb, pour reconnaître le présent d'un kœschk dessiné et construit au goût du souverain ; plus tard, le parti des eunuques l'avait porté au grand-vizirat où il avait précédé immédiatement Kœprilü Mohammed. Au bout de cinq mois, son incapacité notoire avait déterminé sa chute, et, depuis dix ans, il menait une vie paisible non loin du couvent de Schahsewen ; exemple de modération bien rare au temps du sanguinaire Kœprilü Mohammed qui, pour se maintenir au pouvoir, avait dû écraser tant de rivaux, et qui cependant, soit mépris, soit respect, n'avait pas voulu anéantir son faible prédécesseur. En rendant le dernier soupir, l'ancien moufti Sanizadé sembla entraîner dans la tombe une foule de personnages revêtus des plus hautes dignités législatives ; car immédiatement après lui moururent à Constantinople, à Andrinople, à Damas et à Háleb, le kadiasker, Abdourrahman Schaaban, et une centaine de grands-juges mollas. Selon toute apparence, la peste causa cette mortalité, comme vers le même temps nombre de villes turques furent dépeuplées par des tremblements de terre.

Ce double fléau fut un excellent thème pour un prédicateur aussi habile que l'était Wani : il en tira si bon parti, qu'il réussit à faire pleurer tout son auditoire et le Sultan lui-même, à tel point que ce dernier, dans un accès de repentir, défendit, après le sermon, de laisser pénétrer les chevaux dans les champs ensemencés, et déclara que toute infraction à ce réglement serait punie par la confiscation du cheval et qu'en outre un châtiment serait infligé aux palefreniers délinquans. Une autre fois Wani annonça en chaire qu'aux environs de Hafssa un si grand nombre de pélerins allaient visiter le tombeau d'un certain Kanbourdédé, qu'il se glissait un mélange d'idolâtrie dans les honneurs dont il était l'objet. Le kaïmakam, frappé de cet avis, s'empressa de soumettre au Sultan une proposition à l'effet de détruire ce foyer de superstition. « Dieu » soit loué ! s'écria le Sultan, le kaïmakam a pré- » venu mon désir, car je me disposais à lui écrire » dans ce but. » (3 octobre 1667 — 14 rebioul-akhir 1078). En conséquence, un ordre impérial ordonna la suppression du pélerinage en question, et défendit sous des peines sévères de continuer à visiter le tombeau de Kanbourdédé. Cette victoire de Wani sur les mystiques ne put toutefois prévenir la fondation d'un nouvel ordre de derwischs, celui de Sinan Oummi, qui mourut l'année suivante à Almali.

En réprimant avec sévérité les pratiques superstitieuses, Mohammed n'oubliait pas de remplir exactement ses devoirs religieux. Peu de temps après il reçut, avec les honneurs dus à son rang, le scheïkh de la Mecque qui, suivant l'usage, lui remit, au retour de la caravane des pélerins, les clefs de la Kaaba ; il lui adressa diverses questions sur les deux villes saintes et lui fit don d'une pelisse de zibeline (11 novembre 1667 — 24 djemazioul-ewwel 1078).

Cette réception eut lieu aux environs de Philippopolis où le Sultan faisait une partie de chasse. Ces battues étaient très-onéreuses aux habitans des campagnes, et bien souvent coûtaient la vie à quelques-uns d'entre eux. Ainsi, deux années auparavant, une partie de chasse avait eu lieu à Tschataldjé : la population de quinze districts, c'est-à-dire environ trente mille hommes, avait été obligée d'y prendre part, et il en était résulté la mort de trente personnes. Pendant l'hiver que le Sultan passa à Andrinople, dix autres parties de chasse eurent lieu successivement. Dans le cours de l'année précédente, il avait voulu chasser au cœur de l'hiver à Kirkkilisé, à Aïdos et à Karinabad. Dans chacune de ces localités, on avait mis en réquisition vingt ou trente mille rayas appartenant à quinze districts, et lorsqu'à Yanboli les personnages qui entouraient le Sultan, las d'un pareil exercice dans la saison la plus rigoureuse de l'année, proposèrent de retourner à Andrinople, le Sultan leur répondit ironiquement « qu'en effet ce parti lui semblait prudent. » Il parcourut à cheval en vingt heures, avec toute son escorte, le trajet qui sépare Yanboli d'Andrinople sans mettre pied à terre.

Les rayas de quinze juridictions furent invités aux parties de chasse qui eurent lieu aux environs de Fikla et de Kod Kiasi. Quelquefois le Sultan n'emmenait avec lui qu'un personnel peu nombreux : c'était ce qu'on appelait la petite chasse. Chaque jour il organisait une nouvelle partie, excepté toutefois le vendredi où il entendait le sermon du prédicateur Wani, et assistait ensuite au jeu du djirid. Les pages, le kaïmakam-pascha et le vizir favori, Moustafa-Pascha, prenaient part à cet exercice. Souvent même Mohammed éprouvait son adresse à lancer le javelot : une fois, entre autres, il atteignit le but à une distance de quatre-vingts pas, et non seulement l'historien Abdi consigna le fait dans ses annales, comme un exploit digne de passer à la postérité, mais il composa à ce sujet un chronogramme : en un mot, l'histoire et la poésie s'unirent pour immortaliser le nouveau Guillaume Tell. Le Sultan partit ensuite pour Philippopolis. En route il chassa continuellement et fit dix-neuf haltes [1] à distances inégales, suivant l'importance et la durée des chasses [2]. Comme Abdi n'avait pas quitté Andrinople, le dülbendagasi (porteur du turban) fut chargé de prendre en note tous les événemens remarquables qui surviendraient pendant cette excursion et de les transmettre à

---

[1] 1° Akbinar, 2° Koutschouk Derbend, 3° Paschakœyi, 4° Gündüsler, 5° Bakhschaïsch, 6° Schaaban binari, 7° Karabinar, 8° de retour à Bakhschaïsch, 9° Ewlialer, 10° Arnaud bakadjighi, 11° Yanboli, 12° Khalilobasi, 13° Sagraï djedid, 14° Kademli Baba, 15° Sagraï atik, 16° Ali Pascha deresi, 17° Kara Osman, 18° Tchoban binari, 19° Felibé. De Philippopolis, le Sultan s'en alla à Kizilhissar ; il prit un bain chaud à Tatarbazardjik, se rendit dans les landes de Bourdjada kourousi, Kodoudébouroudsch, Moustafaaga kourousi, Istimanka. De Philippopolis à Andrinople, le Sultan s'arrêta, 1° à Papasli, 2° Kiali, 3° Ouzoundjowa, 4° Khermenli, 5° Moustafapascha kœprisi. De retour à Andrinople, le Sultan chassa à Tschœlmekkœi, Ispekli, Gülbaba, Ouzounkœpri, Wakfler, Ouskoudar.

[2] La grande chasse se nommait *bouyouk sourgoun*, la petite *koltouk sourgoun*.

l'historiographe, afin que les annales pussent en faire mention. A Philippopolis, les rayas de quinze districts furent, comme à l'ordinaire, invités aux chasses. Le trépas de chaque bête fauve abattue par le Sultan fut mentionné avec soin dans l'histoire de son règne : quant aux hommes auxquels ces divertissemens coûtèrent la vie, il n'en fut pas question.

De retour à Andrinople, le Sultan explora de nouveau en chassant les environs de cette ville, et visita le nouveau seraï qu'il faisait élever sur la hauteur de Haïderlik. En même temps, il ordonna d'achever en pierres la partie du nouveau seraï de Constantinople que deux ans auparavant un incendie avait réduit en cendres. Le defterdar Ahmed-Pascha, qui avait commencé la construction en bois, fut obligé de la démolir ; l'édifice, désormais plus durable, coûta deux *trésors* égyptiens ou douze cent mille ducats, et fut tellement somptueux, qu'au jugement de l'historien Abdi, « le palais merveilleux de Schedad, fils d'Aad, » et celui de Khosroës de Medaïn, n'étaient rien en » comparaison [1]. On y voyait des estrades de marbre, » des rangées de colonnes en pierres multicolores, » des kœschks dorés, des fontaines jaillissantes ornées de lames d'argent, des portes richement ci- » selées, des murailles revêtues en nacre de perle. » En un mot, la magnificence de ce nouveau seraï » laissait bien loin toute description. »

Un autre événement digne de fixer non seulement l'attention de l'historien Abdi, mais celle de nos lec-

[1] *Koura Nami kalmischdir*, littéralement *n'était que des noms secs.*

teurs, fut le mariage de la sultane Fatima (3 septembre — 14 rebioul-ewwel), tante du Sultan, exilée vingt-deux ans auparavant par le sultan Ibrahim, avec ses deux sœurs, Aïsché et Khanzadé, du seraï de la capitale dans celui d'Andrinople, et qui, parvenue à l'âge de cinquante ans et plus [1], n'en épousa pas moins en grande pompe Yousouf-Pascha, gouverneur de Silistrie : elle reçut en dot un *trésor* égyptien ou six cent mille ducats. A cette occasion, le moufti, le kaïmakam et le khazinedar favori Yousouf-Pascha, se rassemblèrent à Andrinople dans le jardin dit *du bassin*, et comme une indisposition du kislaraga ne lui permettait pas de remplir auprès de la sultane, dans les cérémonies du mariage, l'office de protecteur qui lui avait été confié, le khazinedar-vizir Yousouf le remplaça dans cette solennité. Il n'y avait pas encore bien longtemps que ce dernier avait refusé pour femme la fille du Sultan, désireux avant tout de conserver sa liberté, et bien différent en cela de son prédécesseur, le favori Yousouf-Pascha, vainqueur de la Canée, qui avait épousé une fille d'Ibrahim, la sultane Fatima. Le vizir-silihdar Yousouf, favori du sultan Ibrahim, s'était fiancé par ambition à la sultane Fatima, âgée de deux ans et demi, et sœur du sultan Mohammed. Quant au vizir et gouverneur de Silistra, Yousouf, il avait accepté la main ou plutôt la dot de la sultane Fatima, tante de Mohammed, bien qu'elle comptât plus d'un demi-siècle, tandis que le vizir et favori le khazinedar Yousouf refusa l'honneur dangereux de devenir gendre

---

[1] Le sultan Ahmed, son père, mourut en l'année 1617.

du Sultan. Ainsi, les deux Fatima, la première au berceau, la seconde au bord de la tombe, enchaînées par des liens disproportionnés, se virent sacrifiées à l'aveugle ambition d'esclaves parvenus et à l'égoïsme politique du souverain [1].

Quelle que fût l'aversion du Sultan pour toute affaire sérieuse, car il ne vivait que pour chasser, il lui fallait bien de temps à autre donner audience aux ambassadeurs étrangers, et encore les recevait-il souvent au milieu d'une chasse, témoin l'ambassadeur russe. Deux ans plus tard, un envoyé de la même nation, dont le cortége se composait de soixante-dix ou quatre-vingts personnes, eut à subir les mêmes traitemens que M. de La Haye, ambassadeur de France. Il refusa de communiquer sa dépêche au kaïmakam Kara Moustafa-Pascha, homme vindicatif, dont la duplicité égalait l'avarice. Admis à l'audience du Sultan, il voulut, mais en vain, y paraître en épée; il fut conduit en présence de Mohammed, avec son secrétaire et un envoyé tatare, Abdoul Aliaga (25 janvier 1668 — 10 schàban 1078). Il apportait en présent des dents de morse et des fourrures d'hermine et de zibeline; il reçut en échange des kaftans pour lui et quinze hommes de sa suite. Comme il refusait de s'incliner assez profondément, et se révoltait contre le cérémonial barbare en vertu duquel les chambellans de service l'avaient saisi à la nuque et s'effor-

---

[1] La vieille sultane Fatima mourut deux ans après son mariage, et ses biens apanagers furent réunis à ceux de la sultane Khasseki, comme nous l'avons dit précédemment.

çaient de lui courber la tête, ces derniers le précipitèrent la face contre terre. A cette vue, son interprète fut tellement saisi, qu'il perdit tout-à-coup l'usage de la parole. Le Sultan s'écria alors avec colère : « Que mes ministres se chargent de traduire la dé» pêche : on y répondra plus tard. » Puis il ordonna au kaïmakam de chasser l'ambassadeur à coups de bâton. Le kaïmakam frappa alors de sa propre main l'envoyé russe, le secrétaire et l'interprète, et les expulsa ignominieusement. Transporté de rage, l'ambassadeur monta à cheval et se retira immédiatement. Comme la traduction mise en regard du texte russe n'était pas intelligible, le kaïmakam demanda le lendemain un autre interprète qui pût en indiquer le sens. L'ambassadeur saisit cette occasion pour se plaindre amèrement des outrages qu'il avait essuyés, et refusa d'envoyer l'interprète dont le Sultan avait besoin; enfin, il y consentit à la prière du mihmandar et du tschaousch-baschi [1]. Le Sultan fit une réponse amicale à la lettre du czar Alexis Mikhailowicz.

La mission du Tatare Mirza, admis avec l'envoyé russe à l'audience impériale, avait pour objet le traité conclu entre la Pologne et le khan des Tatares, par le grand-hetman, Jean Sobieski, à la suite des capi-

---

[1] *Er Sultan erzürnt, dem Kaimakam befohlen, diese leuth zu schlagen undt aus dem Zimer zu treiben, wie er den Bothschafter Secretari und den Dollmetsch geschlagen, mit aigner Hand und mit Stossen hinaysgetrieben hat, folgenden Tag, weil die Interpretation tatarisch gesetzt, und nit deutlich, hat der Camecam einen anderen Dollmetscher vom Potschafter begert, welcher sich über das von ihm empfangene Tractament beschwert. Rapport* de Casanova du 31 janvier 1668.

tulations intervenues entre la Pologne et les khans Islam-Ghiraï et Mohammed-Ghiraï. Ce traité de paix, ratifié par le sultan-kalgha, comprenait sept articles, aux termes desquels : 1° le passé devait être oublié; 2° les griefs des parties contractantes devaient être exposés mutuellement par l'entremise d'ambassadeurs; 3° leurs amis et leurs ennemis devaient être communs; 4° la Pologne ne devait plus être inquiétée par les Tatares noghaïs du Boudjak et d'Akkerman, qui obéissaient au khan de Crimée; 5° à l'intercession du kalgha, les Cosaques rebelles devaient rentrer sous la dépendance de la Pologne; 6° les esclaves devaient être mis en liberté; 7° il devait être mis un terme aux incursions.

Trois mois après la réception de l'ambassadeur russe, Barabasch, envoyé des Cosaques soumis à la Porte, vint réclamer sa protection contre un armement préparé par le général Cerkas, dans l'intention de fondre sur eux avec deux mille Cosaques [II]. Il fut admis en présence du Sultan sous une tente dressée aux bords de la Toundja, et parut ébloui de la nouvelle et magnifique livrée des laquais impériaux. Six semaines plus tard et immédiatement après l'ambassadeur russe, il obtint son audience de congé (30 mars 1668 — 16 schewal 1078). A l'entrée et à la sortie de ce dernier, les chambellans qui, suivant l'usage, le tenaient vigoureusement sous les bras, lui firent courber la tête jusqu'à terre : justement irrité, il se débattit, frappant à droite et à gauche. Le premier et le second drogman de l'ambassadeur impérial,

Panajotti et Marco Antonio, remplacèrent en cette circonstance l'interprète de la Porte. L'ambassadeur reçut en partant de belles protestations d'amitié et de nouveaux kaftans. Après l'audience, il exprima au kaïmakam, par l'intermédiaire de Marco Antonio, le désir que l'envoyé des Cosaques révoltés contre la Russie n'obtînt pas l'entrevue qu'il sollicitait. En échange du général Scheremet dont il réclamait la mise en liberté, on lui demanda deux mille Turcs, et comme il manifestait également le vœu que son souverain fût reconnu en qualité d'empereur, le kaïmakam, pour toute réponse, le traita de pourceau. A l'audience de l'envoyé cosaque, Marco Antonio ne put servir d'interprète, faute de savoir la langue. Le Sultan répondit à cet envoyé que les Cosaques n'avaient qu'à se tenir tranquilles et à obéir au khan des Tatares.

Cependant les internonces et les ambassadeurs polonais se succédaient depuis l'année précédente, où l'internonce Jean George Podleroski, porte-épée de Néograd, avait annoncé l'arrivée prochaine d'un ambassadeur chargé de négociations relatives au renouvellement de la paix : ce fut le même qui signifia aux magnats polonais qu'ils ne devaient pas conférer à un Français la dignité royale. L'internonce se plaignit de l'alliance qui unissait les Tatares et les Cosaques rebelles. On lui demanda ce qu'était devenu Lubomirski : il répondit, par la bouche de l'interprète Marco Antonio, que ce dernier avait fait sa soumission au roi ; il ajouta que la Pologne avait cessé d'être en guerre avec la Russie, et que les deux puissances avaient conclu une trêve de treize ans. Cette déclaration provoqua l'hilarité du kaïmakam (3 avril 1667 — 8 schewal 1077). Deux mois après, l'ambassadeur Hiéronyme Junosza Radzieiowsky, palatin de Lithuanie, se présenta à son tour, et fut reçu sous une tente à Demitoka (28 juin 1667 — 6 moharrem 1078). Le Sultan trouva qu'il ne s'inclinait pas assez profondément, et voulut faire mettre à mort les chambellans de service, pour ne s'être pas mieux acquittés de l'emploi qui leur était confié. Le drogman impérial Marco Antonio Mamucca della Torre, chevalier de l'ordre du Saint-Sépulcre, qui remplissait les fonctions d'interprète de la Porte, fut étendu par terre, et, dans cette position, reçut la bastonnade [1]. L'ambassadeur obtint le renouvellement de la paix, et mourut à Constantinople (8 août 1667). Le nouvel envoyé, Franz Wysocki, méprisé par les Turcs à cause de sa naissance vulgaire, et qui, après l'arrivée de l'ambassadeur cosaque et du vivant même de son prédécesseur, avait eu à subir de mauvais traitemens, signa enfin une paix qui, à tout prendre, n'était que la confirmation des précédens traités, et ne faisait droit explicitement à aucune des réclamations présentées au nom de la Pologne. Telle quelle cependant, cette paix fut achetée à beaux deniers comptans. En réponse aux assurances données par le roi, que la

[1] Mamucca n'eut garde de se plaindre au résident, mais Panajotti mit ce fait en lumière dans son *Rapport* du 7 septembre 1667, sur la demande faite par le Sultan d'un meilleur interprète.

Porte n'avait rien à redouter de la paix conclue entre la Pologne et la Russie, le kaïmakam lui écrivit que son intérêt était de servir la Sublime-Porte, comme il avait déjà pu s'en convaincre lors de la guerre avec Rakoczy. « Vous dites, portait la lettre du kaïmakam, » que la paix conclue entre vous et la Russie ne nous » menace en rien : sachez que, Dieu merci! telle est » la force et la puissance de l'Islamisme, que peu lui » importe l'union des Russes et des Polonais. Les sept » et les neuf rois qui ont marché contre la Porte n'ont » pu nous arracher un seul poil de la barbe, grâces » en soient rendues à Dieu et au Prophète! et l'his- » toire vous dira dans quelles mains sont aujourd'hui » leurs trônes et leurs couronnes. Notre empire a » toujours été le même depuis son origine; jusqu'à » présent sa force et sa puissance ont toujours été en » progrès; s'il plaît à Dieu, il en sera toujours ainsi, » et notre empire ne finira qu'au jugement dernier. »

Huit jours après la première audience (5 août 1667) obtenue par l'ambassadeur polonais, celui des Cosaques rebelles (Karonka), fut admis en présence du Sultan, et reçut pour sa suite six kaftans et six habits de drap. En vain l'ambassadeur polonais réclama contre la réception faite au représentant d'une nation rebelle : on lui répondit que cette nation était restée vingt-cinq ans sous le patronage de la Porte.

M. de La Haye, ambassadeur de France, qui le premier avait eu à souffrir une partie des mauvais traitemens que le Sultan fit essuyer à plusieurs diplomates européens, avançait d'autant moins les affaires de son gouvernement, que la Porte témoignait un nouveau ressentiment contre la France au sujet des renforts qu'elle venait d'envoyer à Candie. Comme il se plaignait de la réception faite au marquis de Durazzo, ambassadeur génois, on lui répondit que le roi de France devait se contenter d'être reconnu en qualité de padischah et traité comme tel par le Sultan. L'ambassadeur répliqua que le roi de France ne devait son titre qu'à Dieu et à ses armes victorieuses. Les ministres du Sultan lui répondirent que lui seul, de tous les ambassadeurs accrédités auprès de la Porte, osait donner à son maître le titre de padischah. Ce fut en vain que M. de La Haye réclama la conclusion d'un traité sur de nouvelles bases, et fit observer que les droits de douane imposés aux marchandises françaises s'élevaient à cinq pour cent, tandis que les Anglais, les Génois et les Hollandais ne payaient que trois pour cent. Enfin, à Larissa, où il avait obtenu la permission de se rendre, il déclara que le peu d'égards témoignés au titre d'ambassadeur dont il était revêtu, avait déterminé le roi de France à le rappeler dans sa patrie et à le remplacer par un simple chargé d'affaires. Le kaïmakam de Larissa l'invita à s'adresser à celui de Constantinople qui le renvoya lui-même au grand-vizir, alors au siége de Candie, en sorte que provisoirement les choses en restèrent là [1].

Aux yeux de quelques personnes, l'ambassadeur gé-

---

[1] Chardin, I, p. 39, d'après la *Relation* de La Haye : « Relation qu'il « donna au Roi à Paris, de laquelle j'ai tiré presque tout ce détail. »

nois passait pour un agent de l'Espagne [1], et comme la France avait déjà réclamé contre le traité conclu avec la république de Gênes, le grand-vizir mit des obstacles au renouvellement de la convention passée avec la Toscane [2].

L'ambassadeur anglais s'était plaint également de la conduite tenue par le directeur des douanes syriennes qui, indépendamment des trois pour cent perçus à Haleb, exigeait encore à Alexandrie un droit de deux et demi pour cent. Rycaut, qui alors se trouvait à l'ambassade de Constantinople, fut envoyé au camp du grand-vizir à Belgrade, et finit par obtenir l'assurance satisfaisante que les deux et demi pour cent perçus à Alexandrie, en dehors des trois pour cent qu'il fallait payer à Haleb, ne figuraient point sur les registres du trésor, et par conséquent n'étaient point exigibles. Le defterdar se vengea de la victoire remportée sur lui par l'ambassadeur d'Angleterre, en interdisant le port d'Alexandrette aux navires de cette contrée, désormais réduits au seul port de Tripoli. Or, depuis long-temps, la factorerie anglaise de cette ville avait été transférée à Alexandrette pour éviter, entre autres inconvéniens, le dangereux mouillage de Tripoli. Mais cette mesure d'intimidation n'avait pas d'autre objet que d'amener à composition les négocians anglais; aussi n'eut-elle pas de suites.

---

[1] *Credevano alcuni che l'Imperatore havesse stimato di beneficare gli Spagnuoli con questo mezzo.* Valiero, l. VII, p. 624.

[2] *In negotio del Gran Duca il Gran Vezir lo ritarda, perche conosce digusti di Francia che ha per la capitolazione Genovese.* Panajotti.

La Hollande avait aussi des griefs contre la Porte qui ruinait, disait-elle, son commerce et sa navigation. Un navire hollandais, chargé de marchandises turques, et attaqué par trois corsaires chrétiens, avait été pillé et emmené à Candie. La Porte, soupçonnant le capitaine de n'être pas resté étranger à cet acte de piraterie, voulut se dédommager sur les navires hollandais. Plusieurs beaux bâtimens armés par le commerce hollandais furent capturés par les pirates des Etats Barbaresques, car la Hollande avait refusé le paiement intégral de la somme convenue pour le rachat de ses marins prisonniers à Alger et à Tunis, sous prétexte qu'un grand nombre de ces derniers étaient morts dans l'intervalle écoulé depuis la transaction. De tels événemens et quelques autres circonstances non moins funestes au commerce hollandais déterminèrent les Provinces-Unies à accréditer auprès de la Porte un nouveau résident, M. Colier, qui trouva à Andrinople le résident impérial et deux agens ragusains. Il assista au départ solennel du Sultan, et obtint une audience sous la tente impériale aux bords de la Marizza (12 août 1668). Il parcourut l'espace qui séparait la tente du Sultan de celle du tschaousch-baschi où il avait reçu l'hospitalité, entre deux longues haies d'hommes et de chevaux; à droite se tenaient les bostandjis ou gardes des jardins, coiffés de longs bonnets rouges qu'ils portaient sur le derrière de la tête, et silencieusement appuyés sur leurs bâtons; à gauche, on voyait alignés quarante-deux chevaux provenant des écuries impériales et dont les harnais étincelaient d'or et de pierreries. Le tschaousch-baschi lui demanda si le roi de Hollande (car les Turcs désignaient ainsi la république) avait d'aussi beaux coursiers. Après avoir franchi avec sa suite la haie de chevaux et de bostandjis que nous avons décrite, le résident se trouva sur un emplacement pavoisé de drapeaux, et où vingt et quelques têtes fraîchement coupées et gisant dans la poussière durent lui prouver qu'en Turquie la justice ne plaisantait pas. Il trouva le Sultan entouré de muets et de nains; le kaïmakam et le vizir favori étaient à ses côtés, et derrière lui se tenait l'eunuque, secrétaire privé du cabinet; il trônait dans un fauteuil élevé sur une estrade haute de trois pieds, sous un baldaquin orné de franges d'or et d'argent; ses pieds reposaient sur un coussin de velours rouge. Il était vêtu d'une étoffe d'or doublée de rouge; sur sa poitrine brillaient des agrafes en diamans. Sur son turban s'élevaient trois aigrettes également enrichies de diamans. Le résident donna ses lettres de créance enfermées dans un sachet d'or à l'eunuque secrétaire du cabinet qui les remit au kaïmakam; ce dernier les offrit au vizir favori, qui enfin les déposa sur le sopha. Les cadeaux offerts par le résident se composaient de draps hollandais, de satin, de velours, de soie, de damas et d'étoffe d'or, de télescopes, de cadrans et de fusils. Les seize articles du projet dont il était porteur et qui avait pour objet d'assurer la liberté du commerce hollandais à Constantinople, à Smyrne et à Haleb, conformément à la capitulation existante, furent approuvés moins un, par lequel on stipulait que les armateurs hollandais ne seraient pas tenus dorénavant de louer leurs navires au Sultan sur sa réquisition : néanmoins, les capitulations furent renouvelées [1].

Pour compléter le tableau des négociations diplomatiques auxquelles la Porte prit part à cette époque, il nous reste, après avoir passé en revue les trois grandes puissances limitrophes de l'empire ottoman, l'Autriche, la Pologne et la Russie, les trois grandes puissances maritimes et commerciales, l'Angleterre, la France et la Hollande, et les trois principaux Etats de la péninsule italienne, Venise, Gênes et la Toscane : il nous reste, disons-nous, à parler des quatre provinces chrétiennes tributaires de la Porte : c'étaient Raguse, la Moldavie, la Valachie et la Transylvanie. Dans l'année même où la Dalmatie, les îles de Liburnie et les monts Acrocérauniens furent ébranlés par un tremblement de terre, une catastrophe semblable détruisit la ville de Raguse ; cinq mille personnes furent ensevelies sous ses décombres ; quatre fois la mer s'éloigna du rivage, laissant son lit à découvert, et revint en grondant ; quatre fois le port fut mis à sec et les vaisseaux qu'il renfermait s'entrechoquèrent ; quatre fois la terre s'entr'ouvrit et le jour fut obscurci par une noire poussière dont les tourbillons s'élevè-

---

[1] Il fut convenu également que les douaniers prendraient les écus au lion pour quatre-vingt-dix aspres, et tous les autres pour cent aspres. Aussi les premiers tombèrent-ils bientôt à soixante et les seconds à quatre-vingts aspres. On lit dans un *Rapport* de Panajotti, écrit à Constantinople et daté de 1669 : *Per un talero sono ottavini undici.*

rent jusqu'au ciel. Un orage attisa la flamme qui brillait encore dans les maisons à demi renversées, et la changea en un vaste incendie : l'eau, le feu, l'air et la terre se confondirent dans un affreux combat dont l'issue fut la ruine de Raguse. Ce qu'avait épargné la fureur des élémens, fut pillé par les paysans et les Morlaques qui se précipitèrent sur la ville sans défense. Pendant huit jours toute la côte de Dalmatie trembla continuellement ; les îles de Mazzo et de Santa-Croce, les villes de Perasto, de Cattaro, de Dulcigno et d'Antivari furent bouleversées en partie. Parmi les victimes du tremblement de terre se trouva George Crook, l'envoyé hollandais, alors à Raguse, d'où il comptait se rendre à Constantinople.

Au lieu de compatir à la déplorable situation des habitans de Raguse, de leur accorder la remise du tribut, la Porte leur fit plus que jamais sentir le poids de sa tyrannie. Le nègre kaïmakam Moustafa, dont l'ame était aussi noire que le visage, au lieu de céder à leurs supplications, les rendit responsables de la mort fortuite de l'ambassadeur hollandais, emprisonna les députés qu'ils lui avaient envoyés et réclama d'eux le prix du sang de George Crook qu'il évalua à cent cinquante mille écus. D'après la juridiction turque, un vol ou un meurtre commis sur un territoire quelconque retombaient à la charge de ceux qui l'habitaient ; les grands dignitaires saisissaient avec empressement de semblables occasions pour atteindre l'innocent au lieu du coupable et extorquer le double ou le triple de ce qu'ils avaient droit d'espérer, sous le prétexte d'exiger une réparation légale. Mais jamais aucun grand-vizir n'avait donné une telle extension aux termes du kanoun; jamais aucun d'eux n'avait si ingénieusement exploité les tremblemens de terre et découvert une nouvelle branche de revenus dans la ruine d'une ville tributaire et vassale de la Porte.

Au reste, les Moldaves, qui avaient combattu dans les guerres de Hongrie à Lewenz et sous les remparts de Neuhæusel, n'eurent pas un meilleur sort et ne furent pas traités avec moins d'injustice. Les Turcs ayant fait main-basse sur la garnison du Petit-Komorn, sept cents prisonniers moldaves et valaques furent pendus en représailles devant les murs de Gran. Le prince de Moldavie, Eustathius Dabischa, fils d'Etienne et successeur de Lupul, fut déposé, et après lui, Elias et Duka échangèrent deux fois dans le cours de deux années la kouka, bonnet du colonel des janissaires, et l'un des insignes de la dignité princière.

En Valachie, Gligoraskul (Grégoire) succéda à son père Ghika, et Ahmed Kœprilü le prit sous sa protection, comme Ghika avait obtenu celle du vieux Mohammed Kœprilü : ainsi, dans les deux familles, les rapports de patrons à cliens se transmirent de père en fils (19 juillet 1664). Gligoraskul prit part, avec cinq mille cavaliers valaques et six cents fantassins, à la campagne d'Ujwar; à la bataille de Leva, les Valaques placés à l'aile droite s'enfuirent les premiers et facilitèrent ainsi la victoire de l'armée impériale. Après la bataille de Saint-Gotthard, le grand-vizir manda de nouveau à Gran les voïévodes de Moldavie et de Valachie; Gligoraskul, espérant échapper à cette comparution, lui envoya le chef de sa garde-robe Démétrius Cantacuzène, chargé de lui offrir quatre-vingt mille ducats. Mais Démétrius se rendit en toute hâte à Constantinople où il accusa le voïévode de mauvaise foi et rejeta sur lui le meurtre du vieux Constantin Cantacuzène. Ghika prit la fuite, se retira en Transylvanie, et Radul, fils de l'ex-voïevode Léon, acheta la principauté de Valachie au prix exorbitant de quatre-vingt mille écus. Le surnom d'Istridiadji, c'est-à-dire marchand d'huîtres, que lui donnaient les Turcs, indique assez quelle fut son origine. Son administration fut marquée par les plus criantes injustices. Une bande de Grecs avides, dont le voisinage avait toujours été funeste à la Valachie[1], pilla cette province où elle n'épargna ni les églises, ni les couvens. Les saints ornemens furent convertis par eux en étriers d'argent, en garnitures de selle à l'usage du prince ; les trabans de Radul arrachèrent les anneaux d'or brillans de pierreries qui ornaient le doigt desséché d'Oigumenos Nicodemos révéré à l'égal d'un saint. Enfin, las de ces excès, deux cents boyards et slouschitors se rendirent à Larissa et obtinrent de la Porte le renvoi des Grecs et la déposition du prince. A Radul, qui termina ses jours à Constantinople, succéda le vieil Antoine Dwornik (13 mars 1669 — 10 schewal 1069). Ce fut sous la tente impériale et dans la plaine de Larissa que ce dernier reçut les insignes de sa nou-

---

[1] *Greco, nazione sempre fatale alla Valachia.* Del Chiaro, p. 123.

velle dignité. « Je t'ai conféré la principauté de Vala-
» chie, lui dit le Sultan ; mais si j'apprends que tu
» opprimes tes sujets, je te ferai couper la tête. »

L'envoyé de Transylvanie, Christophe Pasko, en
faveur duquel le comte Leslie, ambassadeur impérial, avait employé vainement son intervention, était
reparti après une lutte infructueuse prolongée pendant dix-huit mois et sans pouvoir obtenir ni la restitution des villages séparés de la Transylvanie et inscrits
au *Defter* [1] (registre des impositions perçues pour le
compte de la Porte), ni la diminution du tribut de
quatre-vingt mille écus qui devait être acquitté par
les Transylvaniens. La querelle qui survint entre le
prince Apafy et l'un des nobles les plus puissans de
la contrée, Nicolas Zollyomi, au sujet d'un partage
de biens, acheva d'épuiser cette malheureuse province qui pliait déjà sous le poids du tribut annuel
dont elle engraissait les finances de l'empire ottoman.
Zollyomi, esprit turbulent, trois fois emprisonné sous
les trois princes de Transylvanie, Rakoczy, Barcsai
et Kemeny, et trois fois remis en liberté, dut, pour
obéir à la diète de Vasarhely, partager, avec Bar-
kocsky et Tœkœly, ses biens, notamment le château
du grand Hunyade qui s'est conservé jusqu'à nos jours
dans tout l'éclat romantique qui distingue les vieux
manoirs contemporains du moyen-âge et des temps
héroïques de la chevalerie [2]. Zollyomi s'enfuit auprès

---

[1] On lit dans Bethlen : *Registrum teste verbo turcico* ; c'est bien plutôt : *Defter verbo turcico*.

[2] Il existe de ce château une vue gravée sur cuivre, d'après le dessin de

du vieil Hamza, pascha de Wardein, qui lui fit un accueil honorable, et écrivit en même temps à Apafy une lettre amicale pour lui annoncer que Zollyomi était entre ses mains ; tandis qu'Apafy lui adressait une forte somme d'argent pour lui témoigner sa reconnaissance, il envoya Zollyomi à Temeswar, auprès de Koutschouk Mohammed, vainqueur de Kemeny. Le fugitif poussa jusqu'à la Porte, où Koutschouk-Pascha dépêcha son kiaya, offrant au nom d'Apafy une somme de douze mille ducats si on voulait le confirmer dans sa principauté et décider que Zollyomi serait désormais exclu de la Transylvanie [1].

Les deux envoyés de Transylvanie, ordinaire et extraordinaire, Jean David et Jean Némès, joignirent leurs instances à celles d'Apafy, par l'intermédiaire du drogman George Brencovics. Le kaïmakam Kara Moustafa renvoya le débat contradictoire entre Zollyomi et les envoyés transylvaniens au diwan de Demitoka, où la question fut soumise à l'examen du moufti et des kadiaskers, et résolue par une décision aux termes de laquelle Apafy devait rendre à Zollyomi ce dont il l'avait injustement dépouillé. Un tschaousch remit à Apafy, qui alors assistait à la diète de Radnoth, une lettre du kaïmakam Moustafa,

---

la baronne Wilhelmine de Hohenegg, dame d'honneur de S. M. l'Impératrice. Cette œuvre d'art est l'un des fruits du dernier voyage de S. M. l'Empereur en Transylvanie.

[1] Bethlen et les pièces diplomatiques de l'époque, également rédigées en latin, altèrent la dénomination de kiaya et en font *tiaia;* il en est de même de kaïmakam qui est métamorphosé par eux en *caninchamus.*

conçue dans les termes suivans : « Zollyomi s'est plaint
» à la Sublime-Porte de ce que tu avais promis le
» château d'Hunyade à Tœkœly, le grand-palatinat
» d'Hunyade à Kapi et Gyalu à Banffy. Tu as eu
» tort, mon ami, dans cette circonstance : car, chez
» vous, les biens des nobles doivent passer à leurs
» fils. L'ordre impérial est que Zollyomi recouvre
» tout ce qui lui a été enlevé. Tu devras donc t'y
» soumettre et renvoyer amicalement le tschaousch
» porteur de cette dépêche (juin 1667). »

Étienne Kadar, serviteur de Zollyomi, qui était revenu en Transylvanie avec le tschaousch, échoua complètement dans ses démarches lorsqu'il réclama, au nom de son maître, les biens de Rekellyhid et de Dioszeg qui étaient échus en partage à Rakoczy. Apafy chargea le chancelier Jean Bethlen, historien des événemens que nous rapportons ici, de remettre la dépêche du kaïmakam et le rapport de l'envoyé Némès aux Etats réunis à la diète où furent discutés les termes de la réponse à faire au kaïmakam : par cette réponse, les Etats demandèrent que la réclamation de Zollyomi fût soumise à l'autorité locale, annonçant que du reste ils étaient prêts à exécuter les ordres du Sultan. Apafy communiqua alors aux Etats un projet de réponse à la lettre du kaïmakam, rédigé par Bethlen dans un sens tout contraire, et qui, plein de griefs contre Zollyomi, gardait non seulement un silence absolu sur la restitution ordonnée par le Sultan, mais allait jusqu'à demander l'extradition du noble fugitif. Le kaïmakam ne dévia pas en cette circonstance de la ligne de conduite qu'il avait suivie jusqu'à ce jour. Tel il s'était montré dans les dissensions qui avaient divisé long-temps les Grecs et les catholiques de Khios, ou lorsqu'il imposa aux Grecs un patriarche universellement détesté, puis le déposa pour vingt-cinq mille piastres; tel il fut encore dans ce nouveau débat, faisant pencher alternativement la balance en faveur des deux partis, sachant mettre en œuvre la crainte et l'espérance pour s'enrichir aux dépens de l'un et de l'autre. Tant qu'il attendit les douze mille ducats annoncés par le pascha de Temeswar, il fut contraire à Zollyomi; plus tard, séduit par ses promesses, il embrassa sa cause. Une seconde lettre du kaïmakam ordonna péremptoirement à Apafy de lui restituer sans délai tous ses biens. Némès ayant annoncé en même temps à Apafy qu'il courait le plus grand risque d'être déposé, puisque son meilleur ami et son protecteur, le tschaousch-baschi, partageait lui-même cette crainte, il réunit à Carlsbourg les Etats du marché annuel de Médyes où se concluaient ordinairement les fermages et les autres traités, comme aujourd'hui encore dans les marchés de Pologne, puis il envoya à Constantinople l'émissaire Jean Also, porteur de dix mille ducats destinés à acheter les services du kaïmakam; il donna aussi à Némès l'ordre secret d'empoisonner Zollyomi, et un Turc, moyennant la somme de sept mille écus, se chargea de cette commission. Also voulut d'abord négocier directement avec Zollyomi, mais celui-ci éleva les prétentions les plus exagérées. Pour se conformer jusqu'à un certain point aux ordres de la Porte, Apafy remit le château d'Hunyade au mandataire de son antagoniste, mais il se dispensa de rendre Gyalu, car une lettre de Némès, son envoyé, lui apprit que le kaïmakam n'avait pas été insensible à l'appât des dix mille ducats et avait promis positivement que désormais il ne serait plus question de Zollyomi.

La dernière lettre qu'il adressa à Apafy, et qu'un tschaousch apporta à celui-ci avec une dépêche impériale, faisait, contrairement à sa déclaration verbale, une nouvelle allusion à la restitution ordonnée dans le principe; mais le nom de Zollyomi ne figurait pas une seule fois dans celle du Sultan qui se bornait à lui accuser réception du tribut et à lui adresser, en termes généraux, l'exhortation de gouverner avec justice. Apafy crut donc que sa responsabilité était mise à couvert par le silence gardé dans l'écrit impérial et l'assurance verbale donnée à Némès par le kaïmakam, tandis que la lettre officielle de ce haut dignitaire, en revenant sur une restitution tant de fois exigée, ouvrait la porte à de nouvelles réclamations, et, par l'effet d'une politique essentiellement machiavélique, contenait le germe de dissensions intestines et de persécutions ultérieures. La mission de Balo, envoyé par le prince Apafy auprès du grand-vizir, alors à Candie, coïncida avec celles de Némès et d'Also : nous en parlerons plus tard lorsque le temps sera venu.

Le grand-vizir avait quitté Andrinople avec l'étendard sacré le 14 mai 1666, et un an s'était écoulé depuis cette époque. Avant de présenter au lecteur un historique de cette campagne et du siége de Candie, revenons encore une fois au Sultan, qui, au bout de l'année, forma le projet de quitter Andrinople, et de se porter, en chassant, jusqu'à Larissa, pour se rapprocher du théâtre de la guerre (27 mars 1668 — 13 schewal 1078). L'astronome de la cour, Ahmed-Efendi, fut consulté, comme d'habitude, afin de savoir quelle heure convenait le mieux pour le départ. A cette occasion, le Sultan voulut mettre à l'épreuve sa science cabalistique; en conséquence, il ordonna à un page de tenir caché dans sa main un petit miroir, et invita l'astronome à faire connaître l'objet caché. Le rusé Ahmed-Efendi, qui, sans doute, était d'accord avec le page, déploya toutes ses pancartes, mit en œuvre tous ses horoscopes, tous ses calculs cabalistiques, et finit par déclarer que l'objet en question était un morceau de verre. En soumettant tous ses calculs à l'examen du Sultan, il eut l'adresse de mettre sous ses yeux un compte d'une nature toute différente, écrit au revers d'une page : c'était celui de ses dettes, que le Sultan s'empressa de payer, pénétré d'admiration pour un talent si remarquable et un coup-d'œil si pénétrant (11 juin 1668 — 1er moharrem 1079).

Comme le moment du départ approchait, les sultanes Khasseki et Walidé furent renvoyées à Constantinople, et le soin de les accompagner fut confié à Moustafa, second vizir et favori du Sultan; le kaïmakam, le moufti, les vizirs et les émirs les reconduisirent également jusqu'à l'extrémité des jardins d'Andrinople. Le Sultan distribua à cette occasion des chevaux à ses grands dignitaires : le kaïmakam en eut quatre pour sa part, le moufti deux, le defterdar et le reïs-efendi chacun un. Le Sultan accompagna lui-même la Khasseki et la Walidé jusqu'à Kirkkilisé, en passant par Binarbaschi (12 juin 1668 — 2 moharrem 1079). En route, il rencontra le fils d'un derwisch qui, sur sa demande, déclara s'être voué à l'étude des sciences : Mohammed lui ayant assuré un revenu de vingt-quatre aspres par jour, recommanda à l'historien Abdi de mentionner dans ses annales ce trait de haute générosité. Le lendemain, il se sépara, non sans verser des larmes, de sa mère et de son épouse, et retourna à Andrinople en suivant le même itinéraire. A Binarbaschi, il manda le prédicateur Wani, et lui envoya par le grand-écuyer plusieurs pièces de gibier, disant qu'il lui serait bien permis d'en manger, puisque c'était un produit de la chasse du khalife (18 juin 1669 — 8 moharrem 1079). Le jour suivant, comme les pages tiraient à la cible, il engagea en riant le prédicateur à les imiter ; celui-ci, qui ne manquait jamais son coup, tira et atteignit le but : cette prouesse lui valut un arc doré que lui donna le Sultan.

Une maladie de la rate ayant fait perdre la vue au kiaya et président de la seconde chambre du trésor, qui était en même temps secrétaire du cabinet impérial, ce dernier poste fut confié à l'historien Abdi, qui se trouva à la fois page et gardien de la nappe [1], chef

---

[1] *Pischghir goulami.*

de la troisième chambre des pages et secrétaire particulier du Sultan.

Quarante-trois têtes envoyées d'Anatolie par Mohammed-Pascha, chargé de sévir contre les rebelles d'Asie, furent déposées devant la tente impériale, et le Sultan déclara à ce sujet que le sang innocent retomberait en ce monde et dans l'autre sur la tête de ceux qui l'auraient versé, et que les ministres et les gouverneurs ne devaient point abuser de leur pouvoir pour assouvir leurs haines personnelles. Le grand-inquisiteur lui ayant expédié plusieurs prisonniers faits sur une bande de brigands, deux seulement furent pendus, Salim (le Cruel) Abdi et l'Arabe Merdjan (5 août 1668 — 26 sàfer 1079).

Enfin, au commencement du mois d'août, eut lieu le départ du Sultan, annoncé depuis quatre mois. Le moufti, malade de la fièvre, obtint la permission de rester à Andrinople, et reçut en dédommagement une somme de mille ducats avec une lettre fort affectueuse (12 août 1668 — 4 rebioul-ewwel 1079). A la première halte qui eut lieu à Timourtasch, le résident hollandais, Colier, obtint l'audience que nous avons décrite plus haut. Là aussi Mohammed Schouhi-Pascha, qui avait perdu son gouvernement de Saïda et de Beïrout, fut amené en présence du Sultan, qui l'accueillit en ces termes : « T'ai-je confié une province pour que » tu causes sa ruine ou pour que tu protéges les ser- » viteurs de Dieu? » Cette allocution sévère fut suivie d'une sentence de mort immédiatement exécutée. La distance qui sépare Timourtasch d'Yenischehr (Larissa) fut parcourue en trente-deux marches [1]. A Larissa, la cour établit ses quartiers d'hiver, et le Sultan régla les charges auxquelles seraient assujettis les habitans de la ville. Quatre maisons eurent un cheval à nourrir; par chaque réunion de huit chevaux, il dut être fourni un valet d'écurie; un quintal de paille dut être réparti entre quatre chevaux, et chaque homme eut droit à cent drachmes de viande et à une provision de bois suffisante pour sa consommation, depuis le jour de Kasim jusqu'à celui de Kizr, c'est-à-dire depuis la Saint-Démétrius jusqu'à la Saint-George (13 octobre 1668 — 7 djemazioul-ewwel 1079). En retour, les propriétaires des chevaux durent payer aux habitans, d'après le tarif des denrées (sourssat), douze aspres pour le kilo d'orge, huit pour le quintal de paille, une pour l'okka de pain, trois pour l'okka de viande et cinq pour la charge de bois.

Pendant le trajet de Timourtasch à Larissa, le Sultan s'était arrêté à Kawala pour assister à l'office divin et entendre un sermon de Wani dans la mosquée Ibrahim-Pascha. A Saltouk, il avait envoyé au favori

---

[1] Les haltes qui interrompirent la marche du Sultan furent, d'après Raschid et Abdi, 1o Timourtasch, 2o Youndtschaïri, 3o Demitoka, 4o Saltouk, 5o Wakf Sendil, 6o Feredjik, 7o Schabinler, 8o Megri, 9o Koumouldjina, 10o Yassikœï, 11o Karassou, 12o Karakoul, 13o Bereketli, 14o Kawala, 15o Portoz kaïnardjesi, près de Dirama, 16o le pont d'Esdrawik, dans la juridiction de Sibné, 17o Tourbiné, 18o Sirouz (Seres), 19o Timourhissar, 20o Tschaïr, 21o Haïderli, 22o Yaïdjiler, 23o Arabler, 24o Selanik (Thessalonique), Arabler, 25o Topdjiler, 26o le pont d'Indsche Kara, 27o Tschehoz, 28o sur les rives du Schefteler, 29o château Poulatmina, 30o gué de Lasdjor, 31o Kara Khalil tschaïri, 32o Yenischehr (Larissa).

Moustafa, qui venait de tomber malade, des fourrures et une lettre pour s'informer de l'état de sa santé ; il voulut même le visiter en personne. A Sérès, il fit couper la tête à deux prisonniers que Mohammed-Pascha lui avait envoyés d'Anatolie. En revenant de cette exécution, il se promena dans un jardin avec le prédicateur Wani et le médecin de la cour, discourant avec eux sur des sujets tour à tour mondains et religieux : en sa qualité de secrétaire intime, Abdi ne manqua pas d'assister à cet entretien pour le consigner dans son histoire.

A Larissa, un soir qu'il revenait de la chasse, il se fit lire par Abdi un passage de l'histoire ottomane, qu'immédiatement après il renvoya au kaïmakam Kara Moustafa pour qu'il pût à son tour en prendre lecture. Le kaïmakam lut et demanda si ce passage avait fixé l'attention du Sultan. Abdi lui ayant répondu affirmativement, il le chargea de dire au Sultan que ce passage l'avait vivement intéressé. Mohammed en parut fort content, et dit : « Le but constant de mes » efforts, c'est de pouvoir laisser quelques bons sou- » venirs [1]. »

A Sérès, l'interprète Grillo, qui venait d'accomplir une mission à Venise, lui avait annoncé l'arrivée prochaine d'un nouvel ambassadeur vénitien. Après la mort violente des deux secrétaires Giavarino et Padavino, chargés des négociations relatives à la paix [2], le

---

[1] *Hep bifümda tschekdigümüz sakhmet bou esseri djemil itschoun dür.* Abdi, p. 68.

[2] *Finirono miseramente i loro giorni.* Valiero, l. VII, p. 667. Une

grand-vizir avait cru faire oublier l'atteinte portée dans leurs personnes au droit des gens, en demandant à la république l'envoi d'un autre ambassadeur, et le collége *dei Savi* avait choisi pour cette mission le général commandant à Céphalonie, à Zante et à Corfou, Andrea Valiero, qui a publié une histoire de la guerre de Crète, ouvrage que recommandent un style énergique et la profonde expérience de l'auteur ; mais, piqué de se voir réduit aux fonctions de simple secrétaire après de longs services, il prétexta, pour motiver un refus, son ignorance des localités et le manque d'interprètes habiles, cachant son dépit personnel sous une abnégation apparente et un dévouement sans bornes au bien public[1]. La mission qu'il refusait fut confiée au chevalier Luigi Molini (8 novembre 1668 — 3 djemazioul-akhir 1079).

Arrivé à Larissa, ce dernier eut une entrevue avec le kaïmakam-pascha, le moufti qui, aussitôt guéri, avait rejoint le Sultan à Sérès, et le prédicateur Wani. « Je » suis venu, dit-il en commençant, pour mettre un » terme à l'effusion du sang. — Bien, bien ! dit le » kaïmakam Moustafa, il ne s'agit pas du sang qui

---

Relation écrite par un Vénitien et datée de Smyrne (12 novembre 1666), rend seule compte de la mort de Ballarino : *Fu spedito dal S. Patavino per ordine del Vezir un Dragomano al E. V. dal quale intenderano che il' Eccmo. S. Cancelliere Grande Ballarino in tre sospiri terminò le miserie di questo mondo li 28. Sett. in Ostina due giornate prima d'arrivare a Tebe dal Vezir.*

[1] Il laissa percer la cause de son refus, lorsqu'il écrivit, à l'occasion du décret qui portait le traitement du négociateur à quatre cents écus d'or par mois : *Ma questa parte non fu inviata al Valiero, ne egli n'hebbe notizia se non dopo seguita l'ultima rifiuta.* p. 681.

» coulera; pour dix aspres par jour et par homme
» nous disposons de cinquante mille sipahis, et pour
» six aspres de cinquante mille janissaires ; l'intention
» de la Porte n'est pas de rester en paix, mais bien
» en guerre avec les infidèles. » L'ambassadeur offrit
une indemnité de cent mille ducats et un tribut annuel
de vingt-quatre mille écus, la cession de Klis et de plusieurs autres points occupés en Dalmatie par l'armée
vénitienne, à condition que Venise garderait l'ancienne
Candie, tandis que la Porte conserverait la nouvelle et
démolirait les autres fortifications qui s'étendaient jusqu'à la montagne de Retimo. Kara-Moustafa répondit
que « ces propositions avaient déjà été soumises à la
» Porte qui ne les avait pas agréées, avant le départ
» du grand-vizir pour l'île de Crète; que le Sultan
» voulait Candie tout entière, dût la guerre se perpé-
» tuer à l'infini, ce qui, du reste, était pour lui un
» passe-temps; que s'il avait pu prévoir que l'ambassa-
» deur ne lui apporterait pas les clefs de Candie, il ne
» lui aurait pas même donné audience. » L'ambassadeur fit observer que « Candie n'était plus au pouvoir
» de Venise, mais bien entre les mains du pape, du
» roi de France et des autres puissances chrétiennes
» qui avaient envoyé des troupes au secours de la
» ville assiégée. — Ainsi, dit à son tour le moufti, la
» république a mis sa confiance dans les Espagnols,
» les Français et les Allemands. Eh bien ! la Porte a
» mis la sienne en Dieu seul, à l'aide duquel elle saura
» bien s'emparer de Candie. »

Là fut rompue la conférence. Du reste, l'ambassadeur fut bien traité; on pourvut à ses besoins par une allocation quotidienne de trente écus, et on lui déclara qu'il pouvait rester ou retourner à Venise, comme bon lui semblerait.

Trois semaines après, les envoyés de Russie et de Transylvanie obtinrent une audience du Sultan; le raya Duka fut nommé voïévode de Moldavie et congédié avec un kaftan d'honneur; un envoyé cosaque fut reçu dans la même journée (5 décembre 1668 — 1er redjeb 1079). Comme les envoyés des Cosaques rebelles étaient attendus, l'ambassadeur russe fut renvoyé avec deux dépêches. Le Sultan promit au Czar que le khan des Tatares se tiendrait en repos à l'avenir, pourvu qu'on lui fît parvenir les présens d'usage. Le kaïmakam demanda à l'ambassadeur s'il était vrai que les Polonais eussent élu pour roi le fils du czar de Russie. L'ambassadeur répondit affirmativement, mais il ajouta que le fils du czar n'avait pas accepté, ne se souciant pas de devenir catholique. Le kaïmakam parut très-satisfait de cette résolution. Marco Antonio Mamucca della Torre, qui avait déjà reçu la bastonnade à Demitoka parce qu'il ne traduisait pas assez vite les dépêches apportées au Sultan par un ambassadeur polonais, faillit subir le même traitement dans le cours de l'audience accordée à l'envoyé russe : déjà on l'avait couché par terre, lorsque le reïs-efendi implora et parvint à obtenir sa grâce (15 décembre 1668). Un mois auparavant, le kaïmakam lui avait fait donner impitoyablement cent cinq coups de bâton et à son domestique cent vingt, pour avoir voulu empêcher un tschaousch de chasser un horloger de sa boutique, suivant l'ordre qu'il en avait reçu. En vain le résident impérial adressa à ce sujet des réclamations au reïs-efendi : il en reçut cette réponse, que Mamucca devait attribuer à lui seul et à une intervention déplacée le traitement qu'il avait subi. C'était une cruelle époque pour les diplomates accrédités auprès de la Porte que celle où un ambassadeur français recevait un soufflet et se voyait assailli à coups de tabouret ; où l'ambassadeur russe était chassé à coups de poings ; où l'envoyé polonais était presque assommé, pour n'avoir pas voulu s'incliner assez profondément ; où enfin l'interprète de l'empereur, qui remplissait les mêmes fonctions auprès de la Porte, était couché par terre et battu à diverses reprises. Dans de telles circonstances, le résident impérial, qui avait suivi le Sultan et qui habitait Tornovo aux environs de Larissa, dut s'estimer fort heureux d'obtenir trois bérats, en faveur du commerce toscan [1], des habitans de Kaschau [2] ; et enfin pour Lelio de Luca, consul-général de la compagnie orientale du commerce.

Le Sultan consacra tout l'hiver à parcourir, en chassant, les environs de Larissa. Un jour, près de Catharino, il entendit des coups de canon tirés à la côte ; il courut à cheval dans cette direction et aperçut un

---

[1] *Diploma del G. S. concesso, occioche i mercanti del G. Duca di Toscana possino liberamente venire nell' Impero Ottomano ed indi ritornarsene con loro vasselli con mercanzia e denaro sotto la bandiera di S. M. C. R. mese Silkide* 1079 (Aprile 1668).

[2] *Diploma pro commerzio concesso Cassoviæ Larissæ fine Schaaban* 1079 (Gennaro 1669).

bâtiment toscan monté par des pirates qui donnait la chasse à une caïque et lui envoyait des bordées. Il ordonna aux bostandjis et aux pages qui composaient sa suite de porter secours au navire poursuivi : ils s'élancèrent aussitôt dans les embarcations qui se trouvaient à leur portée, et gagnèrent la caïque pour aider l'équipage à servir les canons qui défendaient le bord. Le corsaire jeta l'ancre et dirigea le feu de sa batterie sur le rivage ; plusieurs boulets passèrent près du Sultan qui déjà avait couru les mêmes dangers, lorsque suivant, à la sortie de Sérès, un chemin parallèle à la mer, il eut à essuyer le feu d'une croisière vénitienne. Le jour suivant, il envoya demander au grand-fauconnier et au kapitan-pascha de Larissa des renforts que le corsaire toscan ne jugea pas convenable d'attendre.

Quinze jours après, des troubles eurent lieu à Constantinople, à Smyrne et à Brousa ; ils avaient pour cause l'émission des monnaies fausses dont les bâtimens arrivés à Constantinople, sous le commandement de M. d'Almeras, avaient inondé ces trois villes. A Smyrne, un arrêté démonétisa les anciennes pièces de huit aspres, qui jusqu'alors avaient été préférées aux autres, comme de meilleur aloi que les nouvelles pièces de même valeur nominale. Ce fut là un des motifs principaux qui déterminèrent le Sultan à accorder enfin à l'ambassadeur français l'autorisation de se rendre à la cour impériale que depuis long-temps il sollicitait. M. de La Haye donna pour prétexte à ce voyage le désir de prendre congé et de s'en retourner avec l'escadre commandée par M. d'Almeras, puisque la Porte refusait obstinément de prendre en considération les notes de l'ambassadeur français et continuait à traiter ses compatriotes avec beaucoup moins de faveur que les négocians anglais et hollandais. Il avait effectivement reçu l'ordre de rentrer en France; mais, comme il tenait à rester, il obtint à Larissa qu'un négociateur ottoman serait envoyé à Paris avec une lettre par laquelle le Sultan s'engageait à traiter désormais plus favorablement les négocians français et réclamait indirectement le maintien de l'ambassadeur. Cette mission fut confiée au mouteferrika Souleïman; on lui adjoignit une suite composée de douze personnes; la Porte ne voulut pas lui accorder pour son voyage plus de deux mille écus; mais l'ambassadeur français lui fournit une somme égale de ses propres deniers [1]. Souleïman, qui, en sa qualité de mouteferrika, ne touchait que quinze aspres par jour, c'est-à-dire sept sous et demi d'après le cours habituel de la monnaie au dix-septième siècle, était dans le principe simple bostandji [2]. Il s'embarqua à Athènes à bord de l'un des bâtimens sous les ordres de M. d'Almeras, et arriva à Paris au commencement de novembre. Le ministre des affaires étrangères, M. de Lyonne, calqua sa réception sur celle que le grand-vizir avait récemment faite à l'ambassadeur français:

[1] Chardin dit : « Les Provençaux l'appelloient l'ambassadeur de M. de La Haye, et ils osèrent assurer que M. de La Haye avoit fourni l'argent pour son équipage. » Les Provençaux avaient raison.

[2] Flassan fait du simple bostandji Souleïman un bostandji-baschi, et lui attribue le titre d'*intendant des jardins du seraï!*

pendant le cours de l'audience, il demeura dans un fauteuil élevé sur une estrade au bas de laquelle Souleïman occupait un simple tabouret. Ce dernier n'ayant pas voulu remettre à M. de Lyonne la lettre dont il était porteur, le roi, auquel cette dépêche était adressée, consentit à lui donner audience (5 septembre 1669). Dans cette entrevue, Louis XIV, portant un habit d'étoffe d'or et couvert de diamans, parut assis sur un trône d'argent élevé sur quatre marches de même métal. L'envoyé prit la parole et s'exprima ainsi : « Le » Padischah des Ottomans, mon très-gracieux maî- » tre, le Sultan Mohammed m'envoie auprès de Sa » Majesté le pasdischah de France avec cette lettre, où » il exprime le désir de voir continuer la bonne in- » telligence qui règne entre les deux Etats. » Souleïman, qui se donnait pour ambassadeur et voulait être traité comme tel (tandis que, depuis un demi-siècle, les ambassades n'étaient confiées qu'à des paschas), fit quelques difficultés pour remettre sa dépêche; il demandait que, pour honorer le Sultan, le roi se levât et vînt à sa rencontre recevoir en main propre l'écrit impérial. Mais le roi attendit sans quitter son trône la remise de la dépêche, et dit à Souleïman qu'il lui ferait parvenir sa réponse.

Le Sultan demandait par cette lettre pourquoi l'ambassadeur était rappelé, et pourquoi un simple chargé d'affaires devait le remplacer à Constantinople. Souleïman resta à Paris jusqu'à la nomination de M. de Nointel, successeur de M. de La Haye. Cette mission eut cela de particulier, que le messager Souleïman était d'un rang inférieur, puisque le grade de mouteferrika précédait presque immédiatement celui de tschaousch. Ce fut la première qui produisit une grande sensation en France et à Paris, et où l'on vit se renouveler les ridicules prétentions des ambassadeurs orientaux à des honneurs dus seulement aux souverains. Enfin, de cette époque date en France l'importation du café, dont le grand-vizir Mohammed Kœprilü avait de nouveau interdit l'usage à Constantinople peu d'années auparavant, défense que son fils Ahmed ne put maintenir, malgré les sévères prédications de Wani qui proscrivait cette jouissance matérielle (pour les autres bien entendu), et en dépit des considérations politiques, qui tendaient à faire envisager les cafés comme les rendez-vous des détracteurs et des ennemis du gouvernement. Ainsi, malgré les décisions antérieures des mouftis et des scheïkhs, malgré les ordonnances des sultans et des grands-vizirs, l'usage du café et celui du tabac se sont acclimatés aussi bien sur les rives du Bosphore que sur celles de la Seine.

Indépendamment des troubles auxquels donna lieu dans les trois résidences de l'empire, Constantinople, Andrinople et Brousa, l'émission des fausses monnaies apportées par l'escadre française, d'autres mouvemens eurent lieu dans ces trois villes. A Brousa, le peuple ameuté lança des pierres au chef des janissaires et au juge qui, en percevant les impôts extraordinaires (awariz), ne voulurent pas recevoir les pièces de huit aspres altérées par l'alliage. Il en fut de même à Boli, où le moufti et le juge, qui présidaient à la récolte du salpêtre, furent poursuivis à coups de pierres ; le moufti resta mort sur la place. Une sédition du même genre éclata à Koutahia ; d'autres motifs soulevèrent le peuple d'Andrinople. Une vieille femme nommée Djanbaz kizi, c'est-à-dire la fille du *joueur d'âmes*, qui avait entrepris de soutenir la cause des opprimés, était parvenue à obtenir une décision impériale en vertu de laquelle les habitans de cette ville n'avaient plus à fournir un contingent de rameurs à la flotte du Sultan. Mais l'année suivante, le contingent ayant été exigé comme à l'ordinaire, cette prétention fut l'objet de querelles et de contestations. Le juge d'Andrinople en référa au kaïmakam, et la vieille femme se rendit elle-même à Brousa pour implorer la justice ou la clémence du Sultan. Mais le kaïmakam la fit pendre sans autre forme de procès, et le bostandji-baschi d'Andrinople, en ce moment occupé à réunir la population qui devait concourir aux parties de chasse projetées par le Sultan, fut envoyé en toute hâte à Andrinople pour faire cesser le désordre. Il fit pendre la fille de la vieille femme dont nous avons parlé, et qui voulait continuer le rôle joué par sa mère, et trente de ses partisans : un pareil nombre de mutins fut envoyé aux galères. Il extorqua violemment aux habitans d'Andrinople l'argent à l'aide duquel ils eussent échappé au recrutement maritime ; heureusement un ordre émané de Brousa lui enjoignit de mettre un terme à ses abus de pouvoir. Le trésor perdait par cette mesure plus de quarante mille bourses ; mais la persécution avait dépassé toutes les bornes, et un grand nombre de rayas, cédant au désespoir, prirent la résolution d'attenter à leurs jours; neuf d'entre eux se pendirent dans la seule ville de Constantinople. En somme, la rigueur que déploya l'administration en cette circonstance coûta la vie à plus de cent personnes. D'un autre côté, le trésor réalisa dans la même année de grands bénéfices, en économisant soixante-dix millions d'aspres affectés à la solde de plusieurs charges militaires auxquelles il n'avait pas été pourvu (30 avril 1669).

Par compensation, l'empire eut à supporter une perte bien funeste : la ville d'Ofen fut incendiée avec tous ses magasins et toutes les munitions de guerre et de bouche qui s'y trouvaient accumulées. Tous les affûts des canons furent réduits en cendres, et il ne resta pas dans la place une seule pièce d'artillerie qui ne fût hors de service. En sautant, la poudrière fit dans le rempart une brèche de plus de soixante toises de largeur. Plus de quatre mille Turcs périrent dans ce désastre, sans parler des esclaves chrétiens qui furent brûlés ou suffoqués dans leurs prisons. Cent vingt d'entre eux furent trouvés asphyxiés : ils étaient enchaînés par couples, et, soit tendresse, soit désespoir, ils se tenaient embrassés étroitement. Un mois après, quatre-vingts maisons brûlèrent à Ujwar. Cet incendie et l'établissement d'une redoute près de Komorn valurent à Sohrab Mohammed-Pascha, gouverneur de Neuhæusel, la disgrâce du Sultan. L'inspecteur des jardins, Koutschouk Mohammed-Pascha, fut envoyé de Brousa à Ujwar où son premier acte fut de faire trancher la tête à son prédécesseur (juin 1669); puis il l'expédia au camp de Larissa où le Sultan chassait toujours, ne pouvant échapper, si l'on en croit la rumeur populaire, à la malédiction de son père qui, au moment où le bourreau se disposait à l'étrangler, avait souhaité et prédit à Mohammed une vie errante comme celle des animaux sauvages. Il ne chassait jamais sans se plaindre d'une vive douleur occasionée par une chute de cheval qu'il avait faite plusieurs années auparavant en voulant franchir un large fossé. Aussi lui arrivait-il souvent de mettre pied à terre dans un état déplorable. Cependant sa passion dominante ne cessait de l'entraîner à travers les bois, les champs, les bruyères et les pâturages. Quoique la naissance de son fils eût éveillé dans son ame la pensée de mettre à mort ses deux frères pour assurer le trône à son fils et à lui, son esprit inquiet, bien plus que des inclinations sanguinaires, lui faisait un besoin de cet exercice continu. La sultane Walidé [1], d'origine russe ou polonaise et autrefois nommée Tarkhan, qui ne voulait pas voir sacrifier la vie de ses deux autres enfans au profit de l'aîné, remplissait un devoir maternel en protégeant ces derniers contre la politique ombrageuse du Sultan ; elle eut la précaution de les enfermer dans

---

[1] On lit dans Tullio Miglio : *Sultana Arse nativa della Rossia, rossa, subdita dei Polachi, fu giovinetta presa dai Tatari e transportata a Costantinopoli, restò schiava d'un tal Kor Suleimanbassa, quale per la sua belleza stimandola degno presente per un Monarca Ottomano, l'inviò al Seraglio dove l'anno 1642 2. di Gennaro verso la mezza notte partorì il vivente G. S.* Il dit du Sultan : *Di statura più alta che bassa, di complessione sanguinea, secco di corpo e di colore bruno, a segno che chi non lo conosce lo giudicherebbe un figlio d'un Zingaro piutosto che figlio d'un Imperatore.*

une des chambres du harem où l'on ne pouvait arriver qu'en pénétrant dans la sienne propre. Cependant, une nuit, le Sultan s'introduisit un poignard à la main dans l'appartement de sa mère : deux esclaves qui veillaient auprès d'elle, n'osant pas crier, la réveillèrent du geste. Aussitôt la sultane Walidé se lève, saisit le bras du Sultan et le conjure de la tuer avant ses fils. Mohammed dut renoncer momentanément à ses projets fratricides, mais les deux esclaves furent pendues pour en avoir entravé l'exécution. Cette tentative eut lieu immédiatement avant le départ de la sultane Walidé et de la Khasseki pour Constantinople : aussi la Walidé exprima-t-elle le désir d'être escortée pendant ce voyage par le kaïmakam, le moufti et les kadiaskers ; car elle craignait de se trouver seule avec le confident favori qui pouvait devenir un instrument du fratricide projeté par son fils.

Ce meurtre était devenu une idée fixe chez le Sultan qui tremblait sans cesse pour sa propre vie, car il n'était pas cruel et donna souvent des preuves d'un naturel doux et bienveillant. Ainsi, on le vit pleurer la mort d'un conducteur indien, qu'un éléphant confié à sa garde avait tué dans un accès de fureur. Dans une autre circonstance, ayant besoin d'une saignée, il présenta le bras à son vieux chirurgien dont la main s'égara deux fois de suite : le kaïmakam ayant à cette occasion proposé de mettre le vieillard à la retraite, le Sultan s'y opposa, en disant qu'autrefois il en avait reçu d'excellens services. A la fête du Sacrifice, autrement dite le petit Baïram, qui avait lieu annuellement le 10 du mois de silhidjé, après avoir reçu d'Abdi le tablier du sacrificateur, il se contentait de trancher la tête à une ou deux victimes, et laissait à une main subalterne le soin d'égorger toutes les autres, bien différent en cela de Selim Ier et de Mourad IV. princes sanguinaires qui tenaient à accomplir eux-mêmes cette cruelle exécution.

Lorsque le prince royal fut parvenu à l'âge de cinq ans, on sentit le besoin de commencer son éducation, et une première leçon lui fut donnée en grande cérémonie. Les tentes du diwan furent dressées autour de la tente impériale, dans le village de Thogan, situé à peu de distance de Larissa (4 juin 1669 — 4 moharrem 1080). Le moufti, le kaïmakam, le vizir favori, le nischandji, le defterdar, le prédicateur Wani, les kadiaskers et tous les autres grands fonctionnaires se rangèrent dans le même ordre que pour la célébration de l'anniversaire du Prophète et conduisirent le prince royal sous la tente du Sultan. Mohammed se leva, vint à la rencontre de son fils, lui donna un baiser sur les yeux et le fit asseoir auprès de lui. Le prédicateur Wani, dont l'arrivée précéda celle de l'émir-efendi, chargé de l'éducation du prince, récita d'abord la formule : *Au nom du Dieu très-clément et très-miséricordieux;* puis il nomma devant le prince les quatre premières lettres de l'alphabet et les lui fit répéter trois fois. Là se borna la première leçon. Ensuite, les vizirs et les grands-oulémas reçurent des pelisses de zibeline, garnies d'étoffe d'or pour les premiers et de tissu de laine pour les seconds : des kaftans furent distribués aux autres personnes de la suite. Le Sultan plaça lui-même un panache de héron orné d'une aigrette en diamans sur le front du prince royal qui fut reconduit par toute l'assemblée; pendant le trajet, on jeta au peuple des pièces d'or et d'argent. Le cortége fut ensuite traité avec magnificence sous les tentes du diwan.

Huit jours après, il y eut en présence du Sultan une conférence scientifique à laquelle le moufti et les oulémas furent priés d'assister et où plusieurs passages du Commentaire de Beïdhawi et de quelques autres ouvrages furent donnés en lecture et provoquèrent une discussion (12 juin 1669 — 12 moharrem 1080). Le Sultan goûta à tel point la science du moufti, qu'il lui donna son propre kaftan et ordonna de dresser pour Wani et ses collègues trois tentes derrière la sienne propre, afin qu'ils pussent s'y livrer à des entretiens et à des discussions théologiques. Un mois après, mourut Abdipascha, secrétaire d'État et gardien du chiffre impérial; il fut remplacé par le page et historien Abdi, qui reçut en même temps le titre de vizir, et réunit désormais la triple qualité de gardien de la nappe, de président de la troisième chambre et de secrétaire privé (29 juillet 1669 — 29 sâfer 1080). Pour mieux le distinguer, le Sultan ne lui envoya pas, suivant l'usage, sa lettre de nomination; il voulut la lui remettre en main propre et lui dit : « Que ce fardeau te soit léger! » Abdi sortit du harem et reçut l'hospitalité chez le kaïmakam; le surlendemain, le Sultan vint à passer, au retour de la chasse, devant la tente du nouveau secrétaire d'Etat ; il lui envoya dire qu'il eût à continuer l'histoire qu'il avait entreprise dans l'intérieur du seraï. Le dernier jour du mois suivant, mourut le savant médecin de la cour, Salih-Efendi : il fut remplacé par Hayatizadé-Efendi (31 août 1669 — 3 rebioul-akhir 1080).

Mohammed passa tout l'été à chasser au milieu des sites imposans de la Thessalie, dans les belles campagnes de Larissa, [1] aux bords du Pénée et de l'Enipée, dans les champs de Pharsale et sur les hauteurs de Cynocéphale, entre l'Othrys et le Pélion, l'Ossa et l'Olympe ; il tua l'un de ses meilleurs chevaux en voulant escalader un des rochers les plus escarpés du mont Olympe [2] ; une autre fois il franchit à cheval une crevasse qui laissait voir un abîme entre deux rochers. Plusieurs personnes de sa suite qui, dans le but de lui être agréables, s'efforçaient de le suivre partout, arrivant tout en nage au milieu de l'atmosphère glaciale des hautes montagnes de la Thessalie, tombèrent malades et moururent là où il n'y avait pas même assez de terre pour les ensevelir. Comme le sultan Mohammed, Mardonius, lieutenant de Xerxès, avait hiverné dans la Thessalie. Scipion campa à Larissa avec une légion avant la bataille de Pharsale. Larissa, témoin de la défaite de Pompée, donna asile

---

[1] *Larissæ campus opimæ.* Horat. I, 6.

[2] *Pythagon* ou *Kissagon.* Voir les *Voyages* de Brown, qui rencontra le Sultan en Thessalie : il en fait un portrait tout différent de celui que Tullio Miglio en traça cinq ans auparavant : *Wohlbetetzt von Person, die von Hals und fett nach der Gestalt, im Angesichte fast etwas hæsslich und etwas hochfarbig wegen des vielen Ausreissens in diesem Lande.*

à ce grand capitaine que les revers n'avaient point abattu [1]. De grands souvenirs se rattachent aux champs de bataille de Cynocéphale et de Pharsale où la république romaine porta le coup de grâce au royaume de Macédoine; mais le Sultan chasseur et son historien Abdi n'y songèrent pas plus qu'au premier et au dernier Philippe de Macédoine, dont l'un avait consolidé sa puissance en prenant Larissa, et l'autre avait passé en Thessalie l'été même où Annibal s'emparait de Sagonte. Mohammed l'habitait également lorsque la ville de Candie tomba au pouvoir du grand-vizir Ahmed Kœprilü.

Pour ne pas couper le récit de la dernière campagne de Crète, dont la durée fut de trois ans, il était nécessaire de passer préalablement en revue tous les événemens contemporains : maintenant revenons au grand-vizir que nous avons quitté au départ d'Andrinople. Après une marche de quatre mois à travers l'Asie-Mineure, il s'embarqua à Isdin [2], fit voile vers le promontoire Benefsché (cap Mallo), et aborda le 3 novembre le rivage de Crète en face de la Canée (3 novembre 1666 — 5 djemazioul-ewwel 1077); il consacra deux mois à tout disposer pour ses quar-

[1] *Vidit prima huc testis Larissa ruinæ nobile ne victum fatis caput.* Lucanus.

[2] Au lieu d'*Istina*, on lit dans Raschid, *Istifa*. Une circonstance particulière, la mort de Ballarino (Brusoni, p. 151), qui, suivant le *Djewahiret*, p. 239, succomba aux environs d'Istina, prouve suffisamment que cette ville n'est autre qu'*Isdin*, et non pas *Setina* (Athènes). Cantemir, avec son incroyable légèreté, désigne Istina sous le nom de *Thèbes*, et prétend que le grand-vizir partit de Thèbes pour Thermes (la Thermis du cap Skyllo), qu'il prend pour Thermis, lieu situé dans le golfe de ce nom. L. III, 6.

tiers d'hiver, puis il se rendit au camp établi devant Candie sous les murs de la Nouvelle-Canée, fort récemment élevé par les assiégeans, afin de passer l'armée en revue et d'inspecter les fortications. Là se trouvaient des bandes de vétérans qui, depuis vingt-deux ans, combattaient dans la guerre sainte de Crète et avaient attendu, mais en vain, depuis cette époque, l'arrivée d'un grand-vizir. Kœprilü donna sa main à baiser aux sandjaks et aux alaïbegs, et leur rendit le courage et la confiance en leur témoignant tout l'intérêt que le Sultan et lui-même prenaient à leurs souffrances. Le lendemain il fit à cheval le tour de la place, accompagné de l'aga, du lieutenant-général des janissaires et du beglerbeg d'Anatolie, Kara Moustafa, vieux soldat plein d'expérience, qui avait pris part aux deux premiers siéges de Candie et à celui de Neuhæusel comme beglerbeg de Roumilie ; il revint ensuite à la Nouvelle-Canée (26 décembre 1666 — 28 djemazioul-akhir 1077). A la fin de janvier, arriva la flotte égyptienne, forte de vingt-un vaisseaux et de sept caïques [1]. En vue de la Canée, elle fut assaillie par la flotte vénitienne, commandée par Grimani et Molino, qui lui prit cinq vaisseaux et incendia celui du commandant égyptien ; ce dernier, le beg Ramazan, tomba lui-même au pouvoir des vainqueurs, bien que quatorze galères fussent sorties du port de la Canée pour lui porter secours (26 février 1667 — 2 ramazan 1077) [2]. Sentant le

[1] *Schaïtié. Djewahiret,* p. 229.
[2] *Djewahiret,* p. 230. Brusoni, l. XXII, p. 154. L'auteur du *Djewahiret*

besoin de rallier à la cause ottomane les flottes des États Barbaresques, le grand-vizir chargea le khasseki Mohammed-Aga de remettre aux gouverneurs d'Alger, de Tunis et de Tripoli, des lettres par lesquelles il réclamait leur coopération active à la prise de Candie et leur annonçait que lui-même campait devant cette ville avec l'étendard sacré. N'ayant pu réussir à délivrer le commandant de l'escadre égyptienne, bien qu'il eût offert vingt mille piastres pour sa rançon, Kœprilü se résigna à lui donner pour successeur le chef des mouteferrikas égyptiens, qui lui avait apporté du Kaire une lettre du scheïkh Baïli.

Aussitôt après la mort de Ballarino, qui précéda de fort peu l'embarquement du grand-vizir à Isdin, ce dernier avait écrit à Venise pour demander l'envoi d'autres négociateurs. Il vit bientôt arriver en cette qualité les secrétaires Giavarino et Padavino qui lui remirent une lettre du doge et lui offrirent, au nom de la république, une somme de cent mille ducats, indépendamment de douze mille autres qui seraient payés annuellement à la Porte à titre de tribut : Kœprilü ne répondit ni à la lettre ni à la proposition.

A la fin d'avril, la flotte ottomane, forte de trente bâtimens, munie de provisions de toute nature et commandée par Kaplan Moustafa-Pascha, mouilla devant la Canée (26 avril 1667 — 2 silkidé 1077). Kaplan Moustafa s'était distingué pendant la guerre de

---

altère ces faits en disant que le commodore égyptien combattit seul contre treize vaisseaux ennemis ; toutefois il reproduit, p. 235, la lettre du beg prisonnier.

Hongrie, notamment à la prise de Novigrad, et le grand-vizir lui avait donné en récompense la main de sa sœur avec le titre de grand-amiral; en même temps, son autre beau-frère, Kara Moustafa, obtenait la charge de kaïmakam et était attaché au camp de plaisance du Sultan. Ainsi, il avait élevé ses deux beaux-frères aux deux postes les plus éminens de l'empire.

Vers le milieu de mai, il quitta la Canée et donna au kapitan-pascha l'ordre de faire voile pour Tscheschmé (17 mai 1667 — 2 silkidé 1077). Ce dernier parvint heureusement à Giropetra avec cinq mille janissaires, six vaisseaux et dix caïques chargés de boulets : trois jours après, la flotte ennemie, forte de trente vaisseaux, de six mahones et de vingt-cinq galères, passa devant la Canée et prit position à Karabousa où elle se forma en croisière, sans que le grand-vizir voulût autoriser aucune sortie de la flotte turque. Toute son armée se composait de quarante mille hommes, outre dix-huit mille coureurs et incendiaires et les renforts qui lui arrivaient continuellement : en sorte que bientôt l'effectif fut porté à soixante-dix mille hommes. Tout le camp retentissait de salves d'artillerie auxquelles se mêlait le feu de la forteresse; peu s'en fallut que le grand-vizir ne fût tué par un boulet de canon (23 mai 1667—29 silkidé 1077). Il donna des pelisses de zibeline à Ahmed-Pascha, qui, jusqu'alors, avait commandé le siége, et à l'aga des janissaires, Ibrahim-Pascha ; des kaftans d'honneur au beglerbeg d'Anatolie et à celui de Roumilie qui, pendant la guerre de Hongrie, avaient commandé, le premier l'aile droite, le second l'aile gauche de l'armée; il en fit distribuer également à tous les officiers des sipahis et de l'artillerie, à tous les sandjaks et les alaïbegs; en tout trois cents kaftans. Le surlendemain, on tint un conseil de guerre pour délibérer sur le meilleur mode d'attaque à mettre en usage (25 mai 1667 — 1ᵉʳ silhidjé 1077). Les avis qui prévalurent dans l'assemblée furent ceux de Kara Moustafa et de Pehliwan Mohammed-Pascha, beglerbeg de Roumilie, qui avaient pris part aux deux premiers siéges, et celui du serdar, Franc d'origine, qui, depuis sept ans, était investi du commandement supérieur des expéditions dirigées sur Candie. Ces trois personnages soutinrent que l'assaut devait être donné aux bastions de la Reddition [1] (Saint-André), des Juifs [2] (Bethlehem) et du Piége au Pourceau [3] (Martinengo). D'autres soutenaient qu'il valait mieux attaquer le bastion Blanc [4] (San-Demetrio); mais le grand-vizir en jugea autrement et pensa qu'un assaut donné à ce bastion, véritable château-fort, rendrait beaucoup plus difficile la tâche des assiégeans. En conséquence, on adopta un plan qui consistait à laisser à l'est de la ville quelques sipahis et cavaliers soutenus par quelques pièces de canon, et à diriger la principale attaque sur la partie ouest de la forteresse.

Si les voyageurs et les archéologues, les philologues et les géographes ont droit à la reconnaissance publique pour s'être voués sérieusement à rechercher les murs d'Ilion et la colline des Figuiers, témoins

---

[1] *Wéré tabiesi.* — [2] *Ychoud tabiesi.*
[3] *Tomouz dami tabiesi.* — [4] *Ak tabié.*

d'un siége qui participe de la fiction poétique, combien le véritable ami de l'histoire devra nous savoir gré de mettre sous ses yeux le théâtre de ce fameux siége de Candie, unique dans les annales anciennes et modernes, soit par sa longue durée, soit par le but de la guerre, le nombre des assiégeans, l'héroïsme des assiégés et le nombre des mines qui furent mises en œuvre dans le cours de cette lutte mémorable ! Le terrain du siége est un champ phlégréen où, à chaque pas, la terre s'entr'ouvre et lance des flammes et où des cratères sulfureux sèment au loin la destruction. Il importe de décrire ici les points d'attaque et de défense, autrement l'ensemble du siége échapperait au lecteur. Leurs noms, illustrés par les fondateurs ou les défenseurs de la ville et presque tous conservés par les Turcs, sont caractéristiques, et il serait impossible de les reconnaître d'après la description qui en est faite par l'auteur des *Joyaux de l'histoire,* garde du sceau du grand-vizir, et le général de l'infanterie vénitienne, le marquis Ghiron di Villa, historien du siége de Candie, si nous n'avions pris soin de contrôler l'un par l'autre ces deux historiens.

L'intelligence du récit nécessite également ici une courte description topographique. La partie des murailles qui, s'élevant au bord de la mer, frappe d'abord les regards des navigateurs venant du nord, forme une sous-tendante dont l'arc embrasse le reste de la forteresse. A gauche on voit un château spécialement affecté à la défense du port, peu spacieux à la vérité et qui contiendrait au plus trente galères, mais d'un mouillage très-sûr. La mer qui gronde sans cesse au pied de ces murailles rend superflue toute autre fortification dans la direction nord. La moitié de l'arc est protégée dans sa circonférence par sept bastions et un fort détaché, trois ouvrages à corne, quatre redoutes et une demi-lune. Chacun de ces ouvrages avancés est on ne peut mieux fortifié par des bonettes, des palissades, des lignes transversales, des batteries, des redoutes, au-dessous desquelles ont été creusés des galeries de mineurs et des fourneaux, autre forteresse souterraine. Laissons maintenant le demi-cercle formé dans cette direction par les murailles de la place et les sept bastions, ainsi que les ouvrages avancés qui en dépendent, et éloignons-nous en commençant à gauche par le château du port, c'est-à-dire en suivant le côté est et en marchant au nord, puis en revenant du nord à l'ouest jusqu'au septième bastion situé au bord de la mer en face du lazaret. Comme l'attaque principale fut dirigée contre les bastions de l'ouest, ils doivent être particulièrement décrits. Le premier qui s'élève à gauche au bord de la mer dans la direction est, est celui de Sabionera sur lequel est bâti le fort détaché de San-Demetrio; vient ensuite le bastion Vetturi où se voit un ouvrage à corne nommé Palma; enfin le bastion le plus au nord est celui de Jésus. Entre ces trois bastions et le plus voisin s'élève la redoute de Saint-Nicolas. Ainsi se présentent les deux faces nord et est de la forteresse, qui cette fois ne furent l'objet d'aucune attaque. A partir de l'extrémité nord-ouest de la forteresse où nous nous trouvons en ce moment jusqu'au bord de la mer, sont jetés quatre bastions entourant trois courtines dont chacune contient une redoute, de même que chacun des trois autres bastions est flanqué d'une ouvrage avancé, le quatrième et le sixième d'un ouvrage à corne et le cinquième d'une demi-lune. Le bastion le plus au nord-ouest (le quatrième dans l'ordre que nous avons suivi) portait le nom de Martinengo illustré aux siéges de Rhodes et de Famagosta. Les Turcs l'appelaient le *Piége du Pourceau,* parce que le porc infidèle, c'est-à-dire le chrétien, qui avait inventé les tambours de mines et construit le bastion, avait attiré dans ses piéges nombre de Musulmans : or, les piéges en question n'étaient autres qu'une combinaison savante de fossés, de redoutes, de lignes parallèles et transversales, de puits et de galeries souterraines. L'ouvrage à corne qui s'élève en avant du bastion est celui de Sainte-Marie. Ce nom a quelque affinité avec celui du bastion voisin de la redoute qui les sépare, car l'un et l'autre s'appellent Bethlehem ; les Turcs les désignent sous les noms de bastion et de redoute des Juifs. Devant le bastion de Bethlehem est située la demi-lune Mocenigo. La redoute adossée à la courtine qui s'élève entre le bastion de Bethlehem et le suivant (celui de Panigra), et l'ouvrage à corne attenant au bastion, portent également le nom de Panigra. Ce nom dérive probablement de Pantocratora (*toute-puissante*), nom sous lequel la Vierge était honorée dans une église voisine, bien que les Byzantins attribuent cette épithète à Dieu seul, ou, dans un autre ordre d'idées, à Satan qui gouverne le monde. Par suite d'une légère corruption, les Turcs ont nommé ce bastion Panighrad. Le septième bastion est celui de Saint-André; il s'élève en face du lazaret, au bord de la mer et à l'embouchure d'un fleuve : les Turcs l'ont nommé *la Reddition*, parce que les clefs de la ville leur furent apportées sur ce bastion. Le long de cet ouvrage et d'une petite rivière qui coule parallèlement aux fortifications élevées entre les deux bastions Saint-André et Panighrad, les Turcs avaient bâti précédemment le fort de la nouvelle Candie qu'ils détruisirent immédiatement avant le siége, le grand-vizir ayant résolu de camper sur cet emplacement. L'armée ottomane fut divisée en trois corps qui devaient attaquer simultanément les trois bastions Panighrad, Bethlehem et Martinengo. A gauche, en face de Panighrad, le grand-vizir campa sur les ruines de la Nouvelle-Candie [1] avec le beglerbeg de Roumilie et l'aga des janissaires; au centre les troupes égyptiennes, commandées par le renégat Ahmed-Pascha, furent opposées au bastion de Bethlehem et à la demi-lune Mocenigo. A droite, et en face de Mocenigo, étaient les troupes anatoliennes sous les ordres de Kara-Moustafa. C'était avec ces trois armées, l'une européenne, l'autre africaine et la troisième asiatique, que la barbarie ottomane s'apprêtait à renverser les trois

---

[1] L'ordre dans lequel se trouvaient placées les troupes asiatiques et roumiliotes est interverti sur le plan, du reste fort consciencieux, du siége de Candie, tracé par Dapper.

bastions Panighrad, Bethlehem et Martinengo, et avec eux le plus ferme boulevard de la chrétienté qui s'élevât dans toute la Méditerranée.

L'avant-veille au soir du deux cent quatorzième anniversaire de la prise de Constantinople, Ahmed Kœprilü ouvrit la tranchée sous le feu de trois cents canons (28 mai 1667 — 3 silhidjé 1077). Une batterie de trois canons, placée sur chacun des trois bastions, commença à foudroyer les corps avancés de l'armée ottomane : les deux pièces de cinquante-six, qui avaient été fondues dans l'île, furent tenues en réserve. Quelques jours après, l'armée turque reçut, avec une dépêche impériale qui prodiguait les encouragemens aux troupes, la nouvelle qu'un tremblement de terre avait détruit de fond en comble Cattaro, ville frontière des Etats vénitiens (12 juin 1667—19 silhidjé 1077). Elle y vit un présage favorable.

Au solstice d'été, le capitaine-général Morosini arriva de Standia, île située en face de Candie, et son arrivée fut saluée par l'explosion des premières mines qu'on fit sauter de part et d'autre. Huit jours après, les escadres auxiliaires, celle du pape, commandée par le prieur Bichi, et celle de Malte, sous les ordres du commandeur del Bene, mouillèrent dans les eaux de Standia, mais rien ne put décider leurs chefs à tenter un débarquement ou à risquer toute autre démonstration hostile qui aurait pu jeter la terreur parmi les assiégeans. Le beglerbeg de Siwas, qui arriva avec six galères, se réunit au centre de l'armée turque ; Houseïn-Pascha, ancien gouverneur d'Ofen, se joignit au corps asiatique; enfin, le defterdar-pascha reçut l'ordre de faire disposer la maison de Katirdjizadé, située dans le voisinage du camp, pour recevoir les deux secrétaires-négociateurs envoyés par les Vénitiens. Les explosions de mines et de fourneaux se succédaient sans interruption; tout le siége n'était qu'un feu de pelotons entretenu par les mines qui volaient en éclats, et dont la bruyante monotonie n'était que rarement interrompue par quelques incidens : c'étaient, au camp, l'arrivée de lettres et de présens envoyés par la sultane Walidé, et, dans la forteresse, la réception de dépêches louangeuses adressées par le doge aux commandans de la place [1]. Jusqu'au 8 septembre, jour célèbre dans l'histoire ottomane par l'évacuation de Malte et la chute de Szigeth, cent cinquante-deux mines firent explosion du côté des assiégeans et cent quatre-vingt-deux du côté des assiégés, et cependant le bastion de Panigra, contre lequel portaient les plus vives attaques du grand-vizir, avait résisté à de pareilles secousses. Ce ne fut que sept semaines après, que les Turcs réussirent pour la première fois à planter cinq étendards sur le haut du bastion; mais trois mines, dont chacune contenait soixante-dix barils de poudre, lancèrent au milieu des airs et les drapeaux et ceux qui les avaient arborés (16 novembre 1667 — 29 djemazioul-ewwel 1078). Ce jour-là, les assiégés lancèrent pour la première fois en dehors des remparts les têtes de leurs ennemis

---

[1] On trouve deux de ces dépêches dans Viaggi di Villa, p. 145 et 250.

morts ou faits prisonniers. Quatorze jours plus tard, les assiégeans donnèrent, après l'explosion simultanée de quatre mines, un assaut dans lequel succombèrent trois généraux, l'aga des janissaires, l'aga des djebedjis (armuriers), et celui des serdengetschdis (volontaires) (11 novembre 1667 — 24 djemazioul-ewwel 1078)[1]. Les assiégés, forcés de se retirer, se retranchèrent dans le bastion Martinengo, et, ajoute l'historien ottoman avec l'urbanité qu'affectent habituellement les historiographes de cette nation en parlant des chrétiens, « comme les pourceaux rentraient dans leur » piége, on leur coupa quatre têtes. »

Huit jours après, le grand-vizir suspendit les travaux du siége pour toute la durée de l'hiver; cependant il n'abandonna pas encore la tranchée (18 novembre 1667 — 1ᵉʳ djemazioul-akhir 1078).

En six mois et demi, vingt mille quintaux de poudre avaient été brûlés, huit mille soldats avaient péri, quatre cents janissaires avaient été mis hors de combat. Des deux beglerbegs de Roumilie, l'un était mort naturellement, et l'autre avait péri en combattant pour la foi musulmane; l'un des begs égyptiens avait été tué et l'autre fait prisonnier; les agas des janissaires et des silihdars étaient restés sur le champ de bataille; la mort avait fait une abondante moisson parmi les chefs comme dans les rangs inférieurs de la milice ottomane.

---

[1] Raschid, p. 47. *Djewahiret.* Villa, p. 283, attribue la perte des Turcs à l'explosion des mines; mais il ne parle pas de la sortie décrite en détail par Brusoni, l. XXXIII, p. 201.

Le kapitan-pascha Kaplan, qui se trouvait à la Canée, fut appelé à Candie. Il fut décidé que douze vaisseaux mouilleraient devant cette place jusqu'à la fin de l'hiver; le reste de la flotte retourna à Constantinople. Les deux secrétaires de la république, Giavarino et Padavino, que le grand-vizir avait retenus pour faire croire aux troupes qu'ils étaient autorisés à rendre la forteresse, aussitôt que les assiégeans seraient parvenus à arborer leurs étendards au sommet des bastions, avaient été secrètement mis à mort, sans doute afin de persuader à l'armée ottomane, qui avait vu flotter ses drapeaux sur le bastion Panigra, sans toutefois obtenir la reddition de Candie, que les négociateurs vénitiens subissaient le châtiment de leur imposture. Cependant, pour écarter tous les soupçons qui auraient pu planer sur lui à ce sujet, Ahmed Kœprilü écrivit de sa propre main au doge de Venise, pour réclamer l'envoi de nouveaux négociateurs en remplacement de Giavarino, comme si ce dernier fût mort de maladie.

La neige et des pluies abondantes ayant inondé la tranchée, le grand-vizir l'abandonna vers le milieu de janvier, après avoir décidé que la garde en serait confiée tous les quatre jours et à tour de rôle, savoir: le premier jour au kiaya, à la tête de mille seghbans, le second aux sandjakbegs, le troisième au beglerbeg de Roumilie, à la tête de sa cavalerie feudataire, et le quatrième au koulkiaya, qui commandait les janissaires (16 janvier 1668 — 1er schâban 1078).

Des transfuges avaient montré clairement au grand-vizir qu'en dressant des batteries aux deux extrémités des fortifications qui faisaient face à la mer, il fermerait en quelque sorte l'entrée du port de Candie aux vaisseaux qui venaient apporter aux assiégeans des vivres et des troupes. Il fit en conséquence élever des batteries dans cette direction à l'extrémité du rempart maritime, en face du bastion Sabionera que les Turcs nomment le bastion Rouge [1], et en même temps à l'extrémité ouest vis-à-vis le bastion de Saint-André ou du Marais [2], car les Turcs le désignent ainsi, sans doute à cause des inondations fréquentes occasionées par les débordemens du fleuve qui a son embouchure auprès du bastion.

Comme devant Sabionera le sol était sablonneux d'un côté [3] et rocailleux de l'autre, et que par conséquent il était impossible d'y ouvrir des tranchées, on y éleva, à l'aide de fascines et de gabions, deux redoutes ou plutôt deux bastions, d'où un feu croisé pouvait atteindre les vaisseaux qui cherchaient à entrer dans le port.

Le jour de la Saint-Valentin, un messager se présenta avec un drapeau blanc : il était porteur d'une lettre adressée par le capitaine-général, Morosini, au grand-vizir ; ce général vénitien proposait de traiter immédiatement pour éviter les lenteurs qu'entraînerait infailliblement l'envoi d'un courrier à Venise (14 février 1668 — 1ᵉʳ ramazan 1078). Il fut répondu à cette dépêche que le grand-vizir avait reçu pleins

---

[1] *Kizil tabié.* Raschid, I. — [2] *Gœllik*, Raschid.
[3] *Crebanoso.* Brusoni, l. XXV, p. 231.

pouvoirs du Sultan et n'entrerait en négociations avec le capitaine-général que si ce dernier était autorisé, comme lui, à évacuer l'île et la forteresse [1].

Pour faciliter les arrivages dirigés de la Canée sur le camp ottoman, et que rendait extrêmement difficiles le mauvais état des chemins rocailleux qui avoisinent Candie, le port de Tschanakliman (Saint-Péage), situé à quatre lieues de distance de la forteresse, fut fortifié au moyen d'une palanque. Mais le provéditeur Lorenzo Cornaro croisait à l'entrée du port avec sept galères pour intercepter les convois qu'attendait l'armée turque [2]. Afin de remédier à cet état de choses, le grand-vizir donna à Memizadé Mohammed-Pascha qui commandait une escadre de douze bâtimens de guerre mouillés à Retimo, l'ordre de mettre à la voile. Memi-Pascha lui fit répondre que l'équipage de son escadre suffisait à peine à maintenir l'ordre parmi les esclaves des galères, mais qu'avec un renfort il s'empresserait de se conformer à ses instructions. Le grand-vizir lui envoya promptement douze cents hommes sous les ordres de Khalil-Pascha, beglerbeg d'Anatolie. Morosini, qui en fut informé, expédia aussitôt trois conserves, montées par six cents Français ou Italiens et quelques escouades de ses gardes-du-corps, à la rencontre des douze galères turques qui, pendant la nuit, devaient entrer avec un charge-

---

[1] Raschid, I, f. 48 et 49. *Réponse* du secrétaire Cavalli Giovanni Pietro.

[2] Brusoni, l. XXIV, p. 216. Raschid prétend qu'il y avait en outre trois frégates.

ment de vivres à Fodella[1], à environ une lieue de Tschanakliman (Saint-Pélage) (8 mars 1668). Les galères vénitiennes étaient au nombre de vingt. Il faisait déjà nuit lorsque les deux escadres se trouvèrent en présence, et ce fut en vain que Memi-Pascha, marin expérimenté, invita Khalil-Pascha à ne pas attaquer l'ennemi sans connaître sa force[2]. Dourakbeg, l'un des plus fameux corsaires turcs, combattit d'abord avec avantage la galère de Polani; mais Morosini accourut et fit lancer des torches à l'épreuve de l'eau à bord de la galère ennemie qui fut capturée après la mort de Dourakbeg. Memi-Pascha avait été englouti: les Vénitiens prirent cinq galères turques outre celle de Dourakbeg, et sept bâtimens ennemis seulement rentrèrent à Retimo. Au nombre des quatre cents prisonniers faits par les Vénitiens, se trouvaient les begs de Chypre et de Navarin, Moustafa et le tschaousch de Khalil-Pascha ; parmi les morts, on comptait deux begs de Komorn, outre Memi-Pascha et Dourakbeg. Un bâtiment chargé de prisonniers, de pavillons et d'étendards ennemis, fit à Venise une entrée triomphale, et la république, pour récompenser le capitaine-général Morosini, lui décerna le titre de chevalier.

---

[1] Les historiens ottomans écrivent *Fodolé*, c'est-à-dire *le pain des janissaires.*

[2] *Guidava questa squadra Durakbeg Corsaro famoso.* Brusoni, l. XXIV, p. 216, est dans l'erreur, car le commandement supérieur appartenait à Khalil, et celui de l'escadre à Memi-Pascha. Raschid affirme, avec aussi peu de fondement, que Dourakbeg combattit *la Baschtarde* ou vaisseau-amiral du capitaine-général, parce que c'était la galère de Nicolas Polani. La vérité ne peut jaillir que de la comparaison des deux récits.

L'armée ottomane se trouvait réduite à vingt mille hommes, dont quatorze mille seulement en état de combattre. L'arrivée de renforts devenait de jour en jour plus urgente. Enfin abordèrent à Giropetra, non loin de Smyrne, dix frégates ayant à bord mille janissaires : tous les autres bâtimens de la flotte amenèrent aussi de nouvelles troupes ; en tout, cinq mille janissaires, outre mille hommes d'élite pris dans les troupes égyptiennes.

Le marquis di Villa, que le duc de Savoie avait envoyé au secours de la république, et l'un des plus vaillans défenseurs du bastion Panigra, fut rappelé, et on lui donna pour successeur un Français, le marquis Saint-André Montbrun (mai 1668).

D'un autre côté, le grand-vizir s'occupait de compléter son artillerie de siége ; outre vingt grands canons et dix mortiers fondus en Crète, il fit couler les pièces de calibre vénitien, afin de pouvoir utiliser les trente mille boulets lancés de la forteresse et qu'il avait fait soigneusement recueillir. En témoignage de satisfaction, il distribua aux fondeurs douze caftans, du drap pour douze pantalons et une bourse d'argent. Deux cents volontaires appartenant au corps des janissaires se chargèrent, moyennant une solde de dix aspres par jour, de veiller à l'entrée des mines. Leur aga et celui des troupes égyptiennes reçurent des vêtemens d'honneur ; le defterdar passa l'armée en revue suivant l'usage consacré. Mohammed-Aga, commissaire envoyé auprès des États Barbaresques, rapporta les réponses des paschas : celui de Tunis,

Mohammed, promettait dix bâtimens armés en guerre; Osman, pascha de Tripoli, dix, et Ismaïl, pascha d'Alger, s'engageait à fournir tout ce dont la guerre qu'il soutenait alors contre les Français lui permettrait de disposer. Enfin, le kapitan-pascha Kaplan débarqua heureusement avec toute la flotte dans le port de Fodella.

Ce fut au retour de l'été, vers la fin de juin, et sous d'heureux auspices, que le siége fut repris avec une nouvelle ardeur. Un des premiers boulets ottomans alla frapper le général de Candie, Bernardo Nani [1], et une lettre du kapitan-pascha annonça qu'une victoire venait d'être remportée dans les parages de Nio sur le chevalier Giorgio Maria Vitali, que les histoires ottomanes représentent comme un des plus célèbres corsaires vénitiens de l'époque et qui périt dans le combat. Son vainqueur, le kapitan-pascha Moustafa-Kaplan, c'est-à-dire *la Panthère,* a construit dans l'île de Leros un bastion dont l'inscription, enlevée par des voyageurs vénitiens ou autres, a été déposée au musée des antiquités de Milan et a perpétué le nom de l'île, celui du fondateur et la date de la prise [2] (15 juin 1668). L'arrivée des galères pontificales, commandées par Rospigliosi, neveu du pape Clément IX, ne répara nullement l'échec essuyé par la marine vé-

---

[1] Brusoni dit que cet événement eut lieu le 22 juin; mais, suivant Raschid et le *Djewahiret,* ce fut le 7 moharrem (17 juin).

[2] On trouve dans la Bibliothèque I. R., parmi les manuscrits de Rangon, n° IX, f. 15, un ouvrage intitulé: *Viaggio del Generalissimo di mare il Cav. Vinc. Rospigliosi per il soccorso di Candia;* mais il ne commence qu'à l'année 1669, et ce n'est qu'un journal de bord.

nitienne; car, au lieu de troupes auxiliaires, elles n'avaient à bord que le dominicain Padre Ottomano, prétendu frère de Mohammed IV. Fait prisonnier sur un vaisseau turc chargé de pélerins dont la capture avait déterminé la guerre de Crète, et se donnant pour un fils d'Ibrahim, il reparut dans cette île à la fin de la guerre; mais sa présence insignifiante ne put imprimer aux événemens une tournure plus favorable aux intérêts de la république, et lui-même fut oublié au milieu de la conflagration générale.

Le 11 juin, le grand-vizir retourna à la tranchée, et aussitôt recommencèrent de part et d'autre les explosions de mines qui, l'année précédente, pendant un siége de neuf mois, avaient atteint le nombre de douze cents (11 juin 1668 — 2 moharrem 1079). Aux troupes campées dans l'île étaient venus se joindre mille Egyptiens, huit cents janissaires, quinze cents djebedjis, mille topdjis, mille pontoniers [1] ou mineurs, cinq cents Syriens, quatre mille volontaires sipahis et silihdars; il était arrivé également vingt mille quintaux de poudre, quinze mille bombes, quatre-vingt mille boulets de canon du poids de quarante à quatre-vingts livres, vingt mille grenades, six cents sacs de goudron, des houes, des pelles, des clous, du plomb, du fer et du bois en abondance, en un mot, tout ce qui constitue le matériel d'un siége. Comme les canons de l'armée ottomane avaient déjà tiré six cents coups chacun, et que l'élargissement de la lumière nécessitait la refonte de ces pièces, cette opération eut

---

[1] *Pouldar.* Raschid, I, p. 52.

lieu à la fonderie établie dans l'île, et comme il était passé en proverbe que l'argile puisée dans les *Eaux douces* de Constantinople était indispensable pour la fabrication des moules de toutes les pièces de calibre léger qu'il s'agissait de fondre, des cargaisons entières de cette argile et de cette vase accumulées pendant l'hiver furent employées à la refonte de l'ancienne artillerie et à la fonte de vingt nouveaux mortiers. Telle était la réputation de cette argile, que des navires de commerce anglais, français, toscans et génois, envoyaient nuitamment leurs chaloupes en recueillir dans les *Eaux douces* et s'en faisaient un lest; mais un ordre sévère du kaïmakam en interdit enfin l'exportation.

L'escadre tripolitaine, composée de six bâtimens, qui, après la victoire remportée sur Giorgio Vitali, avait pris un autre grand vaisseau, mouilla sur ces entrefaites à Matella, et tous ses capitaines furent revêtus de kaftans. Ils s'étaient arrêtés pour faire des vivres et demander l'autorisation de retourner à Tripoli; mais on les chargea de porter au juge et à l'intendant de Smyrne des ordres pour l'expédition de quatre mille okkas de graisse, de mille okkas d'huile d'olive, de mille okkas de vinaigre, de trois mille kilos de froment, de mille okkas de panne, outre le biscuit nécessaire à l'armée; ils reçurent en même temps l'ordre de croiser devant l'île de Crète avec les bâtimens algériens à la hauteur de Giropetra [1]. Nous

---

[1] Raschid, I, f. 53. *Giropetra* est évidemment un dérivé du mot turc

avons vu que tout l'effort du siége précédent avait porté sur le côté E. de la ville et le bastion de Panighrad, lequel n'était plus qu'un monceau de décombres; cette année l'attaque des Musulmans fut dirigée sur les deux extrémités des fortifications qui s'élèvent au bord de la mer, contre le bastion nord-est, Sabionera, et celui du nord-ouest, autrement dit le bastion Saint-André [1]. Les fougades et les grenades à main volaient et éclataient; les *chanteuses* [2] et les canons chambrés résonnaient et sautaient, et au milieu de cette terrible et continuelle musique de l'artillerie turque, retentissait parfois, comme un coup de cimbales, l'explosion d'une mine contenant soixante-dix barils de poudre et quelquefois plus, ou celle d'une poudrière, comme, par exemple, celle qui sauta près de l'église Saint-Pierre.

Le général Cornaro défendait le poste important de Saint-André, tandis que le général Battaglia, duc de Candie, défendait le bastion de Sabionera. Ce dernier fut tué dans une sortie; quatorze jours après, la mort frappa également l'intrépide guerrier allemand, baron de Frisheim; avant lui, le baron de Degenfeld et le

---

Perepetré; mais je ne sais quelles localités désignent les historiens ottomans sous les noms de *Martella* et de *Djoudjouda*.

[1] Brusoni raconte très-sommairement, à la fin de son livre XXIV°, le siége de la ville pendant l'été de 1668; mais il en donne, dans le XXV°, deux autres relations très-circonstanciées, qui, fondues avec celles des historiens ottomans, formeraient un volume sur le siége de Candie. On trouve encore, dans l'*Inscha* du reïs-efendi Rami, une suite de comptes-rendus faits par le grand-vizir au vizir favori Moustafa-Pascha, et qui vont du n° 124 au n° 134.

[2] Sorte de gros canons. Vélius les appelle *cantatrices*.

marquis Francesco di Villa revenu en qualité de général des troupes pontificales, avaient trouvé une mort glorieuse [1]. Avec eux périrent ou furent blessés un grand nombre de nobles vénitiens, entre autres Balbi, Badoero, Barbaro, Pisani, Grimaldi, Cornaro, sans compter le marquis français de Montbrun. Le courage des assiégeans fut encore exalté par l'arrivée successive de plusieurs lettres émanées du cabinet impérial (khattischérifs). Bien que ces dépêches fussent rédigées et écrites par des secrétaires, on les assimilait à des lettres autographes à cause de l'annotation que le Sultan ajoutait de sa propre main en tête de la missive, et qui, d'ordinaire, portait simplement : *Qu'il soit fait conformément à ces instructions* [2]; souvent aussi il ajoutait : *D'après l'avis et le jugement du maître.* Il y avait quatorze jours que le grand-vizir était dans la tranchée, lorsqu'arriva une dépêche en marge de laquelle était écrit de la main du Sultan : « Qu'il soit » fait suivant mon écrit impérial ; Dieu veuille bientôt » réjouir par la victoire et la prise de Candie le peuple » de Mohammed. S'il plaît à Dieu, je ne tarderai pas » à partir moi-même, et je m'efforcerai de rejoindre » mes serviteurs, les soldats victorieux de l'Islam. » Que Dieu daigne exaucer vos vœux avant votre re- » tour, tel est nuit et jour l'objet de mes prières. »

Au mois de décembre, une courte dépêche du Sultan annonça au grand-vizir l'arrivée d'un ambassadeur

---

[1] *Il Marchese Francesco Villa nuovo Sargente generale delle Truppe pontifice*, p. 225.

[2] *Moudjebindjé amel olouna.*

vénitien à Larissa, et l'impossibilité où l'on serait l'année suivante de continuer le siége avec un pareil déploiement de forces. Pendant trois jours, le grand-vizir fut en proie à la plus vive agitation; le quatrième, il écrivit, outre son rapport au Sultan sur les opérations du siége, des lettres au kaïmakam, au moufti, au favori, à l'écuyer et au prédicateur Wani, les priant de la manière la plus instante de représenter au Sultan que déjà trois cents aunes de murailles avaient été renversées, et que les assiégeans étaient tout au plus à dix aunes du rempart intérieur. Il ajoutait qu'après avoir emporté tant de redoutes, franchi tant de lignes, de palissades, et triomphé d'un nombre si prodigieux de fougades et de mines sur une aussi grande étendue de terrain, Dieu leur accorderait bien la grâce de s'emparer des dix aunes qui restaient; qu'il ne fallait pas se laisser aveugler par des offres d'argent ou des relations mensongères; que l'armée et son général passeraient l'hiver dans la tranchée.

Cette lettre produisit son effet. Molino, dont nous avons rapporté plus haut la conférence, fut envoyé à la Canée auprès du grand-vizir. Il chercha à calmer ce dernier, en lui donnant les assurances les plus loyales qu'à Larissa il n'avait pas été en son pouvoir de céder Candie, que depuis il n'avait reçu aucune nouvelle instruction, et qu'il était seulement autorisé à abandonner aux Turcs les montagnes qui s'élevaient au-delà de Candie, et à leur promettre un tribut annuel. Ahmed Kœprilü le fit venir au camp, l'accueillit honorablement et le logea, comme ses prédécesseurs, dans la métairie de Katirdjioghli [1]. Il savait bien que Molino ne pouvait faire évacuer Candie, mais sa présence lui était nécessaire pour imposer silence aux murmures des sipahis et des silihdars dont cinq cents à peu près, las de voir se prolonger le siége, s'étaient rassemblés tumultueusement autour de la tente du grand-vizir et voulaient le lapider. L'aga, le koulkiaya et le beglerbeg de Roumilie, instruits par Kœprilü de cette démonstration, accoururent au lieu de l'émeute avec leurs soldats les plus dévoués, et chassèrent les séditieux à coups de bâton. Ils invitèrent le grand-vizir à ne donner aucune suite à cette affaire, ajoutant que telle était la coutume de cette canaille, dont Mohammed Kœprilü avait réduit le nombre à quatre ou cinq mille; que les volontaires et les rayas pionniers recrutés à Constantinople avec une augmentation de solde rendaient plus de services que les janissaires et les sipahis; que ce ramas d'émeutiers, se targuant de la protection des écrivains et des tschaouschs, et touchant une solde de quatre-vingts à cent vingt aspres par jour, n'étaient bons qu'à ruiner le trésor et à perdre l'empire, comme on en avait déjà fait plusieurs fois l'expérience.

Au négociateur vénitien qui vint faire au grand-vizir de nouvelles offres pécuniaires, ce dernier répondit : « Nous ne sommes pas des marchands; nous

---

[1] La correspondance de Molino et du grand-vizir est rapportée en partie dans Raschid, I, 56; mais, dans le *Djewahiret*, p. 295-405, on trouve en entier non seulement la lettre de Molino au grand-vizir, mais encore celle qu'il adressa à Panajotti.

» avons assez d'argent, et nous n'abandonnerons
» Candie à aucun prix. »

Le siége continua donc au cœur même de l'hiver ; mais ce fut surtout au commencement du printemps et à l'arrivée de nouveaux renforts qu'il reprit son allure meurtrière. Le bastion qui opposa aux assiégeans la plus vive résistance, fut celui de Sabionera (le bastion Rouge), où les Vénitiens firent sauter une mine chargée à deux cents quintaux de poudre, dont l'épouvantable explosion fit voler dans les airs milice et artillerie, et força à la retraite les janissaires, qui déjà gagnaient du terrain (31 mars 1669 — 28 schewal 1079). La force de l'explosion fit sauter également vingt ou trente sentinelles et la redoute du defterdar-pascha, établie devant Sabionera, que protégeaient une forte palissade et une voûte à l'épreuve de la bombe. Entre Sabionera et la fausse-braye du fort le plus voisin, celui de San-Demetrio, s'étendait un rocher de cinq cents aunes de long, sur une largeur de cent : comme il était impossible d'y établir des fondations, on y avait élevé une tranchée au moyen de fascines et de gabions ingénieusement disposés. Les espions du grand-vizir lui avaient appris que depuis six mois les assiégés creusaient des mines sous ce rocher. Il fit aussitôt percer en cinq ou six endroits des puits qui, à une profondeur de trois brasses, atteignirent les couches de sable étendues sous le roc. Se voyant découverts, les assiégés mirent le feu aux mines [1], dont

---

[1] Raschid, I, f. 58. *Yekpara taghlar kibi*, c'est-à-dire *en morceaux gros comme des montagnes*.

l'explosion fit voler les rochers en éclats et trembler la terre à deux lieues à la ronde. Les assiégeans creusèrent une autre mine en face de Sabionera; mais à quinze aunes de l'ouverture, les lumières s'éteignirent. Un renégat allemand qui se trouvait au nombre des mineurs remédia à cet inconvénient en établissant une communication entre le fond du puits et l'air du dehors au moyen d'un boyau de cuir ouvert à l'entrée de la mine, en sorte que les flambeaux purent être rallumés. Cet homme offrit en outre de continuer la mine jusqu'à une distance de cinquante aunes au-delà du point déjà atteint; mais, de peur qu'elle ne fût éventée, on se détermina à la faire sauter immédiatement et à monter ensuite à l'assaut; avant que cette mine eût seulement renversé les galeries extérieures de Sabionera, la milice, déjà toute prête à donner l'assaut, se contenta de décharger ses mousquets et de lancer des grenades sur le bastion, puis elle se retira (7 avril 1669 — 6 silkidé 1079).

Quatorze jours après, l'aga des janissaires fut renvoyé à Constantinople, en qualité de kaïmakam, pour faire rentrer dans l'ordre les habitans de cette ville qui se permettaient une foule de propos injurieux sur le gouvernement. Sa place fut donnée au premier lieutenant-général des janissaires (koulkiaya), qui fut depuis le dernier gouverneur d'Ofen et que nous retrouverons dix-sept ans plus tard sur la brèche de cette ville (mai 1669 — silhidjé 1079).

Cependant l'attaque de Sabionera présentait à chaque pas de nouvelles difficultés; les palissades, les abattis d'arbres, les herses et les trappes, les clayonnages, les fossés, les galeries ¹ et les casemates recouvertes en terre, se succédaient sans interruption. Les assiégeans trouvèrent une résistance un peu moins vive du côté opposé, c'est-à-dire au bastion Saint-André, où une bombe vint frapper mortellement le provéditeur Catarino Cornaro sur la brèche de la demi-lune ². Un négociateur que les assiégés avaient député auprès de l'envoyé vénitien Molino fut renvoyé, et on leur signifia qu'ils eussent désormais à choisir pour leur correspondance une autre voie que le camp ennemi. A la fin de mai, le bastion Saint-André était déjà tombé en grande partie aux mains des assiégeans, lorsque le capitaine-général et le marquis de Montbrun vinrent s'y installer avec la ferme résolution de le défendre jusqu'au bout (28 mai 1669).

Une nouvelle révolte de sept cents volontaires éclata dans le camp : le beglerbeg de Roumilie et l'aga des janissaires se disposaient déjà à les cerner et à les tailler en pièces; mais, dit l'historiographe de l'empire, « c'étaient des misérables qui, loin de jouer leurs têtes » en cette circonstance, n'eussent pas même exposé » leurs pantoufles ³. » Ils furent donc trop heureux d'expier leur faute en obtenant la permission de se précipiter dans les fossés de Sabionera.

---

¹ *Tomouz damleri* (piége des pourceaux). Raschid, I, f. 58.

² Brusoni, l. XXVI, p. 301; Raschid, I, f. 58, et le *Djewahiret*, d sent que la bombe atteignit la fille de Cornaro, et que le malheureux père en mourut de désespoir.

³ Raschid, I, f. 58. *Serden getschmek degül papouschlerinden dakhi gedjer makoulesi olmaduuklarindan.*

Le premier jour de l'année ottomane (1er juin 1669 — 1er moharrem 1080), un courrier apporta une dépêche dans laquelle le Sultan avait écrit de sa propre main : « Je te visiterai en personne, mon
» grand-vizir Lala! C'est dans cette année de béné-
» diction que tu dois déployer toute ta bravoure et
» ton énergie; je t'ai engagé, toi et tous les défen-
» seurs de la foi qui combattent sous tes ordres, vis-
» à-vis du Dieu tout-puissant. Nul ne sait mieux que
» moi quelles ont été depuis deux ans vos luttes et vos
» victoires ; que vos visages soient radieux dans ce
» monde et dans l'autre, aujourd'hui comme au ju-
» gement dernier! Puissiez-vous, avec l'aide de Dieu,
» prendre Candie dans cette année de grâce, pour la-
» quelle je vous demande un redoublement de zèle! »
Après avoir donné lecture de cette lettre au conseil de guerre assemblé, le grand-vizir dit : « Vous con-
» naissez maintenant la volonté de notre très-glorieux
» Padischah. Il veut que nous prenions la forteresse :
» qu'en pensez-vous? Peut-être n'oserez-vous pas
» vous exprimer librement en ma présence; je vais
» me retirer, afin que vous puissiez franchement
» émettre votre avis. » Dès qu'il fut sorti, l'alaïbeg de l'aile droite (des troupes d'Asie), Resoulaga, prit la parole en ces termes : « Dieu soit loué des progrès
» que fait notre tranchée; nous avons gagné vingt-
» cinq aunes sur le glacis de la forteresse, tandis
» que, l'année précédente, nous en étions à pareille
» distance; nous avons détruit le bastion Rouge et
» celui de la Femme (la fausse-braye). Nous pouvons

» maintenant viser à prendre la forteresse sans ré-
» pondre au feu de l'ennemi. » Tous s'écrièrent qu'ils
partageaient l'avis de Resoulaga : à ce moment le
grand-vizir rentra. On résolut en conséquence de ré-
partir les attaques dirigées sur Sabionera dans huit
approches roulantes, et de confier les quatre premières aux janissaires ; la cinquième aux djebedjis
volontaires, la sixième aux volontaires silihdars, la
septième aux sipahis crétois, et la huitième au corps
de Roumilie. Les mines continuèrent à ouvrir des
brèches dans les murs et les bastions de la place.

L'arrivée de la flotte du kapitan-pascha à la Canée
enflamma le courage des assiégeans (19 juin 1669 —
19 moharrem 1080); mais, bientôt après, l'apparition
d'une flotte française produisit sur les assiégés un
effet analogue : commandée par le duc de Noailles,
cette flotte portait la fleur de la noblesse française,
entre autres le brave comte de Saint-Pol Longueville,
depuis grand-prieur de France, le chevalier de Ven-
dôme, qui n'avait pas alors quinze ans, le chevalier
d'Harcourt, et d'autres princes de la maison de Lorraine et de Bouillon, Dampierre, Beauveau, Colbert,
Castellane, le maréchal de La Motte-Fénelon et ses
deux fils, le jeune Sévigné et une foule d'autres jeunes
nobles, avec « six mille pourceaux mal intention-
» nés, » dit l'historiographe de l'empire (24 juin
1669)[1].

Cinq jours après le débarquement des troupes fran-

[1] *Khinzir bed tedbir*. Raschid, I, f. 60.

çaises, le jeune duc de Beaufort succomba dans une attaque dirigée sur la tranchée entre le fort San-Demetrio et celui de Sabionera, avec six cents cavaliers et un pareil nombre de fantassins. Le kapitan-pascha paya dix piastres les têtes qu'on lui apportait au bout d'une lance. A son tour, le grand-vizir les paya quinze piastres; mais il accorda une prime de soixante-dix piastres pour chaque tête de prisonnier. Les Turcs recueillirent une si grande quantité de selles garnies en argent, de riches harnais, de boutons d'émeraude, de bagues en rubis et d'autres objets précieux, que le camp semblait être transformé en un vaste magasin de joaillerie ou d'orfévrerie. Après avoir cherché pendant trois jours le cadavre du malheureux duc de Beaufort, les assiégés l'envoyèrent demander au camp par des hérauts d'armes portant le drapeau blanc. « Il est blond, de haute taille : s'il est vivant, » nous vous donnerons pour sa rançon tout ce que » vous demanderez; s'il est mort, nous vous paierons » son cadavre au poids de l'or, » dirent les messagers. Toutes les recherches furent inutiles.

Au commencement de juillet parurent les escadres auxiliaires, fortes de vingt-neuf bâtimens, dont neuf appartenant au pape, quinze français, sept maltais et quatre dalmates (3 juillet 1669). L'arrivée de ce renfort, loin de démoraliser les assiégeans, ne fit qu'accroître leur ardeur. Morosini concerta avec les commandans des escadres alliées une attaque générale, qui, dirigée du côté de la mer sur la tranchée en face de Sabionera, devait être appuyée par une sortie des assiégés. Effectivement, toute la flotte, composée de soixante-dix à quatre-vingts bâtimens et formée en croissant, s'avança vers la tranchée dont les canons venaient d'être pointés du côté de la mer ; les vaisseaux étaient remorqués par les galères. Les alliés espéraient placer l'ennemi entre deux feux, et, en le repoussant loin de ses lignes, détruire ses redoutes et ses tranchées. Malheureusement l'un des bâtimens français vint à sauter par l'imprudence des bombardiers, et jeta la confusion dans la ligne chrétienne [1].

La flotte se présenta en désordre ; d'un autre côté, la sortie des assiégés n'eut aucun résultat, Morosini ayant refusé de donner au duc de Noailles les quatre mille hommes que lui demandait ce général : il craignit d'aventurer son corps de réserve. Dix-sept assauts, repoussés avec peine, ne lui avaient que trop démontré le danger de combattre un ennemi si supérieur en nombre. Cent cinquante Français et autant d'Allemands s'élancèrent seuls sur les retranchemens turcs, mais sans faire essuyer de grandes pertes à l'ennemi. Ainsi échoua la tentative des assiégés. Le comte de Waldeck, commandant la belle troupe de Brunswick [2], tomba mortellement blessé auprès des murailles qui font face à la mer ; c'est là qu'il s'était posté

---

[1] Brusoni, l. XXVII, p. 307. *Un vascello chiamato S. Teresa.* D'après les *Relations ottomanes*, celle de Raschid, I, f. 61, et le *Djewahiret*, ce bâtiment était *la Patrona.*

[2] *La gente di Brunsvich era bensì universalmente bella.* Brusoni, p. 308.

pour combattre les assiégeans, qui menaçaient de fondre à la fois du bastion Saint-André sur la porte Tramata et du bastion Sabionera sur l'arsenal (9 août 1669). De ce point, treize approches roulantes s'avançaient vers la forteresse : quatre défendues par les janissaires; trois par le corps de Roumilie; une par les sipahis crétois [1]; une par les djebedjis; une par les seghbans du grand-vizir ; une par l'aga de Constantinople; deux par les troupes d'Anatolie. Mais ce qui porta aux Vénitiens un coup plus funeste que les tranchées et les mines des assiégeans, ce fut la mésintelligence qui éclata entre Morosini et le duc de Noailles, et qui coïncida avec le rappel des escadres française, pontificale et maltaise (31 août 1669). « Ils se reti-» rèrent en enfer, dit l'historiographe de l'empire, » dans ce refuge ouvert au désespoir [2]. »

Après le départ des Français, la garnison de la forteresse se trouva réduite à quatre mille hommes capables de porter les armes : les explosions de mines avaient donné l'aspect de taupinières aux fortifications intérieures et extérieures de la place [3] dont la reddi-

---

[1] Raschid, I, f. 60. *Seïtoun Sipahi*, c'est-à-dire *cavaliers de l'huile*, parce que leurs fiefs consistaient en plantations d'oliviers.

[2] *Ila djehennemi we bis al massiri*. Raschid, I, f. 61, Z 5. Cette gentillesse appartient en propre à l'historiographe de l'empire, car on n'en trouve pas trace dans le *Djewahiret*, source à laquelle il a puisé.

[3] Manuscrits de Rangon, n° IX. *Relazione e diario dell' attacca della piazza di Candia da 28 Maggio* 1667. La Bibliothèque I. renferme, n°s 570-573, *Hist. prof.*, le *Journal* du marquis de Villa. On trouve également, parmi les manuscrits de Rangon, deux écrits politiques pour et contre les Vénitiens au sujet de cette guerre; ce sont : *Della fratellansa dei Turchi e Francesi*, XXVIII, f. 1-159; *Difesa dei Venetiani*, XVII,

tion fut enfin arrêtée en conseil de guerre. Pendant six jours les termes de la capitulation furent débattus entre les envoyés de Morosini, Anandi et Scordili, d'une part, et de l'autre le karakoulak Ahmed-Aga et l'interprète de la Porte, Panajotti, qui jouissaient tous les deux au plus haut degré de la confiance du grand-vizir. L'éloquence et l'adresse de Panajotti facilitèrent puissamment les négociations [1], et enfin, le septième jour, les plénipotentiaires vénitiens et ceux des Turcs au nombre de cinq [2], le gouverneur de Haleb, l'ancien kiaya du grand-vizir, Ibrahim, le koulkiaya Soulfikar, le second maître des requêtes, le karakoulak Ahmed-Aga et Panajotti signèrent un traité de paix en dix-huit articles, par lequel la ville de Candie et toute l'île étaient cédées aux Turcs.

f. 406-467; *Risposta alla giustificazione della Signoria di Venezia per la pace fatta colli Turchi*, XVIII, f. 469-492; enfin, un poëme sur le siége de Candie : *la Candia vittoriosa*, XXVIII, f. 373-374.

[1] Que l'éloquence de Panajotti ait contribué à la reddition de Candie, c'est ce que l'histoire ottomane (Raschid, I, f. 60) ne cherche même pas à nier; mais ce qui est au-dessous de toute critique, c'est la fable absurde que raconta depuis Cantemir au postelnik de son père et de son frère (Mah. IV, not. *f*). Suivant ce récit, Panajotti aurait fait accroire à Morosini, avant l'arrivée des Français, que ces derniers voulaient eux-mêmes s'emparer de la ville; et, pour donner plus de poids à cette insinuation, il aurait fait arborer le pavillon français à une partie de la flotte turque, qui aurait ainsi navigué de conserve, sous ces couleurs étrangères, avec les autres vaisseaux ottomans. D'après le même conte, aucune escadre française ne serait venue au secours de Candie! Au surplus, Cantemir déploie, au point de vue philologique, la même ignorance que sous le rapport historique; car il désigne le koulkiaya Soulfikar sous l'étrange dénomination de *Kouliets Houdasi Kououlficar*.

[2] Rycaut, dans Knolles, II, p. 247, ne paraît pas savoir au juste quels furent ces plénipotentiaires.

Kœprilü eut pour Morosini toutes les attentions imaginables et lui envoya des rafraîchissemens presque tous les jours. Les chefs ottomans qui commandaient dans les tranchées devant Sabionera et Saint-André désirèrent connaître personnellement leurs vaillans adversaires : les uns louaient la bravoure des Savoyards, celle du duc de La Feuillade et de ses compagnons; les autres faisaient l'éloge des cavaliers maltais. L'aga des janissaires (le Suisse Coigny) et le beglerbeg de Roumilie traitèrent avec distinction le général Montbrun et le chevalier Grimaldi. Au bout de trois semaines, toute la ville était évacuée, non seulement par la garnison, mais par les habitans qui sortirent en masse, à l'exception de deux prêtres grecs, d'une femme et de trois juifs. Dans la nuit du 26 au 27 septembre, on enleva la grande croix qui s'élevait sur les remparts de Candie, et le lendemain matin, à neuf heures, Ahmed Kœprilü reçut dans un plat d'argent les quatre-vingt-trois clefs de la ville, des forts et de tous les édifices publics, sur la brèche du bastion Saint-André, qui s'appela désormais le bastion de la Reddition. Le grand-vizir déposa six cents ducats dans le chapeau du principal bourgeois de la ville qui lui apporta les clefs; il en donna quatre cents à ses deux compagnons, et ce même bourgeois fut revêtu d'un kaftan d'honneur, ainsi que le karakoulakaga et l'interprète de la Porte. Le frère et l'oncle du grand-vizir, le reïs-efendi, le kiayabeg, les deux maîtres des requêtes (le premier et le second), vinrent baiser le bord de ses vêtemens en versant des larmes de joie. Le grand-vizir envoya ensuite les clefs de la ville à l'aga des janissaires et lui ordonna d'occuper Candie avec le koulkiaya, en lui recommandant de veiller à ce que personne n'y entrât par curiosité, avant son entière évacuation. Ce fut alors seulement qu'il écrivit de sa propre main au Sultan pour lui annoncer la prise de Candie et le rétablissement de la paix.

Le lendemain, il se rendit à Emadia auprès de sa mère, sage et pieuse femme, qui, depuis la mort de son époux, avait puissamment contribué par ses conseils à l'élévation d'Ahmed Kœprilü et avait voulu le suivre à Candie pour être témoin de ses hauts faits. Elle embrassa son fils aîné en pleurant de joie et lui demanda la permission d'entreprendre, avec Moustafabeg, son fils cadet, le pélerinage de la Mecque pour remercier Dieu d'une victoire si éclatante.

Pendant sept jours, la forteresse et le camp furent illuminés en réjouissance de la prise de Candie et de la paix récemment conclue. Six jours après le départ des habitans de la ville, le grand-vizir rassembla les chefs de l'armée et les colonnes du diwan, leur offrit le sorbet et le café (rareté d'autant plus précieuse que tout récemment encore cette boisson avait été défendue) et les combla d'éloges pour les services qu'ils avaient rendus pendant le siége : « Vous avez tous » concouru à cette prise, leur dit-il, de toutes vos » forces et de toute votre ame ; que votre visage soit » radieux en ce monde et dans l'autre ! Le pain du Pa- » dischah vous est bien et légitimement acquis ! Je lui

» rendrai compte de tous vos services et l'on songera
» à vous récompenser chacun suivant votre grade. »
(3 octobre 1669 — 7 djemazioul-ewwel 1080). Ce
fut ainsi qu'il parla successivement aux janissaires,
aux sipahis, aux alaïbegs de Roumilie et d'Anatolie ;
les vizirs furent revêtus de fourrures de zibeline; les
beglerbegs et les sandjakbegs, les agas des janissaires, des sipahis, des silihdars, des djebedjis et des
topdjis reçurent des kaftans.

Le lendemain, qui était un vendredi, le grand-vizir fit dans la ville une entrée solennelle, ayant en main l'étendard sacré du Prophète : il l'arbora dans l'une des plus grandes églises de Candie, près du maître-autel que remplaça la niche du Koran ; là furent adressées à Dieu les prières du vendredi, et l'église fut convertie en mosquée. Un bulletin pompeux fut adressé de Candie à tous les gouverneurs de l'empire ; une autre dépêche fut écrite aux Maïnotes qui, secondés par les Vénitiens, avaient cherché à secouer les chaînes de l'esclavage. Toutefois, et à condition qu'ils seraient désormais les paisibles sujets de la Porte, le grand-vizir leur pardonna et leur fit remise des impôts arriérés. En cas de nouveaux troubles, ils devaient être soumis au régime du sabre dès le printemps suivant [1].

Le grand-écuyer du Sultan, arrivé quelque temps après de Constantinople, remit au grand-vizir une

---

[1] On trouve, dans le *Djewahiret*, p. 458, cette lettre fort laconique, mais tout-à-fait pragmatique.

lettre toute gracieuse du souverain, avec un sabre et un poignard étincelans de pierreries, une fourrure et un kaftan dont s'était revêtue Sa Majesté elle-même, sept fourrures pour les vizirs et des kaftans pour les beglerbegs, les sandjakbegs et les agas. Le Sultan approuvait toutes les propositions d'avancement qui lui avaient été soumises par le grand-vizir et l'invitait, de la manière la plus bienveillante, à se rendre lui-même dès le printemps prochain à Andrinople, où toute la cour se trouvait réunie.

A la fin de février, Molino, jusqu'alors retenu à Candie, lui remit la lettre du doge et celle de Morosini, qui avaient pour objet la confirmation du traité récemment conclu et en vertu duquel la république de Venise conservait encore à Candie les trois ports de Karabousa, de Suda et de Spinalunga (26 février 1670 — 5 schewal 1080). Le quartier d'hiver passé à Candie fut consacré à l'enlèvement des décombres et à la réparation des forts; les églises furent converties en mosquées à l'exception de deux que Panajotti acheta, l'une pour les Grecs au prix de deux mille louis d'or, l'autre pour les Arméniens moyennant mille quatre cents écus.

Jamais place-forte, non seulement dans l'empire ottoman, mais dans aucun autre pays, n'avait été disputée comme celle de Candie et n'avait coûté tant de sang et tant d'argent. Sa possession avait donné lieu à une guerre dont la durée n'avait pas été moindre de vingt-cinq ans; pendant cet intervalle, elle avait essuyé trois siéges dont le dernier s'était prolongé pendant près de trois années, et avait coûté la vie à trente mille Turcs et à douze mille Vénitiens. Des batteries construites devant les bastions de Sabionera et de Saint-André, cinquante-neuf bouches à feu avaient lancé des boulets de cinquante et de cent livres; les Turcs avaient livré cinquante-six assauts et entrepris cinquante-cinq attaques souterraines; la garnison de la ville avait effectué quatre-vingt-seize sorties. Les assiégés avaient fait sauter onze cent soixante-douze mines et les assiégeans trois fois autant; les premiers avaient brûlé cinq mille trois cent soixante-dix barils, et les seconds sept cent trente mille quintaux de poudre. Les Vénitiens avaient lancé quarante-huit mille cent dix-neuf bombes de toutes les dimensions, depuis le calibre de cinquante jusqu'à celui de cinq cents livres, outre cent mille neuf cent soixante-dix grenades de fer et d'airain et quatre mille huit cent soixante-quatorze projectiles semblables en verre. Deux cent soixante-seize mille sept cent quarante-trois boulets avaient été pareillement lancés par les Vénitiens; ils avaient usé cent trente mille cent vingt-cinq mèches et cent quatre-vingt mille quatre cent quarante-neuf quintaux de plomb. Leur perte pendant le siége avait été de trente mille hommes et celle des Turcs de plus de cent mille.

Ce fut neuf mois seulement après la prise de Candie qu'Ahmed Kœprilü quitta le théâtre de sa gloire où les mines avaient imprimé de si profondes traces.

LIVRE LVI.

Retour du Sultan à Andrinople. — L'usage du vin est interdit. — Maïna. — Délimitation du territoire vénitien. — M. de Nointel à Constantinople, à Andrinople et à Antiparos. — Les députés des Hongrois rebelles auprès de la Porte sont présentés par Panajotti. — Mort de ce dernier. — Ambassades russe, polonaise, vénitienne, génoise. — Le Sultan dans les montagnes dites les Alpes de Despottaghi. — On nomme un nouveau khan de Crimée. — Lettre remarquable du grand-vizir au chancelier polonais. — Marche sur Kaminiec. — Prise de cette ville et traité avec la Pologne, bientôt rompu par la bataille de Khocim. — Prise de cette ville et de Ladyzin. — Prise d'Human. — Rebelles hongrois. — Traité avec la France. — Circoncision du prince héréditaire et mariage du grand-vizir. — Ambassade anglaise. — Etats Barbaresques. — Les Grecs en possession du Saint-Sépulcre. — Frontières de Hongrie. — Troubles en Egypte. — Le Sultan à Constantinople. — Paix avec la Pologne. — Mort d'Ahmed Kœprilü. — Poëtes, jurisconsultes et historiens. — Parallèle entre Ahmed Kœprilü et Sokolli.

Lorsque nous quittâmes le Sultan, il se rendait en chassant de Larissa à Négrepont, et nous le retrouvons chassant encore à Liwadia, où il reçut le message du grand-vizir qui lui annonçait la prise de Candie et l'entière évacuation de cette place. Trois semaines s'étaient écoulées depuis cet événement, et la paix conclue avec Venise était déjà signée, lorsqu'Ahmed Kœprilü craignant un retour de fortune, et ne se croyant pas sûr de posséder la place tant qu'il n'aurait pas vu s'embarquer le dernier Vénitien, se décida enfin à en donner au Sultan la première et heureuse nouvelle. Un soir le kaïmakam Kara-Moustafa venait de prendre congé du Sultan, lorsque le kiaya du grand-vizir lui présenta le tschaousch-baschi de Kœprilü qui arrivait du camp, porteur de cet agréable message (3 octobre 1669 — 7 djemazioul-ewwel 1080). Le kaïmakam plaça sur son sein la dépêche du grand-vizir et retourna auprès du Sultan qui ne fut pas peu étonné de le revoir à pareille heure. Ayant appris ce dont il s'agissait, il demanda aussitôt à voir la dépêche, mais l'émotion l'empêcha de la lire, et le secrétaire du cabinet fut obligé de lui en donner lecture. « Dieu soit béni! » s'écria le Sultan, et il fit à l'instant même revêtir d'une fourrure de zibeline le kaïmakam et le tschaousch-baschi qui avait apporté la dépêche. Il donna en outre au dernier vingt-cinq bourses d'argent et un gouvernement avec le titre de beglerbeg. Pour célébrer la prise de Candie, des fêtes et des illuminations furent prescrites pendant trois jours et trois nuits sur toute la surface de l'empire, et le quartier d'hiver impérial fut transféré à Salonique où la sultane Khasseki se rendit la première. Quant au Sultan, il chassa pendant six jours dans la vallée de Tawschan-owasi (vallée des Lièvres).

A Salonique, le précepteur du Sultan, Emirtschelebi, qui était décédé, fut remplacé par le prédicateur Wani; le gardien des aiguières (ibrikoghlani) de la première chambre des pages, Aliaga, fut nommé beglerbeg de Tunis; au défunt gouverneur d'Egypte, Karakasch Ali-Pascha, succéda le gouverneur de Haleb,

Ibrahim, autrefois kiaya du grand-vizir [1] (15 janvier 1670 — 11 schàban 1080). Sous l'administration de Karakasch Ali, l'Egypte avait fourni à la Porte des subsides extraordinaires, tant en hommes qu'en matériel de guerre; pendant la dernière année du siége notamment, elle avait envoyé quatre cents quintaux de poudre, quatre cents rangs de chevaux de remonte, vingt-cinq mille kilos de froment et mille fusiliers.

Au commencement de mai, la cour se rendit en chassant de Salonique à Andrinople [2] (2 mai 1670 — 11 silhidjé 1080). A Timourtasch, on apprit que le grand-vizir, revenant de Candie, était aux environs de Rodosto [2]. Le silihdar Saatdji Mohammedaga fut envoyé à sa rencontre, et chargé de le complimenter et de lui remettre des fourrures, un poignard et une lettre du Sultan. Lorsqu'il fut proche, les vizirs et les émirs allèrent au-devant de lui dans la plaine du Pascha où campa aussi le Sultan sous une tente de chasse (3 juillet 1670 — 14 sàfer 1081). Kœprilü reçut l'accueil le plus gracieux; le lendemain il entra solennellement à Timourtasch, où il remit l'étendard sacré entre les mains du Sultan. Le jour d'après, le Sultan fit lui-même son entrée dans la résidence, où le troisième jour il y eut grande réception et distribution

---

[1] Raschid, I, f. 61, et l'*Histoire de Yousouf*, f. 165, disent formellement que le gouverneur de Haleb, Ibrahim, et le kiaya (ministre de l'intérieur) étaient une seule et même personne.

[2] Abdi, f. 74, nomme ce lieu *Djelpleri*.

de vêtemens d'honneur (khalaat), autrement dit gala [1] : le Sultan, sur son trône élevé dans un kœschk, offrit très-gracieusement sa main à baiser et distribua les habits de gala (7 juillet 1670 — 18 sâfer 1081). A l'aga des janissaires, Abdi, qui s'était particulièrement distingué, et à Soulfikar, lieutenant-général de cette milice, il daigna adresser la parole : « Soyez bénis, » leur dit-il, vous avez rendu de bons services; aussi » ma faveur vous est-elle acquise à juste titre. » Après la cérémonie, le prédicateur Wani-Efendi éleva les mains au ciel pour remercier Dieu d'une victoire aussi éclatante. Dans le but de plaire à l'Etre-Suprême, la défense de boire du vin, tombée en désuétude, fut renouvelée sous des peines sévères; on détruisit les cabarets, et on supprima la place de receveur des impôts sur le vin (19 juillet 1670 — 1er reboul-ewwel 1081). Cette dernière mesure, bien que conséquente avec l'interdiction de cette liqueur enivrante, n'en était pas moins fort déraisonnable, car elle détruisait en grande partie l'effet de la défense. Elle était logique en ce sens que la suppression des cabarets devait nécessairement amener celle des droits sur le vin; mais le bon marché de cette liqueur, qui en était la suite, était pour les soldats une excitation de plus à en boire secrètement, et la consommation de ce liquide, du moment où elle cessait d'être publique, augmentait dans une progression effrayante en échappant à l'impôt; il en résulta une notable diminution

---

[1] Le mot *gala* vient de l'arabe *khalaat*, et chaque vêtement d'honneur est un habit de gala.

dans les droits que percevait le fisc sur les boissons en général. Cette interdiction fut l'œuvre de l'hypocrite prédicateur Wani, précepteur du Sultan ; fidèle aux principes que nous lui avons déjà vu développer confidentiellement dans le cours de cette histoire, il ne se faisait aucun scrupule de boire en secret le vin qu'il défendait au peuple. Ce qu'il y a de certain, c'est que Kœprilü n'eut aucune part à cette mesure ; car, bien que pendant le siége de Candie il n'eût pas bu une seule goutte de vin, depuis la prise de cette ville il avait eu de fréquens rapports avec cette *fille du cep* [1] que le Prophète appelle *la mère de la dégradation* [2]. Pendant le trajet de Candie à Rodosto, il avait passé quatorze jours dans l'île de Khios auprès de ses belles fontaines aux ondes de cristal [3] : là il n'avait voulu recevoir personne, et oubliant les affaires de l'État [4], il s'était borné à apprécier lequel de ses pages excellait à faire rafraîchir le méthymne brûlant ou le doux vin d'Homère [5] dans la source qui bruissait mollement à ses côtés [6].

Pendant les quatorze jours qu'Ahmed Kœprilü passa auprès de la source de Khios, couché à l'ombre des hauts pins et des pâles oliviers, il refusa tous les présens que lui offrirent les begs asiatiques

---

[1] *Dockteri rez.* — [2] *Oummol-khabaïs.*

[3] *By the cool and crystalline fountains of Scio.* Rycaut.

[4] Rycaut, I, p. 225. *Quid Tiridatem terreat unice, securus.* Hor., I, 24.

[5] « Hamet Koprili commençoit à goûter les délices de cette isle agréable et le bon vin d'Homère. » La Croix, *État général*, II, p. 259.

[6] *Quis puer ocius restinguit ardentis Falerni pocula prætereunte Lympha.* Horat., II, 11.

des sandjaks voisins ; il faut ajouter qu'il repoussa également les plaintes de leurs sujets. En un mot, il voulut consacrer ces quatorze jours au repos après les fatigues de corps et d'esprit qu'il avait essuyées depuis quatre ans, et la guerre acharnée qu'il avait soutenue sans interruption pendant ce laps de temps. Toutefois, il s'occupa de réduire les Maïnottes contre lesquels il envoya de Khios Kœsé Ali-Pascha avec six mille hommes de troupes prises à Négrepont, à Athènes et à Lepanto [1]. Ce dernier débarqua à Sarnata, où il bâtit un fort, en éleva deux autres à Portovecchio et un quatrième à Panava, sans aucune opposition de la part des Maïnottes ; bien plus, ces derniers, trompés et séduits par Kœsé Ali-Pascha, travaillèrent eux-mêmes à construire ces forts, tombeau de leur indépendance.

L'ambassadeur vénitien Molino, qui avait déjà rempli les mêmes fonctions à Candie auprès du grand-vizir, venait d'obtenir à Andrinople une audience solennelle du Sultan. L'échange des prisonniers, stipulé par le traité de paix, fut confié à Kœsé Ali-Pascha, déjà chargé de la construction des forts maïnottes. Ali-Pascha envoya à Castel-Tornèse trois cents prisonniers, sous la conduite de son interprète Paul Omero, qui les remit au primat de Gastouni, et, quelques jours après, il se rendit lui-même à Castel-Tornèse

---

[1] L'*Inscha* du reïs-efendi Rami, n° 450, contient la proclamation en cinq lignes qui fut adressée aux infidèles de Maïna, pour leur offrir une amnistie générale en cas de soumission immédiate, sinon la perspective d'être tous passés au fil de l'épée.

pour recevoir les prisonniers turcs. Au nombre de ces derniers, se trouvaient trois begs : celui d'Egypte, Ramazan, celui de Chypre, Portoukoghli, et celui de Coron, Agalo.

En décembre, le kapitan-pascha revint à Constantinople, où il fit une entrée triomphale (10 décembre 1670). On vit à la remorque du vaisseau-amiral celui de Giorgio Vitali et plusieurs autres bâtimens maltais : on vit également figurer sur l'avant de ces navires des esclaves affublés de vieilles jaquettes et de perruques, et qui étaient censés, sous cet accoutrement, représenter des Européens de distinction.

D'après la teneur du traité de paix auquel servit de base celui qui avait été conclu immédiatement après la prise de Candie, les Vénitiens gardèrent en Crète les ports de Suda, de Spinalunga et de Karabousa, avec les territoires y afférens, ainsi que la ville de Klis en Dalmatie. La délimitation des territoires respectifs était un point fort délicat et fort important ; aussi donna-t-elle lieu l'année suivante à de nouvelles négociations (5 août 1670 — 18 rebioul-ewwel 1081). Les plénipotentiaires turcs et vénitiens se réunirent sous la tente dans la plaine située entre Zara et Sebenico. C'étaient, d'une part, avec Nani, commissaire vénitien, pour la délimitation, le commandant de Zara, le provéditeur de Klissa, avec les officiers et les plénipotentiaires des villes de Zara, de Sebenico, de Spalatro et de Gran ; de l'autre, Mahmoud-Pascha, avec le moufti et le kadi de Bosnie, tous les kadis et les agas des frontières et des troupes, formant ensemble à peu près cinq mille hommes, mal armés et mal vêtus. Les plénipotentiaires turcs voulaient qu'on adoptât la délimitation arrêtée par Ferhad-Pascha, qui, avec le chevalier Soranzo, avait été deux fois chargé de ce travail en 1572 et en 1576. La plupart des plans dressés par lui à cette époque avaient été déchirés ou détruits par le temps; et, sur ceux qui restaient, les noms des différentes localités avaient été effacés ou altérés : ce fut l'objet de mille contestations. Enfin, il fut convenu que Zara serait limitée comme dans le projet de Soranzo et de Ferhad; le même précédent fut suivi à Sebenico, où il fut décidé que la Kerka [1] séparerait les deux territoires. On eut plus de peine à s'entendre à Scardona, car la possession du fort Verpogly faillit rompre toutes les négociations. Mahmoud-Pascha, vieillard âgé de quatre-vingt-douze ans, en disputa obstinément l'occupation, et alla même jusqu'à appeler aux frontières le beglerbeg de Roumilie, à la tête de dix mille hommes; un instant la reprise des hostilités parut imminente. Mais sur ces entrefaites, Mahmoud vint à mourir; le grand-écuyer Houseïn-Pascha le remplaça avec de nouvelles instructions, et on arrêta enfin, du consentement mutuel des parties, que la chaîne du Tartarus servirait de frontière, et que la vallée de Daniel appartiendrait aux Vénitiens. On alla ensuite à Trau, où le travail des commissaires ne fut pas difficile, car la délimitation tracée sur ce point par Soranzo et Ferhad

---

[1] C'est *Kerka* et non *Checa*, comme le prétend Rycaut, p. 227.

ne pouvait être l'objet d'aucun doute. Enfin, ils se rendirent à Spalatro, ville au-dessus de laquelle est située Klissa en face de la montagne, ainsi que Scardona au-dessus de Sebenico. Jusqu'à ce jour, le territoire de Spalatro avait été fort restreint; mais il s'accrut alors d'une grande et fertile plaine qui s'étend jusqu'au pied de la montagne. Les Turcs n'élevèrent aucune prétention à la possession de Klissa, que le traité de paix avait formellement cédé aux Vénitiens, mais bien à celle de Salona et de Magnizza, situées entre Spalatro et Klissa; cependant la possession de Klissa ne pouvait être utile aux Vénitiens que sous la condition d'occuper en même temps Salona et Magnizza ; autrement toute communication devenait impossible entre Clissa et Spalatro. Les Turcs l'avaient bien senti ; aussi attachaient-ils beaucoup de prix à garder ces deux places, et ils donnaient pour prétexte que Salona et Magnizza faisaient partie d'une fondation instituée en faveur de la sultane Mihrmah, veuve de Roustem-Pascha ; enfin Houseïn se rendit à l'évidence des droits invoqués par Nani, et, après trois mois de négociations, le règlement des frontières fut signé en diwan solennel dans la plaine de Salona. On procéda ensuite à la nomination de consuls à Candie, à Négrepont, en Morée et aux Dardanelles, institution dont le principe avait été posé par le traité de Candie [1] (24 octobre 1671).

---

[1] Coronello *en Morée*, Franceschi V *Console*, Girone V. C. *en Négrepont*, Palavra C. *alla Bastia*, Balta *Dragomano à Athènes*, Isac Rosso

Le kapitan-pascha Kaplan, qui s'était rendu, avec la caravane ordinaire de l'Archipel, pour la levée du tribut imposé aux îles, des Dardanelles à Athènes, en touchant, suivant l'ordre habituel, à Mitylène, à Khios, à Samos, à Pathmos, à Kos et à Rhodes, et qui avait, mais inutilement, soutenu à Égine un combat de sept heures contre cinq corsaires, la terreur des musulmans dans les eaux du Levant [1], visita dans le trajet les nouveaux forts de Maïna, où, pour se concilier l'affection des habitans, il rendit la liberté à cinq de leurs compatriotes enchaînés à bord des galères, employant ainsi tour à tour pour les asservir la force et la douceur.

Trois mois après l'arrivée de l'ambassadeur vénitien à Constantinople. celui de France, M. de Nointel, entra dans le port de cette capitale avec une escadre composée de trois vaisseaux de guerre et d'un brûlot (22 octobre 1670). Le commandant de l'escadre, M. d'Apremont, exprima au kaïmakam et kapitan-pascha le désir que les batteries du seraï lui rendissent le salut royal, et le pria de vouloir bien s'y engager par caution. Les deux demandes ayant été repoussées comme contraires à tous les précédens, l'escadre passa devant le seraï sans lui rendre le salut habituel, au grand étonnement de la flotte et du port. Dans ce moment, une balle de mousquet, partie d'une galère

---

Drogomano alli Castelli, Contostaulo *Consolo di Canea, riscuotitore dei Cadazi per il Turcho*. Rel. ven.

[1] « De ce nombre étaient les capitaines français Bellanville, Crevilliers, » Daniel. » La Croix, II, p. 270.

turque, atteignit un matelot français; M. d'Apremont allait engager un combat naval dans le port même et sous les yeux de la sultane Walidé, qui avait assisté du kœschk de l'arsenal à l'entrée de l'escadre, et qui admirait la précision de ses manœuvres, si les sages conseils de l'interprète Fontaines, qui heureusement se trouvait à son bord, ne l'en eussent empêché. La sultane Walidé, qui avait entendu vanter la galanterie des Français, fit prier M. d'Apremont, par le kislaraga, de vouloir bien la saluer lorsqu'elle se rendrait avec sa cour à Scutari, et le commodore s'empressa d'accéder à son désir. Les quatre bâtimens de guerre, pavoisés de drapeaux bleus semés de fleurs de lys, de grandes flammes blanches qui flottaient comme des rubans argentés dans la mer bleue du ciel, et d'immenses pavillons dont les extrémités retombaient jusque dans la mer, saluèrent du feu de leurs batteries la sultane Walidé, au grand dépit du kapitan-pascha, qui, pour se venger, accusa auprès de la Porte les capitaines de navires français d'avoir donné asile à un grand nombre d'esclaves évadés, entre autres au chevalier de Malte Beaujeu; il demandait même, en conséquence, que des perquisitions fussent faites à bord des bâtimens de guerre français à l'ancre dans le port et des navires marchands mouillés aux Dardanelles; mais le grand-vizir, qui avait pu apprécier les Français à Saint-Gotthardt et en Crète, ne jugea pas convenable d'accueillir cette proposition, et s'abstint de toute démonstration hostile.

Au jour fixé pour son entrée solennelle au palais de

l'ambassade (11 novembre 1670), M. de Nointel fut reçu par le tschaousch-baschi et le voïévode de Galata ; son escorte était composée de cent azabs, de cent janissaires et de cent tschaouschs. Des palefreniers turcs lui présentèrent deux chevaux de main envoyés par le kaïmakam, couverts de chabraques brodées en or et en perles, et dont les rênes et les étriers d'argent étaient ornés de rubis et d'émeraudes. Les interprètes français portaient des habits de satin ; leurs pardessus écarlates étaient doublés de martre, et ils avaient pour coiffure des bonnets de zibeline. L'écuyer du kaïmakam, deux officiers de sipahis, le tschaousch-baschi et le voïévode de Galata, les officiers de la maison de l'ambassadeur, et quatre musiciens sonnant continuellement de la trompette dans des instrumens d'argent, précédaient les deux ambassadeurs ; l'ancien, M. de La Haye, occupait la droite ; le nouveau, M. de Nointel, s'avançait à gauche ; l'un revêtu d'un habit de velours noir à boutons d'or et portant un collier de perles autour de son chapeau ; l'autre en habit écarlate orné de dentelles et coiffé d'un chapeau que rehaussait une touffe de plumes blanches ; le premier sur un cheval blanc ; le second sur un cheval isabelle. Venaient ensuite les secrétaires, l'abbé de Nointel, frère de l'ambassadeur, précédant une troupe de gentilshommes qui appartenaient à la première noblesse de France et montaient de superbes coursiers ; suivaient enfin le secrétaire privé, trente gentilshommes, et tous les négocians français présens à Constantinople. Les rues où passait le cortége étaient encombrées de curieux. L'explosion de cent bombes d'artifice et une décharge d'armes à feu faite par les mousquetaires turcs rangés devant l'hôtel de l'ambassadeur, saluèrent son arrivée. M. de Nointel traita magnifiquement les principaux officiers turcs, et leur fit de superbes présens [1].

Aux termes de ses instructions, M. de Nointel devait éviter avec soin de communiquer à l'avance ses demandes et ses griefs au grand-vizir; il lui était enjoint de les porter en plein diwan et de ne les soumettre qu'au Sultan lui-même, afin que ce dernier cessât d'ignorer les mauvais procédés du grand-vizir envers les ambassadeurs français. Son refus de communiquer au premier ministre l'objet de sa mission retarda son départ pour Andrinople, et il se vit enfin obligé de s'ouvrir à Panajotti, qui, depuis le retour de Crète, avait le titre de premier interprète et de premier secrétaire de la Porte. Le manifeste qu'il lui remit comprenait trente-deux articles : par cette pièce, il demandait que la Porte ne reçût désormais dans les ports ottomans aucun bâtiment à quelque nation qu'il appartînt, si ce n'est sous pavillon français (à l'exception toutefois des navires français, anglais, hollandais, arabes et génois); que les Français ne payassent à l'avenir qu'un droit de trois pour cent à la douane, comme les Hollandais, les Anglais et les Génois; que le commerce des Français avec l'Inde pût avoir lieu en franchise par la Mer-Rouge; que les saints lieux de Palestine fussent rendus aux catholi-

---

[1] D'Arvieux, t. IV.

ques, et que le roi de France fût reconnu comme le seul protecteur de la chrétienté; que les capucins de Galata eussent la faculté de reconstruire leur église brûlée quinze ans auparavant; que toutes les églises pussent désormais être réparées sans qu'il fût besoin d'en demander la permission; enfin que tous les esclaves français fussent aussitôt remis en liberté. Ces propositions parurent tellement inouïes, que le grand-vizir feignit de ne pas les croire émanées du roi de France. Il demanda à M. de Nointel s'il était porteur d'une lettre adressée par son souverain au Sultan et où les mêmes demandes se trouvassent formulées, et l'ambassadeur ayant répondu naturellement qu'il n'avait pas besoin d'autres lettres de créance, il ne voulut lui accorder une audience solennelle que sous l'engagement formel pris par ce dernier de produire, dans le délai de six mois, une dépêche du roi de France, où seraient reproduites les réclamations ci-dessus énoncées. A cette condition, il put se rendre au camp impérial, où il arriva au bout de quatorze jours, et fut reçu le lendemain en audience solennelle par le Sultan et le grand-vizir (15 janvier 1671).

Dans cette entrevue, M. de Nointel, qui aimait la pompe et la profusion aussi bien dans le discours que dans les cérémonies, adressa au grand-vizir une longue allocution, à laquelle celui-ci ne répondit que par un : *très-bien* [1], ou par des épigrammes. Lorsqu'il s'étendit sur la grandeur et la puissance de

---

[1] *Pek eyü.*

Louis XIV, Kœprilü l'interrompit en disant : « Le padischah de France est un grand souverain, mais son épée est encore neuve. » Lorsqu'ensuite l'ambassadeur parla de la vieille amitié qui unissait la France à la Porte, le grand-vizir lui répondit en souriant : « Les Français sont peut-être d'anciens amis, mais nous les trouvons toujours avec nos ennemis (à Saint-Gotthardt et à Candie). » En se retirant, M. de Nointel dit qu'il avait pour mission spéciale de lui recommander avec instance le commerce de la Mer-Rouge. « Comment est-il possible, lui répondit sèchement Kœprilü, qu'un aussi grand padischah s'intéresse si vivement à une affaire de marchands ? » En sortant de chez le grand-vizir, M. de Nointel fut aussitôt conduit en présence du Sultan, et, faute par lui de s'incliner assez profondément, les chambellans chargés de l'introduire lui courbèrent la tête avec tant de violence, qu'il ne put éviter une chute [1]. Le discours qu'il adressa au Sultan dura plus d'un quart-d'heure ; mais Panajotti en fit un court abrégé au grand-vizir, qui résuma au Sultan tout le discours en deux mots. C'était là une des formes les plus remarquables du style curial en usage chez les Ottomans lors de la présentation des ambassadeurs : la harangue de ces derniers était d'abord traduite par l'interprète de la Porte au grand-vizir, qui en deux mots la reproduisait au Sultan. Mohammed répondit

---

[1] Cette circonstance, omise par Flassan, Chardin et d'Arvieux, est relatée dans le *Rapport* du résident impérial Casanova sur cette audience (3 février 1671).

comme à l'ordinaire : « Que l'ambassadeur s'adresse » à notre lala (le grand-vizir). » Après l'audience, convié suivant le cérémonial d'usage à prendre part chez le Sultan à un festin donné dans l'intérieur du diwan, et se trouvant à table avec le grand-vizir, tandis que les principales personnes de sa suite dînaient avec les vizirs de la coupole, M. de Nointel voulut ramener la conversation sur le terrain politique : « Monsieur l'ambassadeur, lui dit Kœprilü, » souvenez-vous de ce que vous avez promis ; dans » six mois, nous saurons si nous sommes amis ou en- » nemis. » Cette dérogation à l'étiquette diplomatique contraria d'autant plus le grand-vizir, que ce dicton déjà accrédité chez les Ottomans : *D'abord le repas, et ensuite l'entretien* [1], applicable surtout aux cérémonies de l'Etat, révèle l'habitude que ce peuple a contractée de manger en silence.

Quelques jours après son audience solennelle, M. de Nointel eut avec le reïs-efendi une conférence relative au renouvellement des capitulations. Il chercha à obtenir par les menaces la sanction des trente-deux articles contenus dans ses propositions (11 mars 1671). Le grand-vizir lui dit à ce sujet, dans son audience de congé, que les avantages garantis aux étrangers par la Sublime-Porte n'avaient jamais été accordés à la violence, mais seulement à la douceur, et que, s'il ne voulait pas adhérer au renouvellement des capitulations dans les mêmes termes qu'aupara-

---

[1] *Ewwel taam baadé kelam.*

vant, il pouvait retourner en France. M. de Nointel dépêcha alors à Paris le chevalier d'Arvieux, porteur d'une lettre du grand-vizir, et demanda en même temps de nouvelles instructions que d'Arvieux lui rapporta avec une dépêche adressée au grand-vizir par M. de Lionne : il était dit dans cettre lettre « que, du » moment où M. de Nointel n'était pas traité con- » formément aux assurances données par le dernier » ambassadeur ottoman, Souleïman, le roi ordonnait » à son ambassadeur de s'en retourner immédiate- » ment à bord du bâtiment qui lui était envoyé à cet » effet. » Toutefois, M. de Nointel confia au grand-vizir qu'il était autorisé à conclure le renouvellement des capitulations sur les bases précédentes avec cette clause que les droits de douane imposés aux provenances françaises seraient réduits de cinq à trois pour cent comme pour celles d'Angleterre, de Hollande et de Gênes. Cette proposition fut accueillie ; mais, sous prétexte que la campagne de Pologne était sur le point de s'ouvrir, la signature du traité fut remise et n'eut lieu que deux ans après. Les innovations obtenues par la France et comprises dans les soixante-un articles dont se composaient les capitulations étendaient la réduction des droits de douane de cinq à trois pour cent aux bâtimens portugais, siciliens et américains, qui naviguaient sous pavillon français ; elles assuraient aux capucins et aux jésuites la possession perpétuelle de deux églises à Galata ; aux négocians européens, la franchise du commerce indien par l'isthme de Suez ; aux catholiques, la paisible possession des saints lieux, et la liberté des pélerinages; enfin, elles diminuaient les droits qui pesaient sur la *mezetterie* ¹ et l'éducation des vers à soie.

Après avoir signé la capitulation, M. de Nointel entreprit un voyage dans l'Archipel : les inscriptions et les médailles qu'il rapporta de cette tournée sont l'un des principaux ornemens du cabinet de numismatique et d'antiquités de Paris. Il pénétra dans la magnifique grotte aux stalactites d'Antiparos que ses belles pétrifications ont rendue célèbre : il y passa les trois jours de la fête du Christ avec une suite de plus de cinq cents personnes, composée des gens de sa maison, de marchands, de corsaires et d'habitans de l'île. A l'extrémité de la grotte s'élève, en forme de tiare, la plus belle plante de marbre qui soit au monde ² ; d'une blancheur éblouissante, elle est encore rehaussée par de grands pendentifs en pierre dont la perfection naturelle le disputerait à l'art du plus habile sculpteur.

Ce fut devant cet autel brillant, secrètement dressé par la nature dans cette grotte souterraine, que fut célébré le mystère de la naissance du Sauveur dans une messe solennelle. L'éclat de cent cierges et de quatre cents lampes qui se reflétait de toutes parts sur

---

¹ Le chevalier d'Arvieux traduit ainsi, p. 228, le mot *Massderiyé*. Il donne, p. 301-362, les détails de la négociation relative au renouvellement de la capitulation, et transcrit la lettre de M. de Nointel au grand-vizir, ainsi que la réponse de ce dernier. La lettre du Sultan au roi de France, qui accompagna l'envoi des capitulations modifiées, figure dans l'*Inscha* du reis-efendi Mohammed, sous le n° 149. Voir la capitulation elle-même, dans les *Mémoires* de La Croix, I, p. 399.

² Tournefort, *Litt.*, V, p. 229.

les parois d'albâtre à mille facettes de cette église improvisée était bien fait pour exciter dans cette nuit sainte l'enthousiasme de la communauté réunie pour la célébration : sans doute l'artiste reçoit une impression analogue à l'aspect de l'auréole qui entoure le Christ enfant dans la nuit du Corrège. Au moment de l'élévation, lorsque ces murs étincelans répétèrent mille fois le son des trompettes et des hautbois, des flûtes et des chalumeaux, il sembla véritablement que le ciel venait de s'ouvrir et que les anges entonnaient le cantique : *Gloire à Dieu au plus haut des cieux!* On eût dit, s'il faut en croire l'inscription gravée au pied de l'autel en forme de pyramide, que le Sauveur assistait lui-même à la célébration de sa glorieuse nativité [1].

Les relations diplomatiques entre la Porte et l'Autriche depuis la paix de Saint-Gotthardt furent signalées par deux circonstances particulières ; ce furent d'abord les propositions faites à la Porte par les rebelles hongrois, et en second lieu la conspiration de Zriny. Dans le cours de l'année qui suivit la paix de Vasvar, la Porte avait offert sa protection aux magnats de Hongrie qui l'avaient refusée (1664). Trois ans après, Balo, envoyé d'Apafy, prince de Transylvanie, se chargea de transmettre à la Porte les offres de ces mêmes magnats, cherchant à reconquérir la faveur que ses démêlés avec Zollyomi avaient fait perdre à son maître. Panajotti, interprète de la Porte,

---

[1] *Hic ipse Christus adfuit ejus Natali die media nocte celebrat.* MDCLXXIII.

mais qui, jusqu'à la campagne de Candie, avait rempli les mêmes fonctions pour le compte de l'empereur, trahit le secret en informant de cette démarche le résident impérial. Apafy, loin de se laisser intimider, envoya l'internonce Inczédy avec un interprète particulier qui devait directement soumettre ses propositions au grand-vizir. Inczédy s'acquitta de son message en audience secrète par l'intermédiaire de son interprète, et le grand-vizir parut étonné et de la révélation du secret et de l'accusation portée contre Panajotti qui possédait toute sa confiance. Ce dernier qui n'avait pas assisté à cette entrevue, mais qui en devina le sujet, détermina le grand-vizir à renvoyer l'internonce et à rejeter ses propositions, comme tendant à enfreindre le traité conclu avec l'empereur (juin 1667)[1]. Ainsi fut éventée la conspiration ourdie par les Hongrois pendant que la guerre de Candie préoccupait l'attention publique. Apafy se résigna au repos d'autant plus volontiers que les Turcs de Varad l'avaient accusé auprès de la Porte de fortifier Sebesvar situé à huit mille hongrois de cette ville. Les Transylvaniens avaient reconstruit cet ancien repaire des Banffy pour détourner de Klausenbourg les fréquentes irruptions des Turcs; mais, dès l'année suivante survint un envoyé du pascha d'Ofen, porteur

---

[1] *Bethlen. Hist.*, I, p. 390. Suivant la *Relation* d'Inczédy, Panajotti aurait persuadé le grand-vizir par la bouche de sa fille : *Filiam itaque primum, mox per eam supremum Vezirium in eam perduxit sententiam.* Bethlen, p. 390. Il résulte de plusieurs passages de la même histoire que cette fille s'appelait *Kiaiam*.

d'une lettre pour Apafy : ce fonctionnaire l'avertissait que, dans le cas où il n'interromprait pas immédiatement les constructions, il avait ordre, ainsi que les paschas d'Erlau et de Temeswar, de l'y contraindre par la force des armes [1]. Les secrétaires d'Apafy, Pietro et Stefano Beauset, qui étaient venus à Constantinople, porteurs des propositions en vertu desquelles plusieurs seigneurs hongrois s'engageaient à reconnaître la suzeraineté de la Porte, ne réussirent pas dans leur mission [2]. L'année suivante, Balo revint avec le titre d'envoyé extraordinaire, et offrit au grand-vizir les présens d'Apafy et ses félicitations au sujet de la prise de Candie : le moment n'était pas favorable pour développer les propositions des magnats de Hongrie. A son audience de congé, le grand-vizir lui dit avec hauteur : « Ton maître se flatte de conserver » les quarante-neuf villages portés sur le registre des » contributions d'Yenœ : dis-lui de ma part que, s'il » ne les rend pas, je dévasterai, par Dieu ! toute la » Transylvanie. »

Tandis qu'Apafy faisait valoir avec si peu de succès les propositions faites par les magnats hongrois, arriva, dès le commencement de l'année, Franz Bucovacsky [3], maître-d'hôtel du comte Zriny, chargé

[1] Bethlen s'écrie à ce sujet : *O nos infelices, quibus nec stabula quidem in territorio proprio facultas erigendi superest!*

[2] *Rapport* de Panajotti adressé à Casanova, 11 avril 1668. Bethlen ne mentionne pas cette circonstance ; il dit seulement, p. 50, que Balo écrivit à Apafy que le moment n'était pas venu de s'immiscer dans les affaires de Hongrie.

[3] Et non *Bukoratzky*, comme dans l'ouvrage de Bethlen, ni *Boukovich*, comme dans l'*Histoire du comte Tekeli*, p. 59.

d'offrir, au nom des magnats rebelles de Hongrie, le paiement annuel d'un tribut de soixante mille écus, « afin, disaient-ils, de se soustraire à la tyrannie des » Allemands et des jésuites (janvier 1670). » Le Sultan auquel fut soumise cette proposition la renvoya à l'examen du grand-vizir; ce dernier congédia Bucovacski, et lui adjoignit un de ses gens porteur d'une réponse par laquelle il signifiait à Zriny que sa proposition ne pourrait être accueillie tant que son territoire serait occupé par les troupes impériales [1]. Au mois de juin, François Bucovacski, chargé d'un second message par Zriny, se rendit par Bosnaseraï auprès de la Porte où Balo appuya ses propositions; mais le grand-vizir qui en voulait à Apafy de n'avoir pas attendu ses ordres pour soumettre au Sultan les offres des magnats hongrois, congédia durement ses envoyés de la manière que nous avons dite. L'envoyé transylvanien, Rhedei, qui vint se plaindre à Constantinople des irruptions fréquentes des Turcs de Varad et de Yenœ, ne fut pas mieux reçu. Peu de temps après, les chefs de la conspiration dont Panajotti avait

---

[1] *Rapport* de Casanova, en date du 15 janvier 1670 : *Un Croato che dicono esser Maggiordomo del Zrin e venuto qui, mandato d'alcuni Ungari dell' Ungaria superiore per sottomettersi alla Porta e pagarle tributo di 60,000 taleri a l'anno per liberarsi della Tyrania delli Todeschi e delli gesuiti, che non li lasciano stare nella loro religione; fu mandato dalli Ongari Croati al Sultano, lui l'ha mandato qui al G. V. Il Prencipe di Transilvania ancora mandò qui il suo Interprete con istesse commissioni e raccommandazioni al G. V. il Croata ritorna col istesso uomo del Sultano, il Transilvano parte ora.* Panajotti, 15 février 1670.

révélé l'existence à la cour impériale, Zriny, Frangipani, Nadasdy et Tattenbach, condamnés à mort pour crime de haute trahison, furent exécutés à Neustadt, à Vienne et à Gratz. Les magnats hongrois, auxquels ces exécutions firent craindre le même sort, envoyèrent auprès de la Porte Etienne Petroczy et Paul Szepesi (juin 1671). Ils offraient de mettre sur pied dix-huit mille hommes et de payer un tribut annuel de cinquante mille écus. Cette fois ils furent gracieusement congédiés. Le kiaya du grand-vizir [1] leur donna l'assurance que le grand et l'invincible Padischah prenait la Hongrie sous sa protection particulière; ils furent revêtus de vêtemens d'honneur doublés de martre, et on leur adjoignit un tschaousch, porteur d'une lettre écrite par le Sultan à l'empereur pour le sommer d'évacuer toutes les places que ses troupes occupaient en Hongrie, à moins qu'il ne préférât la guerre contre la Porte. Petroczy et Szepesi, après s'être plaints du peu d'appui qu'ils trouvaient chez Datzo, résident ordinaire de Transylvanie, s'en retournèrent dans cette principauté avec le tschaousch Brenkovics, envoyé extraordinaire. Apafy jugea de l'accueil fait aux envoyés des magnats hongrois par la lettre dont Brenkovics était porteur.

François Rhedei, ambassadeur ordinaire de Transylvanie, quitta également Constantinople quelque

---

[1] Bethlen, p. 106. Une faute d'impression fait que le *kiaya* est souvent désigné dans Bethlen sous le nom de *filia vesirii*, et le lecteur qui n'est pas au courant pourrait très-bien croire qu'il s'agit de la fille du vizir.

temps après, et remit à Apafy une lettre fort laconique du grand-vizir qui réclamait de nouveau la cession des villages dépendan tde Yenœ. Afin de prévenir ce démembrement inouï, les Etats dépêchèrent trois de leurs membres à Constantinople : ce furent Jean Datzo, tout récemment revenu de cette capitale, Mathias Balo qui avait rempli plusieurs missions auprès du khan des Tatares, et Michel Csermenyi (mai 1671). Pendant seize jours, ils attendirent une audience à Andrinople : enfin, le dix-septième, ils déposèrent aux pieds du grand-vizir, avec un présent de deux mille écus, les vœux des Etats de Transylvanie. Le vizir entra en fureur et fit jeter dehors les députés, en proférant des menaces terribles contre Apafy et la Transylvanie. Peu de temps après, Apafy reçut du grand-vizir une lettre qui lui enjoignait de veiller au maintien de la paix avec l'empereur d'Allemagne, et d'éloigner à cet effet les brigands hongrois qui, suivant les griefs allégués par le résident impérial, s'étaient réfugiés en Transylvanie; mais en supposant, toutefois, que ce fussent des malfaiteurs et non des magnats mécontens qui pouvaient vivre tranquillement dans les Etats héréditaires appartenant au Padischah.

Quatre mois après, l'envoyé Datzo retourna en Transylvanie, suivi d'un kapidji-baschi : les neuf mille écus dépensés en présens n'avaient amené d'autre résultat que l'honneur d'une seconde audience, où le grand-vizir renouvela les ordres qu'il avait précédemment donnés relativement à la cession des quarante-neuf villages. Le kiaya [1] du pascha de Temeswar arriva en même temps avec trente sipahis de Varad, pour prendre possession de ces quarante-neuf villages : la lettre du grand-vizir apportée par le kapidji comprenait dans cette cession le district d'Hunyade, Doboka, Colos et le centre du palatinat de Szolnok, où sont situés les châteaux de Cseh, de Sebes, de Gyalu, de Kœvar, de Kolosvar, de Bethlen, la ville saxonne de Bistritz et les salines de la contrée. En perdant ce territoire, Apafy se vit dans l'impossibilité de réunir le tribut jusqu'alors exigé par la Porte. Le Sziklien Jean Nemès et le Saxon Valentin Szilvasi partirent pour Constantinople avec mission d'adresser à la Porte de nouvelles représentations à ce sujet (janvier 1672). Assez bien accueillis, ils furent renvoyés au diwan avec quatre des principaux habitans de Varad qui accusaient les Transylvaniens d'avoir construit cinq nouveaux châteaux autour de cette ville ; mais Nemès et Szilvasi nièrent positivement le fait. Un kapidji-baschi et un tschaousch furent envoyés sur les lieux pour faire une enquête et en rendre compte à la Porte. Les commissaires turcs visitèrent les cinq châteaux nouvellement bâtis au dire des habitans de Varad. C'étaient Somlyo, vieux manoir héréditaire des Bathori, possédé alors par Bethlen, l'historien-chancelier, qui leur donna l'hospitalité, ainsi que Banffy à Gyalu, et enfin Cseh, Hadad et Sebesvar : les quatre premiers d'entre ces châteaux avaient été incendiés

---

[1] Bethlen désigne, p. 177, le kiaya sous le nom de *Tiha*, autrement *filia*.

pendant la guerre de Rakoczy, et leurs toitures venaient d'être remises à neuf; le cinquième seul avait été épargné par Seïd Ali-Pascha. Cependant les Turcs de Varad n'en persistaient pas moins à soutenir que les châteaux dont il s'agit avaient été recouverts illégalement; étendant ainsi, aux châteaux de Transylvanie, le principe du droit canon de l'Islamisme, qui défend la reconstruction des églises chrétiennes. Csermenyi qu'Apafy venait d'envoyer à Constantinople (mars 1672) principalement pour y soutenir les intérêts des mécontens hongrois, rapporta une lettre du grand-vizir qui interdisait toute violation du traité de paix conclu avec l'empereur d'Allemagne, et Khadim-Pascha, ami intime d'Apafy, lui conseilla de ne pas chercher inconsidérément à pénétrer le secret d'État relatif à la protection qu'il s'agissait d'accorder aux mécontens hongrois, secret jusqu'alors inconnu à tout autre qu'au Sultan, au grand-vizir et au moufti. Même avant le retour de Valentin Szilvasi, Apafy avait vu arriver un second chambellan porteur d'une dépêche où le grand-vizir lui mandait « que l'audace
» avec laquelle il prétendait s'approprier les villages
» inscrits au registre des contributions et depuis long-
» temps affectés à l'entretien de la garnison de Varad
» était vraiment inconcevable; que Varad, par le fait
» même de la rébellion des Transylvaniens, était in-
» contestablement perdue pour eux, et que par con-
» séquent les villages en dépendant devaient appar-
» tenir au Padischah ; qu'il devait chasser le com-
» mandant de Somlya (c'était l'historien-chancelier

» Bethlen [1]), qui inquiétait les habitans de Varad, et
» veiller à ce que leur repos ne fût plus troublé désor-
» mais par le commandant de Klausenbourg. »

Szilvasi revint aussi peu de temps après et sans que le grand-vizir eût daigné le charger d'une lettre pour les Etats de Transylvanie ; l'envoyé des mécontens hongrois, qui, jusqu'à ce jour, avait compté sur l'intervention de Gligoraskul, voïévode de Valachie, fut congédié par ce prince au moment où il reçut les instructions du grand-vizir : il y était dit que, loin de s'opposer aux efforts des Hongrois, la Porte se plaisait à les favoriser, mais que les chefs mécontens de l'empereur devaient agir prudemment pour ne pas être les artisans de leur propre ruine. La guerre de Pologne, qui était imminente, empêchait la Porte de secourir plus efficacement les rebelles hongrois. Un kapidji-baschi remit à la diète de Transylvanie, convoquée à Radnoth, une lettre du Sultan qui frappait sur la province une contribution en nature de six cents chars de farine et de froment, attelés chacun de six bœufs, à l'occasion de la guerre de Pologne (août 1672) [2].

Aux frontières de Hongrie, le changement du gouverneur d'Ofen fut, comme toujours, un événement grave pour les deux Etats limitrophes, et il eut pour

---

[1] Le véridique Bethlen fait cette remarque : *Miraris forsitan mi lector inusitatam hanc loquendi formulam, sed veritatem scribenti non licet immutare ea quæ verbotenus erant transmissa*, p. 218.

[2] Voir la lettre, p. 251, *Datæ sub initio Julii in castris juxta Fele furtle*. C'est sans doute à *Kornali deré* que le camp fut établi le 29 sâfer 1083 (26 juin 1672). Abdi-Pascha, f. 79.

première conséquence un échange mutuel d'ambassades, de nouveaux griefs, de nouvelles protestations d'amitié et de nouvelles assurances que le traité de paix serait rigoureusement observé. Une permutation d'emplois eut lieu entre Ibrahim-Pascha, jusqu'alors kaïmakam de la Porte, et Mahmoud-Pascha, gouverneur d'Ofen. Ibrahim-Pascha, Albanais de naissance, aga des janissaires en Crète, puis kaïmakam, avait amassé de grandes richesses dans ces deux postes. Dans la même année, la Porte rappela Sidi Ahmed, pascha de Neuhæusel, beau-frère du grand-vizir, qui avait été le fléau de la Transylvanie. Il eut pour successeur le fils du célèbre Abaza, exécuté sous le sultan Mourad IV. L'interprète de la cour de Vienne, Mesgnien, fut envoyé à Ofen pour féliciter le nouveau gouverneur, et lui soumettre quelques réclamations. Dans le cours du mois suivant, l'envoyé de ce dernier, Derwisch-Aga, obtint une audience du président du conseil de guerre Montecuccoli (juin 1670)[1].

Au commencement du printemps de la même année, l'empereur fit offrir au grand-vizir, par l'intermédiaire du conseiller Beris, de riches présens, afin d'apaiser la colère qu'avaient fait naître en lui les derniers troubles des frontières, et pour le faire renoncer à donner des secours aux magnats hongrois. Beris trouva le maître-d'hôtel de Zriny, François Bucovacski, qui avait été auprès de la Porte l'organe

---

[1] *Relazione di cio che passò nell' audienza data da S. E. Montecuccoli a Dervis Aga inviato dal Vesir di Buda adi 11 Luglio 1671.* St. R.

de la conspiration, dans la plus grande misère ; car, bien qu'infidèle à son maître et à son roi, il avait refusé d'abjurer la foi de ses pères. Beris obtint à Andrinople une audience du grand-vizir (27 avril 1671). Aux demandes écrites dont il était porteur, Ahmed Kœprilü répondit que les paschas de Neuhæusel, de Wardein, d'Erlau et de Stouhlweissenbourg recevraient l'ordre de lui remettre les villages récemment conquis. Les rebelles, écrivait-il, ne seraient point livrés, mais renvoyés, et un asile leur serait refusé désormais. On échangerait d'ailleurs les prisonniers avec ceux que retenait l'empereur. Ce dernier aurait à raser les fortifications récemment élevées en Croatie sans l'aveu de la Porte [1]. Nulle construction, ajoutait le grand-vizir dans sa lettre, n'aurait lieu désormais aux frontières sans que la Porte en fût instruite préalablement, pour ne point donner l'alarme aux commandans des États limitrophes [2]. Le résident Casanova retourna à Vienne, et fut remplacé par Kindsberg (19 mai 1673). Mesgnien se rendit encore de Vienne à Ofen, pour féliciter suivant l'usage le nouveau gouverneur de cette ville, Kara Mohammed-Pascha, rappelé du gouvernement de Bosnie pour succéder à Ibrahim. Au mois d'octobre, arriva à Constantinople

---

[1] *Rapport* de Casanova, écrit sous la dictée de l'un des trois commissaires transylvaniens nommés pour aplanir les différends auxquels avait donné lieu la délimitation. Ce furent Michel Termen (Czermenyi), Jean Daszo (Datzo) et Petrin Drainer. Nous avons déjà parlé des deux premiers : Bethlen ne fait aucune mention du troisième.

[2] *Lettera del Primo Vezir a Montecuccoli tradotta l'anno* 1672 25 *Apr.*

un rebelle hongrois, nommé Thomas Apazay, juge dans le palatinat de Szabolcs, originaire de Tarfol près Tokay; il était envoyé par Bakony, qui inspirait aux Turcs plus de confiance que Zriny. Vers la même époque, mourut le conseiller Beris, et le secrétaire de la chancellerie de cour et de guerre, Hausch, fut envoyé en Turquie pour y recueillir sa succession.

Kindsberg, qui avait dû attendre six mois à Andrinople une première audience, accompagna le grand-vizir sur le théâtre de la guerre (janvier 1673). L'ouverture de la campagne milita en faveur de la demande qu'il avait adressée à la Porte pour obtenir l'éloignement des rebelles hongrois : grâce à lui, Paul Szepesi, leur chef, fut expulsé. Plusieurs autres de ces rebelles ne cessaient d'importuner la Porte et de l'exciter contre l'empereur : c'étaient Teleki en Transylvanie, Petroczy en Valachie, Suchay dans la Haute-Hongrie, et Kende à Constantinople. Kindsberg se plaignit de l'assistance donnée par le pascha de Wardein à ces rebelles (octobre 1673). Alors parut au camp une nombreuse ambassade envoyée par eux : elle se composait de Nicolas Forgacs, de Gabriel Kende, de Paul Szepesi, de Ladislas Kubini, de Gaspard Pecsi et de George Diak, assistés de l'interprète Brenkovics; mais l'audience qu'ils demandaient leur fut refusée. Une nouvelle mutation s'opéra dans le gouvernement d'Ofen, où Kara Mohammed-Pascha fut remplacé par Ibrahim. Panajotti Nicusi mourut frappé d'apoplexie (2 octobre 1673), perte également funeste à la Porte et à la cour impériale. Pendant vingt-cinq ans, il avait exercé les fonctions d'interprète auprès de l'ambassade impériale, puis attaché en la même qualité aux ambassades des puissances étrangères et à la Porte : enfin, depuis le départ de Kœprilü pour la campagne de Candie, il s'était voué exclusivement au service de la Porte dont il avait bien mérité en contribuant à accélérer la reddition de cette place; l'empereur lui devait aussi la découverte du complot de Zriny et l'expulsion des rebelles hongrois, qui furent les seuls à se réjouir de sa mort [1]. Négociateur habile, politique à larges vues, homme juste et droit, il était l'ennemi et la terreur des séditieux; défenseur énergique de l'église grecque, en faveur de laquelle il soutint contre Wani de savantes discussions, il obtint la reddition des saints lieux à Jérusalem; enfin, si les Grecs jouirent de quelque influence auprès de la Porte, ils le durent à ses constans efforts [2].

Dans l'année qui suivit la dernière ambassade russe, un marchand de cette nation, Manoli Iwanovich, arriva avec une lettre du Czar et quinze faucons blancs

---

[1] *Rapport* de Kindsberg. Les interprètes impériaux étaient alors le Grec Janaki Cleronomo, neveu de Panajotti, et le rabbin Ridolfi. Le consul de la société de commerce orientale, Lelio di Lucca, fut remplacé par George Christophe de Kunitz.

[2] Dans la dernière lettre que Panajotti écrivit trois semaines avant sa mort au vénitien Bailo Quirini, 8 septembre 1673, il s'excuse : *Per la gran malatia che doppo la partenza d'Adrianopoli ha travagliato il primo Vesir e me*; puis : *Lettera del dottore Maurocordato* (l'interprète qui lui succéda auprès de la Porte) *al Bailo Quirini*. Une autre lettre de Panajotti, en date du 21 avril 1673, porte : *Sono pure arrivate le mie fatiche a complire li desideri di V. E. per quel nefarro Condotier, bruggiare e levare dal Golfo le fuste overo barche di Dusgin e S. Maura*.

destinés au Sultan : il réussit à disculper le patriarche d'Alexandrie qu'un Albanais avait calomnié à Constantinople [1]. Tous ses efforts pour obtenir une audience du Sultan furent infructueux, et celle qu'il eut du grand-vizir faillit le rendre la risée des assistans : il s'embarrassa dans sa longue robe et fit une chute ; mais sa présence d'esprit fit tourner l'accident à son avantage : « Fasse Dieu, s'écria-t-il aussitôt, qu'ainsi » tombent à vos pieds tous les ennemis du nom mu- » sulman ! [2] » Deux ans après, un autre envoyé du Czar, Basile Alexandre, quitta Moscou le 12 mai, fut emprisonné par les Turcs à Azov, et arriva à Constantinople un an après avoir quitté Moscou (1672). La lettre qu'il apportait au grand-vizir avait pour objet de prévenir la Porte contre le danger d'une guerre avec la Pologne au sujet de Doroszenko, et la menaçait de l'intervention des Cosaques du Don et des autres puissances chrétiennes [II]. Le grand-vizir répondit : « Que c'étaient là des paroles vaines et déplacées ; » qu'il ne convenait pas au Czar de se proclamer le » défenseur du roi de Pologne, et qu'un message aussi » inconsidéré pouvait compromettre sa sécurité ; que » la résolution de la Porte était prise à l'égard de la » Pologne ; que si le Czar avait voulu secourir ce » royaume, il aurait dû intervenir plus tôt et en ter- » mes plus convenables ; que si lui ou d'autres monar-

---

[1] *Scusando il Patriarca d'Alessandria delle calumnie d'un Greco Albanese.*

[2] *Auguro che Dio facci cascare i nemici ai piedi dei Musulmani.* Casanova.

» ques chrétiens se plaignaient de la Sublime-Porte,
» elle s'en inquiétait peu, connaissant bien le mobile
» des accusations dirigées contre elle; que leur inimitié
» était soulevée par l'aspect des villes, des forteresses
» et des provinces qu'elle avait enlevées à la chré-
» tienté; mais que la justice divine saurait bien faire
» tomber l'orage sur la tête de ceux qui désiraient le
» mal d'autrui; qu'enfin la Porte réglerait sa conduite
» sur celle du Czar, en bien comme en mal [III]. »

Après la mort de l'ambassadeur polonais Radzieiowski, le secrétaire d'ambassade Wysocki fut nommé internonce et chargé de notifier à la Porte l'avènement du nouveau roi, Michel Coribut, et de lui demander le renouvellement des capitulations. Le kaïmakam lui donna une audience à Seres (30 mai 1672). Mais, comme il n'avait apporté aucun présent, il fut mal accueilli, et forcé de se tenir debout; toutefois, dans l'audience de congé qui lui fut accordée deux mois après, on lui offrit un siége (26 juillet 1672). Il continua les négociations entamées par Radzieiowski pour faire comprendre l'Ukraine et les Cosaques dans le renouvellement des capitulations. La Porte répondit qu'elle ne s'opposerait pas à l'occupation de l'Ukraine, mais que le Sultan ne pouvait retirer ostensiblement aux Cosaques l'appui qu'il leur avait prêté jusqu'à ce jour. Wysocki, négociateur d'un caractère vif et difficile, déclara alors en plein diwan que, dans le cas même où le roi son maître, le sénat et la république accéderaient au renouvellement pur et simple des capitulations, lui seul s'y refuserait, comme sa qualité de noble polonais lui en donnait le droit. Le grand-vizir, outré de tant d'orgueil, se prépara à la guerre. Trompé par la nouvelle d'une insurrection des Arabes à la Mecque, et par les assurances de M. de Nointel qui lui promettait, au nom de Sa Majesté très-chrétienne, l'envoi de cinquante bâtimens français dans l'archipel, Wysocki avait toujours conseillé à la république de tenir bon et de ne céder sur aucun point. La république, mieux informée, envoya à Constantinople en qualité d'internonce un interprète avec une suite de huit personnes : malgré son caractère semi-officiel, la Porte lui accorda le logement et l'entretien gratuits[1]. Il fit son entrée à Constantinople six semaines après le départ de Wysocki (23 mai 1672). La lettre que le chancelier l'avait chargé de remettre au grand-vizir exprimait l'étonnement dont la république avait été frappée en apprenant les armemens de la Porte; il ajoutait que, si cette puissance voulait ratifier la paix de Khocim, la république était disposée à lui envoyer un ambassadeur extraordinaire; que si, toutefois, le Sultan voulait la guerre, le roi était prêt à la soutenir; mais qu'assurément la rupture de la paix ne devait pas être imputée à la Pologne. L'interprète fut congédié huit jours après, avec la promesse qu'un ambassadeur extraordinaire serait le bien-venu; en attendant, l'armée reçut ordre de continuer sa marche. En même temps et aussitôt après le départ de Wysocki, le chevalier Quirini, envoyé vénitien, qui avait terminé le travail de la délimitation des

---

[1] « Treize francs par jour. » Chardin, I, p. 73.

frontières à Klissa, vint pour régler l'échange des prisonniers. Le grand-vizir allégua que renvoyer mille esclaves des galères, c'était désarmer la flotte ottomane; mais il promit d'en libérer deux cent cinquante par an, dès que la guerre de Pologne serait terminée. Quirini s'en retourna six mois après, admirant la politique ottomane qui empruntait tant de force à l'inflexibilité de ses principes et surtout à la fermeté inébranlable d'Ahmed Kœprilü dont la prudence, la sagesse, la clairvoyance et la discrétion paraissaient augmenter chaque jour, et qui, sans se mettre en frais d'éloquence et sans de grands efforts, sut gouverner et agrandir les vastes États de la Porte ottomane [1]. Le résident génois, Giustiniani, venait de se donner la mort, soit qu'il y fût poussé par une mélancolie naturelle, soit qu'il désespérât de voir jamais prospérer sa patrie, dont les intérêts avaient été gravement compromis par la suppression des faux *sümn* [2] (pièces de huit aspres).

Il nous reste à dire en peu de mots quelles furent les relations de la Porte avec les voiévodes de Moldavie et de Valachie et les Cosaques dont l'hetman, Doroszenko, fut le plus grand moteur de la guerre de Pologne. En Moldavie, les boyards Hinkul et Durak avaient organisé contre le voiévode Duka une terrible révolte, qui l'eût renversé sans l'assistance que lui

---

[1] Chardin, I, p. 73. « Il assuroit que, s'il avoit un fils, il ne lui donneroit point d'autre école de politique que la cour ottomane. » P. 76.

[2] Rycaut, II, p. 135. De La Croix dit que le *sümn* équivalait à *une pièce de cinq sols*.

prêta Khalil-Pascha, serasker de Babatagh et du yaliaga, ou inspecteur des rives des fleuves et des côtes de la mer en Bessarabie. Déjà les boyards, adversaires de Duka, l'avaient fait citer à Constantinople; déjà Duka était parti pour la capitale et était parvenu à Karassou dans la Dobroudja, lorsqu'il reçut l'ordre de retourner sur ses pas. Le nombre des rebelles se multiplia à Orhei, foyer de la révolte, Ils déclarèrent au pascha à diverses reprises qu'ils ne reconnaissaient pas le prince; mais le pascha leur répondit chaque fois que, d'après les intentions du Sultan, le voïévode devait régner. Ceux qui persistèrent dans leur opposition furent taillés en pièces [1].

Gligoraskul Ghika, qui, après le règne du voïévode Antoine dont la durée fut de trois ans, était monté pour la seconde fois sur le trône de Valachie, commença par donner un libre cours à sa haine contre la puissante famille de Scherban Cantacuzène; il fit jeter en prison les quatre frères Cantacuzène. Invité par Valentin Nemessani, qui s'était présenté devant lui comme délégué des magnats hongrois, à prendre le parti des rebelles, il lui conseilla de retourner sur ses pas en lui faisant observer qu'au moment où éclatait la guerre de Pologne, il était bien difficile de répondre aux vœux de ses commettans, car lui-même dut fournir à l'armée expéditionnaire de Pologne un corps de six mille hommes (1672).

Pour avoir une notion suffisante de l'histoire des

---

[1] *Révolte contre le prince Douka*, le 29 octobre 1771, dans les *Notices et Extraits des Manuscrits du Roi*, tome IX, p. 371.

Cosaques en tant qu'elle se rattache immédiatement à celle de l'empire ottoman dans les dernières années, il importe de jeter un coup-d'œil sur ce peuple et de signaler ses trois grandes divisions. Les Cosaques s'étaient fixés sur les rives du Don, près des cataractes du Dnieper et des marais qui s'étendent depuis l'embouchure de ce fleuve jusqu'au Bug : les premiers s'appelaient communément les Cosaques du Don ou de Tscherkesk, leur capitale; les seconds étaient désignés sous le nom de Zaporogues ou des cataractes, dans le voisinage desquelles était leur principale résidence (Setscha); enfin les derniers étaient classés par les Ottomans en trois catégories, celles des Barabasch, des Roseaux jaunes et de Potkal; les premiers avaient pris le nom de l'hetman Barabasch, avec lequel les Polonais avaient précédemment traité pour l'extermination de tous les Cosaques Zaporogues [1]. On appelait les *Roseaux jaunes* [2] ou les *Eaux jaunes* [3], les marais compris dans l'angle que forment les embouchures du Dnieper et du Bug; Potkal était le nom d'une île voisine. Dans le courant de cette histoire, nous avons déjà eu occasion de citer le nom de Chmielnicky, qui gouverna quelque temps les Cosaques de l'Ukraine et ceux du Dnieper, et la paix qu'il conclut à Zbaraw avec la Pologne; nous avons dit comment il contraignit le prince de Moldavie, Lupul, à accorder la main de sa fille à son fils Timothée; nous avons retracé le ravage

---

[1] Scherer, *Annales de la petite Russie, ou Histoire des Cosaques Saporogues et des Cosaques d'Ukraine*, I, p. 142.

[2] *Ssari kamisch*. — [3] *Zilte wody*.

de la Moldavie et le traité qui soumit à la Russie les Cosaques Zaporogues (1665). Deux ans après la paix de Saint-Gotthard, deux hetmans se trouvèrent opposés l'un à l'autre sur les deux rives du Dnieper : c'étaient, d'une part, Bruchowezki, hetman des Cosaques Zaporogues, dévoué au Czar, et de l'autre, Doroszenko, hetman des Cosaques du Roseau jaune et partisan du roi de Pologne. Bruchowezki, pressé par l'hetman Serko, envoya Étienne Gretschenoï au khan de Crimée pour l'exciter à la guerre contre la Russie ; il députa en même temps Grégoire Galmaleel et l'écrivain Casporovitsch près de la Porte pour placer toute l'Ukraine sous la protection de l'empire ottoman. La politique d'Ahmed Kœprilü s'accommoda fort bien de cette proposition. Les envoyés furent donc congédiés avec une lettre où la protection du Sultan était promise à l'hetman Bruchowezki, comme au chef des Cosaques Barabasch, du Roseau jaune et de Potkal, en un mot, des Cosaques de l'Ukraine ; on lui assurait en outre que le khan de Crimée recevrait l'ordre de venir à son secours (juin 1668 — silhidjé 1078) [1]. Peu de temps après, Doroszenko fut proclamé hetman des Cosaques sur les deux rives du

---

[1] La lettre adressée à Bruchowezki figure dans l'*Inscha* du reïs-efendi Mohammed, sous le n° 123. On y trouve également, sous le n° 121, une seconde dépêche écrite en 1089 (1669) à l'hetman des Cosaques du Roseau jaune, où on leur donne seulement l'assurance qu'en leur qualité de fidèles serviteurs de la Porte, ils n'auront rien à redouter du khan. Les instructions adressées au khan des Tatares, suivant les termes de la première lettre (en 1080), figurent dans le même *Inscha*, sous les n°s 131 et 132.

Dnieper; mais les Zaporogues ne tardèrent pas à l'abandonner et à proclamer hetman Suchovei, en implorant la protection du khan des Tatares. Presque simultanément, Damien Gretschenoï, lieutenant de Doroszenko, se détacha de lui, et, nommé hetman, chercha un appui dans la protection des Russes. Dans cet état de choses, Doroszenko dépêcha au Sultan un envoyé, Portianka, et son juge, Bielogrud, pour demander que l'hetman de l'Ukraine fût reconnu par un traité avec le titre de sandjakbeg. Cette dignité qui lui fut conférée avec les queues de cheval sanctionna son installation; l'ordre fut transmis à diverses reprises au khan des Tatares de protéger efficacement l'hetman des Cosaques Barabasch, du Roseau jaune et Potkal [1], et en même temps un tschaousch lui fut envoyé avec six mille hommes [2].

Le second ambassadeur député par Doroszenko, fut Basilio Loboiko. Celui-ci, au nom de son maître, remercia la Porte de lui avoir conféré l'étendard et la masse d'armes, la priant de vouloir bien lui continuer son appui et de transmettre des ordres en conséquence au khan des Tatares et au pascha de Silistra; enfin il lui fit connaître les mouvemens des armées russe et polonaise [IV].

---

[1] Voir la teneur du traité (*Ahdnameï houmaïoun*) conclu avec Doroszenko, dans l'*Inscha* du reïs-efendi Mohammed, nos 135 et 136 (1er juin 1669 — 1er moharrem 1080).

[2] Cette lettre, adressée au khan par le kaïmakam, se trouve dans l'*Inscha* du reïs-efendi Mohammed, sous le no 40; no 44, lettre du Sultan à Sélim-Ghiraï (juillet 1671 — rebioul-ewwel 1082); no 146 (septembre 1671 — djemazioul-ewwel 1082.)

Quant à l'interprète polonais qui, après le départ de Wysocki, était arrivé à Constantinople avec une lettre du roi, il fut congédié avec la réponse du Sultan, dont voici la teneur : « L'hetman des cosaques, Do-
» roszenko, s'est réfugié à l'ombre de la protection
» impériale, et déjà, par une précédente communica-
» tion, le roi a été invité à le considérer comme un
» allié de la Porte, et à ne point l'inquiéter. Mais il est
» venu à la connaissance du Sultan que le roi marche
» à la tête d'une armée contre Doroszenko, et cette ex-
» pédition a déterminé le Sultan à renoncer au projet
» qu'il avait formé de passer l'hiver en Asie-Mineure,
» et à ne pas quitter Andrinople. Il invite donc le roi à
» prendre une attitude plus pacifique et à retourner
» dans son pays sans tourmenter Doroszenko ; autre-
» ment, il aura violé la paix, et, dans ce cas, le Sultan
» est résolu à se mettre en campagne avec la bénédic-
» tion du Dieu vengeur et du prophète Mohammed,
» fécond en miracles, dès le printemps prochain, à la
» tête d'armées innombrables qui chasseront l'ennemi
» et désoleront son pays natal. Tu dois te comporter
» en fidèle et féal sujet; et sur ce, salut à celui qui
» marche dans la vraie voie! [1] » Ainsi fut déclarée la guerre de Pologne qui éclata en effet dès le printemps suivant.

Avant de quitter Andrinople et de suivre à Kami-

---

[1] *Waktouné hazir olasün, wesselam ala men ittebaal-houda: Inscha* du reïs-efendi Mohammed, n° 146; lettre du Sultan à Doroszenko, lors de son entrée en campagne, pour réclamer son concours et sa présence sous les étendards impériaux; *Inscha* de l'Académie orientale, n° 25.

niec les queues de cheval et le Sultan que nous avons laissé dans la première de ces deux villes en négociations avec l'ambassadeur vénitien, il est nécessaire de rapporter quelques événemens qui eurent lieu vers cette époque. L'audience obtenue par l'ambassadeur vénitien fut bientôt suivie d'une autre que le Sultan accorda au khan de Crimée; car, à la place d'Aadil-Ghiraï [1], que le Sultan et le grand-vizir accusaient d'avoir pris le parti de l'hetman Hanenko contre Doroszenko [v], Sélim-Ghiraï avait été proclamé khan; à l'issue de l'audience, il reçut l'investiture impériale par les insignes ordinaires, qui se composaient d'un vêtement d'honneur orné de zibeline, d'un panache de héron enrichi de diamans et d'un sabre étincelant de pierreries [2]. Par la même occasion, son frère, Selamet-Ghiraï, fut nommé kalgha et son cousin Safa-Ghiraï noureddin (mai 1671 — moharrem 1082).

Comme toute crainte de voir se rallumer la guerre contre Venise était dissipée, le Sultan résolut d'aller poursuivre les bêtes fauves dans les belles Alpes du Rhodope, dont le hourra des chasseurs n'avait ja-

---

[1] On trouve, dans l'*Inscha* du reïs-efendi, une série de lettres adressées par le grand-vizir au tschabanghiraï Aadil-Ghiraï : elles vont du n° 80 au n° 96. Sous le n° 97, on remarque la lettre de nomination de Sélim-Ghiraï, après la destitution d'Aadil-Ghiraï. Sous les n°s 99 et 102 figurent les lettres écrites au khan révoqué ; les n°s 103 et 105 comprennent les dépêches adressées au nouveau khan Sélim-Ghiraï.

[2] Raschid, I, f. 65. Geropoldi, dans la *Bilancia historico-politica*, p. 121, parle d'une mission de Djanibek-Ghiraï (*Dziambeth Gercio*) qui eut lieu en février 1671, au nom de son père *Mahometto Gercio* (Mohammed-Ghiraï), mais dont l'objet est exposé avec aussi peu de clarté que l'orthographe des noms est inexacte.

mais troublé la paix et le silence, que le pied des Barbares avait seul foulées jusqu'à ce jour, et où jadis la Bacchante troublée dans son sommeil et jetant un regard sur l'Hèbre, fut frappée d'étonnement à l'aspect de la Thrace couverte de neige[1]. Ces belles montagnes conservent encore aujourd'hui le nom d'Alpes despotiques (Despottaghi) qu'elles reçurent autrefois des autocrates serviens sous les empereurs byzantins[2]. Là, le Sultan jouit d'une fraîche et douce température pendant les chaleurs de l'été ; puis, au commencement de septembre, il retourna à Andrinople[3].

Le bruit s'était répandu généralement que l'hiver suivant il se rendrait à Brousa, pour se rapprocher du théâtre de la guerre projetée en Arabie contre les Seïdiyés[4] ; mais les armes ayant été prises contre la Pologne, il établit ses quartiers d'hiver à Andrinople. Un spectacle fixa vivement l'attention du Sultan et de la cour : ce fut l'aspect d'un malheureux qui, sans pieds ni mains, et seulement avec des tronçons de mem-

[1] *Non secus in jugis exsomnis stupet Evias, Hebrum prospiciens, et nive candidam Thrazen, ac pede barbaro lustratam Rhodopen.* Horat., III, 19.

[2] *Datæ sub alpibus despoticis,* porte la dépêche adressée par le grand-vizir à Apafy en date du 1er novembre 1671, et recueillie dans Bethlen, II, p. 111. *Novembris* est sans doute mis ici pour *septembris ;* car le Sultan quitta les Alpes dès le 6 septembre. Raschid, I, f. 65.

[3] Stations : 1° Moustafapascha kœprisi, 2° Khirmenli, 3° Ouzoundja abad, 4° Semisdjé, 5° Kiali, 6° Papasli, 7° Kouribaschi, 8° Philippopolis, 9° Yenikoï, 10° Aladjalar, 11° Otloudjik, 12° Batak, 13° Despot yaïlasi.

[4] Raschid, I, f. 65. Voir, dans l'*Inscha* du reïs-efendi Mohammed, n° 138, la lettre écrite au schérif Seïd pour lui accuser réception de la couverture de la Kaaba, en 1081.

bres, était parvenu, grâce aux leçons de l'inspecteur des eaux [1], excellent calligraphe, à tracer lui-même le *soulous* et le *neschi*, c'est-à-dire les titres en gros caractères et la petite écriture des textes. Le Sultan voulut le faire écrire devant lui, et fut si charmé de son talent qu'il lui assigna une pension quotidienne de vingt aspres sur les revenus de la douane.

Kœprilü prit, dans cette même année (1671), trois mesures d'administration intérieure qui témoignèrent de son économie; ainsi, les châteaux construits sur le territoire de Maïna, sous la surveillance d'Ali-Pascha, furent gardés, à partir de 1672, par des soldats pris à Corinthe, et les cent soixante mille aspres attribués à l'entretien de cette dernière garnison furent désormais versés au trésor; il en fut de même pour les fiefs des troupes qui occupaient les forteresses de Cilicie; enfin il ordonna l'arpentage de tout le territoire de Crète [2].

Avant la mort de Panajotti, le patriarche Methodius avait été remplacé par Parthenius, auquel avait depuis succédé Dionysios. Ce dernier s'était attiré la haine de l'épouse de Panajotti, femme impérieuse et vaine de l'opulence de son mari [3]. Panajotti, qui partageait l'animadversion de sa femme contre le patriarche, obtint du grand-vizir l'éloignement de ce dernier, qui dut accepter comme un faible dédommagement l'évêché de Philippopolis. Après la mort de Panajotti, dans la

---

[1] *Sou yoldji.*

[2] *Soubdet.* Là finit l'excellente histoire du fils de Nassouh.

[3] Rycaut, *Histoire de l'état présent de l'Église grecque*, p. 111.

succession duquel on trouva un ferman que son influence avait obtenu et qui attribuait aux Grecs la possession des saints lieux, le plus beau legs que pût faire à l'Église un zèle qui ne s'était jamais démenti, l'ancien patriarche, Parthenius, mit tout en œuvre pour ressaisir le patriarcat; il y parvint; mais bientôt après il dut le céder une seconde fois à Dionysios.

Le prix de la dignité patriarcale, qui précédemment ne dépassait pas dix mille écus, avait fini par s'élever à vingt mille. Nicolas de Neokhorio, jeune homme de seize ans, qui, circoncis malgré lui, n'en continua pas moins à professer ouvertement la religion chrétienne, rendit hommage à sa doctrine en subissant le martyre [1] (1672). Quant à Parthenius, il mérita le surnom de *virginal*, en provoquant l'abolition des unions temporaires alors fort usitées entre les Turcs et les femmes grecques. Ces sortes de mariages qui, du reste, n'étaient contractés que pour un temps limité, s'appelaient *kabin*, c'est-à-dire concubinages. Le patriarche, non moins rusé que pudique, alla trouver le moufti et lui demanda: « S'il était per-
» mis aux musulmans de s'unir aux femmes qui bu-
» vaient le vin et mangeaient la chair du porc, et si
» les enfans qui naissaient de ces liaisons impures n'é-
» taient pas, même au sein de leurs mères, indignes
» d'appartenir à l'islamisme? » Après une mûre ré-

---

[1] *La Vie et le martyre de Nicolas, enfant grec martyrisé à Constantinople pour la foi de Jésus-Christ*, p. 213; dans *l'État présent des nations et Églises grecque, arménienne et maronite,* par le S. de La Croix. Paris, 1715.

flexion, le moufti répondit que de pareils nœuds étaient illégitimes. « Alors, répondit le patriarche, proscri- » vez-les en Roumilie où ils ne sont que trop com- » muns. » Le moufti en conféra avec le grand-vizir, et bientôt après fut publié un édit qui interdisait aux musulmans le commerce des femmes chrétiennes, à moins que préalablement elles ne fussent converties à l'islamisme (1672)[1]. Le consul anglais Rycaut, le prêtre Smith, son compatriote, qui en 1672 visita les sept églises d'Asie[2], et le Français de La Croix qui, dans la même année, accompagna M. de Nointel à Constantinople en qualité de secrétaire d'ambassade, ont tous les trois décrit la situation des églises grecque, arménienne et maronite, à l'époque dont nous parlons, et les humiliations dont la tyrannie musulmane abreuvait les communautés chrétiennes.

Dans les premiers jours du printemps, tout fut prêt pour se mettre en campagne. On commença, comme il était d'usage, par de nombreuses distributions de fourrures et de vêtemens d'honneur, de sabres et de poignards; ainsi se révélait partout cet amour de la magnificence qui est un des traits caractéristiques du règne de Mohammed IV. Les queues de cheval furent arborées devant la porte du seraï[3]. Le Sultan adressa

---

[1] Rycaut, *État des Églises*, p. 314-316.

[2] *Septem Asiæ ecclesiarum et Constantinopoleos notitia autore Thoma Smitho*. Trajecti, 1694.

[3] De La Croix dit, *État général de l'Empire ottoman*, p. 24, que ce fut le 1er avril. Il se trouve ainsi en contradiction avec Raschid, lequel affirme que ces distributions eurent lieu le 24 mars (24 silkidé). La Croix

au nouveau khan de Crimée, avec une lettre pleine d'éloges, quinze mille ducats pour couvrir les premiers frais de la campagne, une fourrure et deux kaftans; de son côté, le grand-vizir envoya un poignard orné de pierreries au kalgha et au noureddin-sultan, et cinquante habits d'honneur aux schirinbegs et aux mirzas [1]. Un traitement annuel de quatre cent mille aspres fut accordé au gouverneur de Candie, Ankebout Ahmed-Pascha; les vizirs et les oulémas reçurent des fourrures de zibeline, doublées, pour les uns d'une étoffe d'or [2], pour les autres d'un tissu de laine [3].

La veille du 1ᵉʳ mai, jour où les jeunes filles grecques vont, avant le lever du soleil, recueillir la précieuse rosée qui, s'il faut en croire une naïve tradition, embellit leur visage, et, foulant le gazon qui commence à poindre, exécutent la gracieuse danse de la *Romaïque*, le Sultan quitta son palais d'Andrinople et se rendit sous la tente impériale dressée dans la plaine du Tschoukour-tschaïri (30 avril 1672 — 2 moharrem 1083). Les respectables vizirs et les oulémas à la profonde science suivaient le cortége. Le Sultan était revêtu d'une cuirasse dorée et ornée de pierres précieuses; il portait sur l'épaule un carquois enrichi de diamans; un sabre étincelant de pierreries pendait à sa ceinture; sur un turban vert qui ceignait sa tête, s'élevaient deux panaches de héron; la schabraque, la cou-

---

dit également par erreur que le Sultan partit le 27 avril : Mohammed ne partit que le 30.

[1] Raschid, I, f. 66. Voir la lettre, dans l'*Inscha* du reïs-efendi Mohammed, nᵒ 148. — [2] *Seraser*. — [3] *Ssouf*.

verture de son cheval et le coursier lui-même étaient couverts de pierres précieuses. Tous les agas de la cour, soit intérieurs, soit extérieurs, ceux de la chasse et ceux de l'étrier, portaient des cottes de mailles dorées et montaient des chevaux richement harnachés. Des coursiers du haras impérial avaient été offerts aux vizirs à l'occasion de la nouvelle campagne. Le grand-vizir en reçut neuf, et le favori Moustafa, second vizir, quatre ; le moufti, le précepteur et prédicateur Wani, l'aga des janissaires et le nischandji-pascha (l'historien Abdi) en obtinrent chacun deux, et le reïs-efendi un seul.

Ahmed-Tschaousch, chargé récemment d'une mission auprès du roi de Pologne, revint avec une lettre du monarque polonais. Il déclarait au grand-vizir que l'Ukraine était un des Etats héréditaires de la Pologne et que Doroszenko n'était qu'un vassal révolté ; enfin il répondait aux réclamations élevées contre les incursions des Polonais par des plaintes formulées contre les précédentes invasions des Tatares [1]. Le grand-vizir écrivit au chancelier du royaume au sujet de l'Ukraine que le roi de Pologne revendiquait comme sa propriété : « Sans nul doute, le maître du monde, c'est
» Dieu, dont la sagesse a confié à un monarque aussi
» puissant qu'Alexandre le soin de rétablir la tranquil-
» lité parmi les habitants d'un pays où règnent le dés-
» ordre et la confusion. Les Cosaques, peuple libre,

---

[1] Sa lettre se trouve dans Raschid, I, f. 67 ; elle est traduite dans les *Collectanea* de Senkowski et dans *Dziejopisoro Turekich rzeczy do Historyi Polskiey*, p. 11.

» se sont soumis aux Polonais ; mais incapables de sup-
» porter plus long-temps la cruauté, l'injustice, l'op-
» pression et les exactions qui pesaient sur eux [1], ils
» en ont appelé aux armes, se sont réfugiés sous la
» protection du khan de Crimée, et ont obtenu, avec
» son appui, des étendards et des queues de cheval.
» Comment donc le roi de Pologne peut-il continuer
» à dire que l'Ukraine est une des provinces hérédi-
» taires qui font corps avec son royaume? D'ailleurs,
» si les habitans d'une contrée, pour obtenir leur dé-
» livrance, implorent l'appui d'un padischah puissant,
» est-il bien prudent de les poursuivre dans un pareil
» asile? D'un autre côté, en voyant le plus puissant et
» le plus glorieux de tous les padischahs, le refuge
» du monde entier, délivrer et secourir contre leurs
» ennemis les opprimés qui se placent sous sa protec-
» tion, les gens doués de quelque esprit d'observation
» sauront bien dire lequel a rompu la paix. Que si,
» pour appaiser le feu de la discorde prêt à se rallumer,
» on veut envoyer un ambassadeur, rien de mieux!
» Mais, si la solution du différend est remise à ce juge
» tranchant qu'on nomme l'épée, alors que l'issue de
» la lutte soit prononcée par le Dieu qui a puisé dans
» le néant le ciel et la terre, et à l'aide duquel, depuis
» plus de mille ans, l'Islamisme triomphe de ses en-
» nemis. Le 8 sâfer (5 juin), le puissant et l'illustre
» Padischah quittera Andrinople entouré de gloire,
» de force et de prospérité [2]; il marchera aux fron-

---

[1] *Soulm ou teaddiyé we djewr ou esieté*. Senkowski.
[2] *Sehewket ou idjlal we seaadet ou ikbal birlé*.

» tières avec des armées aussi innombrables que les
» étoiles, ces ornemens du ciel, sans s'arrêter nulle
» part. Le roi fera bien de hâter sa réponse; car, à
» chaque nouveau campement, on lui tiendra un lan-
» gage plus énergique, et des conditions plus rigou-
» reuses lui seront imposées. » Cette dépêche est d'une
haute importance, non seulement parce qu'elle est
tout entière d'Ahmed Kœprilü qui ne remettait à
personne le soin de rédiger sa correspondance politique, mais parce que le principe de l'intervention de
monarques puissans pour la délivrance d'un peuple
opprimé y est posé à diverses reprises et en termes
fort explicites. Il est bon de rappeler qu'Ahmed Kœprilü écrivait ces lignes au moment où il enchaînait de
nouveau la liberté des Grecs en faisant élever les châteaux maïnottes.

Sobieski, fils du héros de Khocim, qui, vingt-un
ans auparavant, avait suivi à Constantinople Bie-
ganowski, était revenu, l'année précédente, vainqueur des Cosaques et de Doroszenko : dans le cours
d'une seule campagne, il leur avait enlevé leurs places
frontières les mieux fortifiées, telles que Czetwer-
tinka, Human, Braclaw, Stanislaw, Rascow, Mohilow et Impol. Cette campagne avait excité l'admiration des chrétiens et frappé les Turcs d'épouvante.
La Porte s'était résolue à la guerre afin d'opposer,
dès le principe, une digue aux rapides conquêtes de
Sobieski. Après avoir fait payer aux troupes un quartier de solde arriéré et donné au beg de Tschirmen,
quartier-maître-général, l'ordre d'ouvrir la marche

avec les queues de cheval, le Sultan partit lui-même au jour indiqué par la dépêche ci-dessus transcrite, c'est-à-dire le dimanche 5 juin [vɪ]. Au pied du Balkan, le chariot d'argent de la sultane Khasseki dont la cage, entourée d'une grille d'or, suivait les étendards du Sultan, resta embourbé dans la vase ; le grand-vizir s'empressa d'y atteler son propre cheval et ce fut avec la plus grande difficulté qu'on parvint à le tirer de la boue où il était plongé ; la sultane Khasseki s'arrêta à Babataghi avec le vizir de la coupole, Ibrahim-Pascha, affecté à son service particulier. A Isakdji, on construisit avec sept cents barques amenées à cet effet de Gradiska et de Poschega un pont dont la longueur fut de sept cent cinquante aunes et la largeur de dix. Le gouverneur de Bosnie, Ibrahim, et le beglerbeg d'Anatolie, Ali-Pascha, reçurent l'ordre de marcher en avant avec leurs troupes et de transporter les vivres réunis de tous côtés pour l'entretien de l'armée ; Osman-Pascha, sandjak de Nicopolis, celui de Kanghri, Mourad-Pascha, furent chargés de surveiller l'arrivage des convois, et le sandjak de Khoudawendkiar, Mohammed-Pascha, fut préposé à la garde du pont jeté à Isakdji sur le Danube. Les gouverneurs de Haleb et de Karamanie, Kaplan et Ali-Pascha, les begs de Begschehri et de Kirschehri, dont les troupes se firent remarquer par leur excellente tenue et défilèrent devant la tente du Sultan, obtinrent des vêtemens d'honneur. A Brusicht, en Moldavie, fut publié un ordre du jour impérial qui réglait le rang de chaque gouverneur dans le cortége du Sultan et la place que chacun devait occuper à droite ou à gauche pour saluer le Padischah lorsqu'il traversait les rangs de l'armée. La droite fut assignée, comme il était d'usage dans les guerres d'Europe, au beglerbeg d'Anatolie, à ceux de Karamanie, de Siwas, de Diarbekr, de Merâsch, de Haleb et d'Adana; à gauche on vit figurer le beglerbeg de Roumilie et sous ses ordres ceux de Bosnie et d'Oczakov. En même temps, parut une ordonnance en vertu de laquelle les vizirs qui depuis quelque temps négligeaient de porter le turban de cérémonie (kalewi), orné d'une large bande d'or disposée obliquement, ne devaient plus désormais paraître sans ce signe distinctif du rang qu'ils occupaient.

Lorsque le Sultan visita Yassy, capitale de la Moldavie et résidence du prince, Duka qui, pour la seconde fois, régnait sur cette province, déposa à ses pieds un poignard orné de pierres précieuses, deux superbes fourrures de zibeline et un ballot de riches étoffes. Les présens habituels d'entrée en campagne furent distribués aux troupes : les janissaires, les sipahis, les djebedjis et les topdjis reçurent chacun mille aspres. Après cette répartition, les vizirs furent traités sous les tentes impériales. Khalil-Pascha, commandant d'Oczakov, les beglerbegs d'Anatolie et de Karamanie et le beg de Tschirmen, reçurent l'ordre de veiller aux travaux du pont qu'on élevait sur le Dniester, et l'emploi de quartier-maître fut donné au beglerbeg d'Adana. Le sandjak de Kanghri arriva de Kilia avec l'artillerie dont le transport fut confié à la milice feudataire de Roumilie et de Bosnie.

Sur ces entrefaites, on reçut un avis du khan de Crimée portant que le Noureddin-Sultan et le sandjak d'Awlona, Yousouf-Pascha, en étaient venus aux mains dans le voisinage de Ladyzyn avec le fils de Hanenko, adversaire de Doroszenko, et avec les mille Cosaques accourus du château de Braclaw au secours de ce dernier ; que les Polonais étaient sortis de Bar, emmenant avec eux Hanenko qui avait eu beaucoup de peine à recouvrer sa liberté : les prisonniers qu'on renvoya à l'armée ottomane confirmèrent ce récit. Lorsque l'armée campa près de la source située à une lieue de Khocim, la garnison du château de Zwanic, situé sur l'autre rive du Dniester, se retira sans coup férir ; elle fut remplacée le lendemain par un corps turc composé de cinq chambrées de janissaires, de trois cents seghbans à cheval et de deux cents à pied, enfin de cent cinquante hommes choisis parmi les seghbans du kaïmakam. Le grand-vizir et Kaplan-Pascha se postèrent près du pont dont ils surveillèrent la construction ; on commença immédiatement à ouvrir les tranchées sur la rive droite du Dniester, pendant que sur la rive gauche on éleva des redoutes [1]. Khalil-Pascha, commandant d'Oczakov, et Mourad, pascha de Kanghri, passèrent le fleuve sur des radeaux (7 août 1672 — 12 rebioul-akhir 1083). Cinq jours après, les beglerbegs de Siwas et de Merâsch, ainsi

---

[1] *Scherenpo* veut dire *redoutes* et non pas *batteries*, comme le ferait supposer la traduction de Senkowski.

que le voïévode de Moldavie, montèrent la garde en grande pompe devant la tente du Sultan, et, suivant l'usage, reçurent des vêtemens d'honneur. Le pont entièrement achevé, les janissaires le franchirent d'abord, ensuite le Sultan, et ce fut après avoir traversé le fleuve que l'armée ottomane campa pour la première fois sur le territoire de Pologne [1]. Le kaïmakam, les vizirs, les paschas de Bosnie et de Haleb, accompagnés de quelques alaïbegs et du commandant de l'artillerie, firent une reconnaissance de la forteresse (15 août 1672 — 20 rebioul-akhir 1083). Duka, voïévode de Moldavie, tomba en disgrâce, et sa place fut donnée à Etienne Petreitschak. Le lendemain, le khan de Crimée fut présenté en audience solennelle par les vizirs et les beglerbegs; il reçut un panache de héron orné de pierreries, un sabre, une fourrure de zibeline garnie en or, un kaftan et de nobles coursiers; vingt personnes de sa suite obtinrent des kaftans, et le jour d'après l'hetman Doroszenko essuya du front la poussière qui souillait les pieds du souverain en recevant le kaftan, la masse d'armes et des chevaux harnachés (16 août 1672 — 21 rebioul-akhir 1083). Ce fut après

---

[1] Les dates de Raschid coïncident parfaitement avec celles du résident impérial qui se trouvait au camp. Le Sultan traversa le Dniester dans la journée du 13, et le grand-vizir dans celle du 14. Les dates mentionnées dans l'*État* de La Croix sont inexactes; il suppose, dans ses *Mémoires*, I, p. 313, que le passage du Dniester est de trois jours antérieur à sa date véritable, et le fait remonter au 4 août; s'il fallait l'en croire, toute l'armée aurait campé le 7 devant Kaminiec (p. 315). Voir *ibidem*, p. 319, la sommation adressée au commandant de cette forteresse; suivant lui, la capitulation aurait eu lieu le 17.

trente-huit marches et autant de haltes, que l'armée campa devant Kaminiec (18 août 1672 — 23 rebioul-akhir 1083).

Le grand-vizir se plaça au centre de l'armée assiégeante avec les janissaires et les troupes roumiliotes; la droite fut occupée par le favori Moustafa-Pascha, second vizir, avec l'armée d'Anatolie et le sagardji-baschi; la gauche par le kaïmakam Kara-Moustafa avec les troupes de Siwas et le samsoundji-baschi; ce fut dans cet ordre que la tranchée fut ouverte, et au bout de cinq jours elle atteignit le revers des fossés (19 août 1672 — 24 rebioul-akhir 1083). On s'occupa alors de régler les fournitures de sacs : chaque feudataire dut en livrer deux par chaque mille aspres de revenus de son siamet, les sipahis deux ; les écrivains du diwan possesseurs de fiefs et les aides de la chancellerie durent prendre part à cette contribution, chacun proportionnellement aux revenus de son fief. Un plénipotentiaire envoyé par les assiégés reçut un logement convenable sous la tente du tschaousch-baschi. Deux mille quintaux de poudre laissés à Isakdji furent amenés au camp par le kiaya du beglerbeg de Diarbekr, Hasan-Pascha, qui commandait la garnison de Baba-taghi. Le transport de l'artillerie fut confié à Osman-Pascha, sandjak de Nicopolis. Le siége durait depuis huit jours, lorsque le principal bastion fut escaladé par les Turcs qui y plantèrent leurs étendards (25 août 1672 — 1er djemazioul-ewwel 1083). Le lendemain, une mine fit voler en éclats le rempart extérieur; mais un autre se trouva derrière, et les Turcs se diposaient à le faire sauter comme le précédent, lorsque les assiégés arborèrent le drapeau blanc, signe de la reddition [1]. Une capitulation, dont la remise de cinq ôtages garantit l'exécution fidèle, fut rédigée en cinq articles : elle portait que les habitans de Kaminiec seraient libres de rester ou de se retirer, et que, dans l'un ou l'autre cas, aucune atteinte ne serait portée, ni à leurs personnes, ni à leurs propriétés; que les catholiques, les Grecs et les Arméniens conserveraient leurs églises ; enfin que les ecclésiastiques et les nobles polonais restant dans la ville seraient exemptés des logemens militaires.

Au moment de l'évacuation, la poudre que contenait la ville prit feu soudainement et fit sauter avec un tiers de la garnison deux tours et un pan de muraille ; on n'a jamais su si le hasard seul causa cette catastrophe ou si elle fut le résultat d'une résolution désespérée du capitaine allemand [2]. Le 30 août, le commandant de la

---

[1] On lit, dans Raschid, *djoumaa*, vendredi, au lieu de *djoumaa-irtesi*, samedi : c'est une faute d'impression. Cette erreur est d'autant plus palpable que, cinq pages plus haut, le 2 djemazioul-ewwel paraît tomber un vendredi : non seulement M. Senkowski n'y a pas pris garde, mais il a aggravé les fautes d'impression par de faux calculs. Ainsi, dans son ouvrage, le 3 djemazioul-ewwel (16 *scierpnia*) est mis pour le 27 août : or, même dans le vieux style, le 3 djemazioul-ewwel ne tombe pas le 16, mais bien le 17 août, comme on peut le voir dans Abdi.

[2] *Rapport* de Kindsberg : 30 *Agosto reso Camienicc. Il Vescovo e Commandante partono verso Leopol, non haveva che 1500 soldati delli quali mille quando si trattava di pace s'abbrucciarono con la polvere della fortezza, che s'accese cascando due torri e una bona parte del ponte.* Rapport de Kindsberg écrit de Timova. « On ne sait pas, ajoute-t-il, si les poudres n'ont pas été enflammées exprès par le capitaine allemand. » Tout le mal fut causé par l'ineptie de l'internonce polonais

place en remit les clefs et reçut un vêtement d'honneur; trois cents chariots furent mis à sa disposition pour le transport des bagages appartenant à la garnison de Kaminiec; le pascha de Haleb et le beglerbeg de Roumilie reçurent la mission d'escorter les émigrans et de veiller à leur sûreté (30 août 1672 — 6 djemazioul-ewwel 1083). Le lendemain, le Sultan reçut les félicitations des principaux dignitaires au sujet de cette prise; il y répondit par une distribution de fourrures de zibeline appropriées au rang et à la dignité de chacun. Il envoya au moufti retenu chez lui par une indisposition celle qui lui était destinée. Le vendredi suivant, dans la matinée, les principales églises de Kaminiec furent converties en mosquées[1], au nom du Sultan, des sultanes Walidé et Khasseki, du grand-vizir, du kaïmakam et vizir favori (2 septembre 1672 — 9 djemazioul-ewwel 1083).

L'internonce polonais, qui était toujours au camp turc, fut enfin renvoyé avec un message portant que, si la Podolie était rendue sans coup férir et se reconnaissait tributaire du Sultan, on pourrait accorder la paix; mais que, dans le cas contraire, toute la Pologne serait soumise au régime du sabre. Quelques jours après, le khan de Crimée, le gouverneur de Haleb, Kaplan-Pascha, les beglerbegs de Roumilie et de

---

(Wysocki), lequel écrivit d'Andrinople que le Sultan ne marcherait pas contre la Pologne, attendu que les rebelles de la Mecque lui donnaient assez d'occupation.

[1] Magdeleine, *Miroir ottoman, la Marche du sultan Mohemet contre la Pologne, en Ucraine*, p. 1.

Roum, d'Anatolie et de Karamanie, de Moldavie et de Valachie, et l'hetman Doroszenko, reçurent l'ordre de marcher sur Lemberg qu'ils prirent d'assaut après avoir tout ravagé sur leur passage (9 septembre 1672 — 16 djemazioul-ewwel 1083). De son côté, le Sultan s'en alla chasser aux environs de Zwanic[1], où le nischandji-pascha et historien Abdi lui remit une pièce de vers en quarante-huit distiques, que lui avait inspirée la prise de Kaminiec[2].

De Zwanic, on se dirigea vers la palanque de Kulandare et on campa devant celle de Bucsacs[3]. Le defterdar-pascha Ahmed ne pouvant la soumettre avec ses propres forces, on lui adjoignit l'aga des janissaires qui était alors le vizir Abdourrahman ou Abdi-Pascha, et la palanque se rendit à ce dernier : en même temps Houseïn-Pascha, gouverneur d'Adana, et le second vizir et favori, Moustafa-Pascha, soumettaient celles de Jazlowiec et de Zadlotanka (12 septembre 1672 — 19 djemazioul-ewwel 1083). Six jours après, fut conclue par l'intermédiaire du khan de Crimée la paix de Bucsacs si humiliante pour la Pologne[4], aux termes de laquelle la Podolie était cédée aux Ottomans et l'Ukraine aux Cosaques. La Pologne

---

[1] *Il Sult. partito da Camieniec verso Leopoli; un Internuncio polaco al Tartarhano per interceder dal Sultano.* Rapport de Kindsberg, daté de Timaroa.

[2] Cette pièce de vers est transcrite dans son *Histoire*, p. 83.

[3] Dans Magdeleine, p. 11. *Bousanof.*

[4] Les plénipotentiaires étaient, du côté de la Pologne : François Lubomirski, châtelain de Volhynie, Gabriel Silniecki, châtelain de Czerniechow, Szumowski, grand-trésorier, et Zlotnicki.

devait acquitter en outre un tribut annuel de deux cent vingt mille ducats, et enfin une contribution de guerre de quatre-vingt mille écus, une fois payés, était frappée sur la ville de Lemberg (18 septembre 1672). Du reste, les églises qui n'avaient pas été converties en mosquées ne devaient pas être soustraites à leur culte primitif; les levées de jeunes garçons, qui à la vérité étaient tombées en désuétude depuis le règne de Mourad IV, mais auxquelles la Porte n'avait jamais renoncé, étaient abolies définitivement; les Tatares Lipkans qui avaient cherché un refuge dans le camp turc et les Cosaques qui avaient abandonné Hanenko étaient libres de retourner dans leurs foyers; les contributions annuelles devaient être payées, suivant l'usage, au khan des Tatares; mais en revanche le territoire de Pologne n'avait plus à redouter les incursions de ces peuplades, et à l'avenir aucun Polonais ne pouvait être vendu comme esclave [1].

Aussitôt après la rupture de la paix, les Tatares Lipkans, sujets de la Pologne, s'étaient retirés en Bessarabie (Boudjak) où le khan leur avait assigné un territoire de concert avec Khalil-Pascha, gouverneur de Silistra [2]. Le 18 octobre, jour marqué dans l'histoire par tant de batailles décisives, les crieurs publics proclamèrent, dans le camp impérial, le pardon qui venait d'être accordé au roi de Pologne [3]. Le lendemain, le khan des Tatares et Kaplan-Pascha revinrent

---

[1] Le traité est transcrit tout au long dans Raschid, I, f. 73 et 74, et dans Abdi, f. 84 et 85.
[2] *Sebi seyyaré.* — [3] *Aman* (pardon).

de leur expédition contre Lemberg; ils avaient pris la fuite devant Sobieski, seul défenseur de sa patrie, qui chassa les Turcs de Lublin, de Belczice et de Lemberg, passa le Dniester de glaçon en glaçon, fit cacher ses troupes dans les bois de Bednavow, battit à Calusz les Tatares qui lui étaient vingt fois supérieurs en forces et fit trente mille prisonniers aux troupes du kalgha et du noureddin, après les avoir mises en pleine déroute. Le khan reçut, conformément à l'antique usage, une fourrure dite *kapanidja*, et de plus, un sabre et un carquois ornés de pierreries; le kaïmakam et le reïs-efendi furent revêtus de zibeline; le tschaousch-baschi et l'ambassadeur polonais; de simples habits de galas. Les bulletins de la victoire furent répandus dans tout l'empire et des illuminations eurent lieu pendant trois nuits.

Le 21 octobre, on se mit en devoir de retourner à Andrinople où on arriva après six semaines de marche et trente-quatre stations (21 octobre 1672 — 28 djemazioul-akhir 1083) [VII]. D'Andrinople, le second vizir favori, Moustafa, fut dépêché à Constantinople pour y escorter la sultane Walidé avec les honneurs dus à son rang. Pendant l'hiver, le Sultan s'occupa de faire construire un khœschk et un seraï à Andrinople près du pont du marché aux Selliers, dans le lieu qu'on nomme Akbinar, ou la *Fontaine blanche*, tandis que le grand-vizir faisait d'immenses préparatifs de guerre non seulement contre les Polonais qui n'avaient pas payé la somme de deux cent vingt mille ducats à laquelle était fixée leur contribution, mais en même temps contre le czar de Russie. A la fin de juin (27 juin 1673 — 12 rebioul-ewwel 1084), les queues de cheval furent arborées de nouveau dans la plaine du Cimetière, d'où l'on partit vers le milieu de juillet. Au commencement d'octobre, l'armée était parvenue à Isakdji sur les rives du Danube, lorsqu'elle y reçut une heureuse nouvelle : après avoir assiégé inutilement pendant dix-sept jours le château dépendant d'Azov et nouvellement construit aux bords du Don, les Cosaques avaient battu en retraite. Vers la même époque, le général Sobieski dépêcha au camp turc Iwan Debriz, avec une lettre d'excuses au sujet du retard apporté dans le paiement du tribut de deux cent vingt mille ducats que la Pologne avait promis d'acquitter, engagement que la perte de la Podolie ne lui permettait pas de remplir en ce moment. Le grand vizir se résolut alors à envoyer au roi de Pologne le mouteferrika Houseïn, porteur d'une lettre du Sultan (21 septembre 1673 — 9 djemazioul-akhir 1084). Par cette dépêche, Mohammed insistait sur l'évacuation des palanques et l'envoi d'un ambassadeur avec les deux cent vingt mille ducats, ajoutant que ses armées campaient aux bords du Danube et que, dès le printemps suivant, s'il n'obtenait pas une réponse satisfaisante, elles inonderaient la Pologne [1]. Sur ces entrefaites, le Danube fut passé à Isakdji, et on apprit que les troupes détachées pour prendre possession du canal de Tschoplitscha avaient soutenu un combat acharné

---

[1] Voir la lettre dans Raschid, I, f. 75 et 76, et dans l'*Inscha* du reis-efendi Mohammed, n° 15.

contre les Cosaques et que le voïévode de Moldavie avait passé dans les rangs polonais (12 octobre 1673 — 1ᵉʳ redjeb 1084). Ce dernier, après avoir entretenu des intelligences secrètes avec Sobieski, avait enfin jeté le masque : il indiqua aux Polonais le côté faible du camp ottoman. Il fut remplacé par son chargé d'affaires auprès de la Porte, Dimitrasko (Démétrius Cantacuzène). Instruit que l'armée polonaise se concentrait aux environs de Khocim, le Sultan fit revêtir, avec le cérémonial d'usage, Ahmed Kœprilü d'une pelisse de zibeline brodée d'or, lui fit présent d'un sabre orné de pierreries, d'un panache de héron orné de diamans, et lui remit de sa propre main l'étendard sacré, en le nommant serdar, c'est-à-dire, commandant supérieur investi d'un pouvoir absolu. Le jour où l'armée quitta, après un repos de soixante et un jours, le camp d'Isakdji, le Sultan se rendit, accompagné du vizir favori et du nischandji-pascha, Abdi, au quartier d'hiver de Babataghi. Cependant toute l'armée polonaise était réunie à Khocim sous les ordres du grand et du petit hetman, de celui de Lithuanie, du voïévode transfuge de Moldavie et sous le commandement supérieur de Sobieski dont l'étoile brilla alors de son plus vif éclat. Pour dissimuler sa marche à l'ennemi, il s'était fait précéder par le grand porte-étendard de la couronne, Sieniawski, avec ordre d'enlever les avant-postes ennemis. Ce dernier avait ébranlé la domination turque jusque dans le cœur de l'Ukraine, en soumettant les villes de Satanow, de Jarmolinick, de Zyukowicz et de Bar. A la faveur de ces opérations dirigées sur le flanc de l'ennemi avec tant d'habileté, Sobieski était arrivé au bord du Dniester qui chariait déjà, comme l'année précédente, des monceaux de glace, obstacle plus facile à surmonter que l'ardeur et l'exaltation des troupes qu'il commandait. Le soir qui précéda la bataille décisive, Ghika, voïévode de Valachie, avait passé avec ses troupes du côté de Sobieski : ainsi les Valaques et les Moldaves devaient combattre de nouveau dans cette journée mémorable sous les ailes de l'aigle polonais. Le camp ottoman embrassait trop d'espace pour pouvoir être bien défendu. A peine Sobieski y eut-il fait irruption que le gouverneur de Silistra, Houseïn-Pascha, passa, avec les beglerbegs placés sous sa dépendance, le pont jeté sur le Dniester et se dirigea sur Khocim et Kaminiec. Le reste de l'armée les suivit dans le plus grand désordre; le pont se brisa, et hommes et chevaux furent engloutis dans le fleuve. L'armée turque fut anéantie [1]. Parmi les principaux chefs militaires qui périrent dans cette journée, nous citerons le beglerbeg de Bosnie, Souleïman-Pascha, celui de Salonique et le beg d'Okhri, le sagardjibaschi et l'alaïbeg de l'aile gauche, le kiaya et le defterdar des fiefs de Roumilie, le beg de Güstendil, l'aga du drapeau vert, le mir-alem de Bosnie ; Seïdoghli, beau-frère du

---

[1] « De trente-deux mille qu'ils étaient, à peine en échappa-t-il quinze cents. » Chassepol, *Histoire des Grands-Vizirs*, p. 298. De La Croix, II, p. 50. Cantemir, l. VI, p. 6, avec une gravure représentant le camp. Deux relations de cette bataille sont insérées dans les *Epistolæ familiares* de Zaluski, t. I.

grand-vizir, fut grièvement blessé; Houseïn, pascha de Silistra, qui avait perdu avec Ghika la bataille de Lewenz, ne fut sauvé qu'avec peine (11 novembre 1673). L'étoile d'Ahmed Kœprilü, qui avait déjà pâli aux bords de la Raab devant celle de Montecuccoli, fut éclipsée sur les rives du Dniester par celle de Sobieski, qui avait dignement suivi les traces paternelles sur ce champ de bataille de Khocim, dont la valeur héroïque des Chodkievicz, des Lubormiski, des Sobieski avait fait un des théâtres de la gloire polonaise. Le carnage avait duré trois heures; quarante mille morts jonchaient la terre; le prince Radziwill avait tué de sa propre main le serasker Houseïn; Sobieski s'était emparé du drapeau vert que Houseïn tenait du Sultan et qui fut envoyé à Rome pour orner l'église de Saint-Pierre. Au surplus, ce drapeau devait être suivi d'un grand nombre de trophées semblables qui, depuis la bataille de Khocim jusqu'à celle de Zenta, attestèrent les victoires des chrétiens sur les Turcs, et décorèrent les églises et les arsenaux de Vienne, de Venise, de Munich et de Stuttgard. Le grand-vizir s'enfuit à Cecora, d'où il envoya à Kaplan-Pascha l'ordre de venir le rejoindre, et il assigna aux troupes Isakdji pour quartier d'hiver; mais l'exiguité du lieu l'obligea de se transporter à Babataghi, d'où le Sultan se rendit à cheval à Hadjibazaroghli, accompagné seulement du vizir favori, Moustafa-Pascha. Peu de jours après, arrivèrent à Babataghi, sous la conduite du nischandji Abdi-Pascha, les juges militaires ayant avec eux la sauve-garde de l'armée, c'est-à-dire l'étendard sacré et le manteau du Prophète, avec le cortége habituel de la cour. Ce fut dans ce lieu retiré que la naissance d'un second fils, Ahmed, vint consoler le Sultan de la défaite essuyée à Khocim, et, en réjouissance de cet événement, des illuminations eurent lieu pendant trois nuits par ordre du souverain sur toute la surface de l'empire [1] (12 décembre 1673 — 3 ramazan 1084). Le Sultan reçut les félicitations d'usage à l'époque du grand Baïram, dans la maison où se trouvaient déposés le vêtement du Prophète et l'étendard sacré, et où un appartement avait été érigé en salle du trône.

A Constantinople, le kaïmakam décédé fut remplacé par Ibrahim-Pascha qui avait été précédemment revêtu de cette dignité, et au moufti Minkarizadé éloigné pour cause de maladie, succéda Ali-Efendi de Tschataldjé, créature du grand-vizir, et qui, pendant le siége de Candie, avait rempli les fonctions de juge du camp. Les envoyés du prince des Ouzbegs avaient prétexté le vol d'une caisse de présens, commis à leur préjudice, pour demander une audience qui ne leur fut pas accordée, car la découverte d'une caisse vide dans leur propre maison donna à penser qu'eux-mêmes étaient les auteurs du vol. La Moldavie fut ravagée par les troupes polonaises auxquelles servait de guide le transfuge Etienne, voïévode de cette province : en même temps, Mohammed parcourait aux environs de Hadji-

---

[1] Raschid, I, f. 27. Defterdar Mohammed-Pascha, f. 23. Voir la notification adressée aux gouverneurs, dans l'*Inscha* du reïs-efendi Mohammed, n° 98 : celle que reçut le juge de Constantinople figure dans ce *Recueil*, sous le n° 59.

bazaroghli les steppes de la Tatarie Dobroudja, et, comme il était accompagné du vizir favori, ce fut le nischandji-pascha Abdi qui expédia les affaires en l'absence de ce dernier.

Pendant son séjour à Babataghi, le grand-vizir fut exclusivement occupé de communications diplomatiques, de détails administratifs et des armemens que nécessitait la prochaine campagne (janvier 1674). Duka, autrefois voïévode de Moldavie et actuellement de Valachie, envoya à Constantinople le tribut de cette dernière province qui s'élevait à cent mille écus. Le résident impérial, Kindsberg, se plaignit par écrit de ce qu'au dire des rebelles hongrois qu'avait amenés Barkoczi, Denis Banffy avait, par ordre du prince de Transylvanie, donné pour chefs aux rebelles François Ispan et Jean Locri, et de ce que ceux-ci avaient trouvé un refuge sur le territoire turc; de ce qu'ils avaient figuré dans le cortége des paschas et s'étaient publiquement enorgueillis du ferman apporté par Szepesi et aux termes duquel les Turcs, comme les Transylvaniens, devaient leur assurer aide et protection. D'un autre côté, Doroszenko annonça que les Russes s'étaient emparés de six villes cosaques, entre autres de Czerkas, de Kaniow et de Corsum; qu'ils avaient investi Cehrin, sa propre résidence, et marchaient avec une armée de cinquante mille Cosaques et Kalmouks contre le khan des Tatares. Bien qu'il eût reçu d'avance les présens habituels d'entrée en campagne, qui consistaient en selles et en fourrures, plus une somme de douze mille ducats pour frais d'équipement, le khan pria le Sultan de vouloir bien excuser son absence momentanée, car, disait-il, il avait tout lieu de craindre que les Russes ne fondissent sur lui après avoir écrasé Doroszenko : en conséquence, il redemandait même les six mille Tatares qui se trouvaient encore en Moldavie (18 février 1674). On recruta de nouveaux janissaires, et deux mille pages enrôlés comme sipahis furent remplacés par des enfans chrétiens enlevés de force à leurs parens ; car, bien que le corps des janissaires eût, depuis le règne de Mourad IV, cessé de se recruter en grande partie comme précédemment, sous la direction de trois commissaires, d'enfans enlevés aux familles chrétiennes de Bulgarie, de Grèce et d'Albanie, ces rapts étaient remis en usage lorsqu'il s'agissait de repeupler les chambres du seraï. Les nouveaux janissaires furent passés en revue par le Sultan à Hadjibazaroghli, et, à cette occasion, leur lieutenant-général, le samsoundji, obtint une gratification de cent ducats; vingt colonels reçurent des kaftans et une somme de trois mille aspres fut distribuée à la milice.

Au commencement de mai, Siekierzynski, internonce de la république et de Sobieski, roi nouvellement élu, arriva à Babataghi et remit au grand-vizir une lettre d'excuses au sujet du retard qu'on avait mis à renvoyer l'ambassadeur turc arrivé dès l'année précédente : ce retard était attribué à la mort du roi et à l'élection du nouveau souverain : des vœux pacifiques étaient pareillement exprimés dans cette dépêche. Le grand-vizir répondit que la paix devait être demandée par l'intermédiaire d'un ambassadeur [1].

Quelques jours après, le Sultan fit dresser ses tentes, et les beglerbegs de Siwas, de Damas et de Silistra, qui, suivis de leurs troupes, venaient d'arriver au camp impérial, reçurent, selon l'usage, des vêtemens d'honneur : des fermans, répandus sur toute la surface de l'empire, prescrivirent des prières publiques le lundi et le jeudi dans toutes les mosquées pour le succès de la guerre [2] (17 mai 1674 — 11 sâfer 1085). Vers le milieu de juin, le Sultan quitta son camp de Hadjibazaroghli [3] (13 juin 1674 — 9 rebioul-ewwel 1085). Le grand-vizir partit de Tschiftaï pour aller à sa rencontre; le Sultan fit, à cheval, son entrée dans Babataghi entre son premier ministre et le vizir favori, Moustafa-Pascha. Des fourrures et des kaftans furent ensuite distribués suivant l'habitude. On apprit à Babataghi que les Persans menaçaient les frontières de l'empire ottoman, et cette nouvelle fit

---

[1] *Rapport* de Kindsberg en date de mai. C'est à cette circonstance que se rapporte la lettre adressée à Sélim-Ghiraï, publiée dans l'*Inscha* du reïs-efendi Mohammed, n° 103, datée de rebioul-ewwel 1085 (juin 1674), et ayant pour objet de demander que l'accès de la Sublime-Porte fût ouvert à l'hetman de Pologne (Sobieski), qui avait réclamé l'entremise de la Tatarie. On trouve, dans le *Rapport* de Kindsberg, les *Litteræ Sobieski ad Galgam* du 15 juin 1674, par Caesarowski. L'ambassadeur envoyé par Sobieski au khan des Tatares avant ce dernier s'appelait Zokowski.

[2] Voir le ferman, dans l'*Inscha* du reïs-efendi Mohammed, sous le n° 102, et à la date de 1085 (1674); *ibidem*, n° 81, le ferman relatif à la campagne précédente 1083 (1672); et n° 83, un ferman sans date, qui ordonne également des prières.

[3] Raschid, I, f. 78, parle du mardi 9 rebioul-ewwel; c'est une erreur, car le 9 rebioul-ewwel est un mercredi et non pas un mardi. Le 11 rebioul-ewwel correspond au 15 juin. (Voir Senkowski, 5 czerwca.)

sentir la nécessité d'envoyer sur ce point un gouverneur actif et énergique. Le choix du grand-vizir tomba sur le vizir Abdourrahman-Pascha, aga des janissaires, qui s'était signalé par sa bravoure au siége de Candie et auquel fut confiée la garde des frontières orientales de Bagdad, la maison du salut ; les begs de Rakka, de Mossoul et de Schehrzor furent placés sous ses ordres ; Kaplan-Pascha, qui jouissait comme Abdourrahman de toute la confiance du grand-vizir (son beau-frère), fut nommé gouverneur du Diarbekr et reçut l'ordre de se rendre au plus vite dans cette province avec des chevaux de poste. En Moldavie, le khan des Tatares, Sélim-Ghiraï, arriva au camp impérial où l'on reçut en même temps l'heureuse nouvelle que la ville de Khocim s'était rendue sans résistance au gouverneur de Damas, Houseïn-Pascha, qui, pour l'assiéger, avait fait venir de Kaminiec trois régimens de janissaires, de mineurs et de bombardiers. L'armée passa le Dniester près de Soroka et campa pour la première fois sur le territoire cosaque, dans la plaine d'Ispel (30 juillet 1674 — 26 rebioul-akhir 1085). De Soroka, le voïévode de Moldavie retourna à Yassy afin de s'y procurer cinquante mille kilos de froment et de farine ; celui de Valachie fut chargé du rétablissement des ponts et de la réparation des routes; la palanque d'Istené, située à cinq ou six lieues de Soroka, fut détruite par Ibrahim, gouverneur de Haleb, Sidizadé Mohammed-Pascha, gouverneur de Roumilie et le samsoundji[1]. Quatre-vingts têtes, trophées

---

[1] *Histoire du defterdar Mohammed-Pascha.* Cet Istené est probable-

de la victoire remportée par les Tatares Lipkans sur les Polonais qui avaient assailli Bar, furent jetées devant la tente impériale. Au camp de Komar, les incursions en pays ennemi furent prohibées, et le khan des Tatares reçut, avec une fourrure de zibeline, la mission de voler au secours de l'hetman des Cosaques enfermé à Cehrin. Les gouverneurs de Haleb, d'Anatolie et d'Erzeroum construisirent des ponts et ravagèrent le pays. A Tymanowka survint un envoyé polonais; l'armée marcha ensuite sur Ladyzyn [1], qui, au bout de trois jours, ouvrit ses portes aux assiégeans (19 août 1674 — 17 djemazioul-ewwel 1085). Huit cents Polonais furent faits prisonniers: cent soixante-dix furent choisis dans ce nombre pour le Sultan. Le beglerbeg de Roumilie brûla la palanque de Kopanidja, et revint en triomphe au camp impérial avec plusieurs centaines de têtes que les soldats portaient au bout de leurs piques.

Après la prise de Ladyzyn et l'incendie de Kopanidja (Winnica), une audience fut accordée à l'envoyé polonais, Jean Karwewski, échanson de Podolie, que nous avons vu arriver à Tymanowka (21 août 1674 — 19 djemazioul-ewwel 1085). Il apportait la nouvelle du couronnement de Sobieski; il demanda verbalement la restitution de la Podolie et de l'Ukraine et le retour de ces provinces au trône de Pologne : ces

---

ment le Nesé de Raschid, I, f. 80, l. 8, tout-à-fait omis dans la collection de Senkowski, II, p. 112.

[1] Magdeleine dit qu'il fut envoyé de Ladyzyn comme parlementaire. *Miroir ottoman*, p. 26.

prétentions ayant été mal accueillies, il fut congédié avec une lettre du grand-vizir et ne put obtenir une réponse écrite du Sultan. Sobieski avait envoyé en même temps Mysliszewski et plus tard Kaczorwski, porteurs de riches présens auprès du khan des Tatares, espérant obtenir, par son influence sur la Porte, la cessation des hostilités [1]. Cependant le kaïmakam Kara Moustafa [2] marcha contre la ville forte de Human [3] avec seize chambrées de janissaires, toutes les troupes feudataires d'Anatolie, de Roumilie, de Syrie et de Bosnie, et un train d'artillerie de vingt-six fauconneaux et six coulevrines [4]. C'est la première expédition guerrière que le kaïmakam Kara Moustafa ait commandée en chef; jusqu'à présent nous l'avons toujours vu à la chasse auprès du Sultan, et il fit ses premières armes au siége de Kaminiec : au surplus, le succès de cette expédition était assuré par les forces supérieures dont il disposait. Avec l'aide de Doroszenko, Human fut prise d'assaut; tous les habitans furent massacrés; les rues de la ville furent inondées de sang; nombre de chrétiens furent écorchés vifs,

---

[1] *Communication de M. le comte de Swidzinski.* Si l'on en croit une communication de M. le comte Rzewuski, l'ambassadeur envoyé par Sobieski, en 1674, auprès de la Porte, s'appelait Siekierzynski.

[2] Ce n'est pas Kara Mohammed, comme l'a appelé Salvandy, trompé par de fausses relations (*Histoire de Pologne*, II, p. 290). Il est encore moins exact que le Sultan et Ahmed Kœprilü aient voulu sacrifier Kara Moustafa dans cette circonstance.

[3] Dans Raschid et Defterdar, f. 27, *Oman.*

[4] *Schahi top* et *kolenbourna* (coulevrine). Senkowski, qui n'a traduit ni l'un ni l'autre mot, dit seulement, II, p. 117 : *Spociagu artyleri.*

puis empaillés et ainsi envoyés au Sultan (4 septembre 1674 — 3 djemazioul-akhir 1085). Tel fut le premier haut-fait de Moustafa le Noir, dont l'ame était en effet aussi noire que son nom.

Sélim-Ghiraï, khan des Tatares, annonça que les Russes et les Cosaques qui investissaient Cehrin, en apprenant son arrivée, s'étaient enfuis à Tscherkeskerman qu'il avait ravagé. Si l'on en excepte le poste de Bialacerkiew que défendait le colonel Rapp, et Kiow occupée par les Russes, toute la contrée, depuis le Dniester jusqu'au Dnieper, venait d'être soumise par les armes ottomanes [1]. Le khan des Tatares et Doroszenko furent présentés au Sultan et obtinrent la permission de retourner dans leur patrie ; comme le grand-vizir n'était pas bien portant, ce fut le kaïmakam Kara Moustafa qui les introduisit. Le premier fut revêtu d'une fourrure de ministre [2] garnie de drap et doublée de zibeline ; il reçut aussi un carquois orné de pierreries et un cheval richement harnaché; le kalgha-sultan fut revêtu d'une fourrure de zibeline à longues manches, garnie d'une étoffe d'or ; ses deux fils et les autres sultans reçurent des kaftans, et l'hetman des Cosaques un kalpak de velours orné de zibeline, une masse d'armes et un cheval harnaché. Pour marquer au grand-vizir tout l'intérêt qu'il prenait à son réta-

---

[1] Salvandy tombe ici, II, p. 291, dans une erreur matérielle, lorsqu'il dit : « C'était la première fois que les Moscovites et les Turcs se rencontraient sur les champs de bataille ; » car un siècle auparavant, en 1569, quinze mille Russes avaient battu les Turcs sur le Don (III, p. 531).

[2] *Erkankourki*.

blissement, le Sultan lui envoya, par le grand-écuyer, une de ses propres fourrures de zibeline, afin de le garantir contre les rigueurs de la saison, et, dans le fait, mieux valait une destination semblable que ces distributions qui se reproduisent à satiété dans les histoires ottomanes, et qui avaient lieu invariablement à titre de récompense, d'encouragement, d'installation, de remerciement pour une heureuse nouvelle, ou comme marque de faveur, ou seulement à l'occasion d'un gala. L'action de donner ou de retirer une fourrure ou un vêtement d'honneur équivaut, en Orient, à celle de confier à quelqu'un une charge, une dignité, ou de l'en dépouiller, sans aucune distinction de rangs, depuis le fourrier jusqu'à l'émir, au schah et même au Sultan, dont le détrônement est désigné par une expression adoucie, celle de dépouillement [1] ou de déshabillement.

Au milieu de septembre, commença la marche rétrograde sur Andrinople (18 septembre 1674 — 17 djemazioul-akhir 1085). A Isakdji, tous les hauts fonctionnaires furent admis à la cérémonie du baisemain, à l'occasion de la naissance d'une sultane, fille d'une esclave que la mère du Sultan lui avait donnée l'année précédente. Cependant Sobieski et Jablonowski continuaient à purger la Pologne des Turcs et des Tatares : ces derniers avaient entraîné vers le Balkan les habitans des rives du Dniester, et les avaient établis sur les deux versans de cette chaîne de

[1] *Khalaa, Khalaat*, c'est-à-dire le vêtement d'honneur, d'où dérive le mot *gala*.

montagnes et à Kirkkilisé. Jablonowski assiégea Bar, battit le sultan Aadil-Ghiraï le jour anniversaire de la bataille de Khocim et réduisit Braclaw, Nimrow et dix autres villes. Le référendaire de Lemberg, Rzewuski, prit Rascow, d'où s'était enfui Ahmed-Pascha ; toute l'Ukraine jusqu'à Cehrin rentra sous la domination polonaise (25 octobre 1674).

L'hiver fut comme toujours plus favorable que l'été aux négociations diplomatiques, car cette dernière saison avait été remplie par les hostilités. Le voïévode de Moldavie manda que le roi de Pologne avait établi son quartier-général à Kaminiec et que Lanchoronski campait à trois lieues de Cehrin [1] (février 1675). L'évêque de Marseille, ambassadeur de France en Pologne, envoya au grand-vizir un gentilhomme, du nom de Savanie, pour négocier la paix entre les deux puissances belligérantes. Le kiaya, s'appuyant sur le texte de la loi, fut d'avis d'accepter la paix offerte par les infidèles et de confirmer le traité que trois ans auparavant la Porte avait imposé, à Bucsacs, au roi de Pologne, Michel Coribut. Cette ouverture ne fut pas mieux accueillie par le grand-vizir, que les propositions de paix faites au nom de Sobieski par le général Coricki n'avaient été goûtées par le serasker Schischman Ibrahim-Pascha : ce dernier mit à feu et à sang toute la

---

[1] *Rex Poloniæ Camenecii, Landscoronsky autem apud Bar et Mohilow aliquot tribunos militum reliquit, ipse Ucrainam intravit, solus cum exercitu selectiori usque Boristhenem penetravit, 3 milliaria a Zehrin distans, ubi in civitate Scola persistit, partem cum Moscis facit.* Extract. litt. princip. Mold., 24 decemb. 1674.

Volhynie. Zbarras, l'ancien patrimoine des Wiesnowiecki, défendu par le capitaine français Desauteuil avec quarante Heiduques et soixante Polonais, succomba; car six mille paysans russes, qui s'étaient réfugiés dans cette ville, avaient égorgé sa faible garnison et jeté le capitaine Desauteuil dans les fossés, par-dessus les remparts. Ibrahim punit sévèrement cette trahison; il monta sur une colline avec les députés polonais, et de là les fit assister à l'incendie de la ville et au massacre des habitans; voulant honorer dans la personne de Desauteuil le guerrier intrépide, il fit panser ses blessures et le renvoya sans rançon au roi de Pologne.

Un mois après, Jablonowski chassa vingt mille Tatares de Zloczow. Le sultan-noureddin lui adressa, en lui demandant un médecin, un carquois d'or garni de flèches; sans doute il prétendit lui donner, par-là, une marque de souvenir affectueux, mais non lui faire un aveu de sa défaite, suivant l'interprétation que les Polonais donnèrent à ce message (juin 1675). Jablonowski lui envoya le chirurgien français Renaud, et lui fit remettre en même temps une selle magnifique, manière indirecte de l'inviter au repos, car les Tatares se servent de leurs selles en guise d'oreillers; mais le noureddin saisit d'autant moins l'intention de Jablonowski, que la sienne n'avait jamais été de l'humilier par la nature de son présent. Après la prise de Kaminiec, dernier boulevard de la république, le serasker se dirige sur Lemberg que les Polonais nomment Lwow, et les Turcs Ilba; Sobieski vole au secours de la place dont l'artillerie annonce son arrivée¹, tandis que celle de l'armée ottomane est signalée par l'incendie des villages environnans (fin d'août 1675). Le roi, en sa qualité de généralissime, avait fait tous ses préparatifs dans la prévison d'une bataille ; la reine était agenouillée dans l'église des Jésuites devant l'image miraculeuse de Stanislas Kotzka et implorait la protection du ciel. Un orage étant venu à éclater, un nuage de grêle fondit sur le camp ottoman. Le roi donna sa bénédiction à l'armée polonaise et la lança sur l'ennemi à ce cri de guerre trois fois répété : *Jésus!* auquel celui d'*Allah!* répondit aussi à trois reprises ; le noureddin prit la fuite, bien que ses troupes fussent infiniment supérieures en nombre à celles de Sobieski². La victoire de Lemberg retentit dans toute l'Europe, et elle brille d'un éclat d'autant plus vif, que les historiens ottomans ont jugé à propos de la passer entièrement sous silence. Ibrahim-Pascha jeta alors ses vues sur la Volhynie. La garnison de Mitelène ayant été empalée, Podhaice et le château de Zawale s'étaient rendus avant que le roi eût pu les secourir. Ibrahim éprouva une résistance plus énergique devant la forteresse podolienne de Trembowla, où l'héroïque Chrazanowki,

---

¹ Salvandy prétend que la bataille de Lemberg eut lieu le 24 août, parce que Zaluski (I, p. 567) et l'*Histoire* de Legnich (p. 249) la placent tous les deux dans les derniers jours du mois d'août. Suivant les autres historiens, elle fut livrée le 24 septembre.

² Connor, p. 149, et Daleyrac disent, avec beaucoup d'exagération, que les Turcs étaient au nombre de trois cent mille, et les Polonais seulement au nombre de cinq mille.

exalté par le courage de sa femme, soutint les ravages de cinq mille bombes, la destruction des aqueducs qui alimentaient la place, les masses de rocher que la mine faisait voler en éclats et quatre assauts successifs. Au moment où, malgré ses efforts, il était sur le point de succomber, il fut heureusement secouru par Sobieski, et la Pologne, une seconde fois délivrée du joug ottoman, retentit de joyeuses acclamations.

Le grand-vizir refusait toujours de prêter l'oreille soit aux insinuations des agens français envoyés par l'évêque de Marseille et qui cherchaient à l'exciter contre les Allemands, soit aux propositions des rebelles hongrois, renouvelées par l'organe de leur mandataire Forgacs. Dès le commencement de la guerre polonaise (mai 1673), on avait promis à Szepesi, sous le sceau du secret le plus inviolable, l'appui des mécontens hongrois, et cette promesse avait été renouvelée par Ahmed Kœprilü à leurs députés Forgacs, Kende, Petsy, Ladislas Kubiny, ainsi qu'à l'envoyé transylvanien Szekely [1] (mai 1674). Deux mois après, trois chefs de rebelles, Szepesi, Radoczi et Petroczi, reçus à Andrinople par le grand-vizir, lui soumirent une nouvelle demande [2]. Le gouverneur d'Ofen, Ibrahim-Pascha, qui avait succédé à Kara

---

[1] Bethlen et, d'après lui, Fessler, IX, p. 258, donnent une relation plus exacte que l'*Histoire des troubles de Hongrie* (Paris, 1686), mais moins complète que la présente histoire.

[2] *Mémoires des Mécontens hongrois*, et La Croix, *État général de l'Empire ottoman*, II, p. 60, deux ouvrages entièrement inconnus de Fessler. *Rapport* de Kindsberg, en date de mars 1674.

Mohammed-Pascha [1], et celui de Wardein se plaignirent des Heiduques de Komorn, Bessarmeny, Nanod et Dosoys; en tête de la dépêche écrite par le gouverneur de Wardein, était peint un sabre ensanglanté à poignée d'or, sorte de comète à queue sanglante qui semblait annoncer la ruine des Heiduques [2]. Le Français Nicolas Beaumont avait apporté une lettre de Michel Teleki [3], président de la chambre d'Apafy qui, par un manifeste, s'était proclamé généralissime des mécontens hongrois, depuis que la France avait conclu avec lui un traité à Fogaras par l'intermédiaire de son agent, Roger Acacia. Sept des principaux rebelles hongrois, Emerich, Tœkœly, Gabriel Kende, Etienne Bignol, Paul Szaley, Melchior Kecser, Martin Kende et Etienne Baka promirent, au nom de Wesseleny et des autres magnats mécontens, de rassembler une armée de douze mille hommes; de son côté, la France s'engagea à leur fournir un subside mensuel de quinze mille écus et six mille dragons commandés par Béthune (beau-frère de Sobieski), que les mécontens voulaient nommer roi. Au bout d'un an, le pascha d'Ofen fut de nouveau remplacé par Sin-

[1] *Lettera del Vesir di Buda Ibrahim Bassa a S. E. il C. Montecuccoli recata da Hasanaga 18 Febr. 1674.*

[2] On lisait sur le sceau : *Ilahi mebada djouda zi Mohamed resouli Khouda*, c'est-à-dire, « O Dieu, que Mohammed ne soit pas séparé de Mohammed le Prophète de Dieu! » La lettre est du 9 octobre 1674; puis : *Lettera del Bassa di Buda recata da Nuhaga 6 Giugno 1674; Recata da Ahmedaga 26 Nov. 1674.*

[3] *Rapport de Kindsberg, daté d'Andrinople. Lettre écrite de Fogaras, le 15 février 1675; le traité du 28 avril 1675 conclu à Fogaras.*

oghli Ali-Pascha; les fonctions d'interprète de la Porte qui, depuis la mort de Panajotti, avaient été mal remplies par le renégat polonais Bobovski, furent confiées au médecin grec Maurocordato [1].

Le Sultan oubliait la défaite de Khocim en dirigeant les préparatifs d'une double fête, la circoncision de son fils et le mariage de sa fille, qui devait, au printemps prochain, étonner les habitans d'Andrinople, mais qui, malgré sa magnificence, n'égala pas en éclat et en durée la fête de la circoncision qui eut lieu sous le règne de Mourad III. A cette époque, des ambassadeurs spéciaux avaient été envoyés à Vienne, à Venise, en France et en Pologne, pour inviter l'empereur, le doge et les deux rois à assister en personne à cette fête. Ces derniers s'étaient excusés de ne pouvoir se rendre eux-mêmes à cette invitation et s'étaient fait représenter à la fête par des envoyés extraordinaires. Ces invitations n'eurent pas lieu sous Mohammed, soit que le temps manquât, soit pour éviter de paraître solliciter des cadeaux de noces, soit de peur que les envoyés extraordinaires manquassent à l'appel. Si les rois chrétiens échappèrent à cette représentation, les sujets chrétiens de l'empire ottoman furent obligés de concourir de leurs deniers aux réjouissances publiques. Chaque famille grecque dut acquitter un impôt de

---

[1] Ce dernier interpréta si mal, dans la première conférence à laquelle assista Kindsberg, le 20 mai : *Dass er*, dit Kindsberg, *sich coram omnibus prostituiret und in dergleichen function wol nicht mehr gebraucht werden mœchte.* La Croix, *Mémoires*, II, p. 24. Il altère, p. 32, le nom du résident impérial et en fait *Chinisperg*.

trente aspres [1], et les familles établies à Andrinople, composées de dix membres et payant la capitation pour un pareil nombre de personnes, furent obligées de fournir six poulets, deux oies grasses et quatre canards; de plus, toutes les familles grecques et juives furent tenues de contribuer à la fabrication d'un grand chaudron de cuivre étamé. On fit venir de Constantinople les plus habiles artificiers arabes et les meilleurs coureurs de bagues, danseurs de corde, escamoteurs, bateleurs et bouffons persans; les esclaves des galères furent extraits du bagne en grand nombre et employés à la construction et à l'armement des yachts et des barques de plaisance; on voulut même demander à Venise des comédiens et des chanteurs; mais le baile Quirini représenta qu'il faudrait plus d'un an pour découvrir ces artistes et les amener à Andrinople : on prit donc le parti d'y renoncer. Le grand-vizir [2] qui, de concert avec le defterdar, avait été chargé d'ordonner la fête, présida lui-même à la sortie de la tente impériale que l'on porta hors du seraï au son des trompettes et des timbales, des cimbales et des chalumeaux (21 mai 1675). Le camp de plaisance établi devant le seraï présenta la forme d'une demi-lune près de cet édifice. A l'une des pointes du croissant étaient dressées les tentes de l'eunuque noir qui allaient rejoindre les tentes impériales : là, deux petits kœschks avaient été élevés à six pieds au-dessus du

---

[1] Trente aspres (quinze sous).
[2] La Croix lui-même écrit toujours *Hamet* au lieu d'Ahmed.

sol pour le Sultan et le prince Moustafa. Plus loin, on voyait les tentes du grand-vizir, du vizir favori, du kaïmakam et du defterdar, et enfin celles de l'état-major général des janissaires qui formaient l'autre pointe du croissant.

Le premier jour de la fête fut rempli par la marche pompeuse des vizirs et de leurs hôtes. Ils vinrent avec une suite nombreuse qui forma deux haies sur leur passage : dès qu'ils avaient défilé, ceux devant lesquels ils venaient de passer couraient de toutes leurs forces pour se placer à l'autre extrémité du rang, afin de pouvoir continuer la haie jusqu'à l'entrée de chaque vizir dans la tente qui lui était destinée (26 mai 1675 — 1er rebioul-ewwel 1086). Le grand-vizir, le vizir favori, le kaïmakam, le defterdar et le nischandji-pascha portaient de somptueuses fourrures qui recouvraient un vêtement de dessous en satin blanc et le turban de cérémonie qu'enlaçait une large bande d'or, semblable à un serpent doré ; les gardes-du-corps postés devant les tentes impériales, les archers et les hallebardiers, les trabans et les fourriers, les tschaouschs et les chambellans, s'inclinèrent devant eux avec le plus profond respect ; ils furent logés dans de grandes tentes de forme circulaire [1], et ce fut sous d'autres tentes oblongues, assis sur des sophas [2], qu'ils assistèrent aux danses, aux voltiges,

---

[1] *Tscherke, cerchio, circulus, cercle,* circle.

[2] *Saïban.* Raschid, I, f. 83. *Histoire du defterdar Mohammed-Efendi,* et une description de ces fêtes appelée *Souri Houmayoun.*

aux luttes, aux chasses à courre, aux tours de bateleurs, et que la nuit ils contemplèrent le feu d'artifice pendant lequel on lança sur le petit peuple des ours, des chiens et des ânes entraînant avec eux des fusées, au grand divertissement de la cour. Le second jour, le moufti, assisté des kadiaskers et du molla, lut en présence du Sultan diverses interprétations du Koran; le troisième jour, le khodja et prédicateur de la cour, Wani, amena les scheïkhs des couvens et des ordres religieux [1]; on fit courir devant ces derniers quelques teriakis, c'est-à-dire quelques individus ivres d'opium; piquante allusion au goût manifesté par un grand nombre de derwischs pour ce genre de hyosciame [2]. Les quatrième, cinquième, sixième et septième jours, eut lieu la réception des officiers de sipahis, de janissaires, de l'étrier et des écuries impériales; le huitième, ce fut le tour des présidens de chancelleries, du diwan et des chambres; le neuvième, celui des canonniers et des armuriers; le dixième, le prince héritier, Moustafa, fut emporté en grande pompe hors du vieux seraï par les vizirs très-grands et les oulémas très-excellens [3] et conduit auprès de son père qui lui donna sa main à baiser; là, le moufti récita la prière habituelle (4 juin 1675 — 10 rebioul-ewwel 1086); le onzième jour, on distribua des vivres au

---

[1] La Croix désigne, p. 108, les *Sofis* sous le nom de *Sophen*.
[2] Bendj, *hyosciamus*, lié par le *nî* kopte, fait *nibendj*, le *nepenthe* d'Homère.
[3] *Wouseraï ousam oulemaï keram.*

peuple de la ville [1] ; le douzième, jour de la naissance du Prophète, après que le service divin eut été célébré dans la mosquée et qu'on eut servi le repas des vizirs, un coup de canon donna le signal de la circoncision (6 juin 1675 — 12 rebioul-ewwel 1086). Le grand-vizir et les vizirs de la coupole reçurent du Sultan des fourrures et des chevaux dont les harnais valaient bien mille écus pièce. La circoncision eut lieu dans la chambre intérieure, en présence du grand-vizir, du moufti, des vizirs et des kadiaskers. Le kislaraga portait le prince dans ses bras ; le grand-vizir et le vizir favori lui tinrent les mains et le kaïmakam lui ferma les yeux. La partie détachée et attestant l'heureux succès de l'opération fut remise par le chirurgien dans un bassin d'or orné de pierreries au Sultan qui loua l'habileté de l'opérateur et le récompensa magnifiquement ; le kislaraga porta ensuite ce gage précieux dans l'appartement des sultanes pour être solennellement exposé à leurs regards. Toutes accoururent et s'efforcèrent de consoler le prince. La sultane mère, la grande sultane Khasseki et la petite sultane du même nom, nouvelle favorite, pleurèrent toutes trois, mais par des motifs bien différens ; la sultane Walidé, de peur que la circoncision de son petit-fils ne fût le signal du meurtre de son second fils Souleïman, depuis long-temps prémédité ; la mère, transportée de joie d'avoir donné le jour à l'héritier du trône ; et la petite favorite, de chagrin et de dépit de n'être pas aussi la

[1] Et non pas aux scheïkhs et aux derwischs, comme La Croix l'a prétendu à tort.

mère d'un prince. Les canons du seraï annoncèrent l'heureux succès de l'opération à tous ceux qui attendaient impatiemment cette nouvelle sous la tente et dans le monde entier.

La fête de la circoncision fut encore célébrée pendant trois jours par des festins, des représentations théâtrales, des parades, des distributions de présens et des feux d'artifice qui se prolongeaient fort avant dans la nuit. La plus intéressante de ces exhibitions fut celle qui représenta les trois forteresses de Neuhæusel, de Candie et de Kaminiec, prises par le grand-vizir dans les guerre de Hongrie, de Crète et de Pologne, et les trois plus beaux monumens de sa gloire militaire; on vit les murailles de ces villes et les mosquées s'élevant au-dessus des remparts; on les vit assiéger, on assista à divers assauts. on les vit sauter en partie; un autre fragment resta intact au milieu des flammes. On put contempler également la prise des galères maltaises par les navires barbaresques; d'autres bâtimens s'embrasèrent au milieu de feux d'artifice où, à travers des transparens, chacun put lire des vers à la louange du Sultan. Tous les après-midis, les diverses corporations de la ville formaient avec les produits de leur industrie d'ingénieuses expositions; comme ils avaient l'habitude de les étaler sur des tapis spécialement effectés à cette destination, on les appelait les présens de la *litière* [1]. Ainsi les cordonniers offrirent une paire de bottines brodées et ornées

---

[1] *Satschi*. Raschid, I, f. 82, septième ligne avant la fin.

de pierres précieuses ; les boulangers et les bouchers donnèrent des coussins en velours et en riches étoffes persanes ; le présent des orfèvres figura un jardin où l'on voyait des rossignols sur des cyprès d'argent ; le tribut des forgerons se composa de fers à cheval en argent ; les chaudronniers offrirent des vases d'argent et les ouvriers en soie déposèrent des tapis de même étoffe sur celui destiné à recevoir les présens ; les fourbisseurs, quatre sabres avec des fourreaux dorés et des poignées d'agate, d'aloës et de dents de morse ; les maçons offrirent un kœschk portatif recouvert en plomb et contenant trois fontaines jaillissantes ; les tailleurs apportèrent, non pas des vêtemens, mais quatre bassins, quatre vases de senteur et quatre de parfums. La magnificence de ces présens était en rapport avec celle du cortége de chaque corporation ; les plus beaux étaient ceux des orfèvres, des marchands et des corroyeurs. Les premiers étaient vêtus en Arméniens, en Juifs et en Persans ; une de leurs boutiques, trainée par quatre mulets, étincelait de pierreries ; les commis-marchands, au nombre de deux cents, s'étaient affublés de peaux de tigres ; ils avaient l'épée au côté et le bouclier sur l'épaule ; cette multitude avait un aspect tout-à-fait guerrier ; les corroyeurs avaient revêtu les fourrures de tous les animaux dont ils trafiquent, et portaient en outre des lions, des tigres, des léopards, des ours, des loups, des renards, des lynx, des martres, des zibelines, des hermines, des belettes, des lièvres, des lapins, des chiens et des chats empaillés ; trente-six membres de la corporation, couverts de peaux de tigres, portaient une maisonnette couverte de zibeline et entièrement tendue d'autres fourrures précieuses, invention unique en ce genre, dans une cour où l'on était si appréciateur et si prodigue de fourrures. La plupart de ces cortéges étaient fermés par un bouffon couvert de paille ou de papier et saluant avec un gros priape [1] les spectateurs, et surtout les femmes qui se cachaient la bouche avec le bout de leurs voiles, afin de rire sans être vues, ou se couvraient les yeux avec leurs doigts qu'elles avaient soin de tenir écartés, afin de pouvoir lancer des regards furtifs sur l'objet en question [2]. Sur une échelle beaucoup plus grande, vingt-quatre palmiers artificiels, dont vingt-deux petits et deux grands, offraient un emblème de la fête que nous décrivons; les deux grands, hauts comme des mâts de navires, ornés de six étendards, de six voiles tendues et de seize vergues transversales, et portés par cent esclaves, furent plantés comme des obélisques devant le seraï : chacun d'eux formait douze étages et se terminait par un chapiteau richement doré, orné d'un croissant et imitant le chou du palmier, au-dessous duquel on voyait flotter de chaque côté six drapeaux entrelacés et douze flammes ondoyantes. A

---

[1] « Tenant en main un gros priape dont il saluoit tout le monde. » La Croix, II, p. 119.

[2] « Les femmes mettoient le bout de leur voile devant leur bouche, afin » que l'on ne les vît point rire; d'autres se fermoient les yeux avec leurs » mains, dont les doigts écartés leur permettoient de regarder sans honte » ce dieu, qui fait tous leurs désirs. » De La Croix, II, p. 120.

l'étage inférieur, douze vases contenaient alternativement six parterres de fleurs et autant de cyprès artificiels; on voyait au second un buisson de rameaux verts entremêlé de fleurs, et douze pentagones de quatre couleurs différentes qui représentaient douze énormes pierres précieuses; le troisième était semblable au premier, le quatrième au second; au cinquième, douze flambeaux de cire étaient disposés circulairement; aux sept autres, on voyait simplement des touffes de fleurs et de fruits, qui allaient en diminuant jusqu'au chapiteau [1]; ainsi resplendissans de lumière et de dorures, bigarrés de fleurs et de fruits, ces deux palmiers étaient l'emblème de la force qui engendre et qui fertilise. Les présens offerts par les vizirs et les gouverneurs de l'empire, inscrits au registre des cérémonies, témoignent encore aujourd'hui de la magnificence et du goût de l'époque [VIII]. Mais la plus grande solennité de cette fête, celle qui parut au moufti et au grand-vizir intéresser le plus vivement l'empire et la foi musulmane, fut la circoncision de trois mille enfans du sexe masculin enlevés à des familles chrétiennes et qui servirent à recruter l'armée. C'était ainsi qu'avaient lieu autrefois les levées de janissaires.

Deux semaines après la circoncision du prince, le mariage de Khadidjé, fille du Sultan, avec le second vizir favori, Moustafa-Pascha, fut célébré pendant

---

[1] Voir le dessin fidèle de ces palmiers gravé sur cuivre, dans Rycaut, II, p. 252, avec cette inscription: *A turkish pageant;* et dans Petis de La Croix, II, p. 128.

quatorze jours par des présentations, des parades, des festins et des représentations théâtrales. Un écrit impérial confia au vizir-defterdar le soin d'accompagner la fiancée[1]. La veille du plus long jour de l'année, les cadeaux de noces du fiancé, que l'on désignait habituellement sous la dénomination de *nischan* (signes), furent portés au seraï (20 juin 1675 — 26 rebioul-ewwel 1086). Les janissaires, conduits par le kiaya-beg et quatorze de leurs colonels, ouvrirent la marche; ils étaient suivis du tschaousch-baschi avec soixante tschaouschs; venaient ensuite les généraux de l'artillerie et des munitions, cent fourriers de cour et les chambellans, puis trente porte-faix chargés de sucreries, et vingt janissaires[2] tenant chacun un vase rempli de sorbet à l'embouchure duquel s'élevait un arbre dont les branches pliaient sous une multitude de fruits confits. Quarante autres portaient deux jardins artificiels de six pieds carrés, ornés de kœschks d'or et de fontaines d'argent; dix portaient sur leurs têtes des corbeilles pleines de sucreries et couvertes de fleurs. Vingt tschaouschs tenaient chacun une corbeille remplie d'étoffes de soie, de mousselines, de châles et de peignoirs brodés d'or; vingt-quatre autres por-

---

[1] *Saghdidj*. Raschid, I, f. 85.
[2] Il faut redresser dans La Croix plusieurs erreurs de dates et de nombres, au sujet desquelles il se met en contradiction avec les historiens turcs. Ainsi La Croix fixe au 12 juin (p. 150) et Rycaut (dans Knolles, II, p. 255) au 10 juin la date du cortége. Ils se trompent tous deux; car Raschid, Abdi, le defterdar Mohammed et le registre du cérémonial disent unanimement que ces présens furent portés le 26 rebioul-ewwel (20 juin).

taient un pareil nombre de corbeilles, contenant chacune trois pièces de riche étoffe, destinées à vêtir la fiancée. Les joyaux étaient portés par vingt tschaouschs dans des bassins d'argent sur des étoffes brodées; c'étaient un bonnet de fin velours couvert de diamans disposés en forme de diadème; quatre ceintures ornées de diamans pour la Walidé, les deux Khasseki et la fiancée; trois panaches de héron enrichis de diamans pour la fiancée, le prince héritier et le Sultan, trois turbans garnis de diamans pour la fiancée, la Khasseki et la fille de la petite Khasseki destinée en mariage au kaïmakam Kara Moustafa; deux korans, dont les reliûres brodées d'or étincelaient de pierreries; une paire de pendans d'oreilles en émeraude du poids de cent karats, trois paires de bracelets en diamans pour la sultane mère, la sultane favorite et la sultane fiancée; enfin des boutons en diamans pour sa majesté le Padischah; venaient ensuite les fourrures de zibeline, d'hermine et de lynx, et deux chevaux de main dont les housses étaient couvertes de perles, de saphirs, de rubis et de turquoises; enfin le defterdar et le reïs-efendi avec cent pages à cheval fermaient le cortége qui fut reçu à la porte du seraï par le kislaraga au nom de la fiancée.

Le palais du fiancé fut spécialement affecté à la célébration des fêtes du mariage, et, pendant sept jours, les vizirs, les oulémas, les scheïkhs, les officiers des janissaires, des sipahis et des silihdars, les officiers de l'étrier impérial y reçurent une hospitalité splendide. Le huitième jour, le trousseau de la fiancée fut exposé dans la chambre impériale [1], et, ce jour-là même, on revêtit le kaïmakam Kara-Moustafa d'une fourrure de zibeline pour honorer en lui le second gendre du Sultan. Le dixième jour, les vizirs et les mouftis furent invités à se rendre au seraï où le mariage fut célébré par ce dernier, et où des fourrures furent distribuées à tous les assistans (30 juin 1675 — 6 rebioul-akhir 1086). Après la cérémonie, les vizirs de la coupole se mirent à la tête du cortége pompeux au milieu duquel le trousseau de la fiancée fut transporté dans la maison de l'époux [2]. On y remarqua, entre autres, deux jardins de sucre, souvenir emprunté aux bocages de l'ancienne divinité des jardins, honorée chez les Grecs et les Romains, quarante palmiers qui en étaient l'emblème et quatre-vingt-six mules, avec tous les détails d'une parure féminine, disposés de manière à laisser voir, et les coussins brodés de perles, et les voiles d'or, et les joyaux étincelans. La marche était fermée par douze chars pleins de femmes esclaves qu'escortaient trente-six eunuques noirs. Les exhibitions de bateleurs et de danseurs de corde se prolongèrent pendant trois jours; deux de ces derniers franchirent trois fois la distance qui sépare le minaret de la Selimiyé du palais du fiancé sur une corde tendue entre ces deux édifices, en lançant des flèches et en soutenant un enfant sur un de leurs bras. Le quatrième jour, la

---

[1] *Djihaz.* Raschid, I, f. 83. Abdi. Mohammed-Defterdar, *Livre des Cérémonies.*

[2] La Croix ne mentionne pas cette circonstance. Rycaut s'est trompé de date : c'est le 30 et non le 19 qu'eut lieu le transport du trousseau.

fiancée sortit du seraï impérial [1] et fut conduite par tous les vizirs et les grands dans celui de son époux (4 juillet 1675 — 10 rebioul-akhir 1085). Deux palmiers, en tout semblables à ceux qui avaient orné la fête de la circoncision, et deux autres en argent de moindre dimension, figuraient dans le cortége; la fiancée était dans un char argenté, traîné par six chevaux blancs et surmonté de banderoles qui flottaient au vent, couvertes de paillettes d'or; quatre autres chars à six chevaux et vingt-un à quatre chevaux contenaient chacun deux eunuques; leur chef précédait à cheval le char de la fiancée; venait ensuite à quelque distance la sultane Khasseki, mère de la fiancée, dans un char argenté, suivi d'eunuques et d'esclaves femelles que contenaient dix autres chars. La fiancée fut conduite, pour la forme seulement, à la chambre nuptiale : elle n'était pas en âge d'être mariée, et le don de sa main ne prouvait qu'une marque de haute faveur ou une spéculation assise sur son douaire; car, dans le cas même où elle serait venue à mourir avant la consommation du mariage, son époux aurait dû en tenir compte au trésor impérial, ainsi que du trousseau [2]. Les grands, les honorés et les savans, les plus grands et les meilleurs, les vizirs et les émirs, les kadiaskers et les mollas furent ensuite congédiés après avoir été parfumés

---

[1] Rycaut suppose à tort que cette cérémonie eut lieu le 23 juin et non le 4 juillet; l'usage du vieux style l'a d'ailleurs fait tromper d'un jour.

[2] Rycaut, p. 253. *Notwithstanding which* (her death) *he would be obliged to pay her dowry which was said to be the sum of two years revenue of G. Cairo* (1,200,000 ducats).

d'ambre et d'eau de roses, après qu'on leur eut offert le café et le sorbet, et qu'on les eut revêtus de fourrures et de kaftans. A l'occasion de ces deux fêtes, la circoncision et le mariage, les colléges de pages établis à Galata et à Ibrahim-Pascha avaient été vidés pour garnir les chambres des seraïs impériaux d'Andrinople et de Constantinople : il fut donc résolu que les wakfs de ces colléges seraient distribués et assimilés à des mouderris. Le seraï des pages à Andrinople n'ayant pas trouvé d'acheteurs aux enchères, avait été cédé antérieurement au defterdar Mohammed-Efendi pour une modique somme [1].

Les envoyés de Raguse et de Transylvanie, les seuls qui eussent offert des présens à l'occasion de la circoncision, avaient obtenu l'audience qu'ils demandaient six jours avant le commencement des fêtes auxquelles cette circonstance avait donné lieu, et le même jour que lord John Finch, ambassadeur anglais qui venait de succéder au chevalier Harvey. Le noble lord eut pour toute escorte soixante tschaouschs et soixante janissaires; une litière portée par quatre mulets et une voiture attelée de six chevaux anglais fermaient le cortége; il fut conduit dans le quartier des Juifs et logé dans une maison qui eût beaucoup mieux convenu à

---

[1] Cette circonstance n'est mentionnée que dans l'*Histoire du defterdar Mohammed-Efendi*, f. 36, que Mouradjea d'Osson ne connaissait pas; c'est pourquoi il a fait remonter la suppression des colléges de pages au règne d'Ibrahim, c'est-à-dire à une époque antérieure de vingt-cinq ans. On trouve aussi, dans les *Tables chronologiques* de Hadji Khalfa, ces mots : *Ibtali Seraï Ghoulmanani Ibrahim-Pascha*, c'est-à-dire *Suppression du Seraï des pages d'Ibrahim-Pascha*.

une troupe de bohémiens qu'à un ambassadeur; il en fut tellement affecté qu'il ne voulut pas même recevoir les félicitations des autres ambassadeurs à l'occasion de son arrivée (20 mai 1675). A l'audience du grand-vizir, l'ambassadeur eut pour tout siége un tabouret placé sur une estrade, tandis que son interlocuteur était assis sur les coussins de l'estrade. Comme il se répétait fréquemment dans sa conversation, le grand-vizir ne lui accorda pas plus d'attention qu'aux grands discours et aux grands mots de l'ambassadeur français, M. de Nointel. Cependant il obtint le renouvellement des capitulations. Deux mois avant son arrivée à Constantinople et à la suite de la victoire navale remportée sur une escadre tripolitaine par l'amiral anglais Narborough qui, avec trois frégates, deux brûlots et deux bâtimens de transport avait incendié quatre gros bâtimens ennemis; l'Angleterre avait conclu par l'intermédiaire de cet amiral, avec le gouverneur Khalil-Pascha, le dey Ibrahim, l'aga et le diwan de Tripoli, un traité en vingt-trois articles qui assurait la navigation de l'Angleterre et son commerce avec cette puissance. Un des intermédiaires de cette paix fut Hafsibeg, frère du dey de Tunis mort peu de temps après, et qui à la mort de son frère disputa la dignité de dey à ses deux neveux, Sidi Mohammed et Sidi Ali; vaincu par eux, il alla demander et obtint du secours à Constantinople. Avec une chambrée de janissaires et les volontaires qu'il avait recrutés sur la côte asiatique, il retourna à Tunis, mais il ne put en obtenir l'entrée. Pareille chose arriva au nouveau gouverneur de Tripoli, Missirlioghli Ibrahimbeg qui ne put pénétrer dans cette ville, bien qu'une flotte de neuf bâtimens de guerre eût reçu l'ordre de protéger son installation. L'hydre des Etats barbaresques continuant à soustraire ses trois têtes au joug de l'empire ottoman, les puissances chrétiennes, telles que la France, l'Angleterre et la Hollande, furent désormais en paix ou en guerre avec les régences d'Alger, de Tunis et de Tripoli, sans que la Porte fût appelée en cause. Ainsi, à l'époque dont nous parlons, le Pascha, le dey et le diwan d'Alger écrivirent à Louis XIV trois lettres en réponse à celles que leur avait apportées de sa part le chevalier d'Arvieux, consul de France : ils lui représentèrent avec assez de hauteur que ses sujets se servaient de navires livournais, génois, portugais, espagnols, hollandais et maltais, à bord desquels les Algériens n'avaient pas coutume d'épargner les Français, mais bien de les tuer ou de les réduire à l'esclavage. Le corsaire algérien Mezamorto ramena à Alger, sous les yeux du chevalier d'Arvieux, deux bâtimens génois et livournais chargés de Français qui avaient entrepris le voyage de Rome, afin de gagner des indulgences (1675). D'Arvieux cherchant à faire valoir leur qualité de pèlerins, le dey lui répondit qu'il n'avait pas à rechercher si c'étaient des pèlerins, des soldats ou des matelots, et que, du moment où ils naviguaient sous pavillon ennemi, il avait droit de les emmener en esclavage. La lettre de Louis XIV rappela brièvement, mais sans succès, les traités que le duc de Beaufort et le marquis de Martel avaient conclus avec le dey d'Alger, l'un dix ans, l'autre cinq ans auparavant. M. de Nointel, qui avait fait le pélerinage de Jérusalem pour ne pas laisser tomber en désuétude le droit de protection que le roi de France avait sur les lieux saints, avait plutôt affaibli cette prérogative qu'il ne l'avait soutenue, en concédant aux Latins plusieurs localités occupées par les Grecs. Le patriarche grec, muni d'un khattischérif que Panajotti avait obtenu en faveur des Grecs, mais qui n'avait jamais été produit de son vivant, était apparu au diwan d'Andrinople et avait publiquement protesté contre l'usurpation commise par les Latins et par M. de Nointel [1] (6 janvier 1675). En vertu de ce khattischérif, les Grecs obtinrent un berat qui, se fondant sur celui du sultan Mourad IV et se reportant au prétendu berat d'Omar, garantit aux Grecs la possession du Saint-Sépulcre, de Bethlehem, des clefs et des candélabres, à la condition de servir une rente annuelle de mille piastres à la mosquée du sultan Ahmed [2]. Au commencement de l'année suivante (25 janvier 1676), les franciscains, qui avaient offert vainement au grand-vizir une somme de dix mille écus pour faire supprimer un diplôme si favorable aux Grecs, se virent enlever les clefs, les tapis et les candélabres de Jéru-

---

[1] Voir le khattischerif, dans Arvieux, V, p. 254. Le protocole de l'audience obtenue par le patriarche, *ibid.*, p. 261, fut signé par l'interprète anglais, l'interprète vénitien Tarsia et l'interprète ragusain, nommé Barca, marchand et maronite.

[2] *Rapport* de Kindsberg. *Diploma S. M. consultum Græci Patriarchæ contra Catholicos.*

salem, et les Grecs furent mis en possession des saints lieux [1]. Ainsi, pendant que l'empereur et le roi de France se disputaient la garde du Saint-Sépulcre, cet honneur fut dévolu aux Grecs [2].

Si l'intervention du résident impérial Kindsberg ne réussit pas à faire maintenir les franciscains en possession des saints lieux, l'envoyé de Transylvanie ne put obtenir pour les magnats hongrois l'autorisation de reconnaître publiquement Tekeli comme leur général. Le lendemain du départ de cet envoyé, Paul Szepesi et Pantscho Houseïn vinrent adresser au grand-vizir des plaintes exagérées sur les entreprises du général de l'empire Strasolda qu'ils accusaient d'avoir pris, avec dix mille hommes, la ville de Debreczin en Hongrie, et d'avoir bâti une palanque à Erlau. Kindsberg, interpelé à ce sujet, répondit que Strasolda n'avait battu que des rebelles à Debreczin et n'avait pas attaqué les Turcs; que la force seule pouvait maintenir la tranquillité; enfin que la palanque dont il s'agissait était celle de Wolgar brûlée par les Turcs un an et demi auparavant. Les Turcs de Podgorzé avaient fait une incursion en Croatie avec trente compagnies et avaient ravagé sur les frontières autrichiennes Gradiska, Du-

---

[1] *Relation* de Domenico Lardi, procuratore in Gerusalemme, adressée à Kindsberg, et jointe au *Rapport* de ce dernier : *Loca sancta a Regina Siciliæ Sancta Anno 1300 concessa et 347 annis pacifice inhabitata.*

[2] Ce que dit La Croix, *État général*, I, p. 22, est tout-à-fait dénué de fondement : « L'empereur de France, auquel S. H. accorda ce privilége spécial en 1525, avec la qualité de protecteur unique du Christianisme dans l'Orient. » En 1525! Le premier traité entre la France et la Porte ne fut conclu que dix ans plus tard.

biza, Velica, Zoboka, Nusoka et Costanowitz sous la conduite du rebelle Wiekowacki, sans qu'il fût possible d'obtenir une indemnité. Il en résulta que la palanque turque de Wihitsch fut assaillie par les habitans de Karlstadt. Les événemens des frontières causèrent beaucoup de mauvaise humeur à Constantinople où le kaïmakam fit enlever l'aigle du bazar de la société orientale du commerce et défendit qu'il reparût à l'avenir. Le vizir gouverneur d'Ofen, Ali-Pascha, envoya à plusieurs reprises des tschaouschs à Vienne, soit pour le disculper des griefs qui lui étaient imputés, soit pour formuler des accusations contre les généraux autrichiens. Aux plaintes élevées par l'Autriche sur ce que le beglerbeg de Neuhæusel avait fait donner deux mille coups de bâton au commandant impérial de Neutra, il fut répondu que ce beglerbeg avait été réprimandé pour sa cruauté[1]. Le duc de Mantoue ayant fait dire qu'il était disposé à entretenir une correspondance intime avec la Sublime-Porte, comme autrefois son aïeul avec le sultan Mourad IV, on l'informa que s'il voulait envoyer un ambassadeur avec des présens, on consentirait à le recevoir. Peu de temps après (mars 1676), on vit arriver à Constantinople le Vénitien Morosini en qualité de baile et le noble polonais Dombrowski. Ce dernier était porteur d'une lettre de l'évêque de Marseille qui était alors ambassadeur de France en Pologne.

[1] *Lettera del Vesir di Buda Alibassa recata da Hasan Ciaus a S. E. Montecuccoli 16 Marzo 1676;* et *Lettera del Vezir di Buda recata da Ahmed Ciaus ali 8 Agosto 1676.*

On reçut simultanément de Bagdad et du Kaire la nouvelle inquiétante que les troupes s'étaient soulevées dans chacune de ces deux villes, surtout au Kaire, où elles avaient renversé le gouverneur Ahmed-Pascha. Sous le gouvernement de Djanbouladzadé Houseïn, ancien gouverneur de Chypre et prédécesseur d'Ahmed, les envois de troupes nécessitées par la guerre de Pologne avaient eu lieu sans obstacles ; trois mille Egyptiens avaient partagé la gloire et les fatigues de cette campagne, comme précédemment celles de la guerre de Crète ; l'élévation arbitraire du taux de l'argent [1] n'avait pas même troublé la tranquillité publique, car l'équité du pascha était connue de tous [2] ; mais sous l'administration d'Ahmed la moindre demande de la Porte répandit l'épouvante, car l'expérience qu'il avait acquise pendant sa gestion comme defterdar sur toutes les branches du revenu public, faisait continuellement redouter de nouvelles exactions. Les troupes se rassemblèrent donc sur la place de Romaïli et sommèrent le pascha gouverneur, qui s'était réfugié dans le château, de quitter volontairement cet asile, c'est-à-dire de renoncer à son gou-

---

[1] Un khattischérif frappa le trésor égyptien d'un impôt de trois cents bourses en écus au lion, sur le pied de trente paras, tandis que cette monnaie en valait quarante, l'écu espagnol quarante-deux, le ducaton (scherifi) quatre-vingt-cinq et le yaldiz quatre-vingt-quinze. *Histoire de Mohammed, fils d'Yousouf*, p. 170.

[2] On a souvent raconté l'anecdote du dépôt nié par un dépositaire infidèle, dont le pascha sut découvrir la fraude, en lui envoyant un rosaire avec l'ordre de remettre, à ce signal, le coffre qu'il savait bien. *Mémoires de Mohammed, fils d'Yousouf*, p. 171.

vernement, s'il n'aimait mieux les voir pénétrer jusqu'à lui, l'arracher de sa retraite et lui ôter la vie. Ahmed ayant cédé à ces menaces, ils installèrent le beg Ramadhan en qualité de kaïmakam et envoyèrent à la Porte un rapport circonstancié de tous les événemens qui venaient de s'accomplir. Sur l'ordre du Sultan, le gouverneur de Bagdad, Abdourrahman-Pascha, passa en Égypte en la même qualité. Sous son gouvernement, cette contrée fut en proie à deux fléaux terribles, la famine et la peste : l'erdeb de farine se paya jusqu'à six piastres, et l'erdeb de légumes en valut quatre; la charge de paille monta à cent cinquante aspres; les habitans du Kaire pillèrent le marché aux farines de la mosquée Sultan Hasan et incendièrent les magasins de la place Kara Meïdan. Abdi-Pascha ramena les troupes dans le devoir en faisant périr un à un les principaux instigateurs de la révolte; le puissant kiaya des azabs, nommé Ahmed, qui entravait toutes ses mesures, fut le seul dont il ne put triompher par la force : une politique machiavélique lui suggéra un expédient plus sûr. Un jour il dit aux officiers de sa maison : « Lequel d'entre vous » ne craindrait pas de recevoir cinq cents coups de » bâton pour gagner une bourse d'argent et une aug- » mentation de solde de cinq bourses? » L'un d'eux aussitôt se mit en posture de remplir la condition imposée. « Eh bien! dit le pascha, lorsque viendra » le kiaya, en lui offrant une tasse de sorbet, tu la » laisseras tomber. » Ce qui fut dit, fut fait; la tasse échappa des mains de l'officier auquel furent appliqués cinq cents coups de bâton; le pascha offrit alors au kiaya sa propre tasse pleine de sorbet empoisonné: ce fut ainsi qu'il s'en débarrassa. Sous le gouvernement d'Abdi, plusieurs villages situés aux environs d'Aschoumim et dans le Gharbiyé furent érigés en wakfs par la sultane, mère du souverain, et affectés à l'entretien du couvent et de l'hôpital qu'elle avait fondés à la Mecque.

Il y avait près de dix ans que Mohammed avait quitté sa capitale pour se fixer à Andrinople, seconde ville de l'empire : il parut alors utile d'éblouir Istambol par l'éclat de la pompe impériale. Avant de quitter Andrinople, Mohammed visita avec le harem le nouveau palais d'Akbinar, qui s'élevait à trois lieues de cette ville et à la construction duquel avaient été employées les plus belles colonnes du seraï de Constantinople; à son retour, il posa la première pierre d'un nouveau seraï que l'on bâtissait à Andrinople et auquel travaillaient dix mille ouvriers (22 mai 1676). Il partit pour Constantinople dans les premiers jours d'avril, mais il avait si peu l'intention d'y séjourner, qu'il invita sa mère Walidé à ne pas quitter Andrinople, afin de lui éviter les fatigues d'un double voyage (7 avril 1676 — 23 moharrem 1087). A son arrivée, il ne se rendit pas même au seraï, mais il descendit à Daoud-Pascha, d'où il se rendit sur la place d'Ok-Meïdan, derrière le faubourg de Khasskœi.

De son camp d'Ok-Meïdan, il assista au départ de ses flottes pour la Mer-Blanche et la Mer-Noire : le kapitan-pascha Sidi Mohammed (beau-frère de Kœprilü) et le second amiral, Houseïn-Pascha, commandaient chacun vingt-quatre galères; l'un fit voile pour la mer Egée, l'autre se dirigea vers le Pont-Euxin. Un diwan fut réuni sur la place d'Ok-Meïdan pour aviser aux moyens de solder les troupes; comme le grand-vizir était gravement malade, il fut remplacé en cette circonstance par son beau-frère, le kaïmakam Kara-Moustafa (14 mai 1676 — 1er rebioul-ewwel 1087). Le sentiment de sa position avait peut-être décidé le grand-vizir à entrer en accommodement avec la Pologne, surtout depuis qu'il avait reconnu l'impossibilité de compter sérieusement sur Doroszenko. L'armée ottomane, forte de vingt mille hommes, avait marché sur Kaminiec après avoir franchi le pont de Khocim qui venait d'être rétabli; elle campa devant Bar aussitôt qu'elle eut réuni des vivres et opéré sa jonction avec le khan des Tatares. Le serdar généralissime, Ibrahim-Pascha, gouverneur de Bosnie, étant venu à mourir, fut remplacé par Ibrahim-Pascha de Damas (août 1676). Le premier de ces Ibrahim avait été surnommé *schischman,* le gras, et le second *scheïtan,* c'est-à-dire Satan. Au lieu de parcourir la Volhynie, déjà entièrement ravagée, Scheïtan Ibrahim se dirigea sur la Galicie. Maître de la Podolie et de la Pokuzie, il en constitua un fief au profit du voïévode Dukas, et ceux des habitants de ces deux pays qui appartenaient à la religion grecque se soumirent volontiers au joug ottoman. Cependant les janissaires commencèrent à murmurer, et se plaignirent hautement de ce qu'ils étaient exposés à toutes les fatigues de la guerre pendant que le Sultan se livrait au plaisir de la chasse, et que le grand-vizir se reposait tranquillement à Constantinople. Heureusement le mécontentement du soldat se dissipa à la nouvelle de la prochaine conclusion de la paix ; six officiers de chaque nation [1] furent chargés d'en régler les conditions. Ibrahim était à table avec les négociateurs polonais, lorsqu'on lui annonça que le roi de Pologne avait attaqué et mis en déroute plusieurs mille Tatares campés sous les remparts de Mohilow. Après avoir accablé de reproches ses plénipotentiaires, Ibrahim donna à sa cavalerie l'ordre de marcher contre les Polonais qu'elle atteignit sous les murs de Zurawna. Le combat fut long et sanglant, mais la victoire resta indécise et la nuit seule vint suspendre la lutte (27 septembre 1676 — 19 redjeb 1087). Sobieski se retrancha près de Zurawna avec quinze mille hommes et s'adossa au Dniester; ses devans étaient protégés par la petite rivière Switza ; à sa droite s'étendaient des bois et des marais ; à sa gauche s'élevait la petite ville de Zurawna. Pendant vingt jours, il se défendit avec soixante-six canons contre deux cent mille hommes ; quatre batteries, armées chacune de vingt pièces de cinquante, firent feu tout-à-coup sur le camp ottoman ; chaque jour fut marqué par une attaque ou un combat. Le khan et le serasker se

---

[1] Les fondés de pouvoirs, qui représentaient la Pologne dans cette circonstance, furent : Constantin, prince de Wisniowecki; George Wielhorski, François Kobytecki, Pierre Telef, Stanislas Debrowski et Jean Karwowski. Au nombre des plénipotentiaires turcs, on remarquait le frère du grand-vizir et Mourtezabeg, beau-père du khan. Zaluski, *Epistolæ*. Coyer, l. IV, ne nomme que Bedinski et Koricki.

reprochèrent mutuellement leurs fautes et furent d'avis qu'il fallait traiter. Le khan de Crimée envoya plusieurs fois au roi de Pologne Alischahaga pour tâcher de lui faire accepter les conditions posées par le grand-vizir ; de son côté, Sobieski se fit représenter par le colonel Grebn [1]. Enfin la paix fut signée [2] (27 octobre 1676 — 19 schâban 1087). Aux termes de ce traité, les Turcs gardaient Kaminiec et la Podolie; la ligne des frontières devait longer Buczacs, Bar, Bialow et Cerkow ; l'Ukraine, à l'exception de Piarzako et de Pawolocza [3], était soumise à la Porte ; la paix de Buczacs fut expressément renouvelée, et, dans la minute turque, il fut décidé qu'André Modrzeioroski se rendrait auprès du grand-vizir et y resterait jusqu'à ce qu'il fût pourvu à la nomination d'un ambassadeur.

Sur ces entrefaites, le camp du Sultan fut transporté de la place d'Ok-Meïdan sur celle de Tscheritschaïri et de là à Andrinople; le kaïmakam Moustafa-Pascha et le favori du même nom accompagnèrent le Sultan ainsi que le vizir-nischandji Abdi-Pascha (10 octobre 1676 — 2 schâban 1087). Le grand-vizir,

---

[1] Coyer désigne Kurycki et Bidzinski comme les plénipotentiaires qui réussirent à conclure la paix. Jonsak nomme les six que nous avons énumérés plus haut, et cite à leur tête Rzewuski, d'après Zaluski, dans l'ouvrage duquel nous n'avons trouvé aucune de ces indications.

[2] Comme, d'après les documens polonais, le 27 octobre fut le jour de la signature du traité, il est clair que la date du 9 schâban (17 octobre), rapportée par les historiens turcs, est le résultat d'une faute d'impression ou de copiste, et que la véritable date est le 19 schâban.

[3] Dans Raschid, I, *Piadjé* et *Kodpalindjé*.

déjà fort malade, s'était efforcé de suivre le camp impérial. En sortant de Bourghaz, il fut obligé de s'arrêter près de la digue d'Erkené, dans la métairie de Karabeber, où il mourut au bout de dix-huit jours (30 octobre 1676 — 22 schâban 1087). Après les prières d'usage en pareille circonstance, les gens de sa suite rapportèrent son corps à Constantinople, où il fut déposé dans le tombeau élevé par son père Mohammed Kœprilü. Il avait été grand-vizir pendant quinze années moins un jour : de tous ceux qui, jusqu'à cette époque, avaient tenu les rênes de l'administration dans l'empire ottoman, c'était lui qui avait su se maintenir le plus long-temps en place; il avait gouverné huit mois et demi de plus que Sokolli. Il mourut dans sa quarante-unième année d'une hydropisie déterminée par l'abus du vin et de l'eau-de-vie. Il était d'une haute taille et ne manquait pas d'un certain embonpoint; il avait de grands yeux bien ouverts, le teint fort blanc; sa contenance était digne et modeste; ses manières étaient engageantes; il n'avait ni la tyrannie, ni la cruauté de son père; il était ennemi de l'oppression et de l'injustice et tellement au-dessus de la corruption, de la cupidité et de tout sentiment d'intérêt personnel, que lui offrir des présens, c'était, le plus souvent, se desservir auprès de lui. Son esprit saisissant et incisif, sa mémoire des plus heureuses, son jugement ferme et sûr, l'intelligence lucide et le sens droit dont il donna tant de preuves, le servaient merveilleusement dans la recherche de la vérité qu'il atteignait ordinairement par le plus court chemin.

Ennemi du verbiage, il ne parlait jamais qu'avec une grande réserve, après une mûre réflexion et en connaissance de cause. La science, à l'étude de laquelle il s'était voué dès le principe, au temps où il se destinait à la carrière du droit, fut sa compagne dans les camps aux bords de la Raab et du Dniester, et jusqu'au milieu des nuages de fumée et des décombres de Candie. A Constantinople, il lui éleva un monument en instituant une bibliothèque publique [1]. Il avait choisi pour gardien du sceau son historien, Hasan, auteur des *Joyaux de l'histoire;* un de ses maîtres des requêtes était le poëte Nabi, historien de la prise de Kaminiec ; un autre était le poëte Khaïli qui a composé un chronogramme sur la chute de Neuhæusel [2]; celle de Candie fut chantée par le poëte et maître des requêtes Mezaki; il confia quelque temps au poëte Thalibi les fonctions de reïs-efendi, et, pour avoir réussi dans la composition d'un kassidé, le poëte Fenni fut nommé secrétaire de l'impôt dit de la capitation. Fenni avait deux passions dominantes : celle des femmes et celle des constructions [3]. Il fit bâtir près du château qui

---

[1] Mouradjea d'Ohsson, II, p. 488. Ce ne fut pas son père Mohammed, avec lequel Toderini le confond. Mohammed Kœprilü ne savait ni lire ni écrire. Vigneau, *État présent de la Puissance ottomane*, p. 75.

[2] Sa Biographie est la 79e, dans le *Recueil* de Safayi.

[3] Le sultan Mohammed IV lui demanda un jour s'il connaissait au monde une jouissance que le Padischah ne pût se procurer. « Oui, répondit » Fenni, celle de répudier tout d'un coup quatre femmes légitimes ; c'est le » plus grand plaisir qui soit au monde, c'est là véritablement un plaisir de » roi (*hasretol moulouk*); mais ce plaisir qu'on goûte à se débarrasser de » quatre despotes à la fois, les souverains ne peuvent l'apprécier : car le » Sultan n'a pas de femmes ; il n'a que des esclaves. » Safayi, n° 312.

s'élève sur la rive européenne du Bosphore un kœschk magnifique orné de belles peintures. Un monument plus durable fut élevé par Houseïn Hezarfenn, qui, sous le patronage d'Ahmed Kœprilü, composa trois livres précieux : une histoire universelle, une statistique de l'empire ottoman, et un ouvrage sur la grandeur de la maison d'Osman [1].

Par sa douceur, son équité et la protection qu'il accorda aux poëtes, aux jurisconsultes, aux statisticiens, notamment aux sept personnages que nous avons nommés, Ahmed Kœprilü répara en quelque sorte le mal que son père Mohammed, injustement surnommé le grand, avait fait à la science et à l'humanité, en condamnant à mort des poëtes et des savans, tels que Ruhi et Widjdi, et en faisant périr trente et quelques mille hommes. Le règne de Mohammed IV, ou plutôt celui des deux Kœprilü, d'Ahmed et plus tard de son frère Moustafa, fut l'avant-dernière période où brilla la littérature ottomane ; et bien qu'à cette époque elle n'ait pas atteint le degré de splendeur où elle était parvenue sous le règne de Souleïman,

---

[1] 1° *Tenkihet-tewarikh*, c'est-à-dire *Éclaircissement des Histoires*. Cet ouvrage figure à la Bibliothèque impériale, sous le n° 474, et, dans mon *Recueil*, parmi les *Pièces justificatives* du premier volume, sous le n° 23. 2° Le *Kanounnamé du sultan Mohammed*, en XIII chapitres. On le trouve dans la bibliothèque de M. Gr. Rzewuski, *Organisation de l'Empire ottoman*, I, p. XX. 3° *Trattato della Grandezza della Casa Ottomana*, tiré d'un opuscule très-rare que je dois à l'amitié de M. Gr. Ottavio Castiglioni, et qui est intitulé : *Della letteratura dei Turchi da Battista Donado*. Venez. 1688, p. 12, 14. La *Statistique* de Houseïn en fait également partie. Voir avant la p. 82 : *Ristretto del Governo dell' Impero Ottomano*.

principalement pour tout ce qui tient à la jurisprudence et à l'art oratoire, et où elle fut élevée plus tard par ses historiens non moins que par l'érudition encyclopédique de Hadji Khalfa, cependant elle compte, au temps de Mohammed IV, des poëtes, des historiens, des jurisconsultes, des médecins, des musiciens et des calligraphes distingués : quelques-uns excellèrent particulièrement dans le style épistolaire. Sur les cinq cents rimeurs que Safayi a compris dans sa biographie comme ayant signalé la dernière moitié du dix-septième siècle et les dix-sept premières années du dix-huitième, cinquante ont laissé des diwans [IX]; douze n'ont composé que des hymnes sur le Prophète (naat) [1]; deux (Tifli et Medihi) se sont occupés de poésies cycliques [2]; l'ascension du Prophète en a inspiré deux autres [3]. Les poésies arabe et persane trouvèrent aussi des traducteurs et des commentateurs à cette époque; nous citerons, entre autres, les célèbres khassidés de Thograyi et de Kaab Ben Soheïr [4]. *La Rose et les premiers jours du printemps*, œuvre du poëte persan Djelal, furent traduites par Sabir qui dédia également à Ahmed Kœprilü les catégories de l'*Eisagogie* [5]. Aazim continua

---

[1] Ces douze poëtes sont Khaki, Khoulouzsi, Danischi, Schani, Rizki, Riza, Remzi, Ssari, Abdoullah, Adli, Fenayi et Kensi. Ils remplissent, dans le *Recueil* de Safayi, les biographies. 70, 75, 85, 93, 107, 131, 223, 245, 262, 277, 315, 344.

[2] Celle de Tifli est la 227e; celle de Medihi, la 364e.

[3] Celles de Miradjiyé Aarif et de Nabi, la 269e et la 429e.

[4] La *Lamiyet* et la *Banet Soad*, traduites par Abdi.

[5] 210e biographie, dans le *Recueil* de Safayi.

le poëme romantique de *Leïla et Medjnoun* par Kafzadé [1], et Aassim *la Collection de fleurs* du même poëte [2]. Après Riazi et Riza, Izeti [3] et Kefeni [4] recueillirent des détails sur les poëtes. L'un des plus célèbres, Nabi, secrétaire privé de Moustafa, eut l'honneur d'être proclamé, par Safayi, le roi des poëtes contemporains [5]. Il écrivit un livre sur les *bons conseils* [6], une dissertation sous ce titre : *Présent pour les deux harems* (la Mecque et Médine), et l'histoire de la prise de Kaminiec que nous avons citée. D'autres poëtes furent estimés comme calligraphes, et se distinguèrent surtout dans le *taalik,* écriture dite *coulée,* qui, appropriée à la poésie, semble planer comme elle entre le ciel et la terre [7]. La mort du poëte Djewri nous a fourni beaucoup plus haut l'occasion de citer ses œuvres mystiques ; en mentionnant celle de plusieurs jurisconsultes éminens, nous entretiendrons nos lecteurs de Missri et de ses ouvrages qui ont marqué dans la jurisprudence. Les œuvres éthiques ou esthétiques du reïs-efendi Sari Abdoullah, dont le nom poétique est quelquefois Abdi, furent : *Le Conseil des rois* [8], *le Fruit des cœurs* [9], *la Perle et les joyaux* [10] et *le Sentier des amans* [11] : il a laissé en outre un com-

---

[1] Recueil de Safayi, 274ᵉ. — [2] *Ibid.* 256ᵉ. — [3] *Ibid.* 259ᵉ. — [4] *Ibid.* 340ᵉ. — [5] *Ibid.* 428ᵉ. — [6] Khaïriyé.

[7] Voyez les écrivains du Taalik, dans Safayi, Madih : Siahi, Aarif, Aassim, Kaschif, Saadi, Aouni, Hilmi, Schouhoudi, Schehri, dont les biographies portent les nᵒˢ 380, 155, 269, 273, 342, 167, 254, 77, 194 et 176.

[8] *Nassihatoul-moulouk.* — [9] *Semretoul-fouad.*

[10] *Dourret we Djewheret.* — [11] *Meslikoul-ouschak.* Safayi, nᵒ 245.

mentaire sur deux des plus célèbres ouvrages mystiques qui aient été composés chez les Arabes et les Persans : les *Anneaux à cacheter* [1] d'Ibnolarabi et le *Mesnewi* de Djelaleddin Roumi. Les lettres les plus estimées de l'époque sont celles du moufti Abdoulaziz et du poëte Nabi. Selisi, élève de Baldürzadé, laissa, à l'exemple de son maître [2], des modèles pour les documens judiciaires [3]. Parmi cette multitude de poëtes, plusieurs furent élevés aux plus hautes dignités de l'empire : deux, Hasim et Abdi, furent nommés secrétaires d'Etat et préposés à la garde du chiffre du Sultan ; quatre autres, Behayi, Aziz, Saïd et Feïzi [4], furent appelés au poste de moufti.

Nabi, roi des poëtes contemporains, ne pouvait toutefois entrer en parallèle avec les premiers poëtes ottomans, notamment avec Baki, le poëte lyrique par excellence ; mais l'époque dont nous parlons est celle qui a été le plus féconde en documens d'une haute valeur pragmatique. L'histoire écrite par Houseïn Wedjihi, garde-des-sceaux du kapitan-pascha Moustafa, embrasse une période de vingt-un ans, et l'émir Ali a fait du siége de Szegedin l'objet d'un ouvrage spécial ; tous deux avaient été témoins des faits qu'ils mentionnent. Le fils de Fakhreddin, prince des Druses, et ceux du grand-vizir Nassouh (Maanzadé et

---

[1] *Foussouss.*

[2] *Siweri Baldürzadé*, c'est-à-dire *Exemples de Baldürzadé*, déposés à la Bibliothèque royale de Berlin, parmi les manuscrits de Diez.

[3] *Selisi.* Safayi, n° 143. Mort en 1060.

[4] Les Biographies de Seïd, de Behayi, de Feïzi et d'Aziz-Efendi, figurent dans le *Recueil* de Safayi, sous les n°s 143, 32, 305 et 242.

Nassouhzadé), qui, échappés au glaive, furent élevés au seraï parmi les pages, jugèrent plus prudent de raconter les événemens auxquels ils avaient assisté que de fournir, par leurs propres actions, suivant l'exemple paternel, un texte tragique à l'histoire; le fils du commentateur du *Minar*, et le judicieux et impartial encyclopédiste Hadji Khalfa, ont éclipsé entièrement le style boursoufflé du grand-nischandji, l'historien de Souleïman le Législateur, et le pompeux étalage de mots qui dépare les œuvres du grand-moufti Seadeddin; l'histoire universelle du moufti Aziz est trop fleurie et trop sommaire; dans celle qu'il a écrite sur son époque, il se montre trop diffus et trop passionné. Quant au secrétaire d'Etat Abdi-Pascha, il enregistre, avec une ponctualité par trop servile, les moindres minuties pour pouvoir être placé sur le même rang que Scharihoul-Minarzadé, Nassouhzadé et Hadji Khalfa; mais, comparées aux autres, les histoires d'Aziz et d'Abdi sont deux documens précieux. L'historien de l'empire, Naïma, s'est borné à faire une compilation sans ordre et sans unité des matériaux que lui ont fournis les œuvres précitées; mais il a droit à nos éloges pour les passages de son histoire où il a courageusement flétri la tyrannie de Mourad, les débauches d'Ibrahim, l'absurde gouvernement des soldats et des eunuques, en signalant la cause et le levier des révolutions qui détrônaient les souverains ottomans. Après lui, les historiens de l'empire abjurèrent toute indépendance, et son successeur, Raschid, qui le plus souvent n'a fait que copier Abdi-Pascha et le defterdar Mohammed-Pascha, continuateur de ce dernier, semble avoir renoncé à toute appréciation historique, et particulièrement à ces traits qui peignent le caractère d'une époque. La meilleure source à laquelle il ait puisé est l'histoire d'Ahmed Kœprilü jusqu'à la fin de la guerre de Candie par son garde-du-sceau Hasan. Cette biographie, dont l'auteur mentionne avec simplicité les notes de Kœprilü, et a compris au nombre de ses pièces justificatives les écrits politiques échappés à la plume de ce grand-vizir, est le plus bel éloge qu'on ait pu faire de cet homme d'Etat, chez lequel la science et l'art militaire se trouvaient réunis; car le maniement de l'épée ne lui avait point fait oublier l'usage de la plume, avec lequel il s'était familiarisé dès le début d'une carrière qui annonçait devoir être purement scientifique. Trois guerres, celles de Hongrie, de Crète et de Pologne, trois conquêtes, celles de Neuhæusel, de Candie et de Kaminiec, et trois paix, celles de Vasvar, de Candie et de Zurawna, jettent un vif éclat sur la vie du grand Ahmed Kœprilü; pendant trois lustres, il étendit l'empire, le pacifia, et y établit un ordre salutaire. Il administra, comme nous l'avons dit, neuf mois de plus que le grand Sokolli, le seul qui mérite de lui être comparé : et, en effet, c'est une question de savoir lequel des deux fut supérieur à l'autre. Il s'écoula juste un siècle entre l'administration et la mort de ces deux hommes d'Etat, et ainsi fut justifié le dicton populaire accrédité chez les Musulmans, d'après lequel, au commencement de chaque siècle, un grand homme doit surgir, et imprimer à son époque le cachet qui lui est propre. Sokolli et Ahmed Kœprilü suivirent tous deux, par système, dans le cours de leur vizirat, une direction entièrement opposée à leur aptitude naturelle ou acquise. Sokolli sortit de la chambre des pages pour embrasser la carrière militaire, et il la suivait depuis trente ans avec courage et bonheur, lorsque Souleïman, ayant découvert en lui toutes les qualités qui font un premier ministre, le nomma son grand-vizir : l'empire dut à ce choix de conserver, même après la mort de Souleïman, le degré de puissance auquel il était parvenu sous son règne. Kœprilü, au contraire, voué de bonne heure aux études judiciaires, avait déjà atteint le grade de mouderris près la Souleïmaniyé, lorsqu'à l'âge de vingt-six ans, il fut appelé, grâce au nom de son père et à l'habileté de sa mère, au poste de grand-vizir dont il n'avait pu encore se rendre digne. Sans aucunes prédispositions au rôle de généralissime, mais, soit amour de la gloire, soit conviction que la guerre à l'étranger était le meilleur moyen de faire diversion aux troubles intérieurs, il se jeta dans une voie belliqueuse; et bien qu'à force d'opiniâtreté jointe à la supériorité du nombre, il se soit emparé de Neuhæusel, de Candie et de Kaminiec, les batailles de Saint-Gotthard et de Khocim furent de sanglantes preuves à l'appui de cette opinion longtemps accréditée dans l'armée ottomane, qu'Ahmed Kœprilü n'était pas fait pour être général.

Après avoir combattu trente ans sur terre et sur

mer, Sokolli, bien différent de Kœprilü, appliqua tous ses soins au maintien de la paix, et les conquêtes les plus importantes qui aient été faites sous son gouvernement, celles d'Arabie, de Chypre et de Géorgie, furent le résultat involontaire des campagnes que l'esprit guerrier de chefs turbulens et avides, tels que Sinan et Moustafa, le força d'entreprendre. On doit dire, à la louange de Kœprilü et de Sokolli, que tous deux aimèrent également la justice. Le naturel de Kœprilü était plus doux et son esprit plus cultivé que celui de Sokolli ; car il est douteux que ce dernier sût lire et écrire, et cependant il fut le protecteur des savans, et les plus distingués d'entre eux lui dédièrent leurs ouvrages. Si la première année du grand-vizirat d'Ahmed fut signalée par une sanglante série d'exécutions, c'est que sans doute la nécessité d'étouffer le germe de la révolte lui en fit une obligation, ou qu'il jugea utile d'épouvanter tout d'abord les séditieux, afin qu'habitués à trembler devant le fils comme devant le père, ils n'osassent plus renouveler leurs audacieuses tentatives. Ce fut ainsi qu'il affecta de prendre un air sombre, tandis que l'expression naturelle de son visage était la bienveillance. Kœprilü et Sokolli eurent tous deux à vaincre de grandes difficultés d'une nature bien différente. Sokolli trouva l'empire dans un ordre parfait ; tous les pouvoirs nouvellement réorganisés concouraient dans le meilleur accord à sa prospérité ; il sut le maintenir ainsi d'une main ferme jusqu'au moment de sa mort et sous le règne de trois sultans ; mais il eut à lutter contre des compétiteurs puissans, tels que Moustafa, Sinan et Ferhad-Pascha qui, plus d'une fois, trouvèrent, dans les passions déréglées de Sélim et la faiblesse de Mourad, de redoutables auxiliaires contre le pouvoir du grand-vizir. Sous ce point de vue, la tâche de Kœprilü fut beaucoup plus simple; car il n'eut à redouter ni compétiteurs, ni même les caprices du souverain, absorbé dans sa passion pour la chasse.

Les trois dignitaires les plus élevés et les plus influens de l'empire, le kaïmakam Kara-Moustafa, le kapitan-pascha Kaplan-Pascha et Sidi Mohammed-Pascha [1], étaient ses beaux-frères. Avec ces trois bras, il enserrait l'empire ottoman, de même qu'avec ses trois armées, d'Asie, d'Afrique et d'Europe, il s'empara de Candie; mais, depuis la mort de Sokolli, les institutions de l'empire s'en allaient en débris, la révolte et les révolutions avaient brisé tous les liens qui unissaient ses diverses parties; à la vérité, le père d'Ahmed avait apporté des remèdes énergiques à cet état de choses, mais son administration n'avait duré que cinq ans; les finances et l'organisation de l'armée étaient tombées en décadence; la réduction des fiefs et la levée extraordinaire de trois mille jeunes garçons chrétiens, qui eut lieu dans la dernière année du gouvernement d'Ahmed Kœprilü, ne furent que des tentatives ayant pour objet de rétablir les finances sur leurs anciennes bases et le recrutement de l'armée par les enfans chrétiens suivant le précepte du Ka-

---

[1] La Croix, *État général*, II, p. 89, a été mal informé, car il ne lui attribue que deux filles, dont l'une aurait épousé Khiavouz-Pascha.

noun. A cet égard, la position de Kœprilü fut assurément plus difficile que celle de Sokolli, car il est beaucoup plus aisé de maintenir que d'innover ou d'améliorer; aussi, à part une bibliothèque, n'a-t-il laissé aucun monument de son administration, tandis que Sokolli a fondé un très-grand nombre de mosquées, de khans, d'écoles et d'hospices, tant en Europe qu'en Asie, depuis Szigeth où il fit élever une coupole sur la dépouille mortelle de Souleïman, jusqu'à la Mecque et en Cilicie où il fortifia Pajas. Non seulement, Ahmed Kœprilü n'a pas laissé un monument de civilisation et d'humanité qui puisse entrer en parallèle avec ceux qu'éleva Sokolli; mais aucune époque de sa vie ne peut être comparée à celle où fut prise Szigeth, et où Sokolli, en s'emparant de cette ville au nom de Souleïman qui n'était déjà plus, sut, par un secret inviolable, étouffer les germes de la guerre civile et assurer le trône au successeur de Souleïman. C'est à raison de ces faits et parce que Sokolli, bien qu'habile général, s'appliqua constamment à maintenir la paix et à fortifier le gouvernement, tandis que Kœprilü, né avec des goûts pacifiques, trouva le moyen de faire succéder sans cesse une guerre à une autre, et, sous prétexte de pacifier la Hongrie, ne sut qu'y attiser le feu de la discorde; c'est pour ces motifs, dis-je, que Sokolli semble le plus intègre et le plus grand des deux; mais, après lui, Ahmed Kœprilü est certainement le premier homme d'État qui ait tenu les rênes de l'empire ottoman.

FIN DU TOME ONZIÈME.

NOTES
ET
ÉCLAIRCISSEMENS.

NOTES ET ÉCLAIRCISSEMENS
DU ONZIÈME VOLUME.

LIVRE LIII.

I. — Page 6.

Naïma, II, p. 596, mentionne ces seize points litigieux d'après le *Mizanoul-hakk* (*la Balance de la vérité*), de Hadji Khalfa ; mais ce dernier énumère les vingt-unes questions qui divisaient les partisans de Kazizadé et de Siwasi-Efendi. Les voici : il s'agissait de savoir, 1° si Khizr était encore en vie ou s'il était mort ; les orthodoxes le nient, les mystiques l'affirment ; 2° si le chant (des mystiques) était permis ; 3° si la valse au son du tambour était permise ; 4° s'il était nécessaire d'ajouter aux noms de Mohammed et de ses disciples le *Tassliyé* et le *Terziyé*, c'est-à-dire d'ajouter ces mots aux noms du Prophète : *Sallallahou aleïhi* (que la bénédiction de Dieu soit avec lui) ; et ceux-ci aux noms de ses disciples : *Razallahou anhou* (que Dieu le reçoive dans sa grâce) ; les orthodoxes l'exigeaient ; 5° si l'usage du tabac, 6° du café et 7° de l'opium était permis ; 8° si le père du Prophète, mort avant la mission divine de son fils, était mort en musulman ou en infidèle, comme le soutenaient les orthodoxes ; 9° si Pharaon avait cru en Dieu : les orthodoxes le nient et les mystiques l'affirment en se fondant sur un verset du Koran, cité par le grand scheïkh Mouhieddin Al-Arabi, et qui dit : « Il n'y a de Dieu que celui auquel je crois ; les enfans d'Israël et nous, nous sommes musulmans. » 10° Les deux partis étaient pareillement divisés au sujet du scheïkh Mouhieddin Al-Arabi, né à Murcie, le 27 ramazan 560 (7 août 1165), mort le 22 rebioul-akhir 638 (10 novembre 1240), à Damas, où il repose à Salehiyé; c'est le plus célèbre scheïkh mystique des musulmans; ses doctrines furent vivement attaquées par les disciples de Kazizadé (le Jansénius turc); il s'agissait de savoir, 11° si on devait maudire Yezid (qui, avec la vie, avait arraché le khalifat aux fils d'Ali); 12° s'il était permis d'innover en matière de religion : les orthodoxes étaient naturellement opposés à toutes les innovations ; 13° s'il était obligatoire de visiter les tombeaux : les mystiques le voulaient ainsi. 14° Les orthodoxes condamnent comme une innovation les prières qui plus tard furent introduites dans l'Islamisme et qui avaient lieu dans les trois nuits, Berat (15 schâban), Ragaïb (le premier vendredi du mois de redjeb) et Kadr (27 ramazan); 15° l'habitude de se serrer la main était également considérée par les orthodoxes comme une innovation, ainsi que 16° l'inclination de la tête par forme de salut (*Intima*); 17° s'il était nécessaire de recommander particulièrement tout ce qui était ordonné par la loi, et de défendre expressément tout ce qu'elle prohibait; s'il était permis de rechercher secrètement les pécheurs et les criminels, comme le pensent les orthodoxes, tandis que leurs adversaires s'appuient sur ce passage de la tradition : « Celui qui découvre la honte de son frère, verra la sienne révélée par Dieu même. » 18° Les orthodoxes se plaignent de la dénomination de *doctrine du peuple d'Abraham*, que les mystiques emploient comme synonyme de *doctrine et peuple de Mohammed ;* 19° ils rejettent la distinction que les mystiques font entre corruption et présent; 20° les orthodoxes donnent la préférence au moufti Ebousououd, les mystiques à Biregli Mohammed; 21° les orthodoxes préfèrent Kazizadé à Siwasi-Efendi le mystique. Hadji Khalfa termine son traité, document très-curieux pour l'histoire du mysticisme turc, par des conseils, dont le but est de maintenir la paix entre les théologiens.

II. — Page 90.

Cette lettre qu'on trouve dans Ortelius, p. 187, et dans d'autres chroniques hongroises, pourrait être considérée comme falsifiée, puisqu'elle fut adressée au gouverneur de Wardein qui était Sinan et non pas Hasan, si elle ne se trouvait traduite en langue latine dans les archives de Vienne. « Ego potentis-
» simi ac invictissimi Imperatoris armatus miles, armis Kekel-
» hiel, Dominus comitatuum Bihariensis, Szarthmariensis,
» Szobolizensis, Ugocsensis et Bereghienis supremus comes.
» (Czifra) Hasan Aga Salutem tibi precor Magnifice Adame
» Karoli, intelligens te Baronem et bonum virum esse, com-
» patior tibi, quoniam castrum Szathmar invictissimi Turca-
» rum Imperatoris est. Discedas illinc, Karolinum tu possides,
» et a deditione probibes; qui ad gratiam invictissimi Impera-
» toris confugit, ne capillus quidem ex capite ejus decidit:
» Arbitraris Deskœvar et Banya limites Transylvaniæ esse?
» Munchacs Invictissimi Imperatoris est, sic et Lyanuar, Bo-
» drogkœz Episcopatus Lelkiensis, Patakinum et Toikainum
» ejusdem salve Calloniensis, Capitane, ut vales? quid dor-
» mis? Calloniæ te visitabimus. Tu igitur exi canis, quid
» sedes Eczedini absque capite, cum ille, qui tuum caput
» fuerat, defunctus sit? Eczedinum invictissimi est Imperatoris
» Hoc scriptum meum revidete, scitote et condiscite. Sub-
» scriptio. Scripsi ego (Czifra) Hassan Aga, framea succingi
» assolens. Jam tres supra decem ab hinc anni sunt, a quo
» Agriæ Hungarorum cruorem arma mea hauriunt. »

III. — Page 99.

L'*Histoire de Russie*, par Levesque, t. IV, p. 60, ne contient que les lignes suivantes sur la grande expédition des Tatares, qui eut lieu en 1660. « Les Tatares de Crimée, alliés de la Po-

» logne, non contens d'avoir battu les Russes en Lithuanie,
» pénètrent dans la Russie et avancent jusqu'à Sievsk. Ils sont
» repoussés, mais peu de temps après ils se rendent maîtres
» d'Astrakhan; cependant ils ne peuvent garder cette ville et
» sont obligés d'abandonner leur conquête. »

LIVRE LIV.

I. — Page 138.

« Gianizari 5000, Timar Sipabi 5000, gente della corte
» del G. V. compreso li officiali maggiori 8000; condotti da
» Alipascia 4800; Kibleli Mustafap. di Damasco cugnato del
» G. V. 1500, Mehemetp. d'Aleppo ehe fu Chiaia del defonto
» padre 2000; Caplanp. Albanese 500, Serkhosch Ibrahimp.
» Chiausoghli Muhametp. Heiderp. 2000. Gente apresso li Ca-
» noni 800, Gebegi 6000; Summa 35,600. Servitori circa
» 22,000 sin 24,000, che negli bisogni combattouo. Le sud-
» dette milizie si calcolano appresso a poco: Gianizari 6500;
» Gebegi 6000, quelli del Canone 800, Albanesi 3000; Sum-
» ma 16,500, si che la cavalleria surebbe 19,300, Servitori
» à piedi e cavallo 24,000; Summa 59,600. Oltre di questo
» devono venire al servizio : Tatari 20,000, Moldavi 600,
» Vallachi 6000, Bekobey Albanese 1000. Il Pascia di Silis-
» tra 10,000, Kutsciuk Mehmetp. tiene in Transilvania 4000,
» Appaffy 4000, la gente delli confini a piedi 5000, li suddetti
» a Cavallo 6000; Summa 62,000. Summa Summarum di
» tutto l'esercito 121,600. Il Primo Vesiro e huomo di 30
» anni incirca, di mediocre statura, di barba nera assai nera,
» nel parlare molto affabile, procura però e si sforza concerti
» movimenti del occhio et della bocca mostrarsi severo. Quello
» però che non mostra la sua fisionomia cerca d'affetarlo nell'
» interno, essendo certo ch'inclina alla profusione del sangue

» humano. Fu dal padre destinato ad esser Mufti, ma dopo la
» morte del padre, da cui il G. Signore riconosceva in bona
» parte il proprio esser, per mostrarne gratitudine non solo
» gli lasciò tutti li beni del padre, ma lo esaltò al Vesirato,
» perciò vedendosi all'improvviso elevato a tanto posto ne è
» divenuto superbo et altiero. Nell' esercito tien commune
» concetto di soggetto ben si doto e letterato, ma non gia '
» soldato, per non aver fato professione di tale, onde la di-
» rettione dell' armi restera come dicono loro appogiata a tre
» capi principali, che si riputano bravi soldati e i piu valorosi
» dell' Imperio Ottomano. Il primo è Beko Bey, che ultima-
» mente fu fatto Pascha di Soffia e Beglerbey della Grecia,
» non era per anco capitato all' essercito, ma s'aspettava in
» breve; per quello che ho inteso discorrere della sua qua-
» lità, è di nascita Albanese, e se pallesa, non sò, per qual
» cagione infensissimo nemico del Conte Nicolo di Sdrino,
» contro qui vol rivolger l'arme. La di lui bravura vien dalli
» Turchi stimata sopra tutti l'altri et lo chiamano con encomi
» singolari l'altro Seydi, che fu quello, che diede la rotta al
» Racozzi l'anno 1660, et che il sussequente fù amazzato in
» Temesvar. Il secundo è Kutsciuk Mehemet Pascha, che si
» trova appresso l'Appaffy, et hora dal Gran Vesir vien chia-
» mato all' armata, havendosi acquistato il nome d'intrepido
» et valoroso dopo la sconfitta data al Kemini Janos. Il terzo è
» Usaim (Houseïn) Pascha, fatto nuovamente Vesiro di Buda,
» huomo crudelissimo, et tale che mi dissero l'habitanti di
» quella Città, dove arrivò doi giorni prima di me; che era
» più crudele del suo antecessore Ismael Pascha, che ora con
» carica di locotenente si ritrova in Constantinopoli, et ha per
» moglie la sorella del Gran Signore. Non per altro fine fu in
» Buda inviato detto Usaim, che per haver a questi Confini in
» huomo crudele, havendo in suo loco inviato a Varadino
» Kenam Pascha, che pocchi giorni dopo Ismael governò in
» Buda, et lo sogliono chiamare Iaves (Yaouz) cioè mansueto ¹.

¹ *Iauf* signifie tout le contraire, c'est-à-dire *le cruel*.

» Ad alli Pascha res'a appoggiata l'avanguardia, lo spacciano
» per pruden'e, ma non per soldato, havendolo spesse volte
» inteso dalle militie a dire, ch'esso non si metterà mai ne a
» fronte ne a dietro a squadrone, mà sempre nel mezzo per
» non esser colpito. Dopo la pressa di Varadino è divenut
» si altiero che hebbe una volta a dire, cosa è Vienna dopo
» Varadino, et si vanta di voler prender le fortezze di Vostra
» Maesta con un solo sguardo d'occhio. Ibraim Pascha detto
» con sopranome Sarhosch (Serkhosch) cioe Ubriacone, che
» tale è apunto, è huomo di 70 anni incirca, discono esse desti-
» nato per far con la gente di confini una scorreria contro il
» Conte di Sdrino, ma essendo io passato a Macroviz et Mo-
» haz, ambi suoi governi mi dissero che era destinato per
» condurre il Canone sopra il Danubio. Sono pure conside-
» rati nell' esercito il Agà di Gianizzeri, Albanese, il Teffter-
» dar cioé Presidente, che con grandissima quantità di denaro
» ivi si trova, il Kiaia del Vesiro, quale ha condotto seco li
» suoi duoi fratelli. Caplan Pascha pur Albanese vien in
» qualche parte considerato. Si ritrova nel medemo esercito
» il famoso traditore Haller Gabor, et il ribelle a Dio et a
» Vos'ra Maesta Andrea Helzl corriero, ridotto a miserabile
» s'ato, et a tale, che fu sforzato di mettersi al servitio d'un
» semplice Aga, havendo a gran pena ottenuto dal Gran
» Vesiro, ch'ogni giorno li sii data mezza libra di castrato, ha
» promesso al Residente di voler fugire, già che Vostra Maesta
» lo assicurò della sua Clemensa. » Le manuscrit du même
auteur, qui se trouve à la Bibliothèque I. de Vienne, diffère
essentiellement avec ce rapport : *le particolarità del' Imperio
ottomano*, n° 544. La position militaire des Saridjés, des Seghbans et des Beschlis y est parfaitement expliquée : « Sarigi
» gente d'ordinario servono li Bascia, portano un schioppo
» lungo e militano a piede e cavallo come nostri dragoni,
» Beschli corispondono ai Hussari. Li Seimen (corrotto da
» Segban) sono piu strazzati, ricevono il mangiar ogni giorno,
» biscotto, castrato e tal volta riso. » F. 27. L'auteur distingue

parfaitement les sipahis (cavaliers feudataires) des sipahis oghlans ou garde soldée des six drapeaux, blanc, vert, rouge, jaune, blanc et vert, vert et rouge; la solde des janissaires était alors de trois à douze aspres; celle des sipahis de douze à vingt aspres; celle des serdengetschdis (volontaires) de quatorze à vingt-trois aspres; le présent d'avènement était de vingt ducats outre une augmentation de solde d'une aspre par jour; à la première campagne du Sultan, chaque soldat recevait une gratification de vingt piastres et une augmentation de solde d'une aspre par jour.

II. — PAGE 177.

Les bulletins de la bataille de Lewenz se trouvent joints à ceux des batailles de Serinwar et de Saint-Gotthard; voyez encore: 1° « Relation von denen Kriegspraparatorien in Oester-
» reich und Ungarn wider den türkischen Erbfeind, auch von
» einiger Türkenniederlage bey Lebenz, Fevr. 1664. 4., und
» 2° Relation von allerhand Vorbereitungen zum Auszug des
» türkischen Kaisers, von grosser Sterbseuche zu Neuhæusel,
» und wie personlich der Grosswefir den Türken so im jüng-
» sten serinischen Feldzug sich nicht gewart, den Prozess
» gemacht. Mars 1644. »

III. — PAGE 187.

Tullio Miglio, *particolarità dell' Imp. Ott.*, dit d'Ismaïl-Pascha : « Ismaïlbasssa nacque in Herzec, huomo alto, grasso,
» ha il naso grande, barba longa di colore di castagna, ha
» voce sonora, e si sforza di mostrarsi terribile; il defonto Vezir
» lo fece il suo Ciausbassi, poi arrivò ancora a esser quello
» del G. S.; l'anno 1659 fu speditto in Asia (*comme grand-
» inquisiteur*) per sedare li moti, il che gli riusci facilmente
» havendo fatto tagliare la testa a 6000 persone. Il G. Sr. in
» ricompensa gli diede per consorte la sua sorella, già moglie
» di Yaus Kenaanbassa; per questo matrimonio e stato sfor-

» zato d'abbandonare la sua prima consorte; doppo il matri-
» monio destinato Vezir di Buda, et l'anno passato, che il
» G. S. si mosse da Costantinopoli, fu lasciato Caimacamo in
» questo governo, si portò con tanta tirannia, che accusato
» dal Mufti, fu deposto e mandato al Governo d'Asak, ini-
» mico mortale dei Christiani, crudele a maggior segno. »

IV. — PAGE 188.

Consultez, outre Montecuccoli, Rycaut, Ortelius, les *Mémoires de Tekeli*, le *Djewahiret*, les Histoires de Raschid et d'Abdi qui contiennent des détails fort sommaires sur cette bataille et n'indiquent pas le nombre des morts, les relations suivantes : 1° *Bericht allerjüngster, was bei der am 23. Juli vorgehabten Cavalcade, absonderlichen aber bei dem darauf am 1. Augusti, unfern dem Kloster S. Gotthard, an der Raab mit den Türken gehaltenen Treffen passirt 1664. 2° Copia der verneren allerunterthanigen Relazion, so an I. K. M. der Generalveldmarschall, Herr Raymand Gr. v. Montecuccoli, über das den 1. August 1664 unweit bei S. Gotthard fürgegangenen Haupttreffen gehorsamb ist erstattet worden. Wien.* 4. 3° *Glück und Unglück teutscher Waffen wider die Türken, d. i. vernünftige Betrachtung alles dessen, was vom Eintritte des 1664. Jahres an, bis auf den halben August desselben Hauptsachlich in der Waffenhandlung wider den Erbfeind vorgegangen, fürnemlich von der Belagerung Canischa, Serinwar, beiden Treffen von Lewenz und der jüngst an der Raab bei der Conversation der Freinde Wolrath und Frischmuth discurirt und erwogen 1664.* 4° *Denkwürdige Historia, d. i. kurze und wahrhaftige Beschreibung des jüngst vorgegangenen Kriegs Leopold I. wider den Erbfeind christl. Namens, den Türken, von Martin Zimmerman.* Augsburg 1665. 5° *Lorberkranz, historischer der christl. Rütersleute, so in Siebenbürgen und Ungern (v. J. 1660— 1664) für die Ehre christlichen Namens gefochten und darü-*

ber den Tod erlitten. Nürneberg 1664. 12. 6° *Extraktschreiben aus dem kays. Feldlager und anderen Orten, als namlich aus dem Feldlager an der Pienk vom 9. August, aus Raab vom 10. aus Komorn vom 9. aus dem Feldlager von St. Gotthard am 10., aus Szathmar am 1. J.* 1664.

V. — Page 188.

L'année 1664 a vu paraître un grand nombre d'ouvrages sur l'empire ottoman. Voici les principaux : 1° *Türkischer Untergang oder rathliches Bedenken K. M. Ferdinando I., A.* 1558 *übergeben durch* Simonem Wolderum Pomeranum 1664. 2° *Kurzer Begriff der berühmtesten Weissagungen Muthmassungen und Erklarungen von des türkischen Reichs Tyrannei* 1664. 3° *Türkischen Staats-und Regimentsbeschreibung, dieser sind beigefügt etliche der berühmtesten, sowolen alten als neuen Weissagungen, Muthmassungen und Erklarungen von gedachter türk. Macht, Tyrannei und Anhang* 1664. 4° *Unlangst gepflogene Unterredung eines fürnemen Ungarns und deutschen Cavaliers, wobey die Frage, ob bei itzigen Conjuncturen der Krieg oder Friede mit den Türken rathsamer scheine* 1664. 5° *Christliche Kriegstrompete wider den ottomanischen Erbfeind des christlichen Nahmens.* 1664. 6° *Eines fürnehmen Bassa zu Constantinopel Tischreden mit einem teutschen Conestabel.* 1664. 7° *Türkischer Bund, von* Bonifacio Stozlim. Ulm 1664. 8° Johann Schoffler's *Türkenschrift.* 1664. 9° *Auch nothwendiger Bericht und Antwort auf Johann Schoffler's Türkenschrift durch* Christianum Chemnitium, Jehna 1664. 10° *Türkeneinfall oder kurzer, jedoch scheinbarer Bericht von dem graussamen Einfall God und Magog's.* Stuttgart 1664. 11° *Des grossen Propheten Mohammed's Testament, d. i. Friedensartikel, beinebst eine Türk. Prophezeiung.* 1664. 12° *Türkische Chronica, beschrieben durch M.* Casparum Maurer. Schleusingen 1664. 13° *Mahommetes und*

Türken Graul, durch David Schusstern. Franckfurt 1664. 5 *Theile.* 14° *Ausführlichen türck. Chronica.* Franckfurt 1664. 15° *Klagendes Deutschland fraget wehmüthig nach den Ursachen türkischen Kriegsüberzuges.* 1664. 16° *Der Donaustrand sambt kurzer Verfassung einer hungar. und türk. Chronik, und des Anno* 1663 *und* 1664 *geführten Krieges, beschrieben durch* Sigmund von Birken, *Cum. Palat.* Nuremberg 1664. 17° *Türkischer Landsturzer, als neue Beschreibung der fornehmsten State und Vestungen durch Ungern und Aegypten, sambt einem Anhang der bei S. Gottard und Levens geschehenen Treffen.* 1664. 18° *Urbini Theophili türkisches Stadtbüchlein.* Nuremberg 1664. 12. 19° Tobias Wagner's *revidirtes und vermehrtes Türkenbüchel.* Ulm 1664. 20° *Historie van de Turkse en Ungarise Orlogh, twieschen den Turksen Sultan Mahomet de IV. en den R. Keyser Leopoldus eyndigende met de Vreede deses J.* 1664 *beschreven door Petrus de Lange.* Amsterdam 1664. 21° *Syngtagma Historiae Saracenico-Turcicae autore Jacobo* Struckhusen. Helmstadii 1664. 22° *Belli istoria dello stato presente dell' Impero Ottomano.* Bologna 1664. 23° *Bericht aus Konstantinopel am* 2. *Febr. von des türkischen Tyrannen und Widerchrist's verderblichen Auszugs wider die Christenheit* 1664. Enfin les lettres circulaires en langues latine et allemande adressées par l'Empereur à la Diète germanique et les Etats d'Italie (par l'ambassadeur Jean-Marie marquis de Piccolomini), en l'année 1664, pour obtenir des secours contre les Turcs. Les ouvrages qui portent la date de l'année suivante, sont : 24° *Einzug des türkischen Grossbothschafters Mohammedbassa, wie derselbe den* 8. *Junius* 1665 *allhier zu Wien empfangen worden.* 1665. 25° *Abrégé de l'histoire des Turcs par* Verdier, *en trois tomes.* Paris 1665. 26° *L'Othoman ou l'Abrégé des vies des Empereurs Turcs par Vincent de* Stochove. Amsterdam 1665. 27° *Caes. legatio quam suscepit perfecitque D. Comes de Leslie, exposita a* Patre Paulo Taferner. Vien. 1672. *Partie seconde de l'Empire Othoman* de Briot (Amsterdam 1672), *l'Ambassade à la Porte Ottomane exécutée par Gautier de Leslie, commencée le 2 mai 1665, finie le 26 mars 1666.*

—

LIVRE LV.

I. — Page 232.

Lettre du Sultan au Czar de Moskou, extraite de l'Inscha *du Reïs-Efendi Mohammed.* n° CXXII.

« Gloire des plus grands princes de la Chrétienté, élu des grands parmi le peuple du Messie, médiateur du peuple nazaréen, qui a revêtu le manteau de l'autorité et de la magnificence, possesseur des titres de gloire et de puissance, Czar de toutes les Russies et chef de tous les pays russes, notre ami Alexis Michailowicz, que sa fin soit heureuse et que Dieu lui fasse trouver le vrai chemin! Vous saurez en recevant ce noble chiffre impérial, que, par la grâce du Dieu très-haut, dont l'existence ne peut être révoquée en doute, et par la bienveillance et la direction de notre grand Prophète, le maître, celui qui a annoncé au monde la vérité, qui est l'appui des hommes purs, de Mohammed (nous appelons sur lui et sur sa famille les plus ferventes prières!) notre trône sublime et comparable au ciel est le refuge vers lequel se pressent les plus grands sultans et les kakhans les plus éminens, afin de prosterner leur front dans la poussière. Comme vous venez d'envoyer en qualité d'ambassadeurs le beglerbeg de Breslaw, le modèle des princes chrétiens, *Ak pamisch Anowa Papowiz Yesterouni (?)* et le defterdar Iwan Haram Yanoui (?) avec prière de renouer l'amitié et l'amour, la concorde et le bon voisinage, la bonne intelligence et l'accord qui ont existé depuis l'époque heureuse où vivaient nos aïeux (que Dieu éclaire leur souvenir!), entre eux et les czars de Moskou, votre père et vos ancêtres, nous vous informons qu'ils se sont présentés à ma Sublime Porte, qu'ombrage le lotus du paradis, et avec leurs visages ont essuyé mon étrier suivant un louable usage. L'essence de vos deux lettres a été portée au pied de notre trône de justice par nos honorés vizirs et les grands fonctionnaires, les éprouvés, ainsi que les présens que vous avez envoyés comme témoignage de votre amitié; notre science impériale, qui embrasse le monde entier, en a pris une parfaite connaissance. Vous nous avez prié d'agir de manière à ce que Son Altesse, le Khan de Crimée, qui est le serviteur fidèle et bienveillant de la Sublime Porte, dont la durée est éternelle, Aadil Ghiraï-Khan, revêtu du titre de prince, qui possède un vaste territoire, honoré pour son pouvoir et éprouvé par la fortune (que ses éminentes qualités ne l'abandonnent jamais), maintienne dans l'ordre les sultans, les mirzas et les Tatares; qu'il ne fasse aucun ravage sur vos frontières, et qu'il rende à la liberté vos habitans qui autrefois avaient été faits prisonniers et qui maintenant sont retenus comme esclaves en Crimée. A cet effet vous avez demandé notre sublime ordre impérial, qui est le garant de l'obéissance et de la soumission; vous demandez en outre la confirmation de deux moines dans leur ancienne dignité comme patriarches d'Alexandrie et d'Antioche. Votre prière a reçu notre suprême sanction et nous avons expédié notre édit, qui frappe comme le destin, à Son Altesse le Khan, notre serviteur, auquel il est enjoint de rappeler les sultans, les mirzas et l'armée tatare, et de faire cesser toute incursion dans vos Etats, aussitôt que vous lui aurez remis le tribut et les présens qui ont été payés dans tous les temps. Vos prisonniers, que le sort de la guerre et des batailles a jadis mis en notre pouvoir, ainsi que les prisonniers faits par vous, doivent être échangés pendant la paix qui existe entre nous. En conséquence, vous devrez à ma haute faveur impériale de pouvoir échanger, contre les prisonniers faits par nous, les Musulmans, Tatares et autres personnes qui se trouvent prisonniers dans vos pays. En outre, comme de tout temps les affaires litigieuses sur les frontières de Crimée, et l'administration de ces pays ont été confiés au noble Khan, notre serviteur, que nous avons investi de toute notre confiance, nous l'avons également chargé de cette affaire. Vous aurez donc à lui envoyer vos gens, pour discuter et vous entendre, si vous voulez, à ce sujet. Nous vous faisons connaître encore que les patriarches précités ont été confirmés comme autrefois dans leurs places, et qu'à leur égard nous avons fait droit à vos prières et à votre intervention ; nous vous avons envoyé le diplôme délivré par notre noble Porte, séjour du bonheur, et orné de notre sublime chiffre. Comme vous venez de renouveler les liens d'amitié et d'affection que vous avez conservés de tout temps avec notre illustre maison souveraine, qui repose sur des colonnes éternelles, et avec Notre Majesté que rien ne saurait ébranler, comme d'ailleurs les articles de la paix sont bien arrêtés et que la prospérité de vos sujets est bien assurée, il est de votre devoir de tenir en bride les Cosaques qui habitent les rives du Don et du Dnieper ; il convient qu'à l'avenir vous empêchiez les tschaïques et les caïques de croiser dans la mer Noire ; que vous ne permettiez ni aux Cosaques, ni aux Kalmouks de causer le moindre dommage aux pays situés sur les bords de la mer Noire et aux provinces de la Crimée enclavées dans nos frontières victorieuses ; au contraire vous devez vous opposer sérieusement à leurs incursions. Le tribut et les présens que les Czars de Moskou ont coutume d'envoyer aux khans de Crimée doivent être donnés en temps utile ; les négocians des deux peuples doivent pouvoir se rendre en toute sûreté et librement de l'un des pays dans l'autre, et personne ne doit inquiéter ni leurs personnes ni leurs biens sur les routes qu'ils voudront suivre. Comme les begs du Daghistan et des Koumouks sont des musulmans, qui dès les premiers temps se sont réfugiés à l'ombre de notre protection impériale ; comme les peuples habitant les rives du Dnieper, qui reconnaissaient autrefois la souveraineté de la Pologne, se sont mis sous la protection de notre Sublime Porte à l'instigation du khan, notre serviteur, et comme, depuis que nous sommes montés sur le trône de Salomon et que nous éblouissons le monde par notre gloire, ils comptent parmi nos serviteurs, vous ne devez conduire contre eux aucune armée, ni préjudicier à leurs biens ou à leur personne. En un mot, aussi long-temps que, par la volonté du Dieu tout-puissant, vous observerez religieusement la paix conclue, et que vous ne la violerez en aucune façon, aussi long-temps que le khan, notre serviteur, ni vous, n'agirez contrairement aux stipulations de cette paix, nous observerons également les articles confirmés, de sorte qu'on ne pourra nous soupçonner de vouloir rompre le traité existant. C'est pourquoi nous avons donné les ordres nécessaires tant au khan de Crimée, à ses sultans et aux Tatares, qu'aux vizirs, aux émirs et autres commandans des troupes, et il est certain qu'en observant les conditions que vous ont faites notre amitié et notre amour de la paix et du bon accord, on verra naître, si Dieu tout-puissant le veut, les heureux effets de notre bon voisinage. »

II. — Page 257.

L'*Inscha* du reïs-efendi Mohammed contient sous le n° 123 la lettre impériale écrite à l'hetman des Cosaques, Barabasch Jean Beroviski, chef des Cosaques Barabasch et Potkal ; cette dépêche le renvoie au khan des Tatares pour faire sa soumission à la Porte comme l'avaient fait les Cosaques du Dnieper. Le n° 124 contient un ordre du Sultan adressé aux chefs des hordes du Daghistan, en l'année 1078 ; dans cette lettre, l'empereur les informa qu'il avait agréé leur prière, et qu'il avait ouvert des négociations avec l'ambassadeur russe à l'effet de garantir leur tranquillité. Le ferman est adressé au grand-schemkhal Sourkhaï, au second schemkhal Tschopalow, au troisième schemkhal Sultan-Mahmoud et au quatrième schemkhal Ouloubeg. Ce ferman nous apprend que le nom de schemkhal correspond à celui de Ghiraï; que le Sourkhaï était le khan du Daghistan, que Tschopalow était le premier et Sultan-Mahmoud le troisième successeur, tout comme chez les Tatares de Crimée, le kalgha et le noureddin. La lettre au khan des Tatares, datée de 1078 (dans le même *Inscha*, n° 117), dit que, puisqu'il fallait craindre la coalition des Russes et des Polonais qui venaient de faire la paix, on avait mis sous ses ordres les Cosaques Barabasch et les Kalmouks, et les habitans de l'île Potkal.

—

LIVRE LVI.

I. — Page 334.

Abdi donne encore les noms suivans : Sikhna, Sirouz (Seres), le champ de Rahowa; Kaïnardjé (défilé étroit); Yenidjé; Yassikœï; de là le Sultan fit une excursion à Semendrek (Samothrace); de Yassikœï les queues de cheval furent portées à Koumouldjina; Megri; Schahinler; Sendel; Saltouk; la plaine de Demitoka; la plaine de Poulad; Timourtasch, près d'Andrinople; Andrinople.

II. — Page 363.

« Extractus litterarum a Magno duce Moscoviæ ad Tur-
» carum Imperatorem per Legatum suum allatarum 3 *April.*
» 1672, *dans les Arch. I. R.* Notifico fratri nostro Turcarum
» Sultano Potentissimo, quod inter nos magnum dominum, et
» fratrem nostrum Serenissimum Michaelem Poloniæ Regem,
» Lithuaniæ et Russiæ magnum Ducem, ac aliorum Regno-
» rum Dominum, auxiliante Omnipotente Deo, uno et
» Trino, pacem confirmaverimus, et ex utraque parte fra-
» ternam amicitiam renovaverimus; quapropter Vestram Ma-
» jestatem velut antiquum fratrem, amicum et vicinum, de

» hac nostra conclusa pace certiorem facere voluimus, ut
» etiam per hunc legatum, vestram erga nos bonam amici-
» tiam confirmare, simulque Hanno Crimensi imponere non
» intermittatis, ne vigentem inter nos pacem et amicitiam
» turbet, ac ad bellum prorsus nullam præbat occasionem,
» quemadmodum jam præterlapsis annis vos meis legatis
» inscriptis promisistis, et vestri Vesirii oretenus erga eosdem
» affirmarunt, quod nobiscum antiquam amicitiam et bonam
» vicinitatem continuare desideretis, tum non solum dic-
» tum Hannum cum Sultanis, sed et Mirsam, ac quemque
» Tartarorum, nos et civitates nostras Ukrainiæ hostiliter in-
» vadere prohibueritis : Significantes, quomodo hoc anno
» 1672 Frater noster Poloniæ Rex ad nos Illustrissimum
» Joannem Gininski Palatinum Helminiensem, Ciprianum
» Paulum Bostanski Referendarium et Notarium Magni Du-
» cis Lithuaniæ, et Alexandrum Hotoviz Sacerdotem Scho-
» lasticum Vilniensem, Legatos miserit nobis et nostro con-
» silio exponendo, qualiter maledictus Doroszenko, non
» tantum fidelitatis suæ oblitus rebellaverit, Christiano san-
» guine enormiter se polluerit, protectioni et obedientiæ
» Vestræ subjecerit, ac sanctam pacem inter Regem Polo-
» niæ et vos sceleste violaverit, quin imo ulteriores ru-
» mores et tumultus excitare studeat. Cum vero hujusmodi
» contra initam cum fratre nostro Poloniæ Rege, et hujus-
» que conservatam pacem ac sinceram amicitiam directe com-
» mittantur, conveniebat nobis, tanquam amico vestro me-
» liora persuadere, ne propter dictum rebellem Doroszen-
» kum, posthabita antiqua amicitia et bona vicinitate, bello
» nos exponatis, sed exercitus vestros exmissos revocetis, si-
» mulque Hanno, tam cum Polonis, quam nobiscum, pris-
» tinam amicitiam et bonam vicinitatem conservare deman-
» detis. Quod si tamen repudiatis nostris sinceris persua-
» sionibus, ab intento vestro hostili non recedere et in bello
» faciendo persistere volueritis, nos ut vere sumus Princeps
» Christianus, et pacta pacis cum Rege Poloniæ fecimus,

» coram Deo testamur, quod et nos exercitus nostros educe-
» mus, Cosacos Tanaienses ac reliquos nostræ ditionis, ad
» infestandum mare nigrum, Tartaros Calmukienses, No-
» gaienses et Gensishanienses ad alias partes vestras inva-
» dendas ordinabimus, et non modo diligentem curam im-
» pendemus, ut verus zelus inter Principes Christianos exci-
» tetur, ex quo inanimis omnium consensus fiat, et vicini
» Reges et fratres nostri nobiscum sentientes, pro tuendis
» partibus Christianis, contra vos arma capiant, sed et
» Regi Persiæ Schach Solimano Vicino nostro ansam dabi-
» mus, ut cognita tam apta occasione, ille quoque prop-
» ter passas a Vobis injurias e suis regnis in vestras ditiones
» erumpat. Quamobrem si consultum vobis esse vultis, eam,
» quam nos desideramus antiquam amicitiam et bonam vici-
» nitatem, pacifice conservetis. In quem finem hasce litte-
» ras per legatum nostrum Basilium Alexandrum misimus,
» requirendo Vos, ut illum quam citius cum responsoriis ad
» nos revertere permittatis etc. Datum in civitate nostra
» Moscua, tertia mensis Aprilis 1672. »

III. — Page 364.

Tradutione della lettera del Supremo Vesir al Gran Duca di Moscovia de 27. Marzo 1673.

« Al piu honorato tra li Prencipi Christiani (con il resto
» del titolo) Czar de Moscovia, etc. Doppo affettuose et ami-
» chevoli salutationi v'avisiamo, qualmente la vostra lettera
» scritta et mandata al Serenissimo, Clementissimo, Potentis-
» simo, Magnificentissimo Imperatore del mondo, simile alla
» potenza d'Alessandro magno (Dio eccelso moltiplichi le di
» lui vittorie e potenze!) è stata al solito interpretata, et refe-
» rito il suo senso al trono imperiale, dal quale si è inteso,
» che per voler giovare et proteggere il vostro gran amico et
» diletto vicino Re di Polonia, havete scritto parole vane,
» indecenti et inconvenienti alli Re et Monarchi, et benche

» per la providenza divina questa serenissima et potentissima
» Imperial casa sia superiore a tutte le altre, non suole ascol-
» tare simili parole vane ed indecenti, tuttavia vi rispondiamo,
» maravigliandoci molto, che essendo voi in posto honorato
» tra li Re Christiani, et possedendo un posto si stimato tra
» li medesimi, non habbiate acquistato anche qualche pro-
» prietà degna et buon costume, conveniente alli Re et Mo-
» narchi de Christianità, li quali stimano et procurano la pace
» per la quiete et riposo de loro sudditi. Ma voi inconside-
» ratamente prorumpete in vane et scandalose parole, quali
» possono levar et privarvi della pace e della quiete. Quanto
» alli Polachi, quel tanto, che ci è convenuto fare si è di gia
» fatto et determinato in quel modo e maniera, che la pro-
» videnza divina, che governa il tutto, hà destinato, nè per
» hora vi è cosa di dire in questo proposito, ma se voi desi-
» derate di giovare et agiutare il vostro Amico vicino Re di
» Polonia, dovevate farlo avanti la guerra, con dargli buoni
» consigli, e come amico d'ambe le parti farvi mediatore alla
» felice et eccelsa Porta con ufficii amichevoli, quali nessuno
» haverebbe potuto biasimare. Che poi, voi ci minacciate con
» li altri Re Vicini, et dite, che si lamentano de noi, poco ci
» curiamo, sapendo, che hanno ragione di lamentarsi, perche
» noi siamo vincitori de tutti, et habbiamo da loro preso tante
» provincie, città e fortezze. E gia che la divina providenza ha
» destinato, di far cader quel male a quelli, che lo desiderano
» agl'altri, cosi succederà anche a voi. Mentre in quel istessa
» conformità, che vederemo procedersi da voi, cosi nell'is-
» tesso modo, si procederà anche da questa parte con voi, si
» al bene, come al male, etc. Adrianopoli 27. Marzo 1673. »

IV. — Page 370.

Les documens qu'on va lire, publiés dans les Archives I. R., donnent à ce sujet les notions suivantes :

« Il contenuto della lettera del Gran duca di Moscovia

» mandata al Hatmano o Generale dei Cosachi di Zaporovia,
» Pietro Doroszenko, et poi da esso consegnata a Ali Aga Ca-
» pigi Bassa mentre era Ambasciadore costi per esser mostrata
» et interpretata al gran Signore.

» Dichiara che essendo stato mandato da parte del detto
» Hetmano Theodoro Kororka Ambasciadore al gran duca di
» Moscovia con lettere supplichevoli a quella Corona per la
» liberatione di suo fratello Gregorio Doroszenko et altri offi-
» ciali dalla prigionia loro, et al incontro efferendosi ancor
» esso di liberar li prigionieri Moscoviti in Cherina sua for-
» tezza, presi dal tempo della rotta di Bruhowitski generale
» di Cosachi per parte del detto duca.

» A questa richiesta e stata data la riposta con sequestra-
» tione del Ambasciadore Theodoro, ma però al ultimo con-
» descese il gran duca alle preghiere del Doroszenko, libe-
» rando il detto Ambasciadore et promettendo di liberar an-
» cora suo fratello con altri prigionieri Cosachi, pur che il
» detto Doroszenko rinuntii le piazze che sono di là del fiume
» Boristhene a Damian Hinatozits suo generale, il quale in
» breve tempo deve esser spedito con l'armata per custodir le
» sue provincie Poltaviensi, Mirohorodiensi, Lubensi et altre
» che nelle conventioni con Casimiro Re di Polonia furono
» cedute alla sua Corona et poi usurpate da esso, et che in nis-
» suna maniera non deve infestar li governatori delle piazze,
» che di là del Boristhene si trovano, ne chiamarli alli suoi
» consiglii in Uman, essendo loro ordinato, che debbino con-
» sultarsi con il suo generale Honatozits in Luhova, poiche
» già da molti anni essi sono suoi giurati soggetti e fideli sol-
» dati, ma con le sue fraudulenti lettere et persuasioni, si
» come ancora per le varie invasioni sue si sono desviati et
» segregati dalla loro obbedienza, il che essendo eseguito dal
» detto Doroszenko sara partecipe di ogni gratia et favore di
» detta Maestà, si come ancora di quella di suo fratello et il
» Re di Polonia. Doppo la speditione del Ambasciadore Ali
» Aga dal Tartarhano, dove si tratenne due mesi, comin-

» ciorno comparir le schiere Moscovitiche di là dal Boristhene,
» donde con diligenza fu spedito al hora arrivato Ambascia-
» dore Cosako Basilio Lobeiko alla Porta con tre lettere, una
» a Caimecam, altra al gran Vesiro, le quali tutte due sono
» d'un medesimo tenore, la terza a sua Maestà istessa con la
» informatione data sotto il bullo generale al detto Basilio di
» cio che deve desiderar et dir al gran Signore.

» Nella lettera del Caimecam ringrationo a sua Eccellenza
» per la intercessione fatta a Sua Maestà per loro, che lor ha
» fatto si gran honore, ricevendoli sotto la sua protettione
» con i doni dei standardi, li quali essi ricevorno con ogni
» sommissione et allegrezza et sene gloriarano eternamente di
» tal ornamento et segno della gratia et tutela della Porta
» Ottomana, offerendo ancora essi le loro vite per servitio di
» Sua Maestà a ogni suo commando, purche siano conservati
» i loro antichi privilegii et libertà con sangue comprata, et
» poiche Sua Maestà non postponendoli alli altri Prencipi et
» Potentati si e dignata di riceverli alla sua amista et lor com-
» manda nelle sue ultime lettere che debbano fargli aviso
» d'ogni loro prospero o infelice stato, et battendo alla Sua
» Porta di felicità dimandar le gratie loro necessarie. Percio
» hora presentandosi l'occasione che il gran Duca di Moscovia
» pretende secondo li patti et conventioni et tregua fatta per
» alquanti anni con il fu Re di Polonia tutte le piazze et mi-
» litie che sotto il loro commando sono di là dal Boristhene
» dal loro Hatmano Doroszenko et per questo effetto gia inviar
» le sue truppe verso quella parte supplicano humilmente Sua
» Eccellenza, che loro facci favore di interceder appresso il
» gran Signore che quanto prima sianno mandati i suoi stretti
» commandamenti al Bassa Silistrense et Tartarhano, che al
» primo aviso che haveranno, mandino in aiuto loro senza
» tardenza et scuse tanta militia che vorrano nei luoghi da
» loro dissegnati, et che essendo nei loro paesi vivano da fra-
» telli senza depredare i loro beni et prender schiavi.

» La lettera di Sua Maestà contiene le precedenti relatjoni

» delle ultime lettere mandate per il servitore di Ali Aga Am-
» basciadore, cioé del suo arrivo colà con i presenti et sten-
» dardi ricevuti da loro con ogni riverenza, et come il Doros-
» zenko vedendo la inconstanza et discordie fra la sua militia
» havea deposto il suo officio del generalato, ma poi essendo
» stato pregato e necessitato, l'ha poi ricevuto un altra volta
» con consolatione delle essibite gratie et protettione confer-
» mata da Sua Maestà, perciò ancora loro s'essibiscono di
» voler spender il loro sangue nel servitio di Sua Maestà ogni
» volta che lorara commandato. Poi fa relatione delle pretese
» del Moscovita et la marchia delli eserciti Moscoviti verso i
» luoghi della giurisditione di là del Boristhene, et come per
» ovviar a ogni danno et inconvenienze, ha ancor egli spedito
» in loco suo il Colonello Cherinense et il Colonello Podo-
» liense con mille Tartari di Akerman, ma dubitando che la
» sua armata non sia sufficiente perciò prega per li comman-
» damenti alli sopradetti conformi di sopra.

» Le instrutioni date dal generale Doroszenko al suo Ambas-
» ciadore Basilio Loboiko di quel, che ha da chieder dalla
» sua Maesta aboccato.

» Primo deve far humilissima reverenza da parte sua e tutto
» l'esercito Cosacco a sua Maesta et ringratiarla delli concessi
» stendardi e protettione; secondo deve offerir da parte delli
» predetti a Sua Maesta ogni loro ossequio e prontezza alli suoi
» commandi fin al ultima goccia del sangue loro e dei loro
» posteri.

» Terzo, che impetri da Sua Maesta un severo commanda-
» mento per il Tartarhano et Bassa di Silistria, che venendo
» loro nei loro paesi in aiuto non lasciano far scorrerie per i
» loro villagi alle loro militie, ma che gli tenghino in freno et
» prohibischono di far loro danni depredando et saccheggiando
» le loro case et facendo schiavi li loro popoli.

» Quarto et che dimandi ancora un commandamento per il
» Tartarhano che debba dar parte d'ogni novita al detto Do-
» roszenko, rimandando le lettere capitate nelle sue mani

» dalla sua natione, et che sapendo che alcuno delli Saporo-
» viensi o Ukraniensi macchianasse alcun danno o pregiu-
» dizio ai detti paesi o alla Sua persona, gli deva dare aviso
» senza celar alcuna cosa.

» Quinto et che sia commandato al Tartarhano che se alcun
» mal contento della sua natione si richiamasse a esso et gli
» scrivesse alcune lettere, non debba riceverle, o ricevendole
» debba mandarle al Pietro Doroszenko Generale.

» Sesto se alcun Ukranense vorrà fare seditioni e tumulti
» nella Ukraine senza il consentimento del generale Doros-
» zenko e verrà sottomettersi alla sua protettione, desiderando
» da esso gente in aiuto, non gli debba ricever, ne conceder
» aiuti, anzi quanto prima dovra dar notitia al detto generale.

» Settimo che racconti a Sua Maesta la marcia delli eserciti
» Moscovitichi in gran numero verso le sue giurisditioni, del
» che di già si commincia fra di loro guerra aperta, dichia-
» randosi il Duca di Moscovia patrone di tutti quei luoghi
» che ci partengono di là del Boristhene et pretendendo tutte
» le piazze et militie che sono sotto il mio commando.

» Ottavo che se per opponersi alle forze di si potente nemico
» le sue forze non bastassero et havendo essi bisogno di soc-
» corso che il Bassa si Silistria et Tartarbano gli debbano soc-
» correr con tanti numeri dei soldati che il generale deside-
» rerà senza far scuse et dilationi, perciò supplichi sua Maestà
» per commandamento ai detti Signori che immediamente
» siano spediti. »

V. — Page 372.

*Copia della lettera del Hatman Dorozenko, mandata per Ale-
sandro Besodonovitsch al Caimecam. L'altre tre, cioé per il
Sultan, Mufti et Gran Vezier sono dell' istesso tenore.*

« Titoli. Racconta, che per innanzi con espressi Ambascia-
» dori e lettere si clamentato alla Porta, che per commando
» del Tartar Hanno hanno fatto danni intolerabili nei suoi

» paesi, hora ancora continuando sempre il mal affetto et ini-
» micitia del Tartar Hanno, mando il detto Internuntio, con
» supplichevoli lamenti et avisi, come già per tre volte hab-
» bino li Tatari invasi unitamente con i Cosacchi suoi ribellati
» per fattione del Tartar Hanno i loro paesi; nella primavera
» passata è uscito da Krima con un esercito di 20 m. Tartari,
» sotto il commando del Nurdin Sultan, unito con Suho-
» vienko, fatto Hatman del Tartar Hanno, sopra i Cosacchi di
» Zaporowa, con quali hanno dato un guasto nella Ukraina
» nel autunno passato, parti il Batirtschamirza con la orda
» di 16 m. Tartari, et venendo a Uman ammutinò quei Cosa-
» chi, che in numero di 10 m. erano li, et con persuasione et
» lettere patenti del Tartar Hanno, ha fatto Hatmano sopra di
» quelle truppe Michele Hamelko, vecchio soldato et officiale,
» con questi unitamente hanno invaso la Ukraina, et depre-
» dato una gran parte del paese, abbruggiorno una gran parte
» con molti borghi, villaggi, et massime due Città Tergovitch
» et Kurschun levando sei milla anime in schiavitù. Il che
» sentendo Hattman, Dorozenko, et credendo, che il Tartar
» Hanno già avisato delli stendardi mandatigli dalla Porta
» per segno di protettione non ardisse di transgredire li ordini
» del gran Signore, et vedendo poi il contrario, che in loco
» di venir loro in aiuto contro il Moscovito, e venuto a rui-
» narli, protesto in presenza di 600 Tartari Akermanensi et
» Nogaiensi, che appresso di lui si trovavano, che per salvar
» loro vite e quelle delli loro sudditi era costretto di andar
» incontro a questi inobedienti al gran Signore, e così riso-
» lutamente si levò con docendo, seco li detti Tartari, et in-
» contrò il detto Batirtcha con la detta gente sotto un borgo
» detto Stilova; al quale mandò due Cosacchi et due Tartari
» a dimandar, perche loro facevano questi danni, sapendo,
» che e loro sono sotto la protettione del Gran Signore, al
» che Batirtcha rispose, che hora vederà il Dorozenko, che
» cosa li valeranno i stendardi della Porta, e già una parte dei
» paesi per dove é passato, hanno visto come era più neces-

» saria la protettione dei Tartari che dei Turchi, andate et dite
» al Dorozenko si non vuol veder ruinato tale delli suoi paesi
» che venghi ad humiliarsi ai miei piedi, et stracci i detti sten-
» dardi, ch'otterrà ogni gratia dal Tartar Hanno. Doppo la
» riposta, che hebbe il Dorozenko, continuò la sua marchia
» con li stendardi avanti, et venendo li Tartari incontro, cor-
» rendo a cavallo monstrarono con irreverenza il tergo, et
» poi arrivando molti altri hanno tirato una gran quantità di
» freggie alli detti stendardi, et alla gente del Dorozenko.
» Donde questo vedendo offesa la riputatione del Gran Si-
» gnore, protestò un altra volta a suoi detti Tartari, et poi
» inanimato la sua gente, fece brava resistenza ai Tartari et
» Cosacchi assalitori, et con continue discariche dei moscheti
» l'ha ributtato, poi perseguitando, li messero affatto in una
» disordinata fuga, lasciando tutte le loro prede, et li Pedoni
» Cosacchi buttorno le loro armi et lasciorno ivi li loro can-
» noni et bagagli in preda a quei del Dorozenko i quali fra
» le altre robbe del bottino trovorno una cassetta di denari del
» detto Mihal Hanenko loro Hatmano, et la presentarono al
» Dorozenko, costui avendola aperta, trovo dentro varie scrit-
» ture, et in particolare lettere della congiura del Tartarhano
» con essi di questo tenore. »

Copia della lettera del Tartarhanno, al Mihal Hanenko Hatmano delli Cosacki Zaporoviani da parte sua messo nell' officio, scritta in lingua Polaca.

« Titolo. A te Mihal Hanenko Hatmano delli Cosacki di
» Zaporovia mio amico pace et salute. In sin adesso non ho
» potuto spedire li tuoi Ambasciadori, per esser si prolongato
» il nostro consiglio piu del ordinario, hora e conclusa la
» nostra congiura et con promessa, et siamo risolto di osser-
» vare eterna amicitia con voi, et protegervi da ogni vostro
» nemico con tutti li nostri eserciti, et hora per primo segno
» vi mando il Batircha Mirza Begh, et delli miei servitori di

» Porta Faimaz Aga tutti doi con ponderosi eserciti, andate
» insieme et guerregiate in Ukraina contra il vostro inimico
» Doroszenko, si più ne havrete di bisogno, avisatemi che vi
» mandarò quanta gente volete, con questo patto, che havendo
» ancor noi bisogno delli vostri aiuti contra qualsivoglia nos-
» tro nemico, non manchiate di venir, et da qui avanti, in
» conformità di questa nostra congiura in vostro favore, non
» vi sottomettete alla Casa ottomana, ne al Doroszenko, il
» resto di quello, che vi ho da dire, sentirete della bocca
» delli vostri Ambasciadori, rimandati insieme con il Batircha
» Mirza et le sue truppe, vi raccommando a Dio. Data Bak-
» ciaserai. 26. Ag. 1669. »

*Copia della lettera del Veziro del Tartarhano al Michele Ha-
nenko et suo esercito.*

« Titolo et saluti. Sapete, che ho preso il vostro negotio su
» le spalle mie, et tutta Crima ha visto le gran procure, ch'ho
» fatto per voi et attendo con ogni diligenza ai vostri affari,
» poiche il mio maggior desiderio è questo, che l'interpresa
» amicitia fra noi non cessi mai, hora ho tanto effetuato, che
» tutti li Beghi et Aga, et tutti li principali officiali delle nos-
» tre orde essendosi radunati a un gran consiglio, hanno al
» fine risolto, di continuar eternamente nella vostra et del
» vostro esercito amicitia hora a maggior segno confirmata; a
» questo fino gia vi mandiamo due orde contra i vostri ne-
» mici, et cosi giurato et conditionato habbiamo tutti quanti,
» che non vi lasciaremo mancare i nostri aiuti, come piu pro-
» lissamente vi contaranno i vostri Ambasciadori, quello che
» hanno visto, ma però desideriamo ancora da voi et dal vos-
» tro esercito, che osserviate bene et siate constanti nella
» nostra amicitia, et che ci vogliate ogni bene, et il nostro
» Tartarhano et i Sultani et i Beghi sperano, che ogni volta,
» che havremo di bisogno ei mandarete i vostri aiuti, quanti
» vorremo et io in particolare ancora vi prego, che ne servite

» con ogni sincerità, poiché la continuatione della nostra ami-
» citia commune sarà molto utile ad ambe le parti. Data in
» Bakcie Serai 3o. d'Agosto 1669. — Vostro benevolo amico
» Vezir et Seriasker del Tartarhanno. »

Copia della scrittura della congiura universale dei Tartari con i Cosacki Zaporoviani.

« Noi Beghi Aga, Mirza Sultani et tutta Crima Nagai, Cir-
» cassi, Attat et Taman et altri officiali di tutte le orde Tar-
» tare, che facciamo saper a tutto il mondo et in particolare
» a tutti li Hatmani, ai Sauli, capi di Truppe et altri officiali
» et Soldati, privati et communi, che per la continuatione
» della vostra con noi amicitia et fratellanza, siamo risoluti
» di protegervi et defender da ogni vostro nemico, come hora
» a bon conto vi mandiamo Batirscha Mirza et Taimaz Aga
» nostri compagni, con due orde, accioche con esse andiate a
» rincontrare et offendere il vostro nemico Dorozenko, et in
» questo ultimo consiglio tutta Crima ha concluso i patti et
» conditioni d'unanimità con voi, et confirmatoli con i nostri
» giuramenti, si come ancora giuriamo per il Dio creatore, et
» vi promettiano mentre che Crima sarà Crima, non si guas-
» terà la nostra amicitia et vi daremo ogni aiuto all' incontro,
» ancora vogliamo, che voi altri Zaporoviani ci diate aiuti
» contra i nostri nemici qual volta desideraremo et non ci
» mancate di parola, cosi ancora noi non vi mancaremo di
» difesa con tutte le nostre orde, et secondo questi patti sa-
» remo costanti nell' amicitia sempiterna con voi, ancor che
» la Casa ottomana sia contenta o non, sempre haverete i
» nostri soccorsi, voi ancora ne darete i vostri senza scuse o
» pretenzioni alcune, con questo vi raccommandiamo a Dio et
» per piu ferma attestanza, confidenza, et osservanza impri-
» memo i nostri bolli et sottoscriviamo i nostri nomi in questa
» charta di congiura. Data Bakua Sarai 26. Agosto 1669. —
» Vostri affectionatissimi et fidelissimi amici tutti i Beghi, Aga,

» Mirza, Sultani del Dominio et orde Krimensi et altre et in
» particolare noi Schirin Begh, Giafer Begh, Murteza Begh,
» Arghin Mirza, Barin Mirza, Bartcha Mirza, Kiratch Begh,
» Bairali Mirza, Seidahmed Begh, Muhamedche Mirza, Su-
» giudscheigh Ali Begh, et altri tutti. »

Copia della lettera scritta dal Chmelniski figliolo di quel famoso rebelle della corona di Polonia.

« Charissimo et generosissimo Hattmani e officiale delle trup-
» pe dei Cosacki. Gia sapete, come io vedendo le miserie di
» questo mondo et l'esparsione di sangue fatta nel tempo della
» vita del mio padre, ho abbandonato le cose mondane et ves-
» tito un habito monastico, mi sono ritrovato alla divotione
» et servitio di Dio dove sin hora rinchiuso in un monasterio
» et meditando le cose passate et future delli affari della nostra
» chara patria, mentre che al improviso mi venne a visitar
» un huomo et mi presentò le lettere del Tartarbano, nelle
» quali mi invita alla carica del mio padre con molte pro-
» messe, sono stato attonito per un pezzo da simil cosa, et con-
» siderando, che questo e arrivato dalla volontà di Dio, il
» quale mi da questa vocatione per defender la mia patria et
» i poveri sudditi di Polonia, che sono della nostra fede greca,
» oppressi dalli catholici et tenuti come schiavi, che con
» questo haverò più gran merito da Dio, sostentando il tra-
» vaglio per beneficio di tutte le nostre anime, che per la mia
» sola, et sono risolto di spongliarmi di questo habito, per
» vestir il giacco del mio Padre, et cosi vado ai piedi del Tar-
» tarhano nostro Patrone, dandovi il primo aviso et sperando
» che mi riceverete con ogni honore, ricordandovi dei meriti
» del mio padre, che vi ha liberato dalla schiavitu dei Polaki,
» et messo et libertà per sempre. »

Un altra del medesimo al Governatore di Tergovitcza.

« Carissimo Signore et fratello. Non una volta, ma spesso

» ho cognosciutto il buono affetto suo verso di me, essendo nel
» habito monastico, hora che sono nel habito seculare, voglio
» meritare ancora il megliore, dandogli aviso di gran impor-
» tanza et allegrezza, che lodato sia Iddio, nei nostri tempi
» succedono le cose mai per avanti successe ciò é che la scimi-
» tara di Crima agguzzata si leva sopra i colli delli Turchi,
» come altre volte gli ho scritto, ma hora di certo confermo,
» per esser più sicuro, quello che l'ochio vede, io mi stimo
» più felice del mio Padre, che ha ammutinato voi et i Tartari
» contra li Polachi, ma io ho ammutinato Musolmani contra
» Musolmani, Mohametto contra Mohametto, havendo dunque
» risguardo a questo per amor di Dio et la sua Chiesa Santa, et
» per voi altri stessi, crediate a questo, et servitevi dell' occa-
» sione, per vostro avantaggio, et unitevi a me et al Tartar
» Hanno, perche si sarete con Dorozenko, sarete ruinati da
» Moscoviti et Polacchi, havendo il Tartar Hano buone cor-
» respondenze et patti sicuri con queste due Corone. Data a
» Crima 13. Agosto 1669.

» Questo miserabile mandato dal Tartarhano insieme con il
» Batirtcha Mirza et le sue orde con titolo del Bas Hatman,
» come era il suo Padre andava a pigliare il giuramento dalli
» altri Hatmanni e governatori Zaporoviani, et si trovo in
» quel conflitto dove devendo le cose andare in male, si vesti
» di novo da Pappas, et fuggiva Ramengo, ma fu chiappato,
» et conosciuto da quei del Dorozenko et cosi mandato al
» Bassa di Silistria, dove hora e nei ceppi, credo che lo fo-
» ranno venir in Adrianopoli. »

Altera lettera del medesimo.

« Per queste continue invasioni et danni insopportabili, che
» per ordine de Tartar Han ci sono fatti, supplichiamo Sua
» Majestà, di farci questa gratia et prohibire rigorosamente
» che non proceda con noi inimicamente ricognoscendoci per
» amici et confederati con la Porta, overo, che li rimova dal

» officio di Tartar Han, e che si facci un altro nel suo luogo,
» che sia piu ben affettionato al Sultan, e che viva pacifica-
» mente con noi altri, come buon vicino, perche se non ci
» sarà fatta gracià, et continuarà questo tiranno a molestarci
» come adesso, saremo constretti ben con nostro dispiacere di
» cercar altri rimedii, et gionger le nostre forze con qualch'un
» altro, per vendicarci delli danni passati, et non solamente
» opponerci alle sue scorrerie, ma andar a trovarlo nella sua
» regione, e dargli un simile guasto, che esso ci diede, già
» che è dovero, ch'ogni uno defende la sua vita, e procuri
» il bene della sua patria, donde preghiamo il Gran Signore,
» che non ci habbia per male, si essendo astretti veniremo a
» quei termini d'inimicitia.

» Non habbiamo offeso il Tatar Hanno in altra cosa che in
» questo, che non mandiamo i nostri Ambasciadori prima a
» lui et che li mandiamo dirittamente alla Porta, senza fargli
» passar per Crima, e per ciò é adirato di questa sorte e fa
» le continue invasioni delli nostri paesi, anzi di piu, secondo
» che miei Ambasciadori ci riportano, ha risoluto di venir
» questa primavera in persona contra di noi, con tutte le sue
» orde. Quei Ambasciadori erano partiti con il Capigi Bassi
» Ali Aga al Tartar Hano, per dargli aviso, come che con ogni
» honore habbiomo ricevuto li stendardi del gran Signore, e per
» esser da esso ricognosciuti e protetti come da fideli servitori
» della Porta ma esso li mando via senza dar loro alcuna rispota,
» et senza fare loro alcuna grata accoglienza, dal che hab-
» biamo scoperto il suo odio contra di noi, et crediamo per
» certo che se non sara raffrenato dalla Porta, verrà per rui-
» narci affatto.

» Doppo questo, unito che aveva tutti li nostri insolenti
» Cosaki con le sue forze, mi vuol destrugger, poi prepararsi
» alla difesa et offesa del gran Signore, non volendo esso piu
» esser sotto i commandi della Porta, et pretendendo d'haver
» il suo regno successivo dal padre al figliuolo, come di molte
» intercette lettere si ha inteso, delle quali questi paesi sono

» pieni, scrivendo esso a vari nostri Governatori, a fin di ri-
» durli alla sua fattione, et tutti li nostri ribelli Cosaki presi
» da Noi, dicono, che publicamente in Crima et per li loro
» paesi sene parla di questo, et io ho mandato parecchie let-
» tere sue al Bassa di Silistria per esser mandate alla Porta, et
» scoperti i suoi cattivi dissegni contra la Porta, se siano capi-
» tati a sua Maestà, non lo so, questo nostro Ambasciador an-
» cora porta seco le principali, legetele, et consideratele bene,
» ne e stato dato aviso, come il Tartar Hano procura di farmi
» privo della gratia del gran Signore, et mi accusa, che io ho
» corrispondenza con i Polachi et Moscoviti, et che mando a
» loro le mie lettere et Ambasciadori, donde mi trata d'infe-
» dele traditore et ribelle, non nego io questo, havendo noi
» come confinanti d'una et dell' altra Corona molti trattati et
» accordi per la pacificatione commune, et mandiamo ancora
» spesso a consolare quei poveri sudditi, che sono della medesi-
» ma religione che noi, et obedienti ai patriarchi Constantinopo-
» litani, essendo dal tempo antico li Hatmani difensori et pro-
» tettori di quei poveri et oppressi, il che non paia strano a
» sua Maestà, poiche questi tratti non pregiudicano niente alla
» forza et gloria di sua Maestà, et io sono fermo et constante
» nel osservare la mia parola, una volta data, con ogni fedeltà
» et sincerità, fintanto, che questa carica d'Hatmanato é sopra
» le mie spalle, et insino alla morte.

» Il Tartar Hano, che non confina con le due dette corone,
» et che ha li suoi paesi più dentro, non lascia di mandare i
» messi in Polonia et Moscovia, et Suecia et Persia, et ha sta-
» bilito i suoi Residenti nelle corti del Re di Polonia et Mos-
» covia, quanto maggiormente noi, che siamo in mezzo di
» quelle due Corone, potiamo trattare con esse di varj negozj
» appartenenti alla nostra sigurtà et accomodamenti delli ac-
» cidenti, che giornalmente fra di noi arrivano, senza far man-
» camento nel ponto della fedeltà verso la Porta, et havendo
» noi confidentemente avertito del tutto il Tartar Hanno, man-
» dandogli le più secrete lettere, che da quelle parti ne veni-

» vano, ma esso le rimendava a quei Rè, et palesava tutti i
» miei dissegni, donde era avertito, et percio ho mandato il
» stilo, et in loco di mandar le dette lettere al Tartar Hano, le
» mandava al Bassa di Silistria, per esser poi da esso rimandate
» alla Porta, poi sapendo che anche questo rispettando il Tar-
» tar Hano più, che il gran Signore, le mandava ad esso, sono
» risolto di mandarle con i miei Ambasciadori dirittamente
» alla Porta, sicome fo adesso, mandando ivi le due lettere
» delli Ambasciadori plenipotentiarj di Polonia et Moscovia,
» nelle quali sono invitato alla unione con loro, con offerte di
» perdono et assolutione et ogni gratia, che posso desiderare.
» Le dette lettere sono d'un medesimo tenore, una scritta in
» Polacco, et l'altra in Moscovitico, la cosa é questa : Pietro
» Doroszenko Hatmano dei Cosaki in Tchehrin. Noi che per or-
» dine del Michele Hospodar Re di Polonia et Gran Duca di
» Lithuania nostro signore, et di tutta la Republica siamo Am-
» basciadori et Comissarj plenipotentiarj Gioanne Gninski Pa-
» latino di Chelma et Governatore di Kovalowgrodeck et Ra-
» dzin, Nicolao Tchiebanoziesski di Tchieanowitch, Palatino
» et Governatore di Plicislava, Cipriano Paulo Bixostowski
» Referendario et Notario del gran Duca de Lithuania, Gover-
» natore di Osemia, Naemia d'Zicla Martiano Oghinski di ko-
» zielkot Trinciante del gran Duca di Lithuania, Governatore
» di Rohatcaew et in Szibow, Alessandro Casimiro Zapolski
» Sottocamerlengo del palatino di Sieradz, Stanislao Casi-
» mi sio Kowalowski Supremo Cacciatore del Palatinato
» di Kyoia, et noi, che per ordine del Czar di Moscovia nos-
» tro Signore, siamo Ambasciadori et Commissarj plenipoten-
» tiarj Atanasio Lourentchewitch, Boiaro et locotenente di
» schatsnardin et Nastchok et Gioanne Saninow figlio di Ho-
» rohow notario, a Voi Pietro Doroszenko Hatmano delli Cos-
» saki Zaporoviani et a Voi, che per tutta la Ukreina siete Ge-
» nerali, Colonelli, Castellani, Capitani et tutti che si siano
» della Conditione secolare o spirituale antichi nostri sudditi
» Dio Vi dia pace et salute. Facciamo noto a tutto il mondo,

» che essendo stati mandati per avanti altri Comissarj nella
» città d'Andrusa da parte delle corone di Polonia et Mosco-
» via per agiustar le dissenssioni et moderar le revolutioni che
» continuamente nella Ukreina succedono, et non essendosi
» potuto al hora compitamente sodisfar a tutte le accommo-
» dationi, siamo un altera volta per ordine delli Re et i loro se-
» natori radunati nel medesimo loco, per pacificar le discor-
» die et agiustar li affari per il beneficio della nostra Patria, et
» a ben qui arrivano alcune nuove che già voi v'havete reso o
» vi volete rendere sotto la protettione di stranieri, non pres-
» tiamo pero fede a tali novità, giudicando che fra li Christiani
» non si trovi un si impio, chi lasciando la fede et confrater-
» nità di Gesu Christo, vogli spontaneamente sottomettersi al
» duro giogo dei nemici dell' Evangelio et della santa Croce et
» precipitar la sua anima nelle pene d'inferno, particolarmente
» sapendo noi, che da molti migliaja d'anni per la difesa del
» honor sarmatico et propagatione sclavonica et per non esser
» soggiogati d'altre nationi havete constantemente combattuto
» et dato riparo ad ogni nemico come ancora doppo haver ri-
» cevuto il batesimo resistendo sempre ai gran insulti dei pa-
» gani, con gran sparsione de sangue proprio havete acquis-
» tato fama et gloria immortale fra le nationi et popoli Chris-
» tiani et pagani, hora per confirmare la pace et accordi se-
» guiti fra i due potentati nostri signori, voi ancora che siete
» nelli paesi di Ukraina et Zaporavia come membri di Gesu
» Christo et per gratia et volontà d'Iddio ad essi commessi, et
» confidati sudditi siate compresi in quelli trattati, et per
» ovare al sprgiamento di sangue Christiano, siete partecipi
» della pace, e di quel bene pubblico che da essa seguirà, et
» perciò li duoi potentati Nostri Signori Re di Polonia et
» Schar di Moscovia perdonano, come buoni benigni et sin-
» ceri, tutti et delitti et colpe di lesa Maestà a tutti quanti li
» Ukrainensi et Zaporoviensi, et che non pensarano di ven-
» dicarsi, anzi vi augurano ogni bene et quiete pubblica di
» sorte, che mai più si farà mentione delle vostre prevarica-

» tioni, et ogni uno che delli Ukrainensi et Zaporoviensi siano
» officiali huomini di grado o popolari Cosachi o sudditi, ri-
» cevendo questa particolare gratia et abbracciando questo
» universale perdono, vorrà venire in persona o mandar sup-
» pliche, o fattori, o procuratori ai Commissarj dei duoi Po-
» tentati o ad uno di quelli, et impetrare gratie, cariche, offi-
» cij; et altre loro pretensioni, et abbanderà il partito dei ne-
» mici della fede et ribelli ostinati, promettendo di non intri-
» carsi mai più con essi, ne congiungersi con loro. I soprano-
» minati commissarj, plenipotentiarj, giuriamo per Iddio e
» siamo pieghi con i nostri beni et con le nostre teste, che non
» gli arriverà danno alcuno, ne nella vita, ne nelli beni, anzi
» a loro sarà portato rispetto et fatte carezze et honori, purche
» veramente venghino ad incontrar et abbraciar le clemenze
» et benignità dei due Potentati Nostri Signori, et siate come
» prima loro fedeli amici, poiche a questo fine siamo mandati
» qui, che doppo havervi pubblicato la gratia del perdono
» universale, accordiamo i vostri interessi, et ristagniamo quel
» sangue, che già da molti anni va calando dalle nostre vene
» et farvi ogni gratia secondo le nostre suppliche et preten-
» tioni, che cosi é la volontà dei duoi Potentati e nostri Si-
» gnori, li quali per maggior nostro riposo et bene, procura-
» rano d'accommodarsi ancora con la Casa Ottomana et con il
» Tartar Chano, non dubitando del loro acconsentimento an-
» cora alla buona pace. Dunque aspettando la vostra risposta
» vi raccommandiamo a Dio, et vi invitiamo di buon cuore
» alla pace et amicitia, data nella congregatione d'Ambascia-
» dori in Città d'Andrusa l'ultimo d'Ottobre 1669. »

Altera lettera di Doroszenko.

« Diamo aviso alla Porta come i Moscoviti con un esercito
» di 40 m. huomini infestano grandemente le nostre regioni
» di la del Boristhene, ho mandato contro di loro il mio fra-
» tello con alquanti mille Cosachi, et ho fatto instanza al Bassa

» di Silistria, che mi mandi un soccorso bastante per incon-
» trar il nostro nemico, si come fece, mandando mille Orde
» Akkermanensi et Nogaiensi, sotto la condotta del Seydi
» Bassa d'Akkerman, li quali essendo arrivati al tempo che li
» fiumi non erano ancora aggiacciati, et essendo gli loro Ca-
» valli stracchi dal lungo viaggio, m'hanno pregato che con-
» cedi loro un termine di riposo, aqquarterandoli per la nos-
» tra regione, al che acconsenti, et feci loro dare alloggi con
» ordine di dar loro il foraggio per i loro cavalli, ma essi non
» contenti di questo hanno fatto grandissime Tirannie, spo-
» gliato i loro Patroni di Casa di tutti i loro beni, presi schiavi
» molti suagligiati gli mercanti et passaggieri per le strade,
» rotti Monasteri et le Chiese nostre, et fatti altri infiniti danni,
» et benche io protestassi, che non procedessero con noi nemica-
» mente, non fui ascoltato, poi essendo giacciate le acque, feci
» instanza, et che passassero contra il nemico, ma loro non vol-
» sero, anzi continuorono di farci ogni male, et senza combattere,
» anzi senza vegersi con il nostro commune nemico, sono ritornati
» con grandi bottini nelle loro case, il che non e provenuto d'al-
» tro che d'un secreto commandamento del Tartar Chano, et
» infedeltà del Seijdi Bassaloro Commandante, del quale li Tar-
» tari non haveano paura, et non gli ubbidirono, per esser egli
» d'animo molle, d'onde supplichiamo ch'un altra volta desi-
» derando Noi il loro ajuto, ci mandi con loro un Capo vigo-
» roso, et assoluto di puoter castigare et raffrenar l'insolenti
» dalle tirannie, et che non trovando scuse ne pretesti, mar-
» chino con noi verso il nostro nemico. Il restante delli nostri
» negotii saranno raccontati dal nostro Ambasciadore piena-
» mente instrutto, supplicando, che gli sia prestato orecchia
» et fede, et che finiti i loro affari, siano spediti quanto
» prima, insieme con un Aga della Porta, che venghi a vedere
» li danni, che hanno fatto i nostri aussiliari ingiusti, et con
» questo ci raccommandiamo alla gratia e protettione di Sua
» Maestà. In Tcherin alli 10 decembre 1669.

» *Pietro Dorozenko.* »

« Tutte queste cose predette sono comprese nell' instruttione
» dell' Ambasciadore, questo solo vi è d'avantaggio che sup-
» plica per freschi agiuti, et da aviso, come già il Moscovita
» si e impadronito di molte piazze, protestando, che quelli di
» là del fiume saranno soggiogati, che anco questi di quà non
» potranno resistere alle loro forze et saranno constretti di ce-
» dere al Vittore. Ancora s'ha da lamentare dei missi dei Am-
» basciadori della Porta, si come ancora dei Capi delli aussi-
» liari che venendo in quelle parti dimandano gran presenti
» et summe essorbitanti, non contentandosi di quello, che cor-
» tesemente loro dona l'Hatmano del suo, non havendo egli dal
» commune alcuna intrada o assegnationi, o contributioni et es-
» sendo i loro paesi da venti anni in qua, che anno la guerra es-
» sausti et i sudditi gravemente impoveriti; perciò pregano de-
» vendoli sopradetti all' Hatmanno, si contentino di quello, che
» esso senza esser dimandato, presenterà di sua cortesia. Il Sabba-
» to passato sotto pretesto di banchetto, fù fatto il Consiglio so-
» pra questo, essendo che i moti del Tartaro, loro hanno dato
» un terrore, finito il Consiglio fu spedito il Sarahor Mehemet-
» aga al Vizir donde credo, che insino che non viene la ris-
» posta, non haveranno speditioni. »

VI. — PAGE 381.

C'est par erreur que M. de Salvandy dit, dans son Histoire de Pologne, que le Sultan avait quitté Andrinople le jour du passage du Rhin par Louis XIV. Voici les lieux où il s'arrêta : Tschomlekkœyi, Deghirmenkœyi, Yenidjé, Kizilaghadj, Yanboli, Seraï, Karinabad, Aïdos, Ilidjé, Kaparan, Soudjiler, Kœprikœyi, Widiné, Ouschenli, Hadjioghlibazari, Mousabeg, Kornalidéré, Tekfoursouyi, Karassou, Arlitschaïri, Moufti-Yaïlasi, et non pas Iglasi comme dit Senkowski, Babataghi, Koutlewi, Isakdji, Kirkoul, Serinisch, Berechtina, Gegedj Boghazi, Labouschté, Yaghoul, Brousüscht, Tschotschora, Papora, Wieslonicza, Kertschin, Madodka, Khocim, Kaminiec.

VII. — Page 390.

L'armée se mit en marche le 28 djemazioul-akhir (21 octobre), un vendredi, et non pas un jeudi comme le prétend Raschid. Elle arriva à Andrinople le 18 schában (9 décembre); voici les stations : le pont du Sireth, Corocza (Urocina), Zwaniek, la tête de sources près Khocim, Modolka (Medyka), le Champ d'Isloundja (Saloniev), Kopidjan, Biouré, Tschotschora devant Yassi, Garwarescht, Yaghoul, Berestina, Gegedj aghazi, Serinisch, Isak, Ghirekol, Isakdji, Hadji Kischlasi, Tschiftaï, Ousoun Ali Tschaïri, Tekfourkœyi, Kourtlüderé, Mousabeg, Hadjioghlibazari, Ouschenli Kazikœï, Kozlidjé, Parawadi, Kœprikœyi, Nadirderbend, au pied du Tschenké Balkan, Aïdos, Karinabad, Yakhschiler, Paschakœyi, Tschelmek Kœyi, Andrinople. Raschid I, f. 74.

VIII. — Page 417.

La liste de ces présens offre quelque intérêt, tant par rapport à la personne de ceux qui les ont donnés, que par rapport à ce qui fut donné. I. *Kœprilü Ahmed donna au Sultan* : un Koran, un Maschzenol-czrar, un cheval avec le harnais garni de diamans, un harnais garni de perles, trois chevaux de main, un bocal d'or avec son couvercle, une peau de zibeline, une peau de lynx, vingt-quatre ballots de châles, quinze esclaves mâles, deux esclaves de l'autre sexe; *pour le prince Moustafa* : un Koran relié en or et couvert de pierres fines, un panache de héron avec un agrafe de diamans, deux chandeliers d'argent, cinq ballots d'étoffes, trois esclaves ; *pour le prince Ahmed* : un Koran relié en or, un panache de héron avec un agrafe en diamans, un chandelier d'argent, cinq ballots d'étoffes, trois esclaves. II. *Le vizir Kaïmakam* : un Koran écrit de la main de Yakout, une peau de zibeline, une peau de lynx, huit pièces d'étoffe d'or de Constantinople, trois hérons de Perse, onze khataïs d'or (étoffe de soie de Khios), quatorze khataïs simples, douze khataïs à deux couleurs, douze tschoubouklü harés (étoffe de soie rayée), quatorze pièces de soie brochée, quatorze *idem* simples, dix esclaves ; *au prince Moustafa :* un diwan de Hafiz, de la main du calligraphe persan Amad-Al-Houseïn, un poignard garni de pierres fines, trois riches étoffes persanes, trois pièces d'étoffes de soie brochées d'or, trois khataïs simples et trois harés simples ; *au prince Ahmed :* un poignard en or, trois riches étoffes persanes, trois khataïs brochés d'or, trois simples *idem*. III. *Le vizir-defterdar Ahmed-Pascha :* un panache de héron avec une agrafe en diamans, un harnais garni de pierres fines, un mors garni de pierres fines, une petite *béladé* (?), une petite pendule, une peau de zibeline, une peau de lynx, douze sérasers (étoffes d'or de Constantinople), douze khataïs brochés d'or, douze khataïs simples, douze à deux couleurs, douze pièces de velours orné de fleurs, douze pièces de soie d'Europe, douze pièces de soie brochée, douze barés d'Europe, douze pièces d'étoffe de soie de l'Inde, douze turbans, sept esclaves ; *pour le prince Moustafa :* le *Bostan* de Saadi, doré, le *Gülistan* du même, un poignard en or, une montre garnie de pierreries, trois riches étoffes persanes, trois khataïs brochés d'or, trois khataïs simples. IV. *Le vizir Yousouf :* un cheval harnaché, un cheval de main, six pièces de riche étoffe, six khataïs simples, six harés, six pièces de satin, six autres de l'Inde, six pièces de mousseline indienne, cinq esclaves dont un muet ; *pour le sultan Moustafa :* trois riches étoffes, trois khataïs simples, trois harés. Les mêmes présens furent faits au prince Ahmed. V. *Le nischandji Abdi-Pascha :* l'exégèse de Kazikban avec une reliure dorée, un encrier garni de pierreries, huit riches étoffes persanes, huit pièces de velours à fleurs, huit pièces de satin, huit autres à fleurs, huit de mousseline, huit khataïs, huit turbans ; *au prince Moustafa :* l'ouvrage *Miniyetol-Moussella* (le port de celui qui prie), par l'imam Kaschghari, imprimé à Constantinople en 1823 ; le *Gülistan* de Saadi, un encrier garni de perles, trois pièces de riche étoffe persane, trois *idem* à fleurs, trois *khataïs* brochés d'or, trois esclaves; *pour le prince Ahmed* : un *Koran* doré, trois pièces de riche étoffe persane, trois *khataïs* brochés d'or, trois *idem* à fleurs, deux esclaves. VI. *Le juge d'armée de Roumilie* : un *Koran*, une *tradition de Bokhára*, un *Hedayet*, quatre pièces de *souf* (étoffe de laine), quatre pièces de satin, trois *pounedar* (espèce de châle indien brodé, pour turbans), quatre *badewa* (autre étoffe), six pièces de mousseline, six cachemires, six turbans. VII. *Le juge d'armée d'Anatolie* donna les mêmes présens. VIII. *Le chef des émirs* : un *Koran*, un *Bokhara*, un *Mewahib*, de Djelalzadé, un *Kastali*, un *Germsoud*, quatre châles, quatre pièces de mousseline, quatre pannedar, trois *souf* (shalloon). Les juges de Brousa, d'Andrinople, de Galata, du Kaire, de Damas, de Salonik, d'Yenischehr, de Smyrne, fournirent des présens dans la même proportion et chacun suivant son rang. Les présens que le gouverneur d'Egypte donna au Sultan et aux deux princes Moustafa et Ahmed étaient aussi nombreux que riches. Le sandjak de Djizieh, le defterdar d'Egypte, le kapitan-pascha, le beglerbeg de Chypre, ceux de Morée et de Rhodes, les sandjaks de Khios, de Négrepont, de Misistra, de Lepanto et de Soughla, se distinguèrent par le choix de leurs offres. Le kaïmakam de la Porte Ibrahim-Pascha, le defterdar d'Anatolie, le second defterdar, l'inspecteur des douanes, le gouverneur du Diarbekr, Kaplan-Pascha, et celui d'Alger, le commandant kurde de Ghazou, celui d'Amadia, les beglerbegs de Tschildir et d'Erzeroum, le sandjak de Kodja-Ili, le bostandji-baschi, le juge de Brousa, les juges d'Eyoub, de Philippopolis, de Magnésie, de Koniah, d'Erzeroum et d'Angora, déposèrent également de riches présens. De ce nombre étaient encore : les agas des sipahis, des silihdars et des janissaires; le gouverneur de Bagdad, Abdourrahman-Pascha; le grand-chambellan Ahmedaga, le porte-drapeau de l'étendard sacré, les chambellans Abdoullah, Moustafa et Omeraga, le fauconnier-chambellan

Osmanaga, le tschaousch-baschi, le gouverneur de Bassra, le vizir Houseïn-Pascha; le beglerbeg de Mossoul et celui de Chypre, Hasan-Pascha; le sandjak de Stouhlweissenbourg Ibrahimbeg; le defterdar de Constantinople, Mouselli-Efendi; Ibrahim-Pascha, vizir et gouverneur de Candie; le vizir et gouverneur d'Erlau, Ali-Pascha; le gouverneur de Wardein, Mohammed-Pascha; le beglerbeg de Neuhæusel, Moustafa-Pascha; le gouverneur héréditaire de Hersek, Ali-Pascha; le bostandji-baschi d'Andrinople, Mouselliaga; le premier écuyer, l'inspecteur des magasins d'orge, le tschakirdji-baschi, le grand-fauconnier, l'atmadji-baschi, le voïévode de Transylvanie, le doge de Raguse, le djebedji-baschi, le topdji-baschi; Iseti, ancien juge d'armée de Roumilie; Damad Moustafa-Efendi, ancien kadiasker d'Anatolie; Mohammed-Efendi, précédemment juge de Constantinople; Hamid-Efendi, ancien juge de Constantinople; Mohammmed-Efendi, juge de Sofia; le juge de Belgrade; Khalil-Efendi, le defterdar de Damas; le defterdar de Bosnie, le defterdar de Karamanie, le percepteur des impôts (mouhassil) de Haleb, le defterdar de Yenœ; Ismaïl-Pascha, beglerbeg de Saïda et de Baïrout; le beglerbeg de Yenœ, Mohammed-Pascha; Sohak-Efendi, ancien kadiasker de Roumilie; Isitib Boli-Efendi, ancien juge de Constantinople; Mohammed-Efendi, *idem;* le reïs-efendi Moustafa, l'inspecteur du Defter, ceux de la ville et de la cuisine; le rouznamedji, le mouhasebedji, le moukabeldji, c'est-à-dire président du journal des comptes et de la Chambre du contrôle; le secrétaire des janissaires; le gouverneur d'Ofen, Ibrahim-Pascha; Feïzoullah, ancien kadiasker d'Anatolie; les juges de Scutari et de Kaïssariyé; le beglerbeg de Rakka; Mousa-Pascha, commandant de Jerusalem et de Ghaza; les voïévodes du Diarbekr et de Tokat; le patriarche grec, le voïévode de Valachie; en tout cent quatorze dignitaires qui vinrent déposer aux pieds du Sultan et des princes Moustafa et Ahmed, des présens dont l'énumération, fatigante par leur retour uniforme, est sans aucun intérêt.

IX. — Page 437.

1° Hedayi, dans les biographies de Safayi, la 7ᵉ; 2° Behayi, la 32ᵉ; 3° Tedjelli, la 48ᵉ; 4° Sabit, la 52ᵉ; 5° Dschemi, la 56ᵉ; 6° Dschefmi, la 58ᵉ; 7° Habibi, la 60ᵉ; 8° Riazi, la 95ᵉ; 9° Rouhi, la 97ᵉ; 10° Rahmi, la 116ᵉ; 11° Rifdi, la 123ᵉ; 12° Raschid, la 128ᵉ; 13° Sehmi, la 142ᵉ; 14° Samii, la 151ᵉ; 15° Salim, la 168ᵉ; 16° Subri, la 204ᵉ; 17° Sahir, la 210ᵉ; 18° Sidki, la 214ᵉ; 19° Samiri, la 222ᵉ; 20° Thalii, la 225ᵉ; 21° Talaati, la 230ᵉ; 22° Souhouri, la 236ᵉ; 23° Aali, la 240ᵉ; 24° Issmeti, la 247ᵉ; 25° Omri, la 253ᵉ; 26° Aassim, la 256ᵉ; 27° Izeti, la 259ᵉ; 28° Abdi, la 267ᵉ; 29° Fchim, la 289ᵉ; 30° Feizi, la 324ᵉ; 31° Kaschif, la 342ᵉ; 32° Mewdji, la 357ᵉ; 33° Messaki, la 367ᵉ; 34° Medjdi, la 384ᵉ; 35° Nessari, la 392ᵉ; 36° Nazmi, la 394ᵉ; 37° Nali, la 402ᵉ; 38° Nazmi, la 405ᵉ; 39° Naati, la 406ᵉ; 40° Niazi, la 412ᵉ; 41° Naïm, la 414ᵉ; 42° Nazmi, la 418ᵉ; 43° Nazim, la 420ᵉ; 44° Nesib, la 423ᵉ; 45° Natik, la 427ᵉ; 46° Widjdi, la 442ᵉ; 47° Nahizi, la 432ᵉ; 48° Yahya, la 472ᵉ; 49° Yetimi, la 473ᵉ; 50° Yousouf, la 474ᵉ.

FIN DES NOTES DU TOME ONZIÈME.

TABLE DES MATIÈRES
CONTENUES
DANS LE TOME ONZIÈME.

LIVRE LIII.

Origine de Mohammed Kœprilü. — Les orthodoxes. — Ambassadeurs d'Autriche, de Perse, de Pologne, de Suède et de Transylvanie. — Rebelles exécutés. — Éloignement des adversaires de Kœprilü. — Le patriarche pendu. — Défaite de la flotte ottomane dans les Dardanelles. — Conquête de Ténédos et de Lemnos. — Le moufti est déposé. — Mort du scheïkh Houseïn. — Courses du khan des Tatares dans la Transylvanie, la Moldavie et la Valachie. — Barcsai, prince de Transylvanie. — Révolte d'Abaza Hasan. — Machiavélisme de Kœprilü. — Emprisonnement de l'ambassadeur français de La Haye et de son fils. — Mort des poëtes Djewri et Riazi, du moufti Aziz-Efendi et de Hadji Khalfa. — Départ du Sultan pour Scutari. — Mourteza-Pascha battu par Abaza. — Massacre des paschas rebelles à Haleb. — Exécution de Houseïn. — Le moufti Bowlewi est déposé. — Défaite de la flotte ottomane devant Attalia. — Révolte en Égypte. — Ismaïl, grand-inquisiteur. — Institution de timars. — Construction de nouveaux châteaux aux Dardanelles. — Ghika nommé prince de Valachie en remplacement de Michné. — Mort de Rakoczy. — L'ambassadeur autrichien Mayern à Brousa. — Le comte de Souches occupe Szathmar et Szabolcs. — Conquête de Grosswardein par Seïd Ali. — Expédition des Tatares et des Cosaques en Russie. — Ambassades cosaque, russe, polonaise, algérienne et anglaise. — Incendie, peste et famine. — Constructions sur le Don et le Dnieper. — Mosquées de la sultane Walidé et de Kœprilü. 1-112

LIVRE LIV.

Entrée aux affaires de Kœprilü Ahmed; il est nommé grand-vizir. — Mort de Kemeny. — Retour du Sultan à Constantinople; il semble vouloir régner par lui-même. — Défense de reconstruire les églises grecques. — Négociations diplomatiques avec les agens de Venise, d'Angleterre, de France, de Transylvanie et d'Autriche. — Guerre contre la Hongrie. — Négociations avec les plénipotentiaires impériaux à Belgrade, à Esseg et à Ofen. — Expédition dirigée sur Neuhæusel. — Défaite de Forgacs. — Prise de Neuhæusel. — Exécution du reïs-efendi et de son beau-père. — Apafy au camp turc. — Prise de Neutra, de Lewencz, de Novigrad. — Les Tatares en Moravie et en Silésie. — Départ de l'envoyé impérial. — Arrivée d'un ambassadeur polonais. — Quartier d'hiver. — Marche de Zriny sur Szigeth et Fünfkirchen. — Naissance du prince Moustafa. — Prières publiques. — Le scheïkh Wani. — Les sultanes Walidé et Khasseki. — Jardins et chasse. — Départ du grand-vizir. — Chute de Neutra. — Levée du siége de Kanischa. — Siége, prise et démolition de Serinwar. — Le grand-vizir marche sur la Raab. — Bataille de Lewencz. — Marche des deux armées sur les bords de la Raab. — Nouvelles propositions de paix. — Bataille de Saint-Gotthard. — Paix de Vasvár. — Chasse du Sultan. — Envoi d'un ambassadeur extraordinaire à Vienne. — Un soulèvement des troupes est réprimé au Kaire. — Impositions frappées sur les habitans de Chypre et de Khios. — Les Grecs chassent les catholiques de leurs églises. — Négociations entre Alger, l'Angleterre, la Hollande et la France. — Exécution d'un athée. — Goût de Mohammed IV pour la littérature. — Le Sultan à Demitoka, aux Dardanelles et à Constantinople. — Consécration de la mosquée de la sultane Walidé. — Ambassade du comte Leslie. — Ambassade turque à Vienne.   113-225

LIVRE LV.

Relations diplomatiques avec l'Autriche, Gênes, la Toscane, la France, la Russie. — Nouveau khan des Tatares. — Une expédition en Crète est projetée. — Magnificence du Sultan; son amour pour la chasse. — Le Juif Moïse Sabathaï et le Kurde Mehdi. — Troubles à Bassra et en Egypte. — Eboulemens et sinistres. — Influence des prédications de Wani. — Chasse du Sultan. — Fiançailles et noces de sa tante. — Relations avec la Russie, les Tatares, les Cosaques, la Pologne, la France, l'Angleterre, la Hollande, Raguse, la Moldavie, la Valachie et la Transylvanie. — Le Sultan se rend d'Andrinople à Larissa, où il reçoit les ambassades vénitienne et russe, et d'où il envoie Souleïman en France. — Troubles à Brousa, à Boli, à Andrinople. — Diminution et accroissement du trésor. — Incendie d'Ofen. — Première éducation du prince héréditaire. — Mohammed sur le mont Olympe. — Départ de Kœprilü pour Candie. — Investissement, siége et prise de Candie. 226-331

LIVRE LVI.

Retour du Sultan à Andrinople. — L'usage du vin est interdit. — Maïna. — Délimitation du territoire vénitien. — M. de Nointel à Constantinople, à Andrinople et à Antiparos. — Les députés des Hongrois rebelles auprès de la Porte sont présentés par Panajotti. — Mort de ce dernier. — Ambassades russe, polonaise, vénitienne, génoise. — Le Sultan dans les montagnes dites les Alpes de Despot-taghi. — On nomme un nouveau khan de Crimée. — Lettre remarquable du grand-vizir au chancelier polonais. — Marche sur Kaminiec. — Prise de cette ville et traité avec la Pologne, bientôt rompu par la bataille de Khocim. — Prise de cette ville et de Ladyzin. — Prise d'Human. — Rebelles hongrois. — Traité avec la France. — Circoncision du prince héréditaire et mariage du grand-vizir. — Ambassade anglaise. — Etats Barbaresques. — Les Grecs en possession du Saint-Sépulcre. — Frontières de Hongrie. — Troubles en Egypte. — Le Sultan à Constantinople. — Paix avec la Pologne. — Mort d'Ahmed Kœprilü. — Poëtes, jurisconsultes et historiens. — Parallèle entre Ahmed Kœprilü et Sokolli. 332-443

FIN DE LA TABLE DU TOME ONZIÈME.

Publications nouvelles:

VOYAGE

PITTORESQUE ET ARCHÉOLOGIQUE

DANS LA PROVINCE DE YUCATAN

(AMÉRIQUE CENTRALE)

PENDANT LES ANNÉES 1834 ET 1836;

PAR FRÉDÉRIC DE VALDECK.

1 volume in-folio,

Imprimé chez Firmin Didot frères, format semblable à celui du *Voyage de M. de Humboldt;* orné de 22 planches gravées et lithographiées par les premiers artistes.

Prix de l'ouvrage sur papier de Chine,   100 fr.
Figures coloriées et retouchées par l'auteur,   125

—

LES PIGEONS

PAR MADAME KNIP,

NÉE PAULINE DE COURCELLES.

1 vol. in-folio,

Publié en quinze livraisons de 4 planches, coloriées et retouchées par l'auteur; texte rédigé par M. Florent Provost.

La première livraison est en vente.
Prix de chaque livraison,   25 fr.

—

Ouvrages récemment publiés.

HISTOIRE FINANCIÈRE DE L'EMPIRE BRITANNIQUE, avec un exposé du système actuel de l'impôt, suivi d'un plan pratique pour la liquidation de la dette, ou impôts, revenus, dépenses, dettes, forces et richesses de l'empire britannique et de ses nombreuses colonies dans toutes les parties du monde. Ouvrage enrichi de 128 tableaux et d'un grand nombre de documens officiels et inédits; par PABLO PEBRER, membre de plusieurs sociétés scientifiques; traduit de l'anglais par J. M. JACOBI, avocat. 2 vol. in-8°. Prix : 24 fr.

www.ingramcontent.com/pod-product-compliance
Lightning Source LLC
Chambersburg PA
CBHW050604230426
43670CB00009B/1263